全国普通高等教育金牌会计丛书

基础会计学

（第二版）

杨亚娥　程安林　主　编

李　琳　杨慧辉　副主编

上海财经大学出版社

图书在版编目(CIP)数据

基础会计学/杨亚娥,程安林主编. —2版. —上海:上海财经大学出版社,2015.8
(全国普通高等教育金牌会计丛书)
ISBN 978-7-5642-1964-2/F·1964

Ⅰ.基… Ⅱ.①杨… ②程… Ⅲ.①会计学-高等学校-教材
Ⅳ.①F230

中国版本图书馆CIP数据核字(2014)第161233号

□ 责任编辑 秦 茗
□ 封面设计 张克瑶

JICHU KUAIJIXUE
基础会计学
(第二版)

杨亚娥 程安林 主编

上海财经大学出版社出版发行
(上海市武东路321号乙 邮编200434)
网 址:http://www.sufep.com
电子邮箱:webmaster @ sufep.com
全国新华书店经销
上海译文印刷厂印刷
上海景条印刷有限公司装订
2015年8月第2版 2015年8月第1次印刷

787mm×1092mm 1/16 17.5印张 448千字
(习题集6.5印张 166千字)
印数:5 001—9 000 定价:45.00元
(本教材附赠习题集,请问售书单位索取)

总 序

2009年以来,"全国普通高等教育金牌会计丛书"陆续出版,在上海对外经贸大学的大力支持和会计学院的总体部署与组织下,集全体编纂人员的共同努力,截至目前,已经有《基础会计学》、《会计学》、《中级财务会计》、《高级财务会计》、《审计学》等教材以及相应的学习指导书及案例分析书等得以与读者见面。在编写和出版本系列教材第一版时,我们关注了以下三个方面的问题:一是要汲取会计改革的新成果,反映会计准则的新变化和新内容;二是凸现会计教育改革的新成果,集成编著者的丰富教学经验;三是适应经济全球化的最新进展,借鉴西方会计教材的精华。几年来,该系列教材满足了校内实施课程计划、深化教学改革及实现本科人才培养目标的要求,同时也较好地满足了社会上对会计学专业系列教材的需要。

2010年7月,中共中央、国务院印发《国家中长期教育改革和发展规划纲要(2010—2020年)》,提出为建设创新型国家,必须优先发展教育、实施人才强国战略。2010年9月,财政部印发《会计行业中长期人才发展规划(2010—2020年)》,明确指出会计人才队伍建设和高层次会计人才培养关系到全国实施人才战略和建设创新型国家的大局,将加快会计人才培养提到重要日程。规划要求"会计人才资源总量稳步增长,队伍规模不断壮大",并明确了"会计人才资源总量增长40%"的量化目标,力争高层次会计人才总量在新兴市场经济国家中处于领先地位。规划提出,到2020年,全国受过高等教育(大专及以上)的会计从业人员占全国会计从业人员总量的比例由2010年年末的60.55%提高到80%,实现加快高级会计人才培养,形成以相当数量高级人才为引领、大量中级人才为主体,辅以相应数量初级人才为基础的人才发展的合理结构。

面对会计人才培养的重任及不断变化的会计环境,需要我们不断思考高等会计教育的目标定位,并通过会计课程体系的设计及教学环节的实施,来实现高等会计教育目标,为国家经济社会发展培养所需的高质量会计人才。这就要求我们不断加强教材建设,不断修订和完善高等会计教育系列教材。

相对于第一版的系列教材来说,本次修订出版的系列教材具有以下特点:

第一,以培养学生提出问题、分析问题和解决问题能力为教材修订的认识基点,体现不断提高学生对会计新知识和实务技能的要求;

第二,对教材内容的阐释和概念界定,都与现行的会计人才培养目标要求、会计准则、税收规范等基本相一致;

第三,关注教材之间的关联性及同一教材内容的前后联系,更好地把握教材的系统性和整体性。

本系列教材不仅是高等院校教学用书,也适用于会计人才在职培训以及会计人员自修用书。

本书编委会
2015年6月

前　言

2006年，对于中国会计理论与实务界来说，是具有重大意义的一年。2006年2月15日，财政部发布了1项基本会计准则和38项具体会计准则组成的39项企业会计准则体系，2006年10月30日，财政部根据基本会计准则和具体会计准则发布了《企业会计准则——应用指南》，会计准则与应用指南于2007年1月1日首先在上市公司中推行，新会计准则体系的实施，标志着适应我国市场经济发展要求，与国际惯例趋同的企业会计准则体系正式建立。为此，我们按照新企业会计准则体系提出的新要求，对照最新的《企业会计准则——应用指南》等法规制度，吸收了近年来财会研究的新成果，组织编写了《基础会计学》教材。

基础会计学是高等院校会计学专业的专业基础课和非会计学专业的公共基础课。通过本课程的学习，使学生通晓会计学的基本原理，掌握会计工作的基本操作技能和会计信息的生成机制，形成初步的会计理念，为下一阶段的专业课学习奠定较为扎实的基础。本教材的编写特点主要体现在以下方面：

(1)采用了新的企业会计准则体系和会计研究的最新成果。按我国最新的《企业会计准则——应用指南》等法规制度来设置会计科目，进行会计业务处理；以会计研究的最新成果与发展趋势对会计基本原理进行论述。

(2)以会计学的基础理论与方法为主线。教材的体系结构与内容安排根据学习的任务与目标，主要阐述会计的基本理论、基本知识、基本方法和基本技能。

(3)注重学生对会计基本知识的掌握与巩固。为便于学生把握每章的总体内容和重点，在编写体例上我们在每章论述之前都有"学习目标"；为使学生巩固所学知识，我们在每章论述之后都有"本章小结"、"主要概念"与" 复习思考题"，涉及会计业务的各章都有"练习题"。

教材编写人员的分工如下：程安林编写第一章、第十三章、第十四章；殷枫编写第二章、第十一章；李琳编写第三章、第十二章；杨亚娥编写第四章；杨慧辉编写第五章、第六章；徐薇华编写第七章、第九章；翁妙根编写第八章；瞿志明编写第十章。本书由杨亚娥、程安林担任主编，共同负责全书大纲的制定和教材的编纂工作。

本教材可以作为高等院校会计学专业以及有关经济管理专业的教材，也可作为企事业单位、会计师事务所等实际工作人员的业务学习参考用书。

在编写本教材的过程中，我们参考了国内外的会计学教材与会计研究的最新成果，在此向这些教材与研究成果的作者谨致谢意。此外，本书在编写过程中得到了张晓岚教授的指导，以及上海财经大学出版社的大力支持，在此一并致谢。

对疏漏和不足之处，欢迎读者批评指正。

作　者

2015年6月

目 录

第一章　总　论

学习目标

通过本章的学习，你可以达到以下目标：

1. 了解会计产生和发展的重大事件。
2. 充分理解会计的基本概念。
3. 了解会计特点及与会计概念的关系。
4. 明确掌握会计目标和职能。
5. 了解会计学科理论体系的构成与发展。
6. 了解会计学科构成及相互关系。

第一节　会计的产生和发展

在人类社会的发展史上，会计很早就产生了。会计是人类社会生产经营活动发展的产物。其产生和发展具备内在的主观要求和外在的客观条件。内在的主观要求是人类对核算行为的要求，社会经济发展使人类萌生核算行为的要求和提高核算质量的需要；外在的客观条件是技术手段，社会经济活动的发展使人类产生了满足核算行为需要的技术手段和可能条件。这两个条件相互依存、统一于社会生产的发展之中。社会生产越发展，经济活动越复杂，人类由于经营决策的需要对核算行为的要求就会越高；社会生产的发展，同时又不断促进科学技术水平的提高，越来越多的高新技术手段渗透到管理的各个领域，这为会计核算质量的提升创造了条件。因此，社会生产的发展既对会计的进步不断提出要求，又为会计的完善不断提供条件。事实上，随着社会生产的渐趋发展和生产规模的日益扩大，生产、分配、交换、消费活动的日益频繁和错综复杂，随着商品经济的兴起，会计经由了萌发、成型、成熟、深化发展的过程。

一、古代会计阶段

古代会计阶段是复式记账法出现以前的会计阶段，有人认为在公元前一千年左右就已经有了反映经济情况的简单计算。最初的会计只是作为生产职能的附带部分，后来随着生产力水平的不断提高才有了专门的会计。这一阶段会计的特点是：会计以实物和货币作为计量单位，作为生产职能的附带部分，以官厅会计为主，会计核算采用单式记账。

会计起源于社会生产实践。人类要生存，社会要发展，就必须进行物质资料的生产，而物质资料的生产活动过程是一个得失兼有的过程，既会得到生产成果也会发生生产耗费。如果生产成果不足以抵补生产耗费，生产就难以按原有规模维持下去，社会就不能发展，人类也无法生存。只有当生产成果抵补了生产耗费后仍有剩余，再生产才能在扩大的规模上进行，由此带来社会的不断进步和人类生存条件的改善。因此，人类历史发展初级阶段的原始社会，人们为了具体掌握生产成果和安排生活需要，逐步产生了计数和计算的要求，并开始出现记录的雏形。由于受生产力水平的制约，当时，除了通过用大脑记忆，还使用了“绘图记事”、“结绳记事”、“刻契记数”、“泥板记数”（巴比伦）、“刻石记数”（埃及）等方法。早在原始印度公社时期，已经出现记账员负责登记农业账目，登记和记录与此有关的一切事项。据马克思的考证，“在远古的印度公社中，簿记已经独立成为一个公社官员的专职”。这些都是原始简单的计量、记录行为，它是会计的起源。这种只作为生产附带职能的原始核算行为，显然不能表明会计已经产生，但作为会计的雏形却能说明会计的起源与社会生产活动有一种源远流长的密切关系。在文字出现以后，人们对物质资料的生产与耗费开始有了专门的记载，这种文字与数字相结合的专门记载，就是最初形态的会计。

随着劳动生产力的不断提高，剩余产品开始出现，生产过程中需要记录和计量的内容逐渐多了起来。这时，会计只作为附带职能已难以反映生产过程中得失的全貌，于是会计就从生产职能中分离出来，成为由专职人员担任并具有独立职能的管理工作。

进入奴隶社会以后，会计的独立职能更为充实，核算行为相对规范，并开始出现初级的会计管理机构和部门。在我国的西周时代，《周礼·天官》篇中将其解释为：“司会主天下之大计，以参互考日成，以月要考月成，以岁会考岁成。”这里，“日成”指十日之文书，相当于现在的旬报；“月要”为一月之文书，相当于现在的月报；“岁会”则是一年之文书，相当于现在的年报。岁会就是计算全年的收支，“司会”根据会计记录考核当年的收支情况，“司会”是西周设立的单独的会计部门，作为专门管理钱粮赋税的官员和机构，掌管政府的全部会计账簿，定期对政府的收入和支出实行“月要”与“岁会”，以考核官吏管理地方的情况和他们经手的财务收支，体现出会计的监督职能。此时，代表政府意志的“官厅会计”（或叫政府会计）与代表生产者自己利益的“民间会计”（或叫私用会计）的区分已现端倪。随后，从春秋战国到秦代，围绕着生产过程记录的方式、方法作出进一步的完善、改进，使其专业化的程度逐步提高，产生了带有初级会计特色的记账方法。

从以上核算行为的出现和发展来看，古代会计，由于生产过程中的经济业务比较简单，充其量也只是对财产物资的活动进行实物数量记录和计算，这一阶段会计的特点是：会计以实物和货币作为计量单位，作为生产职能的附带部分，以官厅会计为主，会计核算采用单式记账。因此，它与我们的现代或近代会计还有一定距离。但是，作为会计产生的历史基础，人类在社会生产活动中所强调的得失是会计得以产生的基本原因。

二、近代会计阶段

近代会计是从运用复式记账法开始的。会计从简单地计算和记录财物收支，逐渐发展到利用货币计量来综合地反映和监督经济过程。在漫长的历史发展过程中，由单式记账法逐步向复式记账法过渡，表现出古代会计向近代会计的演变历程。近代会计出现主要由两个事件决定：一是中世纪复式记账簿出现及复式记账理论的阐述和完善；二是19世纪股份有限公司的出现对会计的推动。

在我国会计的发展初期，因长期受统治者“重农轻商”治世标准的影响，特别是受封建统治者“抑商政策”的影响，“民间会计”一直饱受歧视而被埋没，“官厅会计”则由于与国家财政收支有着密切的关系，被历代君王所重视。因此，在我国古代会计向近代会计发展的历史中，“官厅会计”占有主导地位。

在我国古代会计的核算中，以货币为计量单位一直处于一个缓慢的量变过程中。奴隶制时代，该变化微乎其微，自春秋战国时代封建生产关系产生以后，伴随着商品货币经济的发展才开始有了一定的进步。其中，秦代币制的统一，使货币量度在会计核算中的运用迈出了关键的一步。到西汉时，商业活动开始摆脱以物易物的交换形式，货币成了衡量一切商品价值的对照物，此时，货币量度在会计核算中占据了统治地位。这时会计记录与统计记录形成了一定区别，部分属于统计核算的内容从会计核算内容中分离出来，表现在记录手段上已开始把记录会计事项的简册称为"簿"，而把记录统计事项的简册称为"籍"。

唐宋时代，我国会计获得全面发展，"官厅会计"有了比较健全的组织机构，如宋代的"会计司"；有了比较严格的财经制度，如记账制度、预算制度、上计制度、审计制度等；会计方法也得到长足的进步，会计账簿的设置日益完备；记账方法和会计报表日趋完善，特别是创建和运用了"四柱结算法"。四柱是指旧管、新收、开除和实在，它们之间的关系是：旧管＋新收＝开除＋实在（意思就是"原有的＋新得到的＝拿走的＋还剩下的"），并编制"四柱清册"，形成了朴素的会计方程式，以此作为会计一系列核算方法的理论依据。据此编制的"四柱清册"属于官府办理钱粮报销或移交手续时的会计报表，它既可增加记账的正确性，又可全面、系统、综合地反映经济活动的全貌。作为我国古代会计的一个杰出成就，该方法的基本原理为通行多年的收付记账法奠定了理论基础。

明末清初，商业和手工业趋向繁荣，在"四柱结算法"原理的启发下，商业界产生了"龙门账"，用以计算盈亏。它把全部的账目划分为"进"（全部收入）、"缴"（全部支出）、"存"（全部资产）、"该"（全部资本及负债）四大类，运用"进－缴＝存－该"的平衡公式，检查账目，计算盈亏，分别通过"进"与"缴"账目编制"进缴表"和通过"存"与"该"账目编制"存该表"。在两表上计算得出的盈亏数应当相等，称为"合龙门"。这里的"进缴表"和"存该表"可以说是近代会计中"损益表"与"资产负债表"的雏形。

清代，商品经济进一步发展，资本主义经济关系逐渐萌芽，产生了"四脚账"。其记账方法是一切账项，无论是现金出纳、商品购销、内部往来等等，都要在账簿上记录两笔，既登记"来账"，又登记"去账"，以反映同一账项的来龙去脉。账簿采用垂直书写，直行分上下两格，上格记收，称为"天"，下格记付，称为"地"，上下两格所记数额必须相等，故又称为"天地合账"。这种带有复式概念的做法，表明了我国会计由单式记账向复式记账的过渡。

从我国会计发展的历史可见，无论作为生产附带职能的原始核算行为，还是以货币作为主要量度的古代会计，我们都曾经处于世界领先地位。但由于长期封建社会自然经济的影响，阻碍了生产力的发展，也导致了会计发展的滞后。直到资本主义输入中国，在西方会计的影响下，完成了向复式记账的过渡，进入了近代会计阶段。

会计作为世界文化的产物，应该说无论在我国还是在西方都是一脉相承的。但由于我国历史发展的局限性，使得原来基本同步发展的状况在近代会计形成的过程中拉开了距离。西方会计发展的优势主要表现在近代会计的萌发、形成、成熟和深化上。

12 世纪末和 13 世纪初，由于意大利的商业十分发达，商业交易活动日趋复杂，原来采用的单式记账法已不能满足充分反映交易事项的要求，于是首先在佛罗伦萨的钱业庄中采用了复式记账法并设置了复式账簿，随后又在威尼斯等相继出现了官厅复式账簿和商业复式账簿，这表明了复式记账法在会计中得到了普遍的运用。作为近代会计的萌发阶段，当时主要围绕着完善记账方法和改善账簿组织结构进行了有效的研究，这为近代会计的最终形成创造了条件。一般认为近代会计始于复式簿记形成前后。1494 年，意大利数学家卢卡斯·巴乔里所著《算术、几何及比例概要》在威尼斯出版，对威尼斯簿记法第一次作了系统的介绍，为复式簿记在全世界的广泛流传奠定了基础，它是会计发展史上第一个里程碑，标志着古代会计时期的结束与近代会计的开始，近代会计是在复式簿记的构架上逐步发展起来的。复式簿记首先出现在意大利，随后传播至荷兰、西班牙、葡萄牙，又传入德国、英国、法国等，复式簿记原理经历了500多年，至今仍在世界范围广泛使用。

18世纪至19世纪中叶，特别是英国产业革命完成以后，企业扩大发展需要纷纷举债，而债权人出于规避风险的考虑则要求企业提供反映负债情况的报表，于是首先由一些无限责任的独资、合伙企业开始编制负债表并对外报告。19世纪60年代以后，随着自由资本主义向垄断资本主义的过渡、社会化大生产和专业化的发展以及劳动分工，导致了企业股份化、资本集中化的趋势。大量股份制企业的涌现，使企业的所有权与经营权逐渐分离。企业外部众多的所有权拥有者和其他利益相关者都需要企业经营者提供赖以决策的财务报告，这样，企业定期编制资产负债表和损益表就形成一种风气。定期编制会计报表，从内容上是一定时期经济业务核算的总结，从形式上是一段时间会计处理步骤的终点。它表明了会计工作已按一定模式和固定程序在有条不紊地进行，近代会计也得以形成。工业化革命后，会计理论和方法得到了明显的发展，从而完成了由簿记到会计的转化。

会计账务处理形成定期循环的固定程序后，如何使核算内容更为规范化、通用化，特别是使核算产生的会计资料更符合报表使用者的需要，从而引发了会计原则的研究。从20世纪初到40年代，美国率先开始出现并初步建立的"公认会计原则"，就成为会计在外向服务时社会公众接受的会计事务处理准绳，表明近代会计迈出了成熟的一步。同时，伴随着股份制企业日趋普遍，社会竞争更趋激烈，企业都特别强调利用会计加强企业内部管理。随着泰勒科学管理思想和方法的推广，标准成本应运而生。成本计算方法与复式记账法的相结合，使成本记录与会计账簿一体化，从而构成了成本核算的专门内容。此时，由于会计对内外决策的作用越来越大，使近代会计进入成熟阶段。

20世纪30年代至50年代，经济形势急剧发展，科学技术突飞猛进，既要求会计突破传统的束缚进一步深化，又为会计的深入变革创造了客观条件，从而使会计进入了一个挑战的阶段。一方面，企业为了在激烈的竞争中求生存，为了增强忧患意识防患于未然，在利用会计加强内部控制的同时，将成本核算方法与预算管理理论相结合，由原先单纯的事后核算转向强调事前、事中核算，形成了以对内服务为主的管理会计。另一方面，传统会计中的原有部分，作为对外服务为主的财务会计，仍按会计循环的固有程序有条不紊地继续朝着规范化、通用化、系统化和理论化方向发展，不断完善会计原则。1929年至1933年的经济危机过后，人们认为松散、不规范的会计实务是经济危机爆发的主要原因之一，为了挽救会计职业，会计界认为必须着手制定会计准则。1934年第一批会计准则得到纽约证券交易所和会计师协会的共同认可，这批准则共包括6项内容：(1)利润必须实现；(2)资本盈余不得用以调剂任何一年的当年收益；(3)子公司并购前存在的盈余不得算做母公司的已赚取盈余；(4)公司职员的应收票据与应收账款单独列示；(5)库存股股利不得作为收益；(6)捐赠资本不作为盈余。

1937年，证券交易委员会开始公布与上市公司信息披露有关的法规——《会计系列公告》(Accounting Series Releases，ASR)，并在ASR No.4中将制定会计准则的权力赋予会计职业界，而证券交易委员会(SEC)则保留有监督权与最终的否决权。以后，会计准则制定团体先后经历了"会计程序委员会"(CAP)、"会计原则委员会"(APB)以及现在的"会计准则委员会"(FASB)。其中，FASB自成立以来，迄今已经公布了133份财务会计准则公告。

财务会计的外向服务性质，决定了其核算资料特别是对外提供的财务报告具有公开性。

如何能取信于社会公众这就需要由独立于所有者与经营者利益以外的第三者予以验证，由此产生了公共执业(注册)会计师制度。这样，会计由服务于政府、服务于某一特定主体，又扩展到服务于社会公众。会计的这种工作领域的划分和侧重不同的分工，既是近代会计的深化，又是现代会计最基本的特征，还是会计发展至今最具主导地位的现状。

这一阶段会计的特点是：会计以货币作为主要的计量单位，作为独立的管理职能，以企业会计为主，会计核算采用复式记账，形成了完整的会计核算方法，会计成为了一门科学。

三、现代会计阶段

从20世纪50年代以后会计步入现代会计阶段。在这一阶段，会计发展极为迅速，会计理论与会计实务都取得惊人的发展，标志着会计的发展进入成熟时期。这应归功于社会生产的迅速发展和进步所带来的社会各方面的全方位变化。

通过长期实践及吸收其他学科的理论成果，会计的方法和技术，从无序到统一规范，会计理论逐渐完善起来。整理会计资料的手段从全盘手工逐渐发展到利用机械，直至现在部分或全盘地利用电子计算机。

1946年美国第一台电子计算机诞生后，1953年便在会计中得以运用，形成了如今热门的“电算化会计”。50年代以后，信息论、控制论、系统论、现代数学、行为科学等学科被引入会计学，极大地丰富了会计学的内容，尤其是管理会计部分。1952年世界会计学会正式批准使用“管理会计”一词，由此将会计一分为二，形成了以服务于企业外部信息利用者为主要目的的“财务会计”和以服务于企业内部信息利用者为主要目的的“管理会计”两大门类，这是会计发展史上的里程碑。早期的管理会计主要体现为执行性管理会计，侧重于标准成本、预算控制和差异分析。从20世纪50年代开始，管理会计逐渐由单纯的执行性管理会计阶段，过渡到以“决策与计划会计”和“执行会计”为主体、把决策会计放到主要位置的现代管理会计阶段。

20世纪70年代以前，规范性会计研究法占据主导地位，从20世纪70年代后，实证会计研究开始出现并逐渐取得了与传统的会计研究方法共领风骚的地位。两种方法的有机结合逐步实现了“实践—理论—再实践”这样一种不断循环往复的科学研究思路，从而既保证了会计理论体系的逻辑一致性，也能使会计理论在实践中经受检验，避免了“空中楼阁”式的尴尬。

人类社会已进入新的世纪，新的世纪是一个充满活力、挑战与机遇并存的世纪。在新的世纪中，会计工作除了在处理和提供信息的数量、质量、速度和时效方面将有极大的提高外，还将全面贯彻成本效益原则，用尽可能少的代价满足有关各方对信息的需求；由于电子计算机和网络技术的广泛应用，会计将由核算型向核算管理型转移，会计工作将进一步参与单位的经营管理，在会计控制、会计决策、会计分析和会计考评方面发挥更大的作用。此外，由于客观环境的变化和知识经济的发展，会计工作将不断开拓新的领域，人力资源会计、环境保护会计、社会保障会计以及无形资产会计将逐步进入实际应用的领域，原有的会计学科将重新分化组合，会计学将继续向交叉学科的方向发展，会计信息的分析与利用将成为会计学研究的主要内容。这就是说，未来的会计将是一种包括事前的预测决策、事中的核算监控和事后的分析考评在内的会计核算和会计管理系统。需要着重指出的是，人类进入20世纪90年代以来，人们观察经济动态的理念、指导经济活动的思路、组织经济运作的方式，乃至追求经济发展的目的都起了很大的变化：就经营企业而言，人们对企业性质的认识、对经营目标的定位、对经营方式的选择，乃至对日常经营管理方法的实施都出现了很多新的发展。比如，对企业的界定已经从传统的企业发展成为在近20年来兴起的契约经济学导向下衍生的企业契约论；对企业经营目标的定位已经从企业利润最大化发展成为企业价值增值最大化；企业经营方式正在向外向型、多元化、集团化的方向发展；日常经营管理实现了战略管理与技术管理、供应链管理与价值链管理、实体资源管理与信息虚拟管理的结合，人们把管理的视线转向了价值及其载体的活动上，把管理目标锁定在业务链和价值链每个环节的增值上。所有这些变化都会影响到会计的整体运行系统，影响到指导会计运行系统的理念和政策。为此，学术界有人提出了构建价值链会计若干设想。

在这段时间里，资本主义国家高速发展，社会主义国家也迅速崛起，生产力水平也快速提高，物质文明、精神文明得到了极大地丰富，市场经济席卷全球，尤其是电子计算机所带来的信息革命，人们的文化水平、思维方式、道德观念、创新能力等都发生了巨大变化。从而不仅会计理论日益丰富，会计方法技术日益先进，会计作用日益增强，而且也使会计的学科门类不断增多。例如，物价变动会计、标准成本会计、跨国公司会计、外币折算会计、环境会计、社会会计、行为会计、质量会计、增值会计、法学会计、伦理会计等等。

这一阶段会计的主要特点是产生了财务会计和管理会计之分，会计规范国际化，会计学科门类多样化。

第二节　会计目标与会计职能

一、会计目标

会计目标是会计系统的抽象范畴，它是沟通会计系统与会计环境的桥梁，是连接会计理论与会计实践的纽带。会计系统围绕会计目标发挥作用，会计目标引导会计系统运行。因此，会计目标理论研究是会计理论研究与会计实务发展中的重要内容，它关系到会计基本理论框架的构建以及会计实务的拓展。西方会计界（以美国为代表）主要是从 20 世纪 60 年代开始探讨会计目标，并逐渐将其视为会计理论研究的起点，这在美国财务会计概念结构中表现得尤为突出。作为一个理论系统与实践学科，会计应首先明确目标，没有目标的系统是不可想象的，没有目标的学科是不完善的。会计的目标是指会计工作所要达到的终极目的。会计系统作为一个人造系统，其运行是有组织、有目的的。明确了会计目标，也就明确了会计应当达到的要求，从而为会计工作指明了方向。

会计目标不是主观臆造的产物，它反映了会计发展过程中内在的必然联系，会计目标对会计这个人工系统的其他构成要素有决定或制约作用。由于会计是整个经济管理的重要组成部分，会计的目标应从属于经济管理的总目标，或者说会计的目标是经济管理总目标下的子目标。在市场经济条件下，经济管理的总目标是利用有限的经济资源获得最大的经济效益。经济效益是一个投入与产出的对比结果。利用有限的经济资源获得最大的经济效益，就是在投入一定价值量的经济资源情况下，获得最大价值量的经济资源，或者实现所投入经济资源的最大增值。作为经济管理重要组成部分的会计管理工作，必然要以利用有限的经济资源获得最大经济效益作为最终目标。会计作为一项特定的经济管理活动，使用专门的方法确认、计量、记录、报告一个单位经济活动的信息系统，是一种经济管理活动。因此，会计目标就是向会计信息的使用者提供有关的会计信息，以满足会计信息使用者的管理与决策需要。

根据国内外会计学者的研究，会计目标的设置应当至少回答以下三个方面的问题：(1)会计信息需求主体，即谁是会计信息的使用者；(2)会计信息需求内容，即会计信息的使用者需要哪些信息;(3)会计信息供给,即会计如何提供信息使用者需要的信息。

(一)会计目标的历史分析

会计目标必须通过外部经济环境给出规定和说明,是会计发展的历史起点,具有主观见之于客观的特点。根据历史唯物主义观,历史是客观的,因此,历史地分析会计目标有利于我们总结出正确的结论。

在单式簿记时代,人类社会处于自然经济发展阶段,生产的目的主要是自给自足而非交换。单式簿记作为会计发展的最初形式,对政府来说是要借助它来核算财政收支状况及其结果,为贯彻"量入为出"的财政原则服务;对民间企业和手工业来说,则要通过它来核算收支,以便在收支相抵中求得"收大于支"这一期望结果。因此,这一时期的会计,其目标是要为政府与民间商业及手工业核算收支,满足他们对各自收支状况及其结果的信息需求。

随着 12 世纪至 15 世纪地中海沿岸某些城市商业、手工业的发展以及资本主义经济关系萌芽的出现,会计逐渐由单式簿记发展阶段进展到复式簿记发展阶段。会计的这种发展,源于会计具体目标的变化。这一时期的商业对会计的要求,已不仅仅是核算收支了。考察当时的会计环境和会计事务,可以将会计的具体目标概括为:(1)为商人提供其所拥有的所有财产和所进行的交易及其损益信息;(2)为经济往来各方提供债权、债务方面的信息。

18 世纪 60 年代至 19 世纪所进行的产业革命,大大促进了生产力的发展,人类社会进入机器大工业时代。在此期间,股份有限公司成为企业的最基本经营组织形式。在这类公司里,资产所有权与经营权发生分离,这一情况也相应引起了这一历史时期具体会计目标的变化:(1)为所有者提供公司的财务状况和经营成果,以评价经营或受托责任的履行情况;(2)为公司经营者提供经营管理所需要的信息;(3)为债权人提供公司偿债能力等方面的信息。从这些具体目标中可以看出,在会计管理职能得到进一步加强的同时,会计的反映与评价受托责任履行情况的职能也得到了加强。

随着证券市场的发展,委托与受托关系不仅进一步复杂化,并且处于不断变化之中。此时,会计除实现上述目标外,还为潜在的投资者、债权人及其他利益关系人提供各种不同的信息。正是在这些具体会计目标的引导下,会计在理论、方法和技术等方面都取得了迅速的发展,并最终确立了财务会计与管理会计相对独立的地位。

通过上述分析可知,处于不同历史环境下的会计,具有不同的具体会计目标。当然,处于同一历史环境下的不同会计主体的会计,其具体目标也不相同。会计目标决定了会计系统运用的方法和程序,是引导和制约会计行为的决定性因素,同时会计目标直接反映着社会经济环境的变化。

(二)会计目标的分类

通过上述考察,我们认为,会计目标具有两个层次:基本会计目标和具体会计目标。处于不同历史时期的会计,其基本会计目标是一致的,具体会计目标则因历史环境的变化而不相同,因会计主体的不同而发生差异;基本会计目标适合于所有历史环境下的所有会计信息使用者,具体会计目标则仅仅适合于某一环境下的某一具体会计信息使用者。

1. 基本会计目标

基本会计目标是指在会计工作中处于支配地位、起着主导作用的目标。它是会计行为的指南,也是统一会计人员工作观念的基础。从上述对会计目标的历史分析中可以看出,会计目标因历史环境等的不同而产生差异。但在具体表现形式的背后,存在着相同的特性——"满足管理信息需求"。对此,中外会计界有着类似的认识。

在国外，关于会计的目标，比较有代表性的观点是美国会计学会1964～1966年基础会计研究委员会的说明：(1)为利用有限资源的决策提供有用的信息；(2)为利用和控制组织内的人力、物力资源提供必要信息；(3)为资源管理者提供必要的信息；(4)为履行会计的社会管理职能提供必要信息。

在我国，由于人们对于会计含义理解的不同，导致人们从不同的角度来认识会计的目标。会计既是一种管理活动，同时又是一个经济信息系统。如果把会计看成是一种管理活动，则所谓会计目标就是会计管理的目标，它不但包括为企业内部管理和外部有关各方面提供决策所需要的信息，而且包括直接履行管理的职能：参与经营决策，制定计划和预算，并有效地控制计划和预算的实施等。如果把它视为一种经济信息系统，则会计目标就是提供会计信息的目标，即向谁提供信息、提供什么样的信息等。但人们对会计目标的认识有一个共同点：满足有关方面对会计信息的需求是会计的目标。我国在2006年的《企业会计准则》中指出："财务会计报告的目标是向财务会计报告的使用者提供与企业财务状况、经营成果和现金流量等有关的会计信息，反映企业管理层受托责任履行情况，有助于财务会计报告使用者做出经济决策。"

综合中外关于会计目标的主流观点，结合对会计目标的历史分析，"满足管理信息需求"属于基本会计目标。

2. 具体会计目标

具体会计目标是基本会计目标在会计工作中的具体化，是会计工作和基本目标的联系纽带。具体会计目标是会计在特定历史环境下针对具体的信息使用者时所具有的，它直接体现了会计在这一历史环境下所具有的职能。当然，会计目标应在会计职能所能及的范围之内，因为我们对会计职能的认识，是通过对具体会计目标及其在现实中的可行性考察而获得的，一旦某项具体会计目标可行，便可以认为会计具有与该项具体会计目标相对应的职能；否则，就不具有这项职能。目前我国会计理论界对于具体会计目标的探讨，主要有两大学派提出的两大理论：一是代理关系学派提出的"受托责任论"，二是决策学派提出的"决策有用论"。

(1)提供"经营责任"信息。"受托责任"这一提法由来已久，但形成一个学派则是在20世纪70年代以后。该学派认为，会计的目标就是以适当的方式有效反映受托人的受托责任及其履行情况。换言之，会计应当向委托人报告受托人的经营活动及其成果，应当以反映经营业绩及其评价为中心。其依据是，资源所有者将资源的经营管理权授予受托人，同时通过相关的法规、合约和惯例等来激励和约束受托人的行为，受托人接受委托对资源进行有效管理和经营，并通过向资源提供者如实报告资源的受托责任情况来解除其受托责任。受托责任学派更强调信息的可靠性，它在重视资产负债表的基础上格外重视损益表。

会计的重要使命在于反映受托责任。受托经管责任是以资源的"委托—受托责任关系"的形成为前提的。在"委托—受托责任关系"的情况下，受托经管责任的履行情况必然受到产权主体的影响，并在会计确认、计量和报告中得到体现。同时，受托者有义务和责任借助于会计系统向委托者报告受托经管责任及其履行情况。因此，反映受托经管责任必然成为会计的目标取向。从历史上看，会计的发展过程无不受产权思想的影响。复式簿记的产生源于财产权利及其经管责任，但由于原始的产权结构比较简单，受托经管责任主要表现为一种保管责任，所以，当时的会计方法和会计机制还很不完善。随着股份公司成为占主导地位的经营组织形式，特别是所有权和经营权在严格意义上分离，所有者在更大程度上的分散，传统会计逐渐演变为财务会计，通过定期提供一套通用的财务报表来揭示受托资源的使用、保管和增值情况，以维护不同产权主体的利益。与此同时，企业会计逐渐把重点转向所有者集团，损益表的重要性逐渐增强，并发展成为最重要的财务报表之一。在现代会计学中，会计反映受托经管责任及其履行情况十分明显，可以说，会计的真实使命在于全面反映产权关系，体现产权的基本意志，维护产权主体的利益。"受托责任论"所依托的两权分离，其拥有财产所有权的所有者与拥有财产经营权的经营者是确定的。在这种环境中，委托方和受托方都关注着受托资源的保值与增值，甚至委托方还可以向受托方提出管理受托资源的具体要求。一旦受托方未能完成既定的受托责任，委托方可以更换受托方。"受托责任论"形象地描绘了委托方和受托方的权责关系及其会计在认定受托责任履行情况中的作用。因此，受托责任学派认为，会计目标就是有效地反映资源受托人的受托责任及其履行情况。受托责任学派认为，为了有效地协调委托和受托的关系，客观、公正地反映受托责任的履行情况，首先应在会计信息质量方面强调客观性，在会计确认上只确认企业实际已发生的经济事项；其次，由于历史成本具有客观性和可验证性，因此，在会计计量上坚持采用历史成本计量模式以有效反映受托责任的履行情况；再次，在会计报表方面，由于经营业绩是委托者最关心的一个方面，因此，损益表的编制显得尤为重要。提供有关"经营责任"信息目标的具体表现有经济责任信息、社会责任信息和受托责任履行情况信息等。

(2)提供"经济决策"的信息。决策有用学派产生于 20 世纪五六十年代以后，该学派认为，会计的目标就是向会计信息使用者提供对其决策有用的信息。换言之，会计应当为现在和潜在的投资者、信贷者和其他信息使用者提供有利于其投资和信贷决策及其他决策的信息。其依据是资源的所有权和经营权分离后，在资本市场介入的条件下，资源所有者对受托资源有效管理的关注程度会降低，转而更为关注所投资企业在资本市场上的风险与报酬。决策有用学派更强调会计信息的相关性，即要求信息具有预测价值、反馈价值和及时性，更关注与企业未来现金流动有关的信息。

1964～1966 年，美国会计学会发表了《基本会计理论报告》，初步提出了将会计信息的使用者、会计信息的用途、会计信息的质量要求和经济决策联系起来的会计目标思想。在报告中，会计的第一项具体目标被描述成：为了"作出关于利用有限资源的决策，包括确定重要的决策领域以及确定目的和目标"而提供有关的信息。

1978 年，美国财务会计准则委员会在其《财务会计概念公告》中，对财务报表的目标做出了进一步的阐述：(1)财务报告应提供对现在和可能的投资者、债权人以及其他使用者作出合理的投资、信贷及类似决策有用的信息；(2)财务报告应提供有助于现在和可能的投资者、债权人以及其他使用者评估来自销售、偿付到期证券或借款等的实得收入的金额、时间分布和不确定的信息；(3)财务报告应能提供关于企业的经济资源、对这些经济资源的要求权，以及使资源和对这些资源要求权发生变动的交易、事项和情况影响的信息。

会计信息的使用者除资源的所有者之外，还有企业内部管理当局、债权人、政府部门和社会公众等等。会计所提供的信息除了有关经管责任方面的内容外，还有其他内容。因此，会计反映受托经管责任具有不完全性，即不能涵盖会计目标的所有方面。从本质上看，受托经管责任是经营他人财产者所负有的向财产所有者提交说明其行为过程的报告责任。所以，企业经营者与资源所有者以外的信息使用者之间并没有真正意义上的"委托—受托责任关系"，而仅仅是一种经济往来关系或义务关系。同时，严格意义上的受托经管责任产生于两权分离，在两权分离之前，会计的目标是难以用反映受托经管责任来表达的。而且，即使在受托经管责任普遍存在的现代社会，仍有大量的企业其所有者就是经营者，对于这些企业，有效反映受托经管责任同样是无法作为其会计目标的，必须通过会计提供有助于经济决策的会计信息这一目标来弥补。另外，日益发达的资本市场也为依靠会计信息进行投资决策提供了重要的理论基础。因此，为各种决策者提供与决策相关的会计信息的会计目标思想在20世纪60年代特别是70年代得到了空前发展，并使会计准则的制定和会计实务的发展走向了“目标导向”的道路，即会计目标属于会计理论体系并居于起点的地位，决定和制约着会计假设、会计概念和会计规范（包括会计准则）。会计假设在于对会计运行的前提条件做出限定，这种限定决定于会计目标，因而会计目标制约着会计假设。会计规范则是人们为了保证会计目标实现而制定的用来指导和制约会计主体行为的规范。因此，会计目标包含了会计活动的“基因”，是会计系统运行的导向机制，是会计活动的出发点和归宿。

在决策有用学派看来，会计的目标就是向信息使用者提供有利于其决策的会计信息，它强调会计信息的相关性和有用性。从会计确认方面来看，决策有用学派认为会计人员在会计上不仅应确认实际已发生的经济事项，还要确认那些虽然尚未发生但对企业已有影响的经济事项，以满足信息使用者决策的需要；从会计计量方面来看，决策有用学派认为会计报表应反映企业财务状况和经营成果的动态变化，在会计计量上主张以历史成本为主，并鼓励在物价变动情况下多种计量属性的并行；在会计报表方面来看，决策有用学派认为会计报表应尽量全面提供对决策有用的会计信息，由于会计信息使用者需求的多样性，因此，在会计报表上强调对资产负债表、损益表及现金流量表一视同仁，不存在对某种会计报表的特殊偏好。提供有关“经济决策”的信息目标的具体表现有：政策的选择与变化信息、契约的选择与实现信息。

“受托责任论”和“决策有用论”都形象地描述了某种环境中特定会计信息使用者对会计信息具有特定需求情况下的会计目标，两种会计目标的观点并不完全排斥。如实反映履约责任的会计信息与决策有用的会计信息是相互交叉的，但是不能完全替代。不同会计目标引导下的会计工作，在某些会计方法的使用上可能会存在差异。受托责任与决策有用是对会计目标在不同层面的表述。受托责任观关注的是实质，反映受托责任的履行情况，是会计的根本目标；而决策有用观关注的是形式，提供与决策有用的信息是会计的外在目标。两者实质是一致的。

二、会计职能

会计职能是指会计行为实施过程中所具有的功能，它是由会计的本质特征所决定的固有的、直接的功能。会计职能随着会计环境的变化发展将不断发展变化，是人们在实践中总结出来的。

（一）关于会计职能的历史演进

在史前时代便可以发现，原始人做出的各种刻画符号，一开始便与管理生产、生活联系在一起，尽管人们在这个阶段对于生产关心的程度不同，事实却表明人们一开始所进行的计量与记录便出自对经济进行管理的这一动机。

进入文明社会后，在自然经济发展阶段，单式簿记的方法体系逐步构建起来，它体现了官厅会计的历史贡献。除簿记方法之外，为贯彻“量入为出”之制，统治者组建了财计组织，颁布了财计制度，最终形成了簿记组织、簿记制度与簿记方法相结合的簿记工作格局。在此阶段，人们所关注的或认识到的只是簿记的核算职能，认为簿记是为维护国家财政收支服务的工具，事实上，这时与簿记核算职能并存的还有簿记的监督职能，簿记工作还起着监督国家财政收支实现的作用，只不过在此期间簿记的核算职能处于主导地位而已。

随着资本主义商品货币经济萌芽、演进，会计由单式簿记阶段演进至复式簿记发展阶段。

在单式簿记时代，簿记错误很多，在早期出现的一批家族性质的公司里，由于公司簿记与家记混为一体，故这类公司的账目最初是“一笔糊涂账”。直到帕乔利的《簿记论》问世之后，这种情形才大为改观，家记与公司簿记逐步严格划分开来，理论与实务统一起来，簿记在公司经济中的作用也日益突出，人们开始认识到“管”与“算”结合的意义，进而认识到簿记的反映职能与监督职能同等重要。经历产业革命，又在20世纪进入信息经济发展时代之后，人们在“管”、“算”结合这一认识的基础上，又逐步体验到在管理与核算之间，“算”是基础、是手段，“管”则是目的，“管”处于主导地位。

在会计发展史上，自从有了会计的“算”，同时便有了会计的“管”。会计的“管”不可以脱离会计的“算”，而会计的“算”又始终是围绕会计的管理目标进行的。在任何一个历史时期，既不存在脱离管理而独立存在的“算”，也不存在脱离核算而独立存在的“管”。由会计环境的变化及人们的认识水平所决定，相对而言，在古代社会里通常认为簿记以“算”为主，以“管”为辅；至近代社会，人们将“管”与“算”并重对待，提倡“管”、“算”相结合；而进入现代社会发展阶段之后，人们又逐步从会计对于管理的能动作用方面认识到，在会计的职能方面，当以管理作为主导方面，而核算仅起辅助性作用。

会计职能的历史演进告诉我们，会计环境对会计职能的影响是直接的，就会计的职能或功能作用而言，它伴随着诸如经济、科技、文化以及经济体制等环境要素的变化而相应在其内涵与外延方面发生变化，会计环境在一定程度上限定了会计的功能作用，限定了人们对会计功能作用的认识，进而也限定了人们对它的评价，限定了它在某一历史时期经济工作中的实际地位。会计的基本职能不是一成不变的，它的发展变化既取决于会计所处环境的变化，也取决于人们的思想认识水平。人们只有在认真分析与研究会计环境问题的基础上，才能对历史时期簿记或会计的职能作出正确评价。正因为如此，在研究会计职能时应当从总体上对它加以考察，即应当把它看作是特定历史发展阶段人们在实践中总结出来的，但其总结过程一直在理论界没有达成共识。目前，我国会计理论界对会计职能有多种不同认识，不同职能论的倡导者由于对经济活动过程尤其是会计本质的理解角度不同，产生了不同的表述方式。然而，我们将大多数会计理论研究者和会计实务工作者的共同认识并贯穿会计发展过程的会计职能，称为基本职能或本质职能；将从基本职能派生或发展出的职能，称为辅助职能或派生职能。

(二)会计的基本职能

马克思在《资本论》第2卷(1885年版)中，以高瞻远瞩的伟大气魄对“簿记”的重要性、本质及其发展规律作出了科学的论断：“过程越是按社会的规模进行，越是失去纯粹个人的性质，作为对过程的控制和观念总结的簿记就越是必要。”马克思是把会计的发展与经济发展这个历史动因紧紧联系在一起加以分析并作出这一科学论断的。一方面，表明社会经济越是向更高阶段发展，生产与市场的关联越是紧密，公司内外所体现出来的经济关系越是复杂，会计的地位与作用便越是显得重要；另一方面，则表明会计具有“过程的控制和观念总结”的职能，不少会计界的人士认为这就是对会计职能的高度概括。并将“观念的总结”演绎为“反映”或“会计核算”，将“过程的控制”演绎为“会计监督”，认为这就是会计的基本职能。我国会计法也一直将“会计核算”和“会计监督”作为法律赋予会计的基本职能。

1. 会计核算职能

会计核算职能或称会计反映职能，是指对大量的经济业务通过会计的确认、计量、记录、归类、整理和报告等会计行为，主要以货币计量方式，运用记账、算账、报账等专门方法，从价值量上反映单位已经发生或完成的各项经济业务事项及其结果，为会计信息利用者提供具有连续、系统、全面、完整、综合的会计信息的功能。这是会计职能中最基本的职能，是会计履行其他职能的基础。

会计核算是利用价值形式对经济活动进行确认、计量、记录并对外报告的工作。会计核算的基本特点是：

(1)会计核算职能通过确认、计量、记录、计算和报告五个环节来实现。确认是按照规定的标准和方法，辨认和确定经济数据是否输入以及以何种项目输入会计信息系统的过程；计量是将纳入会计信息系统的项目列为计量对象，选择一定的计量单位和计量属性来确定该项目金额的过程；记录是将纳入会计信息系统的项目按照计量后的金额记载到会计账簿体系中；计算是按照一定的运算方法计算项目金额的过程；报告是依据一定的标准和格式，根据会计信息使用者的决策需要，综合提供和输出会计信息系统加工成果的过程。

(2)会计核算主要从价值量上反映各单位的经济活动。由于货币具有一般等价物特征，只有货币量度的信息才具备纵向综合和横向可比的功能，因此，会计主要利用货币计量方式，通过价值形式的核算来综合反映经济活动的过程和结果。由此可见，会计核算以货币量度为主，兼用实物量度及劳动量度从数量上反映各单位的经济活动状况。

(3)会计核算具有连续性、系统性、完整性。会计核算的连续性、系统性、完整性，是会计信息连续性、系统性、完整性的保证。会计核算的连续性是指对会计对象的计量、记录、报告要连续进行，不能有任何中断；会计核算的系统性是指要采用科学的核算方法对会计信息进行加工，保证所提供的会计数据资料能够成为一个有序的整体，从而可以揭示客观经济活动的规律；会计信息的完整性是指对所有的会计对象都要进行计量、记录、报告，不能有任何遗漏。

(4)会计核算对特定主体经济活动进行记账、算账、报账三项工作。特定主体必须根据实际发生的经济业务事项进行会计核算，填制会计凭证，登记会计账簿，编制财务会计报告。

(5)会计核算采用设置会计科目和账户、复式记账、填制和审核会计凭证、登记账簿、成本计算、财产清查、编制会计报表七种方法。

(6)会计核算要对单位经济活动进行事前、事中、事后全过程反映。会计核算对已经发生的经济活动进行事后的记录、核算、分析，通过加工处理后提供大量的信息资料，反映经济活动的现实状况及历史过程，这是会计核算的基础工作。但是，随着商品经济的发展，市场经济竞争日趋激烈，企业经营规模不断扩大，经济活动日益复杂化，管理对会计的要求在不断提高，会计核算不仅包括对经济活动的事后核算，还应包括事前核算和事中核算。事前核算的主要形式是进行经济预测，参与决策；事中核算的主要形式则是在计划执行过程中，通过核算和监督相结合的方法，对经济活动进行控制，使之按计划和预定的目标进行，为经营管理决策提供更多的经济信息，这样才能更好地体现并发挥会计的管理作用。

(7)会计核算在客观上体现了对财务信息的优化过程。会计核算具体划分为两个基本工作阶段：一是信息确认阶段，在这个过程进行信息筛选，去伪存真，为整个优化信息过程奠定基础，确保财务会计信息真实可靠，为决策提供有用信息；二是核算工作阶段，在这个过程进行设置账簿、会计科目等会计方法的具体应用。

会计核算职能是会计最基本的职能，是会计发挥其他职能的基础。现代会计的核算职能是现代会计工作的基础，它通过会计信息系统所提供的信息，既服务于企业内部的决策者，又是会计部门参与决策的依据；既服务于企业内部管理，又服务于投资者，以及与企业工作相关的财税、金融及审计部门。

2. 会计监督职能

会计对经济活动进行核算的过程，也是实行监督的过程。监督职能，也称为控制职能，是指利用会计核算所提供的各种会计信息，按照一定的目的和要求，对经济活动进行控制、调节和指导，使之达到预期目标的功能。通过会计监督，能够正确地处理好国家与企业的关系，提高宏观经济效益，并促使企业改善经营管理水平，提高企业经济效益。

会计监督具有以下特点：

(1)会计监督主要是通过价值指标来进行。会计监督借助于会计核算提供的价值指标，及时、客观地引导并控制经济活动的过程及其结果。会计为了便于监督，有时还需要事先制定一些可供检查、分析用的价值指标，用来监督和控制有关经济活动，以避免出现大的偏差。会计监督运用价值指标可以全面、及时、有效地控制各个单位的经济活动。

(2)会计监督形式的多样性。按监督实行的时间，可以分为事后监督、事中监督及事前监督。会计的事后监督是对已经发生的经济活动以及相应的核算资料进行的审查、分析；事中监督是对正在发生的经济活动过程及取得的核算资料进行审查，并以此纠正经济活动过程中的偏差及失误，促使有关部门合理组织经济活动，使其按照预定的目的及规定的要求进行，发挥控制经济活动进程的作用；事前监督是在经济活动开始前进行的监督，即审查未来的经济活动是否符合有关法令、政策的规定，是否符合商品经济规律的要求，在经济上是否可行。按监督的要求不同，可以分为政策性监督和技术性监督。政策性监督是检查单位的经济活动是否符合国家有关政策、法规，着眼于经济活动的真实性和合法性。技术性监督是检查单位的经济活动是否符合财务会计的核算技术要求，着眼于经济活动的准确性、完整性和全面性。

(3)会计监督的目标是经济活动的合法性、合理性。合法性依据国家颁布的法令、法规，监督会计部门在履行职责的过程中，是否符合国家、地区、单位制定的法规和制度；合理性依据客观经济规律及经营管理方面的要求，监督经济活动是否合乎经济规律，是否有利于经济活动单位的存在和发展。

(4)会计监督的目的是经济活动的有效性。会计监督主要包括分析会计核算资料、检查遵纪守法情况、评价活动成果、确定经营目标、调整计划等内容。会计监督上述内容的最终目的都是为了保证单位在合法、合规运营的前提下，力求提高经济效益。

(5)会计监督的主体具有广泛性。会计监督的主体是指由谁来实行会计监督，根据《中华人民共和国会计法》的规定，财政、审计、税务、人民银行、证券监管、保险监管等部门应当依照有关法律、行政法规规定的职责，对有关单位的会计资料实施监督检查。

(6)会计监督的内容具有全面性。根据《中华人民共和国会计法》的规定，财政部门对各单位是否依法设置会计凭证、会计账簿、财务会计报告和其他会计资料是否真实、完整，会计核算是否符合本法和国家统一会计制度的规定，从事会计工作的人员是否具备从业资格等实施监督。

会计监督是会计基本职能之一，会计监督职能贯穿于经济活动始终，通过审查各项经济活动的计划、方案是否合理合法进行事前监督，通过对会计资料的检查、分析进行事中、事后的监督；会计监督职能的发挥需要以会计核算为基础，即会计监督职能的实现寓于处理、利用会计核算信息之中；会计监督具有强制性、严肃性、权威性，它服务于国家财经法规、政策、纪律的贯彻执行。

会计核算和会计监督关系十分密切，两者相辅相成：会计核算是会计监督的基础，而会计监督是会计核算的保证，两者必须结合起来发挥作用才能正确、及时、完整地反映经济活动，有效地提高经济效益。如果没有可靠、完整的会计核算资料，会计监督就没有客观依据，会计监督就会失去对象。反之，只有会计核算没有会计监督，则难以保证会计信息的合法性、真实性和完整性，会计核算也就没有意义。

（三）会计的其他职能

随着社会经济的发展和经济管理的现代化，会计的职能也会随之发生变化、扩充和延伸，一些新的职能不断出现。一般认为，除了会计核算、会计监督两个基本职能之外，现代会计还应当具有评价业绩、进行预测、参与决策、进行控制等职能。

会计评价职能即利用会计核算提供的财务状况、经营成果、现金流量等信息，对单位经营业绩进行客观评价的职能。评价经营业绩，主要是通过对一定期间的财务状况好坏、经营成果大小、创造现金流量能力等进行客观评价，从而对经营业绩进行确认，并为有关方面进行决策提供依据。进行业绩评价时所用的资料大部分是会计核算资料，因此，会计在评价中最具有发言权。当然，会计部门不是权力机构，会计评价的结果不能作为最终的认定，结果认定需要有关权力机构最终作出。

会计预测职能是指利用会计所掌握的各种价值信息，以及会计对经济前景的特有敏感性和有说服力的方法，对经济前景进行科学分析与判断的职能。经济预测中主要是各种价值分析与判断，会计在价值分析、计算与判断方面具有得天独厚的优势，因此，其说服力较强。因此，进行经济预测时，首先应由会计做出有关方案，以便为下一步的决策提供有用的信息。

会计决策职能是指利用会计预测的信息资料，为经营目标提出各种可行性方案，并对其进行分析、对比、优选，从而为管理当局进行决策提供依据的职能。会计的这种决策职能由于权限的原因，还只能限于“参与”的范围，并不具备直接决策的职能。

会计控制职能是指会计组织部门为实现其既定控制目标，以法制为依据，以科学理论为指导，通过一定的科学程序，采用科学的方法与现代化手段，充分履行自己的受托责任与行使管理权力，使企业的经济活动过程与财务活动过程遵循经济活动规律及其经济活动规范运行。现代会计控制的基本内容应当包括以下六个方面：第一，财务会计控制与管理会计控制；第二，提供财务会计信息，参与经济决策；第三，利用财务会计信息在工作过程中直接进行控制；第四，对会计信息系统的控制，即对优化财务会计信息的过程进行控制；第五，由侧重利用内部信息施行控制转向从管理战略目标出发，充分利用来自外部的财务会计信息进行全面控制；第六，由传统的财务成本控制转向作业成本控制。

从会计目标和会计职能的相互联系来看，会计目标的提出总要以会计职能为前提，它不能超越会计的职能，而只能限定在会计职能的范围之内，会计目标是会计职能的具体化，会计职能是实现会计目标的基础。从其相互区别来说，职能是体现会计的本质功能，尽管会计职能不会一成不变，会随着社会经济的发展、管理要求的提高以及人们对会计认识的深化而发展，但在一定阶段，会计的职能是相对稳定的；而会计的目标则会强烈地受到社会经济环境变动的影响，会随着社会经济环境的变化而变化，特别是不同的社会制度和经济体制，对会计提出各式各样的具体目标。当然，会计目标的发展变化会反作用于职能，促进职能的变化与发展。例如，人们设计会计目标时，向会计提出应满足决策对信息的要求，这促进了会计职能的发展，从而使会计逐渐具备了参与经济决策及预测的职能。

第三节 会计的含义和特点

会计概念是人们对会计实践的一种理论概括。会计指的是会计工作，没有会计工作也就没有会计这个概念，对会计的认识要以会计工作为原型进行抽象、概括。会计学是人们对会计工作规律认识的知识体系，或者说是研究会计工作的学问，它应当完整、准确地解决如何认识会计工作和如何做好会计工作这两个方面的问题。

一、会计的含义

会计工作虽然已有很长的历史，但是对于什么是会计，学术界一直看法不一，从20世纪五六十年代的“反映方法论”和“管理工具论”的抗衡，到80年代的“管理活动论”与“信息系统论”之争，可谓是各抒己见，百家争鸣。那么，究竟什么是会计呢？我们在介绍我国会计理论界对会计本质认识的“信息系统论”和“管理活动论”两种基本观点的基础上，探讨我们对会计的本质认识。

（一）会计信息系统论

20世纪70年代，西方发达国家普遍采用了“信息系统论”的表述方法，即认为会计是为会计信息使用者提供信息的一种系统，它旨在向利害攸关的各个方面传输富有意义的经济信息。持这种观点的人认为会计工作或会计部门在企业经营管理中是处于为其他职能管理部门提供信息的服务地位，它本身并不履行直接管理的职能。也就是说，会计工作只是提供信息，它本身并不利用信息。

会计信息系统论的产生大体上受到三方面的影响。第一，电子计算机的发明与应用。最初，计算机部门仅是会计部门的一个延伸机构，它每天的工作就是处理工薪账单、财务报表和总账。但随着电子计算机应用范围的广泛开发，人们便渐渐把计算机看作公司严密管理资产的一种信息工具。这种电子计算机实践对会计信息系统论的产生具有直接影响。第二，公司管理部门建立管理信息系统的影响。在信息经济发展时代，电子计算机在经济管理工作中的应用，促使管理工作者考虑实现管理过程中的人机结合问题，最终形成了科学的管理信息系统，而这个系统将财务会计系统包括其中。把电子计算机处理技术与财务会计方法体系有机结合起来，便形成了科学的会计信息系统，在会计信息系统中自然而然涉及实现财务会计信息取得时的人机结合问题，从而使人们逐步认识到会计信息系统是管理信息系统中的一个重要分支系统。第三，管理会计发展的影响。管理会计是以帮助管理当局制定政策和控制日常企业经营活动的方式来提供信息服务的。管理会计着重阐述会计人员必须向管理当局提供有助于计划、决策和控制的信息，从管理会计角度提出的会计信息问题对会计信息系统论学说具有重要影响。

会计信息系统论观点是20世纪80年代引入中国的，80年代后期，主张这种观点的人在不断增加，“信息系统论”广为流传。我国一些会计学者接受了这种观点，并在自己的论著中做了引用和阐述，经过一些著名会计学家的研究，使这一论说得到发展，其贡献在于：

（1）从管理的角度阐明了会计是以提供财务信息为主的经济信息系统。例如，葛家澍教授等学者所下的定义是：“会计是旨在提高企业和各单位活动的经济效益，加强经济管理而建立的一个以提供财务信息为主的经济信息系统。”

（2）通过会计定义揭示会计本质的同时，强调了会计的基本职能。葛家澍教授等学者认为，会计“在企业和各单位范围内，主要用于处理价值运动所形成的数据并产生与此有关的信息，起反映职能，上述数据与信息的进一步利用，又能起监督、预测、规划和分析、评价等控制职能。会计的上述两项职能，都有助于进行正确的经济决策和财务决策”。

（3）从宏观经济调控体系研究会计信息系统建设及其作用问题。例如，裘宗舜教授等学者指出："现代会计是一个财务、成本信息系统。"而这个系统是"为宏观调控服务的经济信息系统"中的重要组成部分，它与宏观经济决策密切相关，从而改变了以往将会计作用仅仅局限于公司方面的观点，将会计作用与国民经济控制系统建立起必然之关系。

（二）会计管理活动论

会计管理活动论观点是20世纪形成的，会计管理活动论认为会计是人们基于特定目的、利用特定方法对特定内容进行管理的一种管理活动。这种观点对会计的完整表述是：会计是经济管理的重要组成部门；它是通过收集、处理和利用经济信息，对经济活动进行组织、控制、调节和指导，促使人们权衡利弊、比较得失、讲求效果的一种管理活动；以应用借贷复式记账方法为主要标志的近代会计，是一种以价值运动为对象的管理活动。

20世纪初"管理经济学"的建立是会计管理活动论得以建立的重要依据。在"管理经济学"的历史发展阶段，与簿记、会计发展相关联者为两个阶段：第一阶段是"簿记理论时期（1900年前后）"；第二阶段是"资产负债表理论、成本理论、核算制时期（1920年前后）"，从而使成本理论、财务理论、核算制理论成为管理经济学的一个主要领域。至40年代中期，西方学者在管理经济学研究方面开始由经济实证转入理论化时期，这时企业财务不仅成为这一领域里的研究重点，而且通常把财务与会计的问题联系在一起认定会计在经济管理中的地位与作用。受管理经济学理论的影响，50年代在美国产生了"管理经济会计"学派，它的基本理论明确地揭示了会计与管理之间存在的必然联系。

我国会计管理活动论观点形成于80年代，1979年12月至1980年1月，在广东省佛山市举行的中国会计学会成立大会上，学者们首次提出了"会计管理"这一概念。1981年2月，在财政部印发的《全国会计工作会议纪要》中最早使用了"会计管理"这一名称。1982年8月，杨纪琬、阎达五教授在《经济理论与经济管理》刊物上发表了题为《论"会计管理"》的文章，正式提出"会计这一社会现象属于管理范畴，是人的一种管理活动"这一论断，并且指出："会计的职能总是通过会计工作者从事的各种形式的管理活动实现的。"他们提倡在中国使用"会计管理"这一概念。1983年2月，阎达五教授在纪念马克思逝世一百周年所写文章中又指出："会计管理的内容是价值运动，会计管理的目的是提高经济效益，会计管理的基本职能是计划和控制。"就中国出现的"会计管理活动论"学派而言，无论该学派是否在理论方面受到国外相关学派的影响，其影响程度如何，我们不予评论，但我们认为该学派揭示了会计与管理的关系。"会计管理活动论"的基本观点反映了对"会计工具论"的否定，它是我国进行会计改革以来体现在会计基本理论问题研究中的一个进步。其贡献在于：

（1）会计管理活动论认定了现代会计是经济管理的重要组成部分，明确了它在国家经济管理与企业经营管理中的地位与作用；会计工作是一项经济管理工作，会计部门是企业的一个经营管理部门。

（2）会计管理活动论把对会计本质的揭示与对现代会计基本职能的认定结合起来加以表述，明确了会计的反映与监督（控制）职能；认为会计的本质性含义与职能是处于变化之中的，强调对会计的认识与研究应破除"终极论"的观点。

（3）会计管理活动论认为会计在管理中所起的作用是能动的，从而在根本上将"会计管理活动论"与"会计工具论"、"会计技术论"区别开来。

（4）会计这种管理活动既与生产力有关系，也与生产关系有联系，同时还与上层建筑有着密切的联系。

（5）会计学是研究会计管理的知识体系，是一门独立的科学，属于管理学科的一个分支。

近年来，由于电子技术和高等数学在会计工作中的广泛应用，会计学正在向交叉学科的方向发展。

(三)会计的本质

会计的本质是什么？人们对它有多种不同的看法。其中较流行的观点是“会计是一个信息系统”和“会计是一个管理活动”。除此之外，还有“会计是一种技术(Art)，是关于诚实有效和以货币形成记录、分类、汇总具有财务性质的经济业务和会计事项，以及说明其经营成果的技术”。1970 年美国公共会计师协会(AICPA)在公报中提出：“会计是一种服务活动。它的职能是提供有关经济事项的定量信息。该信息主要是财务性质的，而且是对经济决策有用的。”我们认为，随着会计环境的变化，会计的内涵与外延两个方面同时发生着相应的变化，而这种变化又直接影响到会计的本质性内容发生变化，并最终影响着一代会计学者的思想，使他们在新的思想支配之下就会计的定义作出新的结论。

定义是揭示一门学科概念内涵的逻辑方法，对会计的定义要求它能揭示会计概念所反映的特有属性。作为会计的定义，它应体现会计的对象、职能、目标、意义、地位、作用及会计控制的范围，会计定义应是这些内容的抽象概括，它集中说明会计“是什么”、“为什么”、“做什么”以及“怎么做”这些与揭示会计本质相关的问题。而现代会计至少包括财务会计与管理会计两大分支，其中，财务会计以向主体外部信息使用者提供相关信息为基本任务，并应保证对外提供的会计信息的真实可靠、对信息的利用和对信息合理性的控制；管理会计则主要为企业管理当局提供作为决策依据的会计信息，对信息合理性的控制是管理会计所特有的，它要根据企业已定规划的要求，调整其财务数据，使之符合企业规划目标的意图。利用信息是财务会计与管理会计两者共同履行的职责，即会计的分析、评价等。通过以上分析，我们对现代会计定义做如下概括：现代会计是会计管理者通过提供和控制财务信息，并使之符合目标的信息控制系统。这个控制系统把现代会计的两大分支兼容于一体，既体现了财务会计信息的客观真实性，又表达了管理会计信息的相关性与合理性，从而将财务会计与管理会计两个信息范畴统一起来，更有效地发挥会计职能作用。

对会计的含义可概括为以下三层意思：

1. 会计是一个信息系统

现代社会，企业经理所需信息的大部分来自会计数据，管理当局以外的人员和机构也需要会计信息，例如，股东需要会计信息，借以衡量企业经营的业绩，并据以对持有的股份进行评价。潜在的投资者需要会计信息，使他们有可能对预测的投资项目进行比较，以作出明智的选择。债权人(贷款人等)需要会计信息，根据企业的财务实力(偿债能力、变现能力、盈利能力等)决定是否资金借贷。会计作为一个信息系统，通过会计数据的收集、加工、存储、输送及利用，对企业经济活动进行有效的控制；通过计量、分类和汇总，将多种多样和大量复杂的经济数据浓缩为比较集中、高度重要和相互联系的指标体系。会计信息系统主要包括提供和控制财务信息系统两个子系统。提供财务信息系统是利用会计核算的专门方法，记录并反映经济业务的动态和静态，提供历史性会计信息；控制财务信息系统是根据会计核算系统提供的历史信息，利用会计的专门方法，产生预测性信息。

2. 会计是一个控制系统

会计的“信息系统”解决的是主体(如投资人)对客体(如企业财务状况和经营成果)不确定性的认识以及使信息“保真”的问题，只要使得信息使用者正确了解到客观的信息，那么作为会计系统的使命便完成了。事实上，现代会计不仅要解决“信息系统”应解决的问题，而且要更进一步地解决主体对客体的确定性的保证和实现问题，同时还必须按照目标要求，能动地对输出的会计信息进行“干扰”，使之符合目标与决策的要求。现代会计是现代经济控制工程中的重要组成部门，是信息社会中通过对包括财务会计信息在内的经济信息的优化与利用，以期实现对既定目标控制的关键性管理工作。具体来讲，现代会计是实现对经济全球化控制及国家对国民经济进行宏观控制的重要方面，是地区及企业对经济进行中观、微观控制的主要力量，而从事现代会计控制工作的领导者、组织者是经营决策机构中的核心成员之一。

3. 会计是一个决策依据

企业作为一个独立的经济实体，要通过自身的生产经营活动谋生存、求发展。因此，通过会计工作进行加工、处理而提供的信息，应当为企业管理当局提供投资决策与经营决策的依据，帮助决策者制定长期计划，指导和控制当期的经营活动，管好、用好企业的各项资金，合理配置和有效利用各种物质资源和人力资源，确保资本保值增值，以不断提高获利能力和偿债能力，不断提高资源使用效率，以实现其预期的经济目标。

二、会计的特点

现代会计具有显著的特点，具体表现在以下几个方面：

1. 以货币为主要计量单位

一个单位的经济活动千差万别，若不采用统一的计量单位，就无法综合和比较。要全面、系统、连续地反映一个单位的经济活动情况，客观上就需要有一种统一的计量单位。在市场经济条件下，货币是商品的一般等价物，是衡量商品价值的共同尺度，具有价值尺度的职能。会计只有采用货币量度，才能对一个单位的经济活动的各个方面进行全面、系统、连续的综合核算与控制。尽管有时会计也要运用实物量度和劳动量度作为辅助量度，但是最后仍要运用货币量度进行综合反映，货币量度始终是会计最基本的、统一的、主要的计量尺度，实物量度和劳动量度是会计货币量度的辅助量度。从这个意义上说，会计信息系统是一个以货币为主要计量单位、以提供财务信息为主的经济信息系统，会计管理活动是一种价值管理活动。

2. 以凭证为基本依据

凭证是用于记载一个单位发生的经济活动的具体情况和明确经济责任的书面证明。为了反映经济活动的真实情况，对于一个单位发生的所有经济活动，都必须取得或填制合法的书面证明，即凭证。会计的任何记录和计量只有以合法的凭证为依据，才能使其提供的会计信息具有客观性、真实性和可验证性，进入会计信息系统的任何信息只有经过审核无误的原始凭证（凭据），才能据以编制记账凭证，登记账簿进行加工处理。这一特征也是其他经济管理活动所不具备的。

3. 以一套完整的专门技术方法为手段

会计在其发展过程中形成了一套完整的专门技术方法，无论是会计信息系统的建立还是会计作为一种重要的经济管理活动，都是以这套专门的技术方法为手段。会计的各种技术方法相互联系、相互配合、各有所用，构成一套完整的专门技术方法体系，包括会计核算方法、会计分析方法、会计检查方法等。其中，会计核算方法由设置账户、复式记账、填制和审核凭证、登记账簿、成本计算、编制财务报表等构成。会计分析就是以会计报表提供的信息资料为依据，对企、事业单位经济活动的结果及其原因进行分析。会计分析方法最基本的是比较法，它包括对比分析和因素分析两个具体方法，对比分析又可分为简单比较法和比率分析法两种。在会计分析中，除比较法外，还可应用一些数学方法，用于计算经济效果，选择最优方案。会计检查就是以会计凭证为依据，以会计规范为标准，对会计工作和会计资料的真实性、合法性和合理性进行的检查。会计检查方法可以根据检查的范围、时间来选用。检查的方法主要有详查法、抽查法、逆查法、顺查法、调查法、征询、审阅法、核对法等。这套技术方法，特别是会计核算方法，是会计所特有的。

4. 对经济活动的管理具有全面性、连续性和系统性

全面性表现在会计对一个单位的所有经济活动无一遗漏地进行反映与管理；连续性表现在会计按照一个单位经济活动发生的时间顺序不间断地由始至终地进行反映与管理；系统性表现在会计对一个单位的各式各样的经济活动进行科学的分类汇总反映与分层进行管理。全面性、连续性和系统性也是会计对经济活动的管理区别于其他管理的重要标志之一。

第四节 会计学科体系

一、会计学科理论体系

会计理论作为会计学的核心，具有高度的抽象性，主要研究会计实务的共性问题，那么，会计理论体系也必然是扬弃会计职业内部差异的知识系统。建立在"会计一般"观念基础上，形成统一的会计理论体系是会计界始终考虑的一个重要问题，从会计科学理论建设的意义来看，这个问题必须做出回答。不少学者对会计理论体系结构问题做了初始性的探讨。例如，有人认为："会计科学的理论结构应该包括会计基本理论、会计组织理论和会计业务理论三个部分。"有人认为："会计理论体系划分为会计基本理论、会计准则理论、会计应用理论等三个部分。"但是，随着会计实务的发展与会计理论的完善，从会计科学的长远发展来看，要使会计科学走向成熟、走向规范，有必要进一步讨论建立统一会计理论体系的问题。基于对会计科学的认识，我们认为会计理论体系可包括会计理论基础、会计基础理论、会计应用理论和会计管理理论四个相互联系的层次。

（一）会计理论基础

任何科学理论的提出，都必须建立在一定的基础之上，会计学也是如此。当社会对会计的需要变得强烈，社会分工的裂变使会计职能独立，会计职业的发展积累了相当数量的技巧和经验时，经验知识随之产生。科学的理论作为一种属于理性认识范畴的事物，从来源讲，它是在其他相邻学科的理论基础上推演、分化、移植而获得的；从产生方式来看，它是通过抽象逻辑思维而形成的。会计理论基础是会计科学与相邻有关学科的交叉点，是科学理论之间转化的"关节点"。从性质上讲，它应包括于会计理论，并构成研究会计理论的逻辑基础，也正是在这一点上才繁衍出其他的各种会计理论。会计理论基础是以信息控制论为主体，但又不单是这种科学理论，还应包括管理学、政治经济学以及数学等理论。

（二）会计基础理论

会计基础理论是会计理论基础结合会计工作状况，并借用逻辑思维推衍出来的。它是指可以通用于任何独立会计活动的各种具有普遍指导性的会计理论，对会计理论体系的构成具有质的规定性，是会计理论的精髓。会计基础理论的内容非常繁复，进一步地分类已相当困难，我们不妨根据研究上的需要将它划分为两大类。第一类是会计术语，主要是会计的名词概念，这是研究会计理论的思维符号。如果它的含义不统一，人们就无法对会计理论进行深层次的研究。第二类是狭义上的会计原理，是指那些依据会计概念所建立的具有本质规定性的本

源性会计理论，如会计目的、会计职能、会计作用、会计标准等。由于一定会计概念在特定时代被赋予了不同的含义，因而会计原理往往具有强烈的时代特征。

（三）会计应用理论

会计应用理论是指在会计基础理论指导下按照会计实践的基本规律而建立的一种会计理论。依照这个定义，我们可将会计组织理论、会计操作理论和会计控制理论归入会计应用理论的范畴。会计应用理论中的一般性原则规则，可以用于指导会计的实际工作，并具有一定的可操作性和可察见性，它不像会计基础理论那样显得空洞枯燥，无法用于实际工作，而是具有实在的可以致用的解决“应当怎样做”的程式，能够为解决会计实践中遇到的种种问题，提供一种原则性的指导。会计应用理论所包含的内容相当广泛，如会计作业规程、实施性的会计规范、会计工作步骤、会计技术方法、会计政策与战略研究等方面的理论，都应归入此类。

（四）会计管理理论

会计管理理论是指对会计工作实施各项管理所应用的理论。它是人们从长期的会计管理实践中概括出来的，并按照一定逻辑关系组合而成的，用于指导会计管理实践的理性知识体系，其内容及其逻辑关系不是人们的主观臆断，而是人们长期积累起来的关于会计管理实践的一般理性知识体系。会计管理理论的研究可以强化会计管理，为会计管理的发展指引方向，并加快会计管理的发展速度；可以指出会计管理实务工作中存在的缺陷，从而推动会计管理实务的不断进步。针对理论定位的差异，我们认为，会计主体管理、会计行为管理、会计环境管理构成了会计管理理论的主要内容，它们之间是相互联系、相互渗透、相互制约的。

会计理论体系的结构有以下问题需要说明：

(1)会计理论体系分为四大分支：会计理论基础体系、会计基础理论体系、会计应用理论体系和会计管理理论体系。理由是，科学研究可以分为研究基础、基础研究与应用研究，会计理论体系也可以分为会计理论基础体系、会计基础理论体系和会计应用理论体系；由于会计管理是会计的一个组成部分，它是提高会计工作质量的必然途径，所以，会计管理理论体系是会计理论体系的一个重要组成部分。

(2)从辩证的角度看，任何事物总是相互联系、相互影响的，会计理论体系各层次、各要素之间以及同一层次内各要素之间的关系也同样如此，它们之间既相互联系、相互制约，又相互独立。

(3)会计理论体系的建立是从会计理论基础出发，按照其内在逻辑联系进行思考构建的。从一般逻辑分析，会计理论基础从方法上衍生出会计基础理论，会计基础理论从理论上指导会计应用理论，会计管理理论则是从会计职业自身管理提出的一种理论体系。会计基础理论是学术研究的成果，可以百家争鸣；会计应用理论是具体的，在表述上应是规范的，否则会计实践将无法进行；会计管理理论是边缘性科学，主要应进行制度性研究。

(4)会计理论体系是一种开放性的思维成果系统，它会不断吸收相邻学科的最新成就，既要体现传统会计工作的特点，又要吸收国内外先进的会计理论研究成果，充分考虑到会计理论的发展趋势。会计理论工作者应经常深入会计实践，总结会计工作的实践经验，检查提出的各种会计理论是否具有客观真理性，是否能够尽快地转化为会计学的科学理论。这样，会计理论体系才能进一步走向成熟和完善。

(5)理论体系的构建只是在一定理论研究的基础上对未来会计理论研究所做的一种“规划”，这种“规划”在不同的社会环境或在同一国家不同时期会不尽相同。但理论体系一旦建立后，就应重点对具体的内容开展系统的研究。对我们来说，当前应在重新审视过去会计基础理论研究的基础上，重点进行会计应用理论和会计管理理论的研究。

二、会计学科构成体系

会计学是在会计实践活动的不断推动下，经过不断总结，从而形成为独立于经济学科，但与之有联系的一门独立学科。为适应社会经济环境的发展变化和进行经济管理的需要，会计学已发展并分化为许多相互联系的分支学科。对于会计的学科分支，从不同的角度可以有不同的划分，每一分支既有共性，又有特性。

(一)按会计主体的性质划分

按会计主体的性质，会计可以分为企业会计与非营利组织会计。

1. 企业会计

企业会计是以企业为会计主体的会计，以资产、负债、所有者权益、收入、费用、利润为会计要素，通过核算，提供一个营利组织的财务状况、经营成果与现金流量等有关的会计信息，为此也称为营利组织会计。

2. 非营利组织会计

非营利组织会计是以非营利组织为会计主体的会计。非营利组织是不以营利为目的的组织，包括政府机关、学校、医院、科研机构、社会团体、基金会和慈善机构等。在我国，政府机关也即政府行政机关，学校、医院、科研机构等也称为事业单位，非营利组织会计也就被称为行政、事业单位会计。非营利组织一般通过预算控制各种收支，其会计主要以反映、监督这些组织的预算执行过程和结果为目的，为此，非营利组织会计也被称为预算会计。

(二)按会计管理的内容划分

按会计管理的内容可将会计分为财务会计、管理会计、成本会计与税务会计等。

1. 财务会计

财务会计是随着会计的社会经济环境的变化，主要是市场经济的高度发展，在企业的经营权与所有权分离的过程中逐步形成并从传统会计中分离出来的。财务会计具有的基本特征为：以会计信息的外部使用者为主要服务对象，以复式记账系统为信息生成基础，以通用的财务报告为主要方式来传递与披露财务信息，以公认或法定的会计准则为依据来进行会计确认、计量、处理及其信息传递与披露。因此，财务会计以会计准则为依据，确认、计量、记录和报告有关一个单位经济活动的会计信息，它主要服务于其外部会计信息使用者，使之作出合理的经济决策。

2. 管理会计

管理会计也是随着会计的经济环境的变化，主要是市场竞争的日益加剧，企业在加强内部管理，并在管理的过程中逐渐形成而从传统会计中分离出来的。管理会计主要服务于企业的内部会计信息使用者，是一种对内报告会计；着重反映未来，直接对企业的经济活动作出预测和决策，对企业的生产经营活动进行规划和控制；不受公认或法定会计准则的约束，而只服从管理人员制定正确决策的需要以及受成本效益关系的约束；主要以企业内部各个责任单位为会计主体，对其日常经济活动进行控制、评价与考核；根据管理与决策的需要来确定会计程序与报告形式，可较多地应用非货币量度的信息与多样化的方法等。因此，管理会计以谋求最大经济效益为目标并采用合适的方法，确认、计量、记录和报告有关一个单位经济活动的会计信息，它主要服务于其内部会计信息使用者，使之作出合理的经济决策。

3. 成本会计

成本是一个价值范畴，是商品生产发展到一定阶段，人们为了比较生产中的所费和所得，并对所费进行补偿而产生的一个用价值表现的生产耗费的概念。成本会计以谋求最低生产耗费为目标并采用合适的方法，进行确认、计量、记录和报告有关一个单位生产经营过程中耗费情况的会计信息，它服务于有关会计信息使用者，使之作出合理的经济决策。在传统成本会计的基础上，通过吸收有效的管理方法，形成了以管理为主的现代成本会计。现代成本会计的内容不仅包括生产过程成本控制以及事后的成本核算和分析，而且包括成本预测、成本决策、目标成本制定、事先的成本控制、责任成本的制定以及责任成本的核算和考核，以成本的最优化方案来指导生产经营活动，以取得最佳的经济效益。成本与管理相结合，以成本干预生产经营活动构成了现代成本会计的主要特点。

4. 税务会计

税务会计是社会经济发展到一定阶段，从财务会计中分离出来的一个会计分支。税务会计是以国家的税收法令为准绳，运用会计的理论和核算方法，确认、计量、记录和报告有关一个单位税款的形成和缴纳的经济活动的会计信息，它服务于国家的税务监管。

税务会计的主要特点是：按税法和缴纳办法计算应纳税额，核算和监督的对象只是与计税有关的经济事项，采用收付实现制与权责发生制相结合的会计原则，应税收益不同于会计收益即账面利润。

(三)按会计研究内容层次划分

按会计(主要是财务会计)研究的内容层次，会计学可以分为会计学原理、中级财务会计学和高级财务会计学。

1. 会计学原理

会计学原理主要阐述的是会计的基本理论、会计的基本知识和会计的基本方法的知识体系，即人们通常所称的“三基”。会计的基本理论主要阐述的是会计一些最基本的概念与理论问题，如会计的定义、会计的产生与发展、会计与社会环境、会计的内容与对象、会计的职能与目标、会计信息系统运行的基本前提、会计的基本程序与方法、会计信息的质量要求、会计的基本要素、会计准则、会计与邻近学科的关系，等等。会计的基本知识包括会计工作的组织、会计人员的职责与权力、会计的规范等。会计的基本方法，指的是会计的数据处理与加工报告信息的方法。会计从取得经济业务的原始数据到输出信息，需要经过会计确认、会计计量、会计记录和会计报告四个环节或步骤，并采用设置账户、复式记账、填制和审核凭证、登记账簿、成本计算、财产清查、编制财务报表等会计核算的一系列相应方法。会计的基本理论、基本方法和基本知识是不能截然分开的，它们是一个相互联系的整体，共同组成会计学原理的知识体系。会计学原理在整个财务会计学科体系中起着基础性的作用，为此，会计学原理也被称为基础会计学和会计学基础。

2. 中级财务会计学

中级财务会计学主要应用会计学原理中揭示的概念、原则与方法，全面阐述在持续经营条件下，企业在生产经营过程中发生的具有共性的经济业务的具体会计确认、计量、记录和报告问题。由于中级财务会计学的着重点在于论述各类企业均发生的具有共性的经济业务的会计处理的理论与方法，为此，中级财务会计学也被称为通用业务财务会计学。中级财务会计学为论述和学习高级财务会计学奠定了基础。中级财务会计学的内容主要包括财务会计概念框架、企业财务会计准则，货币资金、应收款项、存货、投资、固定资产、无形资产等资产项目与流动负债、非流动负债等负债项目以及所有者权益项目的确认、计量与报告，收入与费用的确认以及利润的确定,资产负债表、利润表、现金流量表的编制,报表附注与信息披露,财务报告分析等。

3. 高级财务会计学

高级财务会计学主要应用会计学原理中揭示的概念、原则与方法,阐述特殊行业的特定业务或一般行业的特殊业务的具体会计确认、计量、记录和报告问题。特殊行业的特定业务是指具有显著特征的行业中有别于一般行业的经济事项,如石油天然气开采、生物资产、原保险合同、再保险合同等;一般行业的特殊业务是指一般行业的企业不经常发生的或偶发的经济事项,如外币折算、企业合并、租赁等。为此,高级财务会计学也被称为特殊业务财务会计学。

虽然目前在会计学界,对于哪些经济业务属于特殊经济业务,并将它们纳入高级财务会计学的范畴有不同的见解,但一般认为高级财务会计学包括三部分内容:一是特殊的财务报告,如中期财务报告、合并财务报表、分部报告、物价变动会计以及关联方披露、公开发行股票公司的信息披露等;二是企业会计中比较特殊而又比较复杂的会计处理,如所得税会计、外币折算会计、租赁会计、套期保值会计等;三是企业处于非正常或非持续经营等状况下的会计处理,如破产清算会计、债务重组会计、企业重组会计等。

本章小结

会计发展的历史源远流长。会计产生和发展具备其内在的主观要求和外在的客观条件。会计基于人类管理与生产的需要而产生,并随着经济关系和经济管理活动的日趋复杂而得以不断发展和进步。经由了萌发、成型、成熟、深化发展完善的过程。会计正是由此从无到有、由低级到高级逐步成为一门自成体系的实用科学。

会计的目标是满足会计信息使用者的管理与决策需要。会计目标是沟通会计系统与会计环境的桥梁,是连接会计理论与会计实践的纽带。会计目标具有两个层次:基本会计目标和具体会计目标。会计职能随着会计环境的变化发展而不断发生变化,是人们在实践中总结出来的。会计在一个单位的经济管理中,具有核算职能、监督职能、评价职能、控制职能、预测和参与经济决策职能。

会计在现代经济生活中扮演着十分重要的角色。从不同的角度考察,会计具有不同的含义:会计是一种管理的工具;会计是一种提供信息的技艺;会计是一个经济信息系统;会计是一种管理活动。

为了适应社会经济环境的发展变化与进行经济管理的需要,会计在其发展过程中形成了不同的学科分支。会计学已发展成为一门结构严谨、理论系统、发展完整的学科。

主要概念

会计　会计学　会计目标　会计职能　会计核算　会计监督
会计控制　会计特点　财务会计　管理会计　成本会计　税务会计
财务管理　企业会计　非营利组织会计

复习思考题

1. 现代会计具有哪些特征?

2. 会计是怎样产生和发展的?会计与社会经济环境的关系如何?

3. 会计的目标有哪些?它们之间的关系如何?

4. 现代会计有哪些职能?它们之间的关系如何?

5. 请说明会计的核算职能与监督职能对会计工作的影响。

6. 会计的基本特点有哪些?应如何理解?

7. 请说明会计、会计工作与会计学科之间的关系。

8. 请说明会计理论体系构成及关系。

9. 会计有哪些重要的学科分支?这些学科分支的主要作用是什么?

10. 会计学原理主要论述哪些内容?它与中级财务会计学、高级财务会计学之间的关系如何?

第二章　会计对象、会计要素和会计等式

学习目标

通过本章的学习，你可以达到以下目标：

1. 了解会计对象的定义及会计对象在企业中的具体表现。
2. 理解会计要素的定义和特征，掌握会计要素的内容。
3. 掌握会计等式，理解经济活动对会计等式的影响以及会计等式的重要意义。

第一节　会计对象

一、会计反映和监督的内容

会计对象是指会计所反映和监督的内容，即会计所反映和监督的客体。在社会主义市场经济条件下，会计对象是社会再生产过程中主要以货币表现的经济活动，即企业和行政事业单位中以货币表现的经济活动。

根据我国《会计法》的规定，会计核算的内容包括：(1)款项和有价证券的收付；(2)财物的收发、增减和使用；(3)债权债务的发生和结算；(4)资本、基金的增减和经费的收支；(5)收入、费用、成本的计算；(6)财务成果的计算和处理；(7)其他需要办理会计手续、进行会计核算的事项。会计监督的内容包括：(1)会计机构、会计人员对不真实、不合法的原始凭证，不予受理；对记载不准确、不完整的原始凭证，予以退回，要求更正、补充。(2)会计机构、会计人员发现账簿记录与实物、款项不符的时候，应当按照有关规定进行处理；无权自行处理的，应当立即向本单位领导报告，请求查明原因，作出处理。(3)会计机构、会计人员对违法的收支，不予办理。(4)各单位必须依照法律和国家有关规定接受财政、审计、税务机关的监督，如实提供会计凭证、会计账簿、会计报表和其他会计资料以及有关情况，不得拒绝、隐匿、谎报。

二、会计对象在企业中的具体表现

会计对象在企业中可表现为企业再生产过程中能以货币表现的经济活动，也就是企业再生产过程中的资金运动。

以工业企业为例，工业企业的资金运动按其运动的程序可分为资金投入、资金周转、资金退出三个基本环节。相对而言，工业企业生产经营过程可以划分为供应过程、生产过程和销售过程。随着企业供、产、销过程的不断进行，企业的资金也在不断地进行着周转循环，由货币资金转化为固定资金、储备资金，再转化为生产资金、成品资金，最后又转化为货币资金。会计要依次反映这些阶段的经济活动。上述资金运动过程可用图 2—1 表示。

上述过程中，由于资金的取得、运用和退出等经济活动引起的各项财产和资源的增减变化

情况，在经营过程中各项生产费用的支出和产品成本形成的情况，以及企业销售收入的取得和企业纯收入的实现、分配情况，构成了工业企业会计的具体对象。

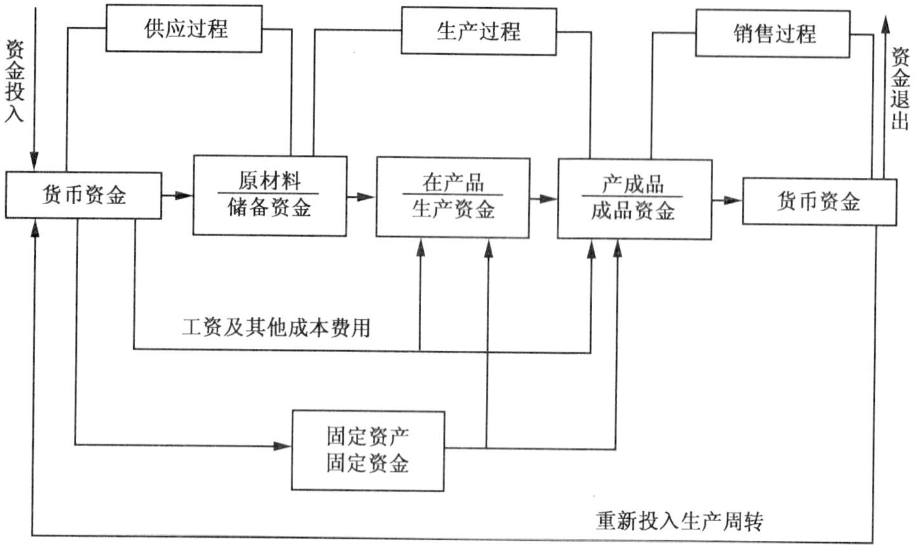

图 2—1 资金运动过程

第二节 会计要素

会计要素是根据交易或者事项的经济特征所确定的财务会计对象的基本分类，是会计核算对象的具体化，也是反映会计主体财务状况和经营成果的基本单位。我国《企业会计准则　基本准则》将会计要素划分为资产、负债、所有者权益、收入、费用和利润六项。这六大会计要素划分为反映财务状况的会计要素和反映经营成果的会计要素。反映财务状况的会计要素包括资产、负债和所有者权益，反映经营成果的会计要素包括收入、费用和利润。会计要素的界定和分类可以使财务会计系统更加科学严密，为投资者等财务报告使用者提供更加有用的信息。

一、资产

(一)资产的定义和特征

资产是指企业过去的交易或者事项形成、由企业拥有或者控制、预期会给企业带来经济利益的资源。具体来说，资产具有以下三个基本特征：

1. 资产是由企业过去的交易或者事项形成的

过去的交易或者事项包括购买、生产、建造行为或者其他交易或事项。换言之，只有过去的交易或者事项才能产生资产，企业预期在未来发生的交易或者事项不形成资产。

2. 资产应为企业拥有或控制的资源

资产作为一项资源，应当由企业拥有或者控制，具体是指企业享有某项资源的所有权，或者虽然不享有某项资源的所有权，但该资源能被企业所控制。企业享有资产的所有权，通常表明企业能够排他性地从资产中获取经济利益。通常在判断资产是否存在时，所有权是考虑的首要因素。在有些情况下，资产即使不为企业所拥有，即企业并不享有其所有权，但企业控制了这些资产，同样表明企业能够从资产中获取经济利益，符合会计上对资产的定义，如融资租入的固定资产，按照实质重于形式原则的要求，也应当将其作为企业资产。

3. 资产预期会给企业带来经济利益

资产预期会给企业带来经济利益，是指资产会直接或间接导致现金和现金等价物流入企业的潜力。这种潜力可以来自企业日常的生产经营活动，也可以是非日常活动；带来的经济利益可以是现金或者现金等价物，或者是可以转化为现金或现金等价物的形式，或者是可以减少现金或者现金等价物流出的形式。

（二）资产的分类

资产按其流动性，可分为流动资产和非流动资产。所谓资产的流动性，是指资产的变现能力或耗用期限。

1. 流动资产

流动资产是指在一年或超过一年的一个营业周期内变现或耗用的资产，主要包括货币资金、交易性金融资产、应收票据、应收账款、预付账款、存货等。

（1）货币资金。它是指以货币形态存在的资产，包括现金、银行存款、其他货币资金。其他货币资金主要包括外埠存款、银行汇票存款、银行本票存款、信用证保证金存款、信用卡存款和存出投资款等。

（2）交易性金融资产。它是指企业为交易目的持有的债券投资、股票投资、基金投资、权证投资等交易性金融资产。

（3）应收票据。它是指出票人或付款人须在某一特定日或某一特定期间，无条件支付一定金额给本企业的书面证明，如商业汇票等。作为流动资产的应收票据一般是由销售商品或提供劳务等营业活动产生的。

（4）应收账款。它是指企业因销售商品、产品、提供劳务等经营活动应向客户收取的款项。

（5）预付账款。它是指企业按照购货合同规定预付给供应单位的款项。

（6）存货。它是指企业在日常生产经营过程中持有以备出售，或者仍然处在生产过程中将要消耗的各种材料或物料，包括商品、产成品、半成品、在产品以及各类材料等。

2. 非流动资产

凡在一年或超过一年的一个营业周期以上变现或耗用的资产称为非流动资产，主要包括可供出售金融资产、持有至到期投资、长期股权投资、固定资产、无形资产等。

（1）可供出售金融资产。它是指初始确认时即被指定为可供出售的非衍生金融资产，以及除下列各类资产以外的金融资产：①贷款和应收款项；②持有至到期资产；③以公允价值计量且其变动计入当期损益的金融资产。

（2）持有至到期投资。它是指到期日固定、回收金额固定或可确定，且企业有明确意图和能力持有至到期的非衍生金融资产。

（3）固定资产。它是指同时具有下列特征的有形资产：①为生产商品、提供劳务、出租或经营管理而持有；②使用寿命超过一个会计年度。

（4）无形资产。它是指企业拥有或者控制的没有实物形态的可辨认非货币性资产，通常包括专利权、非专利技术、商标权、著作权、特许权、土地使用权等。

二、负债

(一)负债的定义和特征

负债也称为债权人权益，是指企业过去的交易或者事项形成，预期会导致经济利益流出企业的现时义务。负债具有以下几个特征：

1. 负债是由企业过去的交易或者事项形成的

也就是说，只有过去的交易或事项才形成负债，企业将在未来发生的承诺、签订的合同等交易或者事项，不形成负债。如企业与供货单位签订的供货合同，对此不能将其作为一项负债。

2. 负债是企业承担的现时义务

现时义务是指企业在现行条件下已承担的义务。未来发生的交易或事项形成的义务，不属于现时义务，不应当确认为负债。

3. 负债预期会导致经济利益流出企业

在履行现时义务清偿债务时，导致经济利益流出企业的形式多种多样，如用现金偿还或以实物资产形式偿还，以提供劳务形式偿还，部分转移资产、部分提供劳务形式偿还，将负债转为资本等。

(二)负债的分类

负债按照其流动性，可分为流动负债和长期负债。所谓负债的流动性，是指负债的偿还期限。

1. 流动负债

流动负债是指企业将在一年或者超过一年的一个营业周期内偿还的债务。流动负债通常包括短期借款、交易性金融负债、应付票据、应付账款、预收账款、应付职工薪酬、应交税费等。

(1)短期借款。它是指企业向银行或其他金融机构等借入的期限在一年以下(含一年)的各种借款。

(2)交易性金融负债。满足以下条件之一的金融负债，应当划分为交易性金融负债：①承担该金融负债的目的，主要是为了近期内出售或回购。②属于进行集中管理的可辨认金融工具组合的一部分，且有客观证据表明企业近期采用短期获利方式对该组合进行管理。在这种情况下，即使组合中有某个组成项目持有的期限稍长也不受影响。③属于衍生工具。但是，被指定为有效套期工具的衍生工具、属于财务担保合同的衍生工具与在活跃市场中没有报价且其公允价值不能可靠计量的权益工具、投资挂钩并须通过交付该权益工具结算的衍生工具除外。其中，财务担保合同是指保证人和债权人约定，当债务人不履行债务时，保证人按照约定履行债务或者承担责任的合同。

(3)应付票据。它是指企业购买材料、商品和接受劳务供应等而开出、承兑的商业汇票，包括银行承兑汇票和商业承兑汇票。

(4)应付账款。它是指企业因购买材料、商品和接受劳务供应等经营活动应支付的款项。

(5)预收账款。它是指购销双方进行商品交易，销货单位根据合同的规定向购货单位预收的款项。

(6)应付职工薪酬。它是指企业根据有关用工合同及规定应付给职工的各种薪酬。

(7)应交税费。它是指企业按照税法规定计算应缴纳的各种税费，包括增值税、消费税、营业税、所得税、资源税、土地增值税、城市维护建设税、房产税、土地使用税、车船使用税、教育费附加、矿产资源补偿费等。

2. 长期负债

长期负债是指偿还期限在一年或者超过一年的一个营业周期以上的债务，主要包括长期借款、应付债券、长期应付款、专项应付款、预计负债、递延所得税负债等。

(1)长期借款。它是指企业从银行或其他金融机构借入的期限在一年以上(不含一年)的借款。

(2)应付债券。它是指企业为了筹集长期资金对外发行的、约定于某一特定日期还本付息的公司债券。

(3)长期应付款。它是指企业除长期借款和应付债券以外的其他各种长期应付款项，包括应付融资租入固定资产的租赁费、以分期付款方式购入固定资产发生的应付款项等。

(4)专项应付款。它是指企业取得的国家指定为资本性投入的具有专项或特定用途的款项，如属于工程项目的资本性拨款等。

(5)预计负债。它是指与或有事项相关的义务同时满足下列条件的：①该义务是企业承担的现时义务；②履行该义务很可能导致经济利益流出企业；③该义务的金额能够可靠计量，主要包括对外提供担保、未决诉讼、产品质量保证、重组义务、亏损性合同以及固定资产和矿区权益弃置义务等产生的预计负债。

(6)递延所得税负债。它是指企业根据所得税准则确认的应纳税暂时性差异产生的所得税负债。

三、所有者权益

(一)所有者权益的定义和特征

所有者权益是指企业扣除负债后，由所有者享有的剩余权益。公司的所有者权益又称为股东权益。所有者权益是所有者对企业资产的剩余索取权，它是企业资产中扣除债权人权益后应由所有者享有的部分，既可以反映所有者投入资本的保值增值情况，又体现了保护债权人权益的理念。

所有者权益与债权人权益(负债)有着本质的不同。负债是对内和对外所承担的经济责任，企业负有偿还的义务，而所有者权益在一般情况下企业不需要归还其投资者；使用负债所形成的资金通常需要企业支付报酬，如借款利息支出等，而使用所有者权益所形成的资金则不需要支付费用；在企业清算时，负债拥有优先清偿权，而所有者权益只有在清偿所有的负债后，才返还给投资者；所有者权益中的基本部分可以参与企业利润分配，而负债不能参与利润分配，只能按照预先约定的条件取得利息等收入。

(二)所有者权益的来源

所有者权益的来源包括所有者投入的资本、直接计入所有者权益的利得和损失、留存收益等，通常由股本(或实收资本)、资本公积、盈余公积和未分配利润构成。

1. 所有者投入的资本

所有者投入的资本是指所有者所有投入企业的资本部分，它既包括构成企业注册资本或股本部分的金额，也包括投入资本超过注册资本或股本部分的金额，即资本溢价或股本溢价，这部分投入资本在我国企业会计准则体系中被计入了资本公积，并在资产负债表中的资本公积项目下反映。

2. 直接计入所有者权益的利得和损失

直接计入所有者权益的利得和损失是指不计入当期损益、会导致所有者权益发生增减变动、与所有者投入资本或者向所有者分配利润无关的利得或损失。其中,利得是指由企业非日常活动所形成、会导致所有者权益增加、与所有者投入资本无关的经济利益的流入。损失是指由企业非日常活动所发生、会导致所有者权益减少、与向所有者分配利润无关的经济利益的流出。直接计入所有者权益的利得和损失主要包括可供出售金融资产的公允价值变动额、现金流量套期工具公允价值变动额(有效套期部分)等。

3. 留存收益

留存收益是指企业历年实现的净利润留存于企业的部分,主要包括累计计提的盈余公积和未分配利润。

(1)盈余公积。盈余公积是指企业按照规定从净利润中提取的各种积累资金。公司制企业的盈余公积分为法定盈余公积和任意盈余公积。公司应按《公司法》等有关法规的规定提取法定盈余公积。公司制企业的法定盈余公积按照税后利润的10%提取,非公司制企业也可按照超过10%的比例提取,在计算提取法定盈余公积的基数时,不应包括企业年初未分配利润。公司提取的法定盈余公积累计额达到公司注册资本的50%以上时,可以不再提取法定盈余公积。公司从税后利润中提取法定盈余公积后,经股东会或股东大会决议,还可以从税后利润中提取任意盈余公积。非公司制企业经类似权力机构批准,也可提取任意盈余公积,提取的比例由企业自行决定。

企业提取盈余公积主要可以用于以下几个方面:

①弥补亏损。企业发生亏损时,应由企业自行弥补。通常,企业弥补亏损的渠道主要有三条:一是用以后年度税前利润弥补。按现行制度规定,企业发生亏损时,可以用以后五年内实现的税前利润弥补,即税前利润弥补亏损的期间为五年。二是用以后年度税后利润弥补。企业发生的亏损经过五年期间未弥补足额的,尚未弥补的亏损应用所得税后的利润弥补。三是以盈余公积弥补亏损。企业以提取的盈余公积弥补亏损时,应当由公司董事会提议,并经股东大会批准。

②转增资本。企业将盈余公积转增资本时,必须经股东大会决议批准。在实际将盈余公积转增资本时,要按股东原有持股比例结转。按照《公司法》的规定,法定公积金(资本公积和盈余公积)转为资本时,所留存的该项公积金不得少于转增前公司注册资本的25%。

③扩大企业生产经营。盈余公积的用途,并不是指其实际占用形态,提取盈余公积也并不是单独将这部分资金从企业资金周转过程中抽出。企业盈余公积的结存数,实际只表现为企业所有者权益的组成部分,表明企业生产经营资金的一个来源而已。其形成的资金可能表现为一定的货币资金,也可能表现为一定的实物资产,如存货和固定资产,随同企业的其他来源所形成的资金进行循环周转,用于企业的生产经营。

(2)未分配利润。未分配利润是指企业留待以后年度进行分配的结存利润,是企业结转下年的利润。未分配利润也是企业所有者权益的组成部分。相对于所有者权益的其他部分来讲,企业对于未分配利润的使用分配有较大的自主权。从数量上来讲,未分配利润是期初未分配利润,加上本期实现的净利润,减去提取的各种盈余公积和分出利润后的余额。

四、收入

(一)收入的定义和特征

收入是指企业在日常活动中形成、会导致所有者权益增加、与所有者投入资本无关的经济利益的总流入。收入具有以下几个特征：

1. 收入是企业在日常活动中形成的

日常活动是指企业为完成其经营目标所从事的经常性活动以及与之相关的其他活动。例如，工业企业制造并销售产品、商业企业销售商品、保险公司签发保单、咨询公司提供咨询服务、软件企业为客户开发软件、商业银行对外贷款、租赁公司出租资产等，均属于企业的日常活动。明确界定日常活动是为了将收入与利得相区分，因为企业非日常活动所形成的经济利益的流入不能确认为收入，而应当计入利得。

2. 收入是与所有者投入资本无关的经济利益的总流入

经济利益是指直接或间接地流入企业的现金或现金等价物。收入应当会导致经济利益的流入，从而导致资产的增加。例如，企业销售商品，应当收到现金或者在未来有权收到现金，才表明该交易符合收入的定义。但是在实务中，经济利益的流入有时是所有者投入资本的增加所导致的，所有者投入资本的增加不应当确认为收入，应当将其直接确认为所有者权益。

3. 收入会导致所有者权益的增加

这是收入的基本特征。与收入相关的经济利益的流入应当会导致所有者权益的增加，不会导致所有者权益增加的经济利益的流入不符合收入的定义，不应确认为收入。例如，企业向银行借入款项，尽管也导致了企业经济利益的流入，但该流入并不导致所有者权益的增加，反而使企业承担了一项现时义务。企业对于因借入款项所导致的经济利益的增加，不应将其确认为收入，应当确认为一项负债。但要注意的是，这里仅指收入本身对所有者权益的影响，而不是指收入扣除相关成本费用后的毛利对所有者权益的影响。

（二）收入的分类

1. 按照企业从事日常活动的性质分类

按照企业从事日常活动的性质，可以将收入分为商品销售收入、提供劳务收入、让渡资产使用权收入、建造合同收入等。

（1）商品销售收入。它是指企业通过销售商品实现的收入，如工业企业制造并销售产品、商业企业销售商品等实现的收入。其中，商品包括企业为销售而生产的产品和为转售而购进的商品，如工业企业生产的产品、商业企业购进的商品等，企业销售的其他存货，如原材料、包装物等，也视同企业的商品。

（2）提供劳务收入。它是指企业通过提供劳务实现的收入，如咨询公司提供咨询服务、软件开发企业为客户开发软件、安装公司提供安装服务等实现的收入。

（3）让渡资产使用权收入。它是指企业通过让渡资产使用权实现的收入，主要包括：①利息收入，主要是指金融企业对外贷款形成的利息收入，以及同业之间发生往来形成的利息收入等。②使用费收入，主要是指企业转让无形资产（如商标权、专利权、专营权、软件、版权）等资产的使用权形成的使用费收入。另外，企业对外出租资产收取的租金、进行债权投资收取的利息、进行股权投资取得的现金股利，也构成让渡资产使用权收入。

（4）建造合同收入。它是指企业承担建造合同所形成的收入。建造合同是指为建造一项或数项在设计、技术、功能、最终用途等方面密切相关的资产而订立的合同。合同的甲方称为客户，乙方称为建造承包商。建造合同收入包括两部分内容：①合同规定的初始收入，即建造承包商与客户签订的合同中最初商定的合同总金额，它构成了合同收入的基本内容；②因合同变更、索赔、奖励等形成的收入。

2. 按照企业从事日常活动在企业的重要性分类

按照企业从事日常活动在企业的重要性,可将收入分为主营业务收入和其他业务收入。

(1)主营业务收入。它是指企业为完成其经营目标而从事的经常性活动实现的收入。主营业务一般应按营业执照上注明的主要业务范围来确定,是指日常活动中的主要活动。例如,工业企业制造并销售产品、商业企业销售商品、保险公司签发保单、咨询公司提供咨询服务、软件开发企业为客户开发软件、安装公司提供安装服务、商业银行对外贷款、租赁公司出租资产等实现的收入。

(2)其他业务收入。它是指与企业为完成其经营目标所从事的经常性活动相关的活动实现的收入。其他业务一般按营业执照上注明的兼营业务范围来确定,是指企业主营业务以外的其他日常活动。比如,工业企业对外出售不需用的原材料、对外转让无形资产使用权等实现的收入。

五、费用

(一)费用的定义和特征

费用是指企业在日常活动中发生、会导致所有者权益减少、与向所有者分配利润无关的经济利益的总流出。费用有狭义和广义之分。广义的费用泛指企业各种日常活动发生的所有耗费,狭义的费用仅指与本期营业收入相配比的那部分耗费。费用具有以下几个特征:

1. 费用是企业在日常活动中形成的

费用必须是企业在日常活动中形成的。日常活动是指企业为完成其经营目标所从事的经常性活动以及与之相关的其他活动。因日常活动所产生的费用通常包括销售成本(营业成本)、职工薪酬、折旧费、无形资产摊销费等。将费用界定为日常活动所形成的,目的是为了将其与损失相区分,企业非日常活动所形成的经济利益的流出不能确认为费用,而应当计入损失。

2. 费用是与向所有者分配利润无关的经济利益的总流出

费用的发生应当会导致经济利益的流出,从而导致资产的减少或者负债的增加(最终也会导致资产的减少)。其表现形式包括现金或现金等价物的流出,存货、固定资产和无形资产等的流出或消耗等。鉴于企业向所有者分配利润也会导致经济利益的流出,而该经济利益的流出显然属于所有者权益的抵减项目,不应确认为费用,应当将其排除在费用的定义之外。

3. 费用会导致所有者权益的减少

与费用相关的经济利益的流出应当会导致所有者权益的减少,不会导致所有者权益减少的经济利益的流出不符合费用的定义,不应确认为费用。

(二)费用的分类

本节所说的费用是指狭义的费用。费用按照经济用途的不同,可以分为生产成本和期间费用。

1. 生产成本

生产成本是指企业为生产产品、提供劳务而发生的各种耗费,包括为生产产品、提供劳务而发生的直接费用和间接费用。这些费用应该直接计入产品成本中去。其中,直接费用是指直接为生产产品而发生的各项费用,包括直接材料费、直接人工费和其他直接支出。间接费用是指间接为生产产品而发生的各项费用,主要指制造费用。制造费用是指企业生产单位为组织和管理生产而发生的各项费用,如生产单位管理人员的工资、一般消耗材料费、修理费、车间办公费、机物料耗费、劳动保护费等。

2. 期间费用

期间费用是指本期发生、不能直接或间接归入某种产品成本、直接计入损益的各项费用，包括销售费用、管理费用和财务费用。

(1)销售费用。它是指企业销售商品和材料、提供劳务的过程中发生的各种费用，包括保险费、包装费、展览费和广告费、商品维修费、预计产品质量保证损失、运输费、装卸费等以及为销售本企业商品而专设的销售机构(含销售网点、售后服务网点等)的职工薪酬、业务费、折旧费等经营费用。

企业发生的与销售商品和材料、提供劳务以及专设销售机构相关的不满足固定资产准则规定的固定资产确认条件的日常修理费用和大修理费用等固定资产后续支出，也计入销售费用。

企业(金融)应将“销售费用”科目改为“业务及管理费”科目，核算企业(保险)在业务经营和管理过程中所发生的各项费用，包括折旧费、业务宣传费、业务招待费、电子设备运转费、钞币运送费、安全防范费、邮电费、劳动保护费、外事费、印刷费、低值易耗品摊销、职工工资、差旅费、水电费、职工教育经费、工会经费、税金、会议费、诉讼费、公证费、咨询费、无形资产摊销、长期待摊费用摊销、取暖降温费、聘请中介机构费、技术转让费、绿化费、董事会费、财产保险费、劳动保险费、待业保险费、住房公积金、物业管理费、研究费用、提取保险保障基金等。

(2)管理费用。它是指企业为组织和管理企业生产经营所发生的管理费用，包括企业在筹建期间内发生的开办费用、董事会和行政管理部门在企业的经营管理中发生的或者应由企业统一负担的公司经费(包括行政管理部门职工薪酬、物料消耗、低值易耗品摊销、办公费和差旅费等)、聘请中介机构费、咨询费(含顾问费)、诉讼费、业务招待费、房产税、车船使用税、土地使用税、印花税、技术转让费、矿产资源补偿费、研究费用、排污费等。

企业行政管理部门等发生的不满足固定资产准则规定的固定资产确认条件的日常修理费用和大修理费用等固定资产后续支出，也计入管理费用。

(3)财务费用。它是指企业为筹集生产经营所需资金等而发生的筹资费用，包括利息支出(减利息收入)、汇兑差额以及相关的手续费、企业发生的现金折扣或收到的现金折扣等。

六、利润

(一)利润的定义

利润是指企业在一定会计期间的经营成果。利润包括收入减去费用后的净额、直接计入当期利润的利得和损失等。直接计入当期利润的利得和损失，是指应当计入当期损益、会导致所有者权益发生增减变动、与所有者投入资本或者向所有者分配利润无关的利得或者损失。

(二)利润的构成

利润是企业经营成果的综合反映，企业劳动生产率的高低、产品质量的优劣、管理工作的好坏，都会体现在利润指标上。利润与收入、费用一样，都是比较宽泛的概念，利润主要由营业利润、利润总额和净利润构成，它们反映利润形成过程中的三个主要环节。

1. 营业利润

营业利润是指企业在正常生产经营过程中产生的经营成果，其计算公式如下：

营业利润＝营业收入－营业成本－营业税金及附加－销售费用－管理费用－财务费用－资产减值损失＋公允价值变动收益(－公允价值变动损失)＋投资收益(－投资损失)

其中，营业收入是指企业经营主要业务和其他业务所确认的收入总额。营业成本是指企业经营主要业务和其他业务发生的实际成本总额。营业税金及附加是指企业经营业务应负担的营业税、消费税、城市维护建设税、资源税、土地增值税和教育费附加等。资产减值损失是指企业计提各项资产减值准备所形成的损失。公允价值变动收益(或损失)是指企业交易性金融资产等公允价值变动形成的应计入当期损益的利得(或损失)。投资收益(或损失)是指企业以各种方式对外投资所取得的收益(或发生的损失)。

2. 利润总额

利润总额是指企业在一定会计期间内产生的各种经营成果的总额,其计算公式如下:

利润总额=营业利润+营业外收入-营业外支出

其中,营业外收入(或支出)是指企业发生的与日常活动无直接关系的各项利得(或损失)。

3. 净利润

净利润是指利润总额减去所得税(计入本期损益的所得税费用)后的余额,其计算公式如下:

净利润=利润总额-所得税费用

其中,所得税费用是指企业确认的应从当期利润总额中扣除的所得税费用。

第三节 会计等式

会计等式也称为会计方程式、会计平衡公式或会计恒等式,是表明各会计要素之间基本关系的等式。会计等式以公式的形式揭示了会计要素之间的数量关系以及数量变化规律,它是复式记账、设置与登记账簿、设计财务报表的理论依据,是会计核算方法体系的理论基础。

一、基本会计等式

(一)资产、负债与所有者权益的数量关系

企业从事生产经营活动都必须拥有一定数量的资产,如现金、固定资产和无形资产等。根据这些资产提供者的不同,可以分为所有者提供的资产和债权人提供的资产。为企业提供资产的组织和个人对资产有求偿权,会计上将这种索偿权称为权益。资产与权益是同一事项的两种说法,反映同一事项的两个方面,所以两者的金额必定相等,资产衡等于权益。用公式表示为:

资产=权益

在生产经营活动之初,企业资产的来源不外乎债权人投入和投资者投入两种。因此,债权人和投资者对企业的资产均拥有权益,其中,债权人投入的部分称为债权人权益,债权人权益又称为企业的负债,投资者投入的部分形成企业的所有者权益,所以,上述公式又可表述为:

资产=负债+所有者权益

这一公式就是基本会计等式,又称为第一会计恒等式,它表现出企业在一定日期资产的来源与占用情况,反映企业一定日期资产存量及债权人和所有者对企业资产要求权的基本财务状况。该公式说明了资产、负债和所有者权益这三个会计基本要素之间的数量关系,是复式记账和编制资产负债表的理论依据。在资产负债表中,资产列示在报表的左方,负债和所有者权益列示在报表的右方,因此,该表两方总计金额总是相等的。

(二)资产和权益变动的经济业务对会计等式的影响

企业在生产经营过程中,不断发生各种经济业务,如材料采购、产品生产、产品销售、利润

分配等。凡是能引起会计要素增减变化的事项称之为经济业务，会计上需作出相应的账务处理，最终以某种形式加以披露。

企业的经济业务纷繁复杂，多种多样，但就引起会计要素变化的角度来说，不外乎以下四种类型：

(1)经济业务发生引起资产项目之间此增彼减，数额相等。例如，从银行存款中提取现金600元。

(2)经济业务发生引起资产与权益(负债或所有者权益)项目同时增加，数额相等。例如，购入原材料1 000元，已验收入库，货款未付。

(3)经济业务发生引起资产与权益(负债或所有者权益)项目同时减少，数额相等。例如，以银行存款700元上缴欠交的税金。

(4)经济业务发生引起权益项目之间此增彼减，数额相等。例如，向银行借款3 500元，期限为3个月，直接用于偿还供应单位欠款。

以上四种类型用图2—2表示如下：

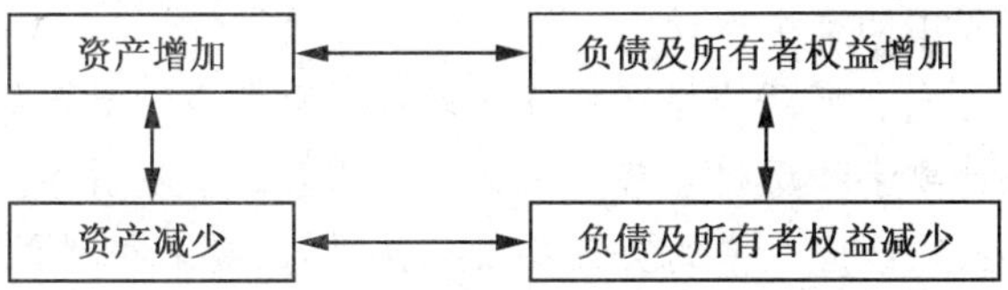

图2—2　会计要素变化的四种类型

二、收入、费用与利润之间的关系

不论是所有者还是债权人，将资产投入企业，就是想获得预期的收益。按照投入产出原理，要想获得收益，就必须将资产投入生产经营活动，即将资产转化为有关的成本费用，并生产出满足社会需要的产品，将产品在市场上出售取得收入，并获得相应的利润，因此，企业在生产经营过程中又形成了反映一定期间经营成果的平衡公式：

收入－费用＝利润

企业的收入大于费用时，便获得了“利润”，反之则为“亏损”。

三、资产、负债、所有者权益、收入、费用和利润之间的关系

企业进行生产经营活动，一方面企业必须取得收入，进而引起资产增加或负债减少；另一方面，伴随着收入的取得而发生费用，进而引起资产的减少或负债的增加。

企业是所有者投资创建而成的，所有者权益是所有者在企业资产中享有的经济利益，其金额为资产减去负债后的余额。所有者权益最初为所有者投入企业的资产金额，随着经营活动的开展，企业将取得收入，在补偿生产经营活动中发生的各项费用后，形成企业利润。企业实现的利润属于所有者所有，一部分利润分配给投资者，退出企业；另一部分留存于企业，形成企业的留存收益。此时，所有者权益由两部分组成，即所有者投入的部分和在生产经营中实现的利润留存于企业内部形成的留存收益。可见，资产、负债、所有者权益、收入、费用和利润的数量关系存在着一种内在的有机联系，它们之间的关系可以用下列公式表示：

资产＝负债＋(所有者权益＋利润)

＝负债＋(所有者权益＋收入－费用)

即：

资产＝负债＋所有者权益＋收入－费用

这一公式说明了企业的经营成果会对所有者权益和资产产生影响。收入大于费用，企业产生净收益，则所有者权益增加，相应的资产也会增加；收入小于费用，企业经营亏损，则所有者权益减少，相应的资产也会减少。这个公式将企业的财务状况与经营成果联系起来，全面反映了企业经济活动过程中会计要素之间的内在联系。这一公式是基本会计等式的一种转化形式，待期末结账，利润归入所有者权益项目后，则会计等式又恢复到基本形式，即：

资产＝负债＋所有者权益

本章小结

会计对象是指会计所反映和监督的内容，即会计所反映和监督的客体。会计对象在企业中表现为企业再生产过程中的资金运动。

会计要素是根据交易或者事项的经济特征所确定的财务会计对象的基本分类。会计要素分为反映财务状况的会计要素和反映经营成果的会计要素。反映财务状况的会计要素包括资产、负债和所有者权益，反映经营成果的会计要素包括收入、费用和利润。

会计等式是表明各会计要素之间基本关系的等式。会计等式是复式记账、设置与登记账簿、设计财务报表的理论依据，也是会计核算方法体系的理论基础。基本会计等式表述为“资产＝负债＋所有者权益”。各种经济业务的发生，总会引起会计等式左右两方有关项目发生增减变动，但会计等式左右两方的总额始终保持不变。

企业的经济业务纷繁复杂，多种多样，但就引起会计要素变化的角度来说，只有四种类型。

主要概念

会计对象　　会计要素　　资产　　负债　　所有者权益　　收入　　费用

利润　　会计等式

复习思考题

1. 描述会计对象在工业企业中的具体表现。

2. 什么是资产？它具有哪些特征？资产按流动性可分为哪几类？

3. 什么是负债？什么是所有者权益？负债和所有者权益有何联系与区别？

4. 什么是收入？收入具有哪些特征？按照企业从事日常活动的性质，收入可分为哪几类？

5. 什么是费用？按照经济用途的不同，费用可以分为哪几类？

6. 什么是利润？收入、费用和利润三者之间的关系如何？

7. 什么是基本会计等式？什么是经济业务？举例说明会引起会计要素变化的经济业务的四种类型。

8. 描述资产、负债、所有者权益、收入、费用和利润这六个会计要素之间的关系。

练习题

习题一

1. 了解资产、负债和所有者权益的平衡关系。

2. 资料：甲、乙、丙三家公司的简单资料如表 2—1 所示。

表 2—1

企业名称	资产（元）	负债（元）	所有者权益（元）
甲企业	?	82 700	73 500
乙企业	92 800	?	35 100
丙企业	103 600	52 900	?

3. 要求：计算上列“?”处的金额。

习题二

1. 目的：掌握经济业务对会计等式的影响。

2. 资料：明达公司 2014 年 7 月 31 日资产负债表显示资产总计105 000元，负债合计30 000元，所有者权益合计75 000元。明达公司 2014 年 8 月份发生的经济业务如下：

(1)买入机器设备 1 台，价值 7 500 元，以银行存款支付。

(2)以银行存款归还短期借款 7 500 元。

(3)投资者投入一批原材料，价值 15 000 元。

(4)收到客户所欠账款 12 000 元，存入银行。

(5)一笔长期负债 7 500 元转化为对公司的投资。

(6)向银行借入短期借款 15 000 元，存入银行。

(7)从银行提现 300 元，准备购买办公用品。

(8)收入客户欠款 9 000 元，其中 7 500 元存入银行，1 500元以现金收讫。

(9)以银行存款偿还所欠供应单位账款 1 500 元。

(10)以银行存款 15 000 元归还银行借款 12 000 元，以及所欠供应单位账款3 000元。

3. 要求：

(1)根据上述经济业务，分析说明会计要素情况以及对会计等式的影响。

(2)计算 2014 年 8 月末明达公司的资产、负债和所有者权益总计。

第三章 会计核算的基础和方法

学习目标

通过本章的学习,你可以达到以下目标:

1. 掌握会计核算的基本假设。
2. 掌握会计的确认和计量基础。
3. 掌握会计信息质量要求。
4. 掌握会计核算方法。
5. 掌握会计循环步骤。

第一节 会计核算的基本假设与会计基础

一、会计基本假设

会计基本假设是企业会计确认、计量和报告的前提,是对会计核算所处时间、空间环境等所作的合理设定。会计基本假设包括会计主体、持续经营、会计分期和货币计量。

(一)会计主体

会计主体是指企业会计确认、计量和报告的空间范围。为了向财务报告使用者反映企业财务状况、经营成果和现金流量,提供与其决策有用的信息,会计核算和财务报告的编制应当集中于反映特定对象的活动,并将其与其他经济实体区别开来,才能实现财务报告的目标。

在会计主体假设下,企业应当对其本身发生的交易或者事项进行会计确认、计量和报告,反映企业本身所从事的各项生产经营活动。明确界定会计主体是开展会计确认、计量和报告工作的重要前提。

首先,明确会计主体,才能划定会计所要处理的各项交易或事项的范围。在会计工作中,只有那些影响企业本身经济利益的各项交易或事项才能加以确认、计量和报告,那些不影响企业本身经济利益的各项交易或事项则不能加以确认、计量和报告。会计工作中通常所讲的资产、负债的确认,收入的实现,费用的发生等,都是针对特定会计主体而言的。

其次,明确会计主体,才能将会计主体的交易或者事项与会计主体所有者的交易或者事项以及其他会计主体的交易或者事项区分开来。例如,企业所有者的经济交易或者事项是属于企业所有者主体所发生的,不应纳入企业会计核算的范围,但是企业所有者投入到企业的资本或者企业向所有者分配的利润,则属于企业主体所发生的交易或者事项,应当纳入企业会计核算的范围。

会计主体不同于法律主体。一般来说,法律主体必然是一个会计主体。例如,一个企业作为一个法律主体,应当建立财务会计系统,独立反映其财务状况、经营成果和现金流量。但是,会计主体不一定是法律主体。例如，在企业集团的情况下，一个母公司拥有若干子公司，母子公司虽然是不同的法律主体，但是母公司对于子公司拥有控制权，为了全面反映企业集团的财务状况、经营成果和现金流量，就有必要将企业集团作为一个会计主体，编制合并财务报表。再如，由企业管理的证券投资基金、企业年金基金等，尽管不属于法律主体，但属于会计主体，应当对每项基金进行会计确认、计量和报告。

（二）持续经营

持续经营是指在可以预见的将来，企业将会按当前的规模和状态继续经营下去，不会停业，也不会大规模削减业务。持续经营假设为会计活动做出了时间规定。在持续经营前提下，会计确认、计量和报告应当以企业持续、正常的生产经营活动为前提。

企业是否持续经营，在会计原则、会计方法的选择上有很大差别。一般情况下，应当假定企业将会按照当前的规模和状态继续经营下去。明确这个基本假设，就意味着会计主体将按照既定用途使用资产，按照既定的合约条件清偿债务，会计人员就可以在此基础上选择会计原则和会计方法。如果判断企业会持续经营，就可以假定企业的固定资产会在持续经营的生产经营过程中长期发挥作用，并服务于生产经营过程，固定资产就可以根据历史成本进行记录，并采用折旧的方法，将历史成本分摊到各个会计期间或相关产品的成本中。如果判断企业不会持续经营，固定资产就不应采用历史成本进行记录并按期计提折旧。

但事实上，企业或会计主体通常不可能无限期地持续经营下去，在激烈的市场竞争中，每个企业或会计主体都存在着经营失败的风险，企业的改组、停业或破产是时常发生的。当有足够的证据表明持续经营假设不再成立时，建立在持续经营假设之上的有关会计处理方法也就不再使用，以免误导会计信息使用者的经济决策。

（三）会计分期

会计分期是指将一个企业持续经营的生产经营活动划分为一个个连续的、长短相同的期间。会计分期的目的，在于通过会计期间的划分，将持续经营的生产经营活动划分成连续、相等的期间，据以结算盈亏，按期编报财务报告，从而及时向财务报告使用者提供有关企业财务状况、经营成果和现金流量的信息。

根据持续经营假设，一个企业将按当前的规模和状态持续经营下去。但是，无论是企业的生产经营决策还是投资者、债权人等的决策都需要及时的信息，都需要将企业持续的生产经营活动划分为一个个连续的、长短相同的期间，分期确认、计量和报告企业的财务状况、经营成果和现金流量。在会计分期假设下，企业应当划分会计期间，分期结算账目和编制财务报告。会计期间通常分为年度和中期。中期，是指短于一个完整的会计年度的报告期间，如月度、季度、半年度等。明确会计分期假设意义重大，由于会计分期，才产生了当期与以前期间、以后期间的差别，才使不同类型的会计主体有了记账的基准，引发了企业的收入与费用归属于哪个会计期间的问题，产生了折旧、摊销等会计方法。

（四）货币计量

货币计量是指会计主体在财务会计确认、计量和报告时以货币计量，反映会计主体的生产经营活动。

在会计的确认、计量和报告过程中之所以选择货币为基础进行计量，是由货币的本身属性决定的。货币是商品的一般等价物，是衡量一般商品价值的共同尺度，具有价值尺度、流通手段、贮藏手段和支付手段等特点。其他计量单位，如重量、长度、容积、台、件等，只能从一个侧面反映企业的生产经营情况，无法在量上进行汇总和比较，不便于会计计量和经营管理，只有选择货币尺度进行计量，才能充分反映企业的生产经营情况，所以，基本准则规定，会计确认、计量和报告选择货币作为计量单位。

在有些情况下，统一采用货币计量也有缺陷，某些影响企业财务状况和经营成果的因素，如企业经营战略、研发能力、市场竞争力等，往往难以用货币来计量，但这些信息对于使用者决策来讲也很重要，企业可以在财务报告中补充披露有关非财务信息来弥补上述缺陷。

二、会计确认基础和计量基础

会计要素作为会计报表的基本构件，其确认和计量是会计处理的重要环节。确认和计量是会计报表编报的前提，其恰当与否关系到会计信息的质量，也关系到会计目标的实现。会计要素的确认和计量应遵循一定的基础。

（一）会计确认基础

会计要素的确认是指将符合会计要素定义和确认标准的项目加以记录、纳入财务报表的过程。某一项目一旦被确认，就要以文字和数据加以记录，其金额就应包括在财务报表之中。在企业经济活动中，交易或会计事项的发生时间往往与支付时间不一致，就产生了会计要素在何时确认的问题。权责发生制与收付实现制是为解决会计要素何时确认的问题而产生的两种不同的确认基础。

1.权责发生制

权责发生制也称应计制，是指应以权利、义务是否发生作为标准来确定收入费用的归属期，而不考虑款项的实际收入与付出。具体来说，凡是当期已经实现的收入和已经发生或应当负担的费用，无论款项是否收付，都应当作为当期的收入和费用，计入利润表；凡是不属于当期的收入和费用，即使款项已在当期收付，也不应当作为当期的收入和费用。基于权责发生制进行会计核算，可以正确地将收入与费用相配比，正确计算各期间的经营成果。权责发生制原本主要用于解决收入和费用的确认时间问题，但根据会计等式和复式记账原理，一项收入的确认必然同时要确认一项资产的增加或负债的减少，一项费用的确认必然同时确认一项资产的减少或负债的增加，所以，权责发生制可应用于所有会计要素的确认，成为所有会计要素的确认基础。我国《企业会计准则——基本准则》明确规定："企业应当以权责发生制为基础进行会计确认、计量和报告。"

2.收付实现制

收付实现制也称现金制，是与权责发生制相对应的一种会计基础，它是按照款项实际收付的日期作为标准来确认收入、费用归属期的一种确认基础。具体来说，收到现金时反映收入增加，付出现金时反映费用增加。这种确认基础比较简便，同时由于收入与费用的确认时间与现金的收支时间一致，核算的经营成果与现金流量一致，便于会计信息使用者理解。但是，以收付实现制为基础进行会计核算，可能导致当期收到的现金是以前期间的经营成果，而当期付出的现金又可能在以后期间才能带来成果，因此，按照现金实际收支时间确定的损益不能代表企业当期的真正经营成果。在会计实务中，收付实现制为非营利性组织所采用。

（二）会计计量基础

1. 会计要素计量属性

会计计量是为了将符合确认条件的会计要素登记入账并列报于财务报表而确定其金额的过程。企业应当按照规定的会计计量属性进行计量，确定相关金额。从会计角度，计量属性反映的是会计要素金额的确定基础，主要包括历史成本、重置成本、可变现净值、现值和公允价值等。

(1)历史成本。历史成本又称实际成本,就是取得或制造某项财产物资时所实际支付的现金或者其他等价物。在历史成本计量下,资产按照其购置时支付的现金或者现金等价物的金额,或者按照购置资产时所付出的对价的公允价值计量。负债按照其因承担现时义务而实际收到的款项或者资产的金额,或者承担的现时义务的合同金额,或者按照日常活动中为偿还负债预期需要支付的现金或者现金等价物的金额计量。

会计选择历史成本计价的主要原因是:历史成本是在交易时确定的,它能够比较客观地反映经济业务或会计事项;历史成本具有较强的可核性,经得起检验;历史成本的资料容易取得。然而,按历史成本计价也存在固有的缺点:资产的历史成本是在取得时确认的,一旦入账后不再变化,但该资产对企业的“价值”可能随时间延续而变化,时间长了以后已不能真实反映其经济价值;不同时期取得的相同资产,其成本并不相同,在财务报表上却将它们加在一起,难以做出合理解释;计算利润时,收入是不久前的货币价值而成本是历史成本,两者不能合理配比。财务报表使用人应注意历史成本计价的局限性,合理使用报表中的数据。

(2)重置成本。重置成本又称现行成本,是指按照当前市场条件,重新取得同样一项资产所需支付的现金或现金等价物金额。在重置成本计量下,资产按照现在购买相同或者相似资产所需支付的现金或现金等价物的金额计量;负债按照现在偿付该项债务所需支付的现金或现金等价物的金额计量。在实务中,重置成本多应用于盘盈固定资产的计量等。

(3)可变现净值。可变现净值是指在正常生产经营过程中,以预计售价减去进一步加工成本和预计销售费用以及相关税费后的净值。在可变现净值计量下,资产按照其正常对外销售所能收到现金或现金等价物的金额扣减该资产至完工时估计将要发生的成本、估计的销售费用以及相关税金后的金额计量。可变现净值通常应用于存货资产减值情况下的后续计量。

(4)现值。现值是指对未来现金流量以恰当的折现率进行折现后的价值,是考虑货币时间价值因素等的一种计量属性。在现值计量下,资产按照预计从其持续使用和最终处置中所产生的未来净现金流入量的折现金额计量。负债按照预计期限内需要偿还的未来净现金流出量的折现金额计量。现值通常应用于非流动资产可收回金额和以摊余成本计量的金融资产价值的确定等。

(5)公允价值。公允价值是指在公平交易中,熟悉情况的交易双方自愿进行资产交换或者债务清偿的金额。在公允价值计量下,资产和负债按照在公平交易中熟悉情况的交易双方自愿进行资产交换或者债务清偿的金额计量。公允价值主要应用于交易性金融资产、可供出售金融资产的计量等。公允价值是随着我国资本市场的发展和我国会计准则与国际财务报告准则的趋同而被适度、谨慎地引入我国会计要素计量属性中来的。

2.各种计量属性之间的关系

在各种会计要素计量属性中,历史成本通常反映的是资产或者负债过去的价值,而重置成本、可变现净值、现值以及公允价值通常反映的是资产或者负债的现时成本或者现时价值,是与历史成本相对应的计量属性。当然,这种关系也并不是绝对的。例如,资产或者负债的历史成本有时就是根据交易时有关资产或者负债的公允价值确定的,在非货币性资产交换中,如果交换具有商业实质,且换入、换出资产的公允价值能够可靠计量,换入资产入账成本的确定应当以换出资产的公允价值为基础,除非有确凿证据表明换入资产的公允价值更加可靠;在非同一控制下的企业合并交易中,合并成本也是以购买方在购买日为取得对被购买方的控制权而付出的资产、发生或承担的负债等公允价值确定的。再如,在应用公允价值时,当相关资产或者负债不存在活跃市场的报价或者不存在同类或者类似资产的活跃市场报价时，需要采用估值技术来确定相关资产或者负债的公允价值，而在采用估值技术估计相关资产或者负债的公允价值时，现值往往是比较普遍采用的一种估值方法，在这种情况下，公允价值就是以现值为基础确定的。另外，公允价值相对于历史成本而言，具有很强的时间概念。也就是说，当前环境下某项资产或负债的历史成本可能是过去环境下该项资产或负债的公允价值，而当前环境下某项资产或负债的公允价值也许就是未来环境下该项资产或负债的历史成本。

3.计量属性的应用原则

企业在对会计要素进行计量时，一般应采用历史成本。采用重置成本、可变现净值、现值、公允价值计量的，应当保证所确定的会计要素金额能够取得并可靠计量。

在引入公允价值过程中，我国充分考虑了国际财务报告准则中公允价值应用的三个级次，即：第一，资产或负债等存在活跃市场的，活跃市场中的报价应当用于确定其公允价值；第二，不存在活跃市场的，参考熟悉情况并自愿交易的各方最近进行的市场交易中使用的价格或参照实质上相同或相似的其他资产或负债等的市场价格确定其公允价值；第三，不存在活跃市场，且不满足上述两个条件的，应当采用估值技术等确定公允价值。

我国引入公允价值是适度、谨慎和有条件的。原因是考虑到我国尚属新兴的市场经济国家，如果不加限制地引入公允价值，有可能出现公允价值计量不可靠，甚至借此人为操纵利润的现象。因此，在投资性房地产和生物资产等具体准则中规定，只有存在活跃市场、公允价值能够取得并可靠计量的情况下，才能采用公允价值计量。

第二节　会计信息质量要求

会计信息质量要求是对企业财务报告中所提供会计信息质量的基本要求，是使财务报告中所提供会计信息对投资者等使用者决策有用应具备的基本特征，主要包括可靠性、相关性、可理解性、可比性、实质重于形式、重要性、谨慎性和及时性等。其中，可靠性、相关性、可理解性和可比性是会计信息的首要质量要求，是企业财务报告中所提供会计信息应具备的基本质量特征；实质重于形式、重要性、谨慎性和及时性是会计信息的次级质量要求，是对可靠性、相关性、可理解性和可比性等首要质量要求的补充和完善，尤其是在对某些特殊交易或事项进行处理时，需要根据这些质量要求来把握其会计处理原则，另外，及时性还是会计信息相关性和可靠性的制约因素，企业需要在相关性和可靠性之间寻求一种平衡，以确定信息及时披露的时间。

一、可靠性

可靠性要求企业应当以实际发生的交易或者事项为依据进行确认、计量和报告，如实反映符合确认和计量要求的各项会计要素及其他相关信息，保证会计信息真实可靠、内容完整。

会计信息要对决策者有用，必须以可靠性为基础，如果财务报告所提供的会计信息是不可靠的，就会给投资者等使用者的决策产生误导甚至损失。为了贯彻可靠性要求，企业应当做到：

（1）以实际发生的交易或事项为依据进行确认、计量，将符合会计要素定义及确认条件的资产、负债、所有者权益、收入、费用和利润等如实反映在财务报表中，不得根据虚构的、没有发生的或者尚未发生的交易或者事项进行确认、计量和报告。

(2)在符合重要性和成本效益原则的前提下,保证会计信息的完整性,其中包括应当编报的报表及其附注内容等应当保持完整,不能随意遗漏或者减少应予披露的信息,与使用者决策相关的有用信息都应当充分披露。

二、相关性

相关性要求企业提供的会计信息应当与投资者等财务报告使用者的经济决策需要相关,有助于投资者等财务报告使用者对企业过去、现在或者未来的情况做出评价或者预测。

会计信息是否有用,是否具有价值,关键是看其与使用者的决策需要是否相关,是否有助于决策或者提高决策水平。相关的会计信息应当能够有助于使用者评价企业过去的决策,证实或者修正过去的有关预测,因而具有反馈价值。相关的会计信息还应当具有预测价值,有助于使用者根据财务报告所提供的会计信息预测企业未来的财务状况、经营成果和现金流量。例如,区分收入和利得、费用和损失,区分流动资产和非流动资产、流动负债和非流动负债以及适度引入公允价值等,都可以提高会计信息的预测价值,进而提升会计信息的相关性。

会计信息质量的相关性要求,需要企业在确认、计量和报告会计信息的过程中,充分考虑使用者的决策模式和信息需要。但是,相关性是以可靠性为基础的,两者之间并不矛盾,不应将两者对立起来。也就是说,会计信息在可靠性前提下,要尽可能地做到相关性,以满足投资者等财务报告使用者的决策需要。

三、可理解性

可理解性要求企业提供的会计信息应当清晰明了,便于投资者等财务报告使用者理解和使用。

企业编制财务报告、提供会计信息的目的在于使用,而要使使用者有效使用会计信息,应当能让其了解会计信息的内涵,弄懂会计信息的内容,这就要求财务报告提供的会计信息应当清晰明了,易于理解。只有这样,才能提高会计信息的有用性,实现财务报告的目标,满足向投资者等财务报告使用者提供决策有用信息的要求。

会计信息毕竟是一种专业性较强的信息产品,在强调会计信息的可理解性要求的同时,还应假定使用者具有一定的有关企业经营活动和会计方面的知识,并且愿意付出努力去研究这些信息。对于某些复杂的信息,如交易本身较为复杂或者会计处理较为复杂,但其对使用者的经济决策相关的,企业应当在财务报告中予以充分披露。

四、可比性

可比性要求企业提供的会计信息应当相互可比。主要包括两层含义:

(一)同一企业不同时期可比

为了便于投资者等财务报告使用者了解企业财务状况、经营成果和现金流量的变化趋势,比较企业在不同时期的财务报告信息,全面、客观地评价过去、预测未来,从而做出决策,会计信息质量的可比性要求同一企业不同时期发生的相同或者相似的交易或者事项,应当采用一致的会计政策,不得变更会计政策,如果按照规定或者在会计政策变更后可以提供更可靠、更相关的会计信息的,可以变更会计政策。有关会计政策变更的情况,应当在附注中予以说明。

（二）不同企业相同会计期间可比

为了便于投资者等财务报告使用者评价不同企业的财务状况、经营成果和现金流量及其变动情况，会计信息质量的可比性要求不同企业同一会计期间发生的相同或者相似的交易或者事项，应当采用规定的会计政策，确保会计信息口径一致、相互可比，以使不同企业按照一致的确认、计量和报告要求提供有关会计信息。

五、实质重于形式

实质重于形式要求企业应当按照交易或者事项的经济实质进行会计确认、计量和报告，不仅仅以交易或者事项的法律形式为依据。

企业发生的交易或事项在多数情况下其经济实质和法律形式是一致的，但在某些情况下也会出现不一致。例如，以融资租赁方式租入的资产，虽然从法律形式来讲企业并不拥有其所有权，但是，由于租赁合同中规定的租赁期相当长，接近于该资产的使用寿命；租赁期结束时，承租企业有优先购买该资产的选择权；在租赁期内，承租企业有权支配资产并从中受益等——因此，从其经济实质来看，企业能够控制融资租入资产所创造的未来经济利益，在会计确认、计量和报告上就应当将以融资租赁方式租入的资产视为企业的资产，列入企业的资产负债表。

又如，企业按照销售合同销售商品但又签订了售后回购协议，虽然从法律形式上实现了收入，但如果企业没有将商品所有权上的主要风险和报酬转移给购货方，没有满足收入确认的各项条件，即使签订了商品销售合同或者已将商品交付给购货方，也不应当确认销售收入。

六、重要性

重要性要求企业提供的会计信息应当反映与企业财务状况、经营成果和现金流量有关的所有重要交易或者事项。

按照重要性要求，会计所提供的信息的繁简程度取决于信息的重要程度，对于信息使用者的决策产生重大影响的会计信息必须详尽揭示，而对信息使用者的决策影响不大的次要会计信息，可进行适当简化。

在实务中，如果财务报告中提供的会计信息的省略或者错报会影响投资者等财务报告使用者据此做出决策的，该信息就具有重要性。重要性的应用需要依赖职业判断，企业应当根据其所处环境和实际情况，从项目的性质和金额大小两方面加以判断。从性质上来说，当某一事项有可能对决策产生一定影响时，就属于重要项目；从金额大小来说，当达到一定金额时，可能会对决策产生影响的，也属于重要项目。

七、谨慎性

谨慎性要求企业对交易或者事项进行会计确认、计量和报告时应当保持应有的谨慎，不应高估资产或者收益、低估负债或者费用。

在市场经济环境下，企业的生产经营活动面临着许多风险和不确定性，如应收款项的可收回性、固定资产的使用寿命、无形资产的使用寿命、售出存货可能发生的退货或者返修等。会计信息质量的谨慎性要求，需要企业在面临不确定性因素的情况下做出职业判断时，应当保持应有的谨慎，充分估计到各种风险和损失，既不高估资产或者收益，也不低估负债或者费用。例如，要求企业对可能发生的资产减值损失计提资产减值准备、对售出商品可能发生的保修义务等确认预计负债等，就体现了会计信息质量的谨慎性要求。

谨慎性的应用也不允许企业设置秘密准备，如果企业故意低估资产或者收益，或者故意高估负债或者费用，将不符合会计信息的可靠性和相关性要求，损害会计信息质量，扭曲企业实际的财务状况和经营成果，从而对使用者的决策产生误导，这是会计准则所不允许的。

八、及时性

及时性要求企业对于已经发生的交易或者事项，应当及时进行确认、计量和报告，不得提前或者延后。

会计信息的价值在于帮助所有者或者其他使用者做出经济决策，具有时效性。即使是可靠、相关的会计信息，如果不及时提供，就失去了时效性，对于使用者的效用就大大降低，甚至不再具有实际意义。在会计确认、计量和报告过程中贯彻及时性，一是要求及时收集会计信息，即在经济交易或者事项发生后，及时收集整理各种原始单据或者凭证；二是要求及时处理会计信息，即按照会计准则的规定，及时对经济交易或者事项进行确认或者计量，并编制财务报告；三是要求及时传递会计信息，即按照国家规定的有关时限，及时地将编制的财务报告传递给财务报告使用者，便于其及时使用和决策。

在实务中，为了及时提供会计信息，可能需要在有关交易或事项的信息全部获得之前即进行会计处理，这样就满足了会计信息的及时性要求，但可能会影响会计信息的可靠性；反之，如果企业等到有关交易或者事项的信息全部获得之后再进行会计处理，这样的信息披露可能会由于时效性问题，对于投资者等财务报告使用者决策的有用性将大大降低。这就需要在及时性和可靠性之间进行相应权衡，以最好地满足投资者等财务报告使用者的经济决策需要作为判断标准。

第三节 会计核算的方法和会计循环

一、会计核算方法

为了执行会计的核算职能，必须运用会计核算方法。会计核算是一个连续、系统、完整的过程，包括了会计确认、计量、记录和报告四个过程。会计确认是把每一会计事项列作某一会计要素，并加以记录和报告的过程；会计计量是在会计核算过程中以某种标准为尺度，确定会计要素量的过程；会计记录是对各种会计事项经过确认、计量后，采用一定方法在账户中记录的过程；会计报告则是以日常核算资料为依据，用表格或文字的形式将会计信息传输给信息使用者的过程。在实施会计确认、计量、记录和报告的会计核算全过程中所应用的方法主要包括以下七种：

1. 设置会计科目

设置会计科目是对会计对象的具体内容进行分类核算的方法。有了会计科目和账户，就可以有序地、分类地将各项经济业务的数据记入账户，从而分门别类地取得各种数据和信息，供信息使用者使用。

2. 复式记账

每一项经济业务的发生，都会引起会计要素的有关项目发生增减变动。为了将这些经济业务记录在有关账户中，以全面、系统地反映各会计要素有关项目的增减变动情况以及结果，就必须采用复式记账法。

所谓复式记账，是指对任何一笔经济业务都要用相等的金额，在两个或两个以上的有关账户中进行相互联系的记录的一种记账方法。会计通过运用复式记账方法在描述资金变动的来龙去脉和因果关系的同时，也建立了一种相关账户之间的平衡关系，这种平衡关系是检查经济业务记录是否正确的重要依据。

3. 填制和审核凭证

为了如实反映各项经济业务对企业各会计要素的影响，有必要在经济业务发生时，填制或取得适当的凭证作为证明文件。会计凭证就是记录经济业务的发生情况、明确经济责任、作为记账依据的书面证明。经济业务发生时，首先由经办人员取得表明经济业务发生及其内容的原始凭证，然后交由相关人员或部门逐项审查认定经济业务发生或完成的情况，凭审核无误的原始凭证由会计人员填制记账凭证，并经有关部门和人员审核确认无误后，才能作为登记账簿的依据。填制或取得并审核会计凭证是会计工作的初始阶段，它是保证会计核算按照交易的实际发生情况如实记录的基础，也是确保财务报表如实反映企业真实状况的前提条件。

4. 登记账簿

账簿是由具有一定格式、互有联系的账页组成，用于序时地、分类地记录和反映各项经济业务的簿籍。登记账簿必须以审核无误的凭证为依据，并定期进行对账和结账。设置并登记账簿有利于全面地、系统地记录和反映企业生产经营活动的情况，把大量而分散的核算资料进行归类整理，为编制会计报表和经营管理提供所需要的会计数据。

5. 成本计算

成本计算是在会计核算中按照一定的对象归集和分配费用，以计算确定该对象的总成本和单位成本的专门方法。通过成本计算，可以确定材料的采购成本、产品的生产成本和销售成本，可以反映和监督生产经营过程中发生的各项费用是否节约或超支，可以为企业计算盈亏或财务成果奠定基础。

6. 财产清查

财产清查包括盘点实物和核对账目，是确定账实是否相符的专门方法，是会计核算过程中不可缺少的一个环节。会计账簿资料系统地记录了企业的经济活动，但会计记录正确与否的检验标准就是与账面反映相对应的实有数。为提高会计记录的准确性，保证账实相符，必须定期或不定期地对各项财产物资、往来款项进行清查、盘点和核对。清查中如发现账实不符，须调整账簿记录，以保证会计核算资料的真实性和准确性。

7. 编制会计报表

会计报表是根据日常核算资料定期编制，反映企业财务状况、经营成果和现金流量的书面报告。会计报表是主要以账簿记录为依据，经过加工整理而产生一套完整信息的书面文件。会计报表是会计信息使用者赖以做出决策的主要依据。

以上七种会计核算方法相互联系，形成一个完整的会计核算方法体系：经济业务发生后，经办人员取得或填制的原始凭证由会计人员审核后，按设置的会计科目和账户，运用复式记账的方法编制记账凭证并据以登记账簿；对于本期生产经营过程中发生的各项费用，要按规定的方法进行成本计算；定期或根据需要进行财产清查，在保证账实相符的基础上定期编制会计报表。实际运用这七种核算方法时必须密切配合，以达到会计核算的最终目的。

二、会计循环

企业在一个会计期内，其会计工作必须经过填制和审核凭证、登记账簿、编制会计报表等一系列会计程序。它从会计期初开始，至会计期末终了，并循环往复、周而复始，故称为会计循环。企业若以一年为一个会计期，则会计循环历时一年；若按月结账和编表，则会计循环历时一个月。

本章小结

会计基本假设是企业会计确认、计量和报告的前提，是对会计核算所处时间、空间环境等所做的合理设定。会计基本假设包括会计主体、持续经营、会计分期和货币计量。

会计要素作为会计报表的基本构件，其确认和计量是会计处理的重要环节。会计要素的确认和计量应遵循一定的基础。会计要素的确认基础应遵循权责发生制；会计要素的计量基础，主要包括历史成本、重置成本、可变现净值、现值和公允价值。

会计信息质量要求是对企业财务报告中提供会计信息质量的基本要求，是使财务报告中提供会计信息对投资者等使用者决策有用应具备的基本特征，它主要包括可靠性、相关性、可理解性、可比性、实质重于形式、重要性、谨慎性和及时性等。

会计核算是一个连续、系统、完整的过程，包括了会计确认、计量、记录和报告四个过程。在会计核算全过程中所应用的方法主要包括设置会计科目、复式记账、填制和审核凭证、登记账簿、成本计算、财产清查、编制会计报表，这七种方法形成完整的会计核算方法体系。企业在一个会计期内的会计工作必须经过填制和审核凭证、登记账簿、编制会计报表等一系列会计程序。这些会计程序循环往复、周而复始，故称为会计循环。

主要概念

会计基本假设　权责发生制　可靠性　相关性　可理解性　可比性
实质重于形式　重要性　谨慎性　及时性　会计核算方法　会计循环

复习思考题

1. 会计核算的基本假设包括哪些？
2. 会计的确认基础有哪几种？区别是什么？
3. 会计要素的计量属性有哪些？
4. 会计信息质量要求有哪些？
5. 会计的核算方法有哪几种？
6. 什么叫做会计循环？

练习题

某公司6月份发生如下收支业务：

(1)8 日,销售甲商品 200 件,每件售价1 000元,货款已收到并存入银行。每件甲商品的成本为 700 元。

(2)13 日,签订销售甲商品 60 件的合同,每件售价1 000元,并预先收到货款20 000元,商品在 7 月份发出,余款在商品发出时收到。

(3)19 日,以银行存款预付下一年房屋租金 36 000 元。

(4)27 日,收到 5 月份销售的 40 件甲商品货款并存入银行。

(5)28 日,支付第二季度银行短期借款的利息 90 000 元。

要求:分别按权责发生制和收付实现制原则对该公司的收入和费用进行确认和计量,并分别计算该公司在 6 月份的利润。

第四章　账户与复式记账法

学习目标

通过本章的学习，你可以达到以下目标：

1. 掌握会计科目和会计账户的概念、分类以及两者之间的关系。

2. 掌握复式记账法的原理和方法。

3. 掌握借贷记账法的基本原理和结构，能熟练运用借贷记账法编制基本经济业务的会计分录。

4. 理解试算平衡原理，能进行试算平衡。

第一节　会计科目与会计账户

一、会计科目

(一)会计科目的概念和作用

会计科目是指对会计要素进行分类核算与控制的具体项目，也就是按照经济内容对各项会计要素所做的进一步分类。会计要素是对会计核算与控制的内容所作的基本分类，这种分类还很粗略。通过会计要素，只能了解企业财务状况、经营成果和现金流量的总括情况。为了全面、系统地核算与控制各项会计要素增减变动的具体情况，以便分门别类地核算企业的经济业务并提供更为详细的会计信息，企业有必要对会计要素的具体内容进行进一步分类，并对每一类内容确定相应的会计科目。

例如，为了核算与控制货币资金、存货、固定资产和无形资产等各类资产增减变动的具体情况，企业应当设置“库存现金”、“银行存款”、“原材料”、“固定资产”和“无形资产”等科目；为了核算与控制各项流动负债与非流动负债增减变动的具体情况，企业应当设置“短期借款”、“应付账款”、“应付职工薪酬”和“长期借款”、“应付债券”等科目；为了核算与控制所有者权益的各项组成内容以及它们的增减变动情况，企业应当设置“实收资本”(股本)、“资本公积”和“盈余公积”等科目。又如，为了核算与控制收入、费用和利润及其分配的各项具体内容及其增减变动，企业应当设置“主营业务收入”、“其他业务收入”和“主营业务成本”、“销售费用”、“管理费用”、“财务费用”以及“本年利润”、“利润分配”等科目。

企业通过设置会计科目，可以对资产、负债、所有者权益、收入、费用和利润这六大会计要素进行进一步分类，将复杂的经济活动变为有规律的、容易识别的经济信息；可以为设置账户、填制会计凭证和登记会计账簿提供依据；可以为编制财务报告奠定基础，为企业投资者、债权人、政府及其有关部门和社会公众提供全面、系统的会计信息。

(二)会计科目的内容和分类

会计科目的内容是指会计科目反映的经济内容和使用方法。会计科目的核算内容可以使会计科目既有分工又有联系,防止核算内容混淆不清。会计科目的使用方法规定会计人员在核算中如何正确使用会计科目。目前,我国企业使用的会计科目,主要是由财政部依据企业会计准则中确认和计量的规定,针对各类企业的交易或者事项而制定的,即由财政部提供会计科目的名称、类别、编号与核算内容和使用方法,然后由企业在不违反会计准则中确认、计量和报告规定的前提下,根据本单位的实际经营特点和管理需要从中选择并确定本企业需要的会计科目。

会计科目的分类是对会计要素进行进一步分类,主要划分为资产类科目、负债类科目、所有者权益类科目、成本类科目和损益类科目五大类。

1. 资产类科目

资产类科目用于反映企业拥有或控制的全部资产的状况。按照资产的流动性强弱,资产类科目又可以分为流动资产类科目和非流动资产类科目两小类。其中,流动资产类科目主要包括"库存现金"、"银行存款"、"应收票据"、"应收账款"、"预付账款"、"原材料"、"库存商品"、"周转材料"等科目;非流动资产类科目主要包括"长期应收款"、"长期股权投资"、"固定资产"、"无形资产"、"投资性房地产"、"在建工程"和"工程物资"等科目。

2. 负债类科目

负债类科目用于反映企业承担并应偿还的全部负债的状况。按照负债偿还期限的长短,负债类科目又可以分为流动负债类科目和非流动负债类科目两小类。其中,流动负债类科目主要包括"短期借款"、"应付票据"、"应付账款"、"预收账款"、"应付职工薪酬"、"应付利息"、"应交税费"和"其他应付款"等科目;非流动负债类科目主要包括"长期借款"、"应付债券"、"长期应付款"和"专项应付款"等科目。

3. 所有者权益类科目

所有者权益类科目用于反映企业全部所有者权益的状况,主要包括"实收资本"、"股本"、"资本公积"、"盈余公积"、"本年利润"和"利润分配"等科目。

4. 成本类科目

成本类科目用于反映企业产品生产成本和提供劳务成本的状况,主要包括"生产成本"、"制造费用"、"劳务成本"和"研发支出"等科目。

5. 损益类科目

损益类科目用于反映企业取得收入和发生费用的状况。按照损益与利润总额的关系,损益类科目又可以分为收入类科目和费用类科目两小类。其中,收入类科目主要包括"主营业务收入"、"其他业务收入"、"投资收益"、"营业外收入"等科目;费用类科目主要包括"主营业务成本"、"其他业务成本"、"营业税金及附加"、"销售费用"、"管理费用"、"财务费用"、"营业外支出"和"所得税费用"等科目。

我国《企业会计准则——应用指南》中将会计科目划分为资产类、负债类、共同类、所有者权益类、成本类、损益类六大类别,如表4-1所示。

表 4—1　　会计科目名称和编号

顺序号	编号	名称	顺序号	编号	名称
		一、资产类	21	1302	拆出资金
1	1001	库存现金	22	1303	贷款
2	1002	银行存款	23	1304	贷款损失准备
3	1003	存放中央银行款项	24	1311	代理兑付证券
4	1011	存放同业	25	1321	代理业务资产
5	1012	其他货币资金	26	1401	材料采购
6	1021	结算备付金	27	1402	在途物资
7	1031	存出保证金	28	1403	原材料
8	1101	交易性金融资产	29	1404	材料成本差异
9	1111	买入返售金融资产	30	1405	库存商品
10	1121	应收票据	31	1406	发出商品
11	1122	应收账款	32	1407	商品进销差价
12	1123	预付账款	33	1408	委托加工物资
13	1131	应收股利	34	1411	周转材料
14	1132	应收利息	35	1421	消耗性生物资产
15	1201	应收代位追偿款	36	1431	贵金属
16	1211	应收分保账款	37	1441	抵债资产
17	1212	应收分保合同准备金	38	1451	损余物资
18	1221	其他应收款	39	1461	融资租赁资产
19	1231	坏账准备	40	1471	存货跌价准备
20	1301	贴现资产	41	1501	持有至到期投资
42	1502	持有至到期投资减值准备	72	2003	拆入资金
43	1503	可供出售金融资产	73	2004	向中央银行借款
44	1511	长期股权投资	74	2011	吸收存款
45	1512	长期股权投资减值准备	75	2012	同业存放
46	1521	投资性房地产	76	2021	贴现负债
47	1531	长期应收款	77	2101	交易性金融负债
48	1532	未实现融资收益	78	2111	卖出回购金融资产款
49	1541	存出资本保证金	79	2201	应付票据
50	1601	固定资产	80	2202	应付账款
51	1602	累计折旧	81	2203	预收账款
52	1603	固定资产减值准备	82	2211	应付职工薪酬

续表

顺序号	编号	名称	顺序号	编号	名称
53	1604	在建工程	83	2221	应交税费
54	1605	工程物资	84	2231	应付利息
55	1606	固定资产清理	85	2232	应付股利
56	1611	未担保余值	86	2241	其他应付款
57	1621	生产性生物资产	87	2251	应付保单红利
58	1622	生产性生物资产累计折旧	88	2261	应付分保账款
59	1623	公益性生物资产	89	2311	代理买卖证券款
60	1631	油气资产	90	2312	代理承销证券款
61	1632	累计折耗	91	2313	代理兑付证券款
62	1701	无形资产	92	2314	代理业务负债
63	1702	累计摊销	93	2401	递延收益
64	1703	无形资产减值准备	94	2501	长期借款
65	1711	商誉	95	2502	应付债券
66	1801	长期待摊费用	96	2601	未到期责任准备金
67	1811	递延所得税资产	97	2602	保险责任准备金
68	1821	独立账户资产	98	2611	保户储金
69	1901	待处理财产损溢	99	2621	独立账户负债
二、负债类			100	2701	长期应付款
70	2001	短期借款	101	2702	未确认融资费用
71	2002	存入保证金	102	2711	专项应付款
103	2801	预计负债	128	6041	租赁收入
104	2901	递延所得税负债	129	6051	其他业务收入
三、共同类			130	6061	汇兑损益
105	3001	清算资金往来	131	6101	公允价值变动损益
106	3002	货币兑换	132	6111	投资收益
107	3101	衍生工具	133	6201	摊回保险责任准备金
108	3201	套期工具	134	6202	摊回赔付支出
109	3202	被套期项目	135	6203	摊回分保费用
四、所有者权益类			136	6301	营业外收入
110	4001	实收资本	137	6401	主营业务成本
111	4002	资本公积	138	6402	其他业务成本
112	4101	盈余公积	139	6403	营业税金及附加

续表

顺序号	编号	名称	顺序号	编号	名称
113	4102	一般风险准备	140	6411	利息支出
114	4103	本年利润	141	6421	手续费及佣金支出
115	4104	利润分配	142	6501	提取未到期责任准备金
116	4201	库存股	143	6502	提取保险责任准备金
五、成本类			144	6511	赔付支出
117	5001	生产成本	145	6521	保单红利支出
118	5101	制造费用	146	6531	退保金
119	5201	劳务成本	147	6541	分出保费
120	5301	研发支出	148	6542	分保费用
121	5401	工程施工	149	6601	销售费用
122	5402	工程结算	150	6602	管理费用
123	5403	机械作业	151	6603	财务费用
六、损益类			152	6604	勘探费用
124	6001	主营业务收入	153	6701	资产减值损失
125	6011	利息收入	154	6711	营业外支出
126	6021	手续费及佣金收入	155	6801	所得税费用
127	6031	保费收入	156	6901	以前年度损益调整

关于会计科目的使用方法，财政部在《企业会计准则——应用指南》中也进行了明确和详细的规定。我们将结合以后的学习内容进行介绍。

(三)会计科目的级次

会计科目的级次要体现会计信息的不同详细程度，它反映会计科目内部的纵向关系，以满足不同的信息使用者对会计信息的不同需求。会计科目按照提供会计核算指标的详细程度不同，可以划分为总分类科目和明细分类科目两大类。

1. 总分类科目

总分类科目也称总账科目或一级科目，是对经济业务的具体内容进行总括分类的会计科目，是进行总分类核算、提供总括指标和信息的依据。任何一个总分类科目都可以反映特定的一类经济业务的总体情况。也就是说，总分类科目不同，其反映经济业务的总体情况也有所不同。例如，企业的“固定资产”科目反映了企业拥有或控制的厂房、建筑物、机器和设备的总体情况，企业的“应收账款”科目反映了企业因销售货物、提供劳务等而应收各单位款项的总体情况等。

目前在我国的会计实务中，企业总分类科目的名称和内容由财政部在相关的会计规范中统一规定，以有利于会计核算指标逐级汇总并相互可比。同时财政部也规定，企业在不违反会计准则中确认、计量和报告规定的前提下，根据本单位的实际情况自行增设、分拆、合并会计科目。企业不存在的交易或事项，可不设置相关会计科目。从国外来看，通常并无统一的会计科目，而是由各企业自行确定。但是，无论国内国外，均要求对外提供统一格式的财务报告，并统一规定财务报表各项目的名称和内容。

2. 明细分类科目

明细分类科目也称明细账科目，是对总分类科目反映的经济内容进行详细分类的会计科目，是进行明细分类核算、提供明细分类指标和信息的依据。明细分类科目隶属于总分类科目，其反映的经济内容受到总分类科目所反映的经济内容的控制，但能够为总分类科目反映的经济内容进行更为详细和具体的说明。因此，明细分类科目与总分类科目之间具有相互补充、相辅相成的作用。

企业会计实务中，按照对特定总分类科目所反映经济内容的粗细程度不同，明细分类科目又可具体划分为子科目和细科目两小类。其中，子科目又称为二级账科目，或者简称子目，比如在“应付账款”总分类科目下可以根据各债权人的名称确定“甲公司”、“乙公司”等二级科目。细科目也称为三级账科目，或者简称细目，比如在“固定资产”总分类科目下除了应当确定“房屋建筑物类”、“机器设备类”等二级科目外，还应当在“房屋建筑物类”二级科目下再确定“厂房”、“仓库”等三级科目；在“机器设备类”二级科目下可确定“××机器”或“××设备”等三级科目。科目级次的多少应由企业根据实际情况进行确定。

在我国会计实务中，有些总分类科目所属的明细分类科目的名称和内容是由会计相关法规统一确定的，企业应当遵循其规定，不得随意变动。如我国《企业会计准则——应用指南》规定，企业应当在“利润分配”总分类科目下分别按照“提取法定盈余公积”、“提取任意盈余公积”和“未分配利润”等明细分类科目进行明细核算；企业应当在“交易性金融资产”总分类科目下按照类别和品种分别按照“成本”和“公允价值变动”等明细分类科目进行明细核算等。

有些总分类科目所属的明细分类科目，会计相关法规尽管没有规定其明细分类科目的具体名称，但对明细分类科目的确定方法作出了指导性的规定，企业应当遵循其方法，根据本单位的实际情况确定明细分类科目的具体名称和内容。例如，我国《企业会计准则——应用指南》指出，“原材料”总分类科目可按材料的保管地点（仓库），材料的类别、品种和规格等进行明细核算。以服装企业的“原材料”为例，说明总分类科目和明细分类科目之间的关系（如表 4—2所示）。

表 4—2　　总分类科目和明细分类科目之间的关系

总分类科目	明细分类科目	
一级科目	二级科目（子目）	明细科目（细目）
原材料	原料及主要材料	棉布
原材料	原料及主要材料	亚麻
原材料	原料及主要材料	丝绸

当然，也有极少数总分类科目通常不设置明细分类科目，如“库存现金”、“银行存款”、“本年利润”、“累计折旧”等。

（四）设置会计科目的原则

会计科目作为反映会计要素的构成及其变化情况，是为投资者、债权人等信息使用者提供会计信息的重要手段。会计科目的合理与否直接决定着企业能否及时、准确地填制会计凭证，进而能否完整、系统地登记会计账簿，以及最终能否提供符合要求的财务报告。设置会计科目通常应当遵循下述原则：

1. 满足相关信息使用者的需要

企业的会计信息要满足投资者、债权人对经营成果和财务状况信息的需要，满足政府部门加强宏观调控和制定方针政策的需要，满足企业内部管理当局加强经营管理的需要。所以，在设置会计科目时，既要满足对外报告的需要，又要兼顾对内经营管理的需要，可以通过总分类科目提供总括信息，满足企业外部各方要求；通过明细分类科目提供详细资料，满足企业内部管理的需要。

2. 体现不同行业经济活动及其资金运动的特点

不同行业之间的经济活动和资金运动既具有一定的相同点，又具有一定的不同点。确定会计科目时，既要考虑各类行业经济活动和资金运动的共性，又要考虑其经济活动和资金运动的特点。例如，制造业的主要经营活动是制造产品，企业可设置"原材料"、"制造费用"、"生产成本"等会计科目，反映生产耗费、成本计算和生产成果，以体现制造企业生产经营活动的特点；商品流通企业的主要经营活动是购进和销售商品，企业可设置"库存商品"、"商品进销差价" 等会计科目，反映商品采购、商品销售以及在购、销、存环节所发生的各项费用，以体现商品流通企业经营活动的特点。

3. 全面、系统地反映会计要素的内容

会计科目是对企业六大会计要素的进一步分类，应当能够全面、系统地反映各项会计要素的内容，不得有所遗漏。我国《企业会计准则》中提供的会计科目，不但包括资产类科目、负债类科目、所有者权益类科目、成本类科目和损益类科目，还包括共同类科目，它们能够全面、系统地反映企业的资产、负债、所有者权益、收入、费用和利润以及利得和损失。

4. 统一性与灵活性相结合

为了保持不同企业的会计核算指标具有一定的可比性，各企业应当尽量采用财政部提供的会计科目进行核算。但同时，企业可以根据本单位的实际情况，对财政部提供的会计科目进行必要的增补、删减或调整。例如，《企业会计准则》中设置了"预收账款"会计科目，但有些企业并不经常采用预收账款方式销售货物，企业发生的预收账款业务就可以不通过这个会计科目，而可以将其纳入"应收账款"科目进行核算。

5. 在保持相对稳定性的同时，还应根据经济业务不断发展变化的需要进行调整

为了便于比较、分析和汇总同一企业不同时期发生的相同或者相似的交易或者事项所涉及的会计核算指标，确保不同企业发生的相同或者相似的交易或者事项的会计信息口径一致、相互可比，确定和使用的会计科目应当保持相对稳定，不能随意改变会计科目的名称、编号和内容等。但在实践中，经济管理对会计的要求会随着时间的推移和社会环境的变化而有所不同。就特定企业而言，不同时期发生的经济业务和应用的会计理念也不尽相同，因此，确定和使用的会计科目不可能一成不变，而是应当随着不同时期社会环境和交易或者事项的变化及时作出相应的调整。例如，随着经济全球化的发展，企业发生的外币业务正在不断增多，汇兑损益原来放在财务费用科目中核算，2006 年的《企业会计准则》中"汇兑损益"作为一个单独的会计科目进行核算。

二、会计账户

会计科目的设置只是对会计要素的具体内容进行了分类，确定了某个项目的名称，而没有一定的格式和结构，尚不能把企业发生的经济业务连续、系统地记录下来，以取得有用的会计

信息。因此，为了序时、连续、系统地核算与控制经济业务发生引起的各项会计要素具体内容的增减变动及其结果，以便分类提供会计信息，还应当根据确定的会计科目在账簿中设置相应的账户。

（一）账户的概念与意义

账户是依据会计科目开设，具有一定的结构或格式，并能用来序时、连续、系统地记录各项经济业务，反映各项会计要素具体内容的增减变动情况及其结果的一种专门方法。

企业运用所设置的各个账户，可以分类地对企业发生的经济业务在会计账簿中进行连续和系统的登记，从而将经济业务所涉及的分散且缺乏有机联系的原始数据，转化为有联系的会计数据，从而为编制财务报告并提供全面、系统的会计信息打下基础。

（二）会计科目与账户的关系

在会计理论上，会计科目和账户是两个并不完全相同的概念，会计科目与账户之间既有联系又有区别。两者之间的联系是账户是依据会计科目设置的，会计科目是账户的名称，账户是会计科目的具体运用。例如，“银行存款”账户是根据“银行存款”科目设置的，“固定资产”账户是根据“固定资产”科目设置的。两者之间的区别主要在于会计科目没有结构，而账户具有一定的结构，能够反映特定经济内容的增减变动及其结果；会计科目主要为设置账户、编制会计凭证所运用，而账户则主要为建立会计账簿、编制财务报告所运用。除此之外，两者的名称、内容和分类均基本相同。正因如此，人们在会计实务中通常将会计科目和账户作为同义词对待，相互通用，并不需要严加区别。

（三）账户的基本结构与内容

在会计核算中，账户是全面、系统、分类地反映经济业务增减变动及其结果的专用工具。账户是用来记录经济业务的，必须具有一定的结构，并专门用于记录经济业务的日期、内容和金额等情况。

账户的结构取决于采用的记账方法和反映的经济内容。记账方法不同，账户的结构就不相同。即使在同一种记账方法下，不同的账户由于其反映的经济内容不同，其具体的结构也不相同。但是，无论采用哪种记账方法，也无论账户反映的经济内容是什么，由于经济业务发生所引起的各项会计要素的变动，从金额上看不外乎“增加”和“减少”两种情况。因此，所有账户的基本结构都是相同的。

账户的基本结构一般可以划分为左、右两方，一方用来登记经济业务发生引起的某项会计要素的增加额，另一方用来登记其减少额。但哪方登记增加额，哪方登记减少额，应取决于采用的记账方法和账户反映的经济内容。账户名称及增减金额就成了账户的基本结构。除此之外，还需要设置一些辅助栏目，用于反映经济业务的其他内容。

账户要依附于簿籍开设，亦即账簿。账户的结构一般包括以下内容：

（1）账户的名称，即会计科目。

（2）经济业务发生的时间，即日期。

（3）记录经济业务的来源，即会计凭证的种类和号数。

（4）经济业务内容的简要说明，即摘要。

（5）经济业务涉及和影响会计要素的金额，具体包括本期期初余额、本期增加发生额、本期减少发生额和本期期末余额。

账户的结构如表 4—3 所示。

表 4—3　　账户名称(会计科目)　　第×页

年		凭证号数	摘　要	增加	减少	余额方向	余额
月	日						

在理论上和会计教学中，通常将账户的基本结构与格式简化为“T”形账户，如图 4—1 所示。

左方　　账户名称(会计科目)　　右方

图 4—1　账户的基本结构

“T”形账户虽然结构简单，但能够清晰地反映账户的期初余额、本期增加发生额、本期减少发生额和期末余额及其相互之间的关系。

第二节　复式记账法

设置会计科目和账户是会计核算的专门方法之一，但是，如果没有一定的记账方法，会计人员将无从运用所设置的账户而对发生的经济业务进行全面、连续和系统的记录，从而也就无法为企业信息使用者提供必要的会计信息。因此，会计核算离不开记账，记账则需要有一定的原理、方法和规则。

一、单式记账法

记账方法是指会计事项发生后，运用特定的记账符号，按照一定的原理和规则，使用文字和数字在相关账户中登记各项经济业务的一种专门方法。

从会计发展史看，记账方法经历了一个由简单到复杂的演变过程。起初，人们采用的记账方法是单式记账法。单式记账法是指对于发生的每一项经济业务只在一个账户中进行记录的方法。一般只记录现金、银行存款的收付业务，以及应收账款、应付账款的结算业务，而不登记其他实物收付业务。对于实物性资产的取得、收入的实现和费用的发生等经济业务并不设置相应的账户，仅仅是做非正规的备忘登记甚至不予记录。

例如，某企业以银行存款购买原材料10 000元。对于此项经济业务，只在“银行存款”账户中登记减少额10 000元，而对于原材料的增加额并不予以反映。又如，企业对外销售产品20 000元，货款尚未收回。此项业务只登记应收账款账户增加20 000元，而对主营业务收入的增加情况不予登记。

单式记账法虽然记录方式简单，但具有以下四个缺点：(1)账户设置不完整，难以反映经济业务的来龙去脉；(2)没有对每一笔经济业务进行记录和反映；(3)账户之间的记录没有直接的对应关系；(4)账户记录没有相互平衡的概念。

随着社会经济的发展、人们实践经验的积累以及会计理论水平的提高，记账方法已经由单式记账法演变为复式记账法。

二、复式记账法

(一)复式记账法的概念与特征

复式记账法是指对企业发生的每一项经济业务所引起的资金变化情况，都要在两个或两个以上相互联系的账户中以相等的金额进行记录的一种记账方法。例如，某企业以银行存款购买固定资产100 000元。对于此项经济业务，一方面需要在“固定资产”账户中登记增加额100 000元，同时需要在“银行存款”账户中登记减少额100 000元，从而使固定资产增加与银行存款减少之间的因果关系一目了然。

复式记账法是在单式记账法的基础上发展而来的。与单式记账法相比，复式记账法具有如下特征：

(1)对于所有的经济业务，需要设置完整的账户体系，从而能够连续、系统地反映各项会计要素的增减变动及其结果。

(2)对于任何一笔经济业务，都要在两个或两个以上相互关联的账户中以相等的金额进行记录，从而可以全面、清晰地反映每项经济业务的来龙去脉。

(3)由于对每一笔经济业务以相等的金额在两个或两个以上相互关联的账户中进行记录，因而可以会计等式为理论依据，对一定时期所做的全部会计记录进行试算平衡，以便检查账户记录是否正确。

(二)复式记账法的理论依据

复式记账法作为一种比较科学的记账方法，一直得到广泛的应用。其主要原因在于它以会计等式为理论依据，能够充分揭示企业经济活动和资金运动的内在规律。企业所有的经济业务无非就是涉及资金的增加和减少两个方面，并且某项资金的增加或减少，势必会同时引起另一项资金的减少或增加，而任何经济业务的发生又都不会破坏会计等式。这就要求会计在记录发生的每项经济业务时，必须将该项经济业务所涉及的资金增减变化原因及其结果都记录下来，以便全面、完整地反映经济业务所引起的资金运动的来龙去脉。复式记账及其理论正是体现了资金运动这一内在规律性的客观要求，对于每项经济业务所涉及的资金增减变化，均通过两个或两个以上的账户以相等的金额予以记录，进而通过对全部经济业务的记录，连续、系统地反映企业的全部经济活动和资金运动及其结果，全面地提供企业经营管理活动的核算资料，满足各方面对会计信息的需求。

(三)复式记账方法的分类

复式记账法有其特定的记账符号、记账规则和试算平衡公式。按照记账符号的不同，复式记账法具体包括收付记账法、增减记账法和借贷记账法，这三种记账方法我国都曾经使用过，其中借贷记账法是世界各国包括我国在内通行的记账方法。

收付记账法是以“收” 和“付”作为记账符号的一种复式记账方法，其特点主要是用收、付来表示资金、费用和收益的增减变动。按照反映经济业务的内容不同，收付记账法又可具体划分为现金收付记账法、财产收付记账法和资金收付记账法等。收付记账法在20世纪50年代初曾被我国一些会计学家认为是民族的、科学的、大众的记账方法。但从60年代初开始即有人提出异议，认为其科学性不足。尽管如此，我国行政事业和机关单位曾在一个较长的时期内采用收付记账法进行会计核算。到90年代中期，我国着手进行预算会计制度改革，国家有关部门和会计理论界与实务界普遍意识到，只有企业、行政事业和机关单位的记账方法一致起来，才更有利于实现与国际会计标准的趋同，推动我国经济的发展。因此，财政部于1997年颁布的《事业单位会计准则》(试行)等预算会计法规要求我国行政事业和机关单位，自1998年1月1日起一律采用借贷记账法。至此，收付记账法在我国不再被采用，但不可否认，这种记账方法曾经在我国会计核算中发挥过重要的作用。

增减记账法是以“增”、“减”作为记账符号的一种复式记账方法，其特点主要是以“同增同减，有增有减”作为记账规则。这种记账方法于1964年我国商业系统改革记账方法时提出，并在商业企业被广泛采用。但是，增减记账法也存在着记账规则与理论基础不完全一致以及记账规则不易掌握等缺点。因此，按照我国1992年颁布的《企业会计准则》的规定，商业企业从1993年7月1日起采用借贷记账法进行会计核算。至此，增减记账法在我国也不再被采用，但它确实具有通俗易懂的优点，而且是我国会计学界在总结会计实践经验基础上的一种创新，曾在特定的时期内丰富了会计记账方法。

借贷记账法是以“借”、“贷”作为记账符号的一种复式记账方法。这种记账方法是国际上通用的记账方法，由西方引入我国。根据我国现行会计法规的规定，所有企业、行政事业和机关单位以及民间非营利组织的会计核算均应当采用借贷记账法。究其原因，主要有四个方面：一是经过多年的会计理论研究，人们普遍认为借贷记账法较其他记账方法更为科学合理；二是世界上绝大多数国家和国际会计组织均规定采用借贷记账法；三是经过多年的学习和实践，我国广大会计工作者已经普遍熟悉并掌握了借贷记账法；四是在当今社会经济全球化时代，统一采用借贷记账法有利于加强国内、国际不同会计主体之间的经济联系和交往，更好地发挥会计在经济管理中的重要作用。

第三节　借贷记账法

一、借贷记账法的概念及其产生与发展

借贷记账法是以“借”、“贷”作为记账符号，以“有借必有贷，借贷必相等”作为记账规则，对任何一笔经济业务在相互联系的两个或两个以上的相关账户中进行登记的一种复式记账法。

借贷记账法产生于13、14世纪资本主义萌芽的意大利，当时，在意大利的一些沿海城市，其商品经济特别是海上贸易已有很大发展，商品交换日益频繁，以经营货币资金为主要业务的借贷资本家大量出现。为了适应其管理的需要，借贷资本家就将收进来的存款，记在贷主的名下，表示“欠人”的增加；而对于付出去的放款，则记在借主的名下，表示“人欠”的增加。因此，“借”、“贷”最初的含义是从借贷资本家的角度来解释的。后来，随着意大利和其他西方国家商品经济的发展，经济活动的内容日趋复杂，人们运用“借”、“贷”所记录的内容也不再仅限于经济业务发生所涉及的货币资金的增减，还要登记所涉及的各项财产物资的增减和收入与成本费用的发生。这样，“借”、“贷”两字就失去了原有的含义，逐渐演变为纯粹的记账符号，表示记账方向，成为会计上的专门术语，借贷记账法也在人们的管理实践活动中逐渐形成。但是，直

到 15 世纪时，借贷记账法才在理论上得到比较完善的发展，其重要标志是 1494 年由意大利数学家卢卡·巴其阿勒所著的《算术、几何、比及比例概要》一书。该书运用数学原理对“借贷记账法”做了系统的论述和概括，被公认为是借贷记账法正式产生的标志，在会计发展史上具有划时代的意义。随后，借贷记账法很快在意大利和世界各国广泛传播并得以不断发展，成为一种国际通用的商业语言。

二、借贷记账法的记账符号

记账符号是会计记录中采用的一种专门标记，表示经济业务引起的资金增减变动和记账方向。借贷记账法的记账符号是“借”、“贷”两个字，即在任何一个账户中均设置“借”、“贷”两个相反的记账方向，一方用于反映账户的增加额，另一方用于反映账户的减少额。但“借”、“贷” 两方哪方表示增加，哪方表示减少，则取决于账户反映的经济内容和账户的性质。

三、借贷记账法的账户结构

账户的基本结构分为左、右两方，但左、右两方的具体名称则取决于所采用的记账方法及其记账符号。在借贷记账法下，由于约定俗成的原因，人们根据其记账符号将账户的左、右两方分别规定为账户的借方和贷方。也就是说，对任何一个账户而言，其借方总是在账户的左方，其贷方总是在账户的右方。账户的借方和贷方始终代表互为相反的两个记账方向。如果在一个账户的借方登记其增加额，则应当在该账户的贷方登记其减少额；反之，如果在一个账户的贷方登记其增加额，则应当在该账户的借方登记其减少额。通常以“T”形账户来表示借贷记账法下账户的基本结构，如图 4—2 所示。

图 4—2 借贷记账法下账户的基本结构

在借贷记账法下，每个账户的具体结构取决于它所反映的经济业务内容。换言之，账户的经济性质决定其借方和贷方登记的具体内容。由于账户按其经济性质主要可以划分为资产类、负债类、所有者权益类、成本类和损益类等账户，因此，借贷记账法下的各类账户具有相对固定的结构。

1. 资产类账户的结构

在借贷记账法下，资产类账户的结构一般为：借方登记资产的增加额，贷方登记资产的减少额。由于经济事项通常总是增加在先、减少在后，资产的减少额通常不会大于其期初余额与本期增加额之和，因此，资产类账户一般具有期末借方余额。其期末借方余额的计算公式如下：

资产类账户期末余额＝期初余额＋本期借方发生额－本期贷方发生额

如用“T”形账户表示，则资产类账户的结构如图 4—3 所示。

借 方		资产账户	贷 方
期初余额	×××		
增加额	×××	减少额	×××
	×××		×××
	……		……
本期发生额	×××	本期发生额	×××
期末余额	×××		

图 4—3 资产类账户的结构

资产类账户之所以在借方登记资产的增加额，在贷方登记资产的减少额，完全是出于早期人们的记录习惯，并无一定的科学依据。

2. 负债类及所有者权益账户的结构

由于借贷记账法的理论依据为会计基本等式"资产＝负债＋所有者权益"，所以根据该等式可以得知，负债类及所有者权益账户的结构一定与资产类账户的结构相反。因此，在借贷记账法下，负债及所有者权益类账户的结构为：贷方登记负债和所有者权益的增加额，借方登记负债和所有者权益的减少额。负债及所有者权益类账户一般具有期末贷方余额。其期末贷方余额的计算公式如下：

负债及所有者权益类账户期末余额＝期初余额＋本期贷方发生额－本期借方发生额

如用"T"形账户表示，则负债及所有者权益类账户的结构如图 4—4 所示。

借 方		负债及所有者权益账户	贷 方
		期初余额	×××
减少额	×××	增加额	×××
	×××		×××
	……		……
本期发生额	×××	本期发生额	×××
		期末余额	×××

图 4—4 负债及所有者权益类账户的结构

3. 费用(成本)类账户的结构

企业在生产经营过程中所发生的各种耗费，其账户的结构应当与资产类账户的结构基本相同，即借方登记费用(成本)的增加额，贷方登记费用(成本)的减少额。其不同之处在于，费用(成本)类账户的贷方发生额通常表示本期费用(成本)的结转额，而且在期末结转之后，通常无期末余额，但"生产成本" 账户通常会留有期末借方余额，表示企业在产品的成本。成本类账户若有期末借方余额，其计算公式如下：

成本类账户期末余额＝期初余额＋本期借方发生额－本期贷方发生额

如用"T"形账户表示，则费用(成本)类账户的结构如图 4—5 所示。

借 方		费用(成本)账 户	贷 方
(若有)期初余额	×××		
增加额	×××	减少或冲销额	×××
	×××		×××
	……		……
本期发生额	×××	本期结转额	×××
(若有)期末余额	×××		

图 4—5 费用(成本)类账户的结构

4. 收入类账户的结构

收入类账户的结构，无论是从收入的定义分析，还是从扩展后的会计等式“资产＝负债＋所有者权益＋(收入－费用)”分析，均会得出如此结论，即收入的发生必定引起所有者权益的增加，因此，收入类账户与所有者权益类账户具有基本相同的结构，即贷方登记收入的增加额，借方登记收入的减少额。其不同之处主要在于收入类账户期末结转之后，通常没有期末余额。

如用“T”形账户表示，则收入类账户的结构如图 4－6 所示。

借　方	收入类账户		贷　方
减少或冲销额	×××	增加额	×××
	×××		×××
	……		……
本期结转额	×××	本期发生额	×××

图 4－6　收入类账户的结构

综上所述，可以将借贷记账法下各类账户的结构归纳为表 4－4 所示。

表 4－4　借贷记账法下各类账户的结构

账户类别	借方	贷方	余额及方向
资产类	增加	减少	一般有余额且在借方
负债及所有者权益类	减少	增加	一般有余额且在贷方
费用(成本)类	增加	减少	一般无余额，若有余额应当在借方
收入类	减少	增加	一般无余额

在借贷记账法下，只要某个账户出现期末余额，其期末余额的方向就必然与登记增加额的方向相一致。因此，在会计实务中，可以根据账户余额的方向来判断账户所反映的经济内容及其性质。账户若有期末借方余额，其反映的经济内容通常应属于资产；账户若有期末贷方余额，其反映的经济内容通常应属于负债或所有者权益。如果同一个账户在不同的会计期末出现方向不同的期末余额，则该账户实际已成为一个具有双重性质的账户。当该账户余额在借方时，反映的内容为资产；当其余额在贷方时，则反映的内容为负债或所有者权益。由此可见，在借贷记账法下，企业可以设置和运用双重账户，这是借贷记账法区别于其他复式记账法的一个重要特征。所谓双重账户，是指既可以用来反映资产或费用，又可以用来反映负债、所有者权益或收入的账户。通常，双重账户可以由两个性质相反的单个账户合并形成，而且能够反映每一单个账户各自的经济内容。因此，设置和运用双重账户有利于简化核算手续。例如，一些预收账款和预付账款业务不多的企业，可以不单独设置“预收账款”和“预付账款”账户，而通过“应收账款”和“应付账款”账户反映企业因预收和预付款项所形成的债权和债务，从而使“应收账款”和“应付账款”两个账户均成为既具有债权性质又具有债务性质的双重账户。这样，就可以减少账户的设置，简化会计核算。

四、借贷记账法的记账规则和会计分录

记账规则是指运用一定的记账方法对每项经济业务进行登记时所遵循的规律和原则。借贷记账法的记账规则，可以概括为“有借必有贷，借贷必相等”。即对任何一笔经济业务应以相

等的金额在两个或两个以上的相互联系的账户中予以反映，并以借贷相反的方向进行登记。在会计核算中，通常以会计分录的形式予以记录。

会计分录简称分录，是指对每项经济业务指出其应登记的账户以及记账方向与金额的一种记录。每项经济业务至少应当编制一笔会计分录，每笔会计分录均应当包括三个要素，即账户名称(会计科目)、记账方向和发生金额。会计分录通常具有一定的书写格式，借贷记账法下的书写格式一般为：借方科目及其金额写在上方且偏左，贷方科目及其金额写在下方且偏右。

现举例说明借贷记账法的记账规则和会计分录的编制，理解借贷记账法下各类账户的结构，熟悉会计科目和账户的知识。

【例 4－1】 20×8 年 1 月 2 日，A 公司从银行存款中提取现金10 000元备用。

这笔会计事项，引起 A 公司资产中的库存现金增加10 000元，银行存款减少10 000元。由于在借贷记账法下，资产类账户的结构是借方登记增加额，贷方登记减少额，所以应当同时在“库存现金”账户的借方和“银行存款”账户的贷方，分别登记10 000元。会计分录为：

借：库存现金　　10 000

　　贷：银行存款　　10 000

【例 4－2】 20×8 年 1 月 6 日，A 公司取得为期 6 个月的借款20 000元，直接存入银行。

这笔会计事项，引起 A 公司资产中的银行存款增加了20 000元，负债中的短期借款增加了20 000元。所以，根据借贷记账法下资产和负债类账户的结构，应当同时在“银行存款”账户的借方和“短期借款”账户的贷方，分别登记20 000元。会计分录为：

借：银行存款　　20 000

　　贷：短期借款　　20 000

【例 4－3】 20×8 年 1 月 15 日，A 公司以银行存款100 000元归还所欠 B 公司的应付账款。

这笔会计事项，引起 A 公司资产中的银行存款减少了100 000元，负债中的应付账款减少了100 000元。因此，根据借贷记账法下资产和负债类账户的结构，应当同时在“银行存款”账户的贷方和“应付账款”账户的借方，分别登记100 000元。会计分录为：

借：应付账款　　100 000

　　贷：银行存款　　100 000

【例 4－4】 20×8 年 1 月 18 日，A 公司将资本公积50 000元转作资本，并按规定办妥相关手续。

这笔会计事项，引起 A 公司所有者权益中的实收资本增加50 000元，资本公积减少50 000元。由于在借贷记账法下，所有者权益类账户的结构与负债类账户的结构相同，所以，应当同时在“实收资本”账户的贷方和“资本公积”账户的借方，分别登记50 000元。通常，在会计上按如下形式予以记录：

借：资本公积　　50 000

　　贷：实收资本　　50 000

从以上举例中可以看出，企业发生的经济业务很多，如不采取一定的记录形式，难以准确反映各项经济业务所涉及的账户及其对应关系，以及各个账户的记账方向和金额，也就难以提供可靠的会计信息。因此，在会计核算中，对企业发生的每项经济业务，均应当根据一定的记账方法，编制相应的会计分录。

会计分录按其反映经济业务内容的复杂程度，可分为简单会计分录和复合会计分录两类。

简单会计分录是指一项经济业务发生后，只需在两个相互联系的账户中记录相关会计要素增减变化情况的会计分录。简言之，凡“一借一贷”的会计分录就是简单会计分录，如本节[例 4—1]至[例 4—4]，均属此类。简单会计分录可以清晰地反映账户之间的对应关系，但当某项经济业务较为复杂，涉及两个以上账户时，如果对其编制多笔简单分录，会使记账手续变得繁琐。因此，在能够清晰地反映账户对应关系的前提下，可以对某项较为复杂的经济业务编制复合会计分录。

复合会计分录是指一项经济业务发生后，需要在两个以上相互联系的账户中记录相关会计要素增减变动情况的会计分录。这种会计分录往往是“一借多贷”、“多借一贷”或“多借多贷”。复合会计分录能够集中反映某项经济业务的全貌，并能简化记账工作，提高工作效率，但有时不能清晰地反映账户之间的对应关系。因此，应尽量避免编制“多借多贷”的复合会计分录。以下举例说明复合会计分录的编制。

【例 4—5】 20×8 年 1 月 20 日，A 公司购买 B 公司原材料一批并已验收入库，该批原材料的全部价款为200 000元(假定不考虑相关税费)。A 公司当即以银行存款100 000元支付部分价款，其余100 000元在事先征得 B 公司同意后暂欠。

这笔会计事项，引起 A 公司资产中的原材料增加200 000元，同时又引起资产中的银行存款减少100 000元，负债中的应付账款增加100 000元。因此，根据借贷记账法下资产类和负债类账户的结构，应当在“原材料”账户的借方登记200 000元，同时在“银行存款”账户的贷方登记100 000元，在“应付账款”账户的贷方登记100 000元。会计分录为：

借：原材料	200 000	
贷：银行存款		100 000
应付账款		100 000

【例 4—6】 20×8 年 1 月 28 日，A 公司向 C 公司购买机器一台并立即交付使用，该机器价值为80 000元，同时向 C 公司购买一批价值为20 000元的原材料。全部款项均以银行存款当即支付。

这笔会计事项，引起 A 公司资产中的固定资产增加80 000元，原材料增加20 000元，同时又引起资产中的银行存款减少100 000元。因此，根据借贷记账法下资产类账户的结构，应当在“固定资产”账户的借方登记80 000元，在“原材料”账户的借方登记20 000元，同时在“银行存款”账户的贷方登记100 000元。会计分录为：

借：固定资产	80 000	
原材料	20 000	
贷：银行存款		100 000

从会计工作的整个循环过程来看，根据经济业务编制会计分录是会计工作的起点。在会计实务中，这项工作一般是通过编制记账凭证来完成的。只有正确编制会计分录，才能保证账户记录的真实和正确，以便据以登记账簿和编制财务报表。

在借贷记账法下，正确编制会计分录通常包括如下步骤：

(1)根据某项经济业务的内容和性质，分析其对会计要素及其增减变动的影响情况。

(2)判断该项经济业务所涉及的账户名称及其所属的类别。

(3)根据各类账户的结构，将有关金额登记在相应账户的借方或贷方。

(4)运用“有借必有贷，借贷必相等”的记账规则，检查编制的会计分录借贷金额是否相等。

五、借贷记账法下的账户对应关系

运用复式记账原理对企业发生的经济业务进行会计处理，必然会使每笔经济业务所涉及的两个或两个以上的有关账户之间形成一种相互对应的关系，这种关系称为账户对应关系。存在对应关系的账户称为对应账户。

借贷记账法下的账户对应关系，有时表现为一个借方账户与一个贷方账户之间的相互对应关系，如简单会计分录中所体现的账户对应关系；有时则表现为一个借方账户与几个贷方账户、几个借方账户与一个贷方账户或几个借方账户与几个贷方账户之间的相互对应关系，如复合会计分录所体现的账户对应关系。

账户对应关系取决于企业所发生经济业务的性质。特定的经济业务，体现了特定的账户对应关系和对应账户。例如，某企业发生“从银行提取现金5 000元”的经济业务，就会使“库存现金”账户和“银行存款”账户之间形成对应关系，成为对应账户；又如，该企业发生“赊购20 000元材料”的经济业务，则会使“原材料”账户与“应付账款”账户之间形成账户对应关系。

通过账户对应关系，可以了解企业经济业务的内容及其来龙去脉。例如，某企业200×年5月1日在“原材料”账户的借方和“银行存款”账户的贷方同时登记了10 000元。根据这两个账户之间的对应关系，可以得知该企业发生了“以银行存款10 000元购买材料”的经济业务，企业原材料的增加是由于支出了银行存款，银行存款的减少则是由于购买了原材料。

通过账户对应关系，还可以检查企业发生的经济业务是否合法、合规。例如，某企业如果于200×年5月1日在“原材料”账户的借方和“库存现金”账户的贷方同时登记了100 000元，则根据“原材料”和“库存现金”两个账户之间的对应关系，可以得知该企业发生了“以现金100 000元购买材料”的经济业务。虽然这项经济业务的会计处理正确，但并不符合国家有关现金管理的规定。这是因为，根据我国《现金管理暂行条例》的规定，企业之间大额款项的结算，应当通过银行办理转账结算，不得直接以现金收付。

六、借贷记账法的试算平衡

试算平衡，是指根据“资产＝负债＋所有者权益”的平衡关系原理，按照记账规则的要求，通过对本期账户记录进行汇总计算和比较，以检查和验证账户记录正确性和完整性的一种方法。试算平衡包括两个内容：一是全部账户的借方发生额合计等于全部账户的贷方发生额合计，称为发生额试算平衡法；二是全部账户的借方期初（期末）余额合计等于全部账户的贷方期初（期末）余额合计，称为余额试算平衡法。

1. 发生额试算平衡法

在借贷记账法下，因为每一项经济业务必须以“有借必有贷，借贷必相等”的规则在相互联系的账户中做双重记录，所以，每一项经济业务的借、贷两方发生额必然相等，将一定会计期间（年、季、月）内的全部经济业务登记入账后，全部经济业务在账户中的记录，也必然是借方发生额合计等于贷方发生额合计。这种数量相等的关系用公式表示为：

全部账户本期借方发生额合计＝全部账户本期贷方发生额合计

2. 余额试算平衡法

根据会计等式“资产＝负债＋所有者权益”的原理，运用借贷记账法在账户中记录会计事项的结果，在同一个时点上，各项资产余额的总和与各项负债和所有者权益余额的总和必须相等。在借贷记账法下，由于每个账户的余额都是根据一定期间该账户累计发生额计算求得的，通过前面学习的账户结构我们知道，凡是借方余额的账户都是资产类账户，凡是贷方余额的账户都是负债和所有者权益类账户，所以，所有账户的借方余额合计，即为资产总额，所有账户贷方余额合计，即为负债和所有者权益总额。由于“资产＝负债＋所有者权益”的恒等性，所以，账户借方期末余额的合计数必然等于账户贷方期末余额的合计数。这种数量相等的关系用公式表示为：

全部账户借方期初余额合计＝全部账户贷方期初余额合计

全部账户借方期末余额合计＝全部账户贷方期末余额合计

在会计工作中我们可以进行期初、期末余额和本期发生额的试算平衡，以检查日常会计工作中的疏漏和错误，保证会计核算正确无误。如果上述三个平衡关系均成立，一般可以认定所有账户的记录基本正确；反之，如果经过试算，上述三个等式中出现不平衡，那么可以肯定在账户的登记或发生额、余额计算过程中存在错误。这时就需要运用逆向检查的方法，从试算表到经济业务原始记录（原始凭证）的顺序进行检查，及时予以纠正，直至试算平衡为止。即使借贷平衡，也不能肯定记账没有错误，因为有些记账错误并不影响借贷双方的平衡关系。例如，某项经济业务在记账时被漏记、重记、记账方向弄反、错记账户或借贷双方发生同等金额的错误等，都不能通过试算平衡来发现。要注意的是，“试算平衡”是用于初步判断账户记录是否正确的最有效的必要条件，但不是确保账户记录正确的充分条件。

账户发生额和余额试算平衡，通常是在月末结算各账户的本期发生额和期末余额之后，通过编制试算平衡表来进行的。试算平衡表常用格式如表 4—5 所示。

表 4—5　××单位发生额及余额试算平衡表

年　月　　单位：元

账户名称	期初余额		本期发生额		期末余额	
	借方	贷方	借方	贷方	借方	贷方
库存现金	5 000		10 000		15 000	
银行存款	300 000		20 000	310 000	10 000	
原材料	1 000		220 000		221 000	
固定资产	200 000		80 000		280 000	
短期借款		10 000		20 000		30 000
应付账款		20 000	100 000	100 000		20 000
实收资本		300 000		50 000		350 000
资本公积		176 000	50 000			126 000
合　计	506 000	506 000	480 000	480 000	526 000	526 000

本章小结

为了对会计对象的具体内容进行反映和控制，需要设置会计科目和账户。会计科目按提供资料的详略程度，可以分为总账科目和明细分类科目。账户是按照规定的会计科目设置并具有一定格式和结构，用来分类、系统、连续地记录经济业务的专门方法。

复式记账法是对企业发生的每一项经济业务所引起的资金变化情况，都要在两个或两个以上相互联系的账户中以相等的金额进行记录的一种记账方法。它相对于单式记账法而言，是会计发展史上的一次飞跃。

借贷记账法是复式记账法的类型之一。借贷记账法以“借”和“贷”作为记账符号，以“有借必有贷，借贷必相等”作为记账规则。借贷记账法是国际通用的记账方法。

会计分录简称分录，是指对每项经济业务指出其应登记的账户以及记账方向与金额的一种记录。会计分录按其反映经济业务内容的复杂程度，可分为简单会计分录和复合会计分录两类。

试算平衡，是指根据“资产＝负债＋所有者权益”的平衡关系原理，按照记账规则的要求，通过对本期账户记录进行汇总计算和比较，以检查和验证账户记录正确性和完整性的一种方法。它包括两个内容：一是全部账户的借方发生额合计等于全部账户的贷方发生额合计，称为发生额试算平衡法；二是全部账户的借方期初（期末）余额合计等于全部账户的贷方期初（期末）余额合计，称为余额试算平衡法。

主要概念

会计科目　会计账户　复式记账法　借贷记账法　会计分录
简单会计分录　复合会计分录　试算平衡

复习思考题

1. 会计科目有什么作用？结合企业会计科目表，想想一个总分类科目下都包括哪些二级科目？

2. 会计账户和会计科目有何关系？

3.“T”形账户图和三栏式账户图分别有什么样的结构？都需要记录哪些内容？

4. 什么是复式记账方法？它有什么特征？试举例说明。

5. 想一想在借贷记账法下登记账户，分别对资产类账户和负债类账户产生什么样的登记结果？借方金额与贷方金额的大小关系？其期初余额和期末余额分别在哪方？

6. 为什么必须进行试算平衡？试算平衡的根据是什么？

练习题

习题一

（一）目的：练习借贷记账法。

（二）资料：某公司 20×8 年 3 月发生下列经济业务：

1. 收到国家投资 100 000 元，存入开户银行。
2. 购买机器设备 20 000 元，价款以银行存款支付。
3. 以银行存款支付本月管理部门电话费 2 000 元。
4. 向银行借入半年期限的借款 10 000 元，存入开户银行。
5. 以银行存款偿还以前欠的部分货款 20 000 元。
6. 从银行存款账户中提取现金 4 000 元，准备发放工资。
7. 发放职工工资 4 000 元。
8. 购买材料 17 500 元，款项尚未支付。

9. 本月销售产品取得收入 29 000 元,收到 20 000 元存入开户银行,其余款项尚未收到。

10. 从银行存款账户中支付短期借款利息 200 元。

(三)要求:根据上述资料,编制会计分录。

习题二

(一)目的:练习试算平衡。

(二)资料:表 4—6 是某企业尚未完成的试算平衡表。

(三)要求:根据借贷记账法原理,填列表 4—6 中的空格,形成完整的试算平衡表。

表 4—6 **××单位发生额及余额试算平衡表**

年 月 单位:元

账户名称	期初余额		本期发生额		期末余额	
	借方	贷方	借方	贷方	借方	贷方
库存现金	8 000			2 000	9 000	
银行存款	380 000		200 000		280 000	
应收账款	650 000		300 000		500 000	
固定资产			250 000	50 000		
短期借款		500 000	200 000			400 000
应付账款		151 000	251 000			
实收资本		1 000 000	0	0		1 000 000
合 计						

第五章　工业企业主要经济业务的核算

学习目标

通过本章的学习,你可以达到以下目标:

1. 理解工业企业主要经营过程。

2. 了解企业资金筹集环节、生产准备环节、生产环节、销售环节、利润实现及分配环节所涉及的基本经济业务。

3. 理解主要经营过程的经济业务所涉及的基本经济业务对会计要素以及具体会计科目的影响。

4. 能运用借贷记账法,对工业企业筹资、生产准备、生产、销售、利润结算以及利润分配中的基本经济业务进行会计核算,正确编制会计分录。

第一节　工业企业主要经营过程和经济业务

工业企业也称制造业,是按照社会主义市场经济体制的要求面向市场、自主经营、独立核算、自负盈亏、自我积累和发展的产品制造企业。工业企业主要的经营过程可以划分为供应过程、生产过程和销售过程。本书前面章节已经介绍,会计对象在企业中可表现为企业再生产过程中能以货币表现的经济活动,也就是企业再生产过程中的资金运动,因此,对于工业企业,会计需要核算的主要经济业务即是供应、生产、销售三个主要的经营过程中的资金运动。这种资金运动按其运动的程序,可分为资金投入、资金循环、资金退出三个基本环节。

一、资金投入中的经济业务

工业企业要进行生产经营,必须拥有一定的资金,这些资金的来源主要包括所有者投入的资金和债权人投入的资金两个部分,前者属于企业所有者权益,后者属于企业债权人权益——企业负债,我们把这种资金称为货币资金形态。投入企业的资金要用于购买机器设备和原材料并支付职工的工资等。这样,投入的资金最终构成企业流动资产、非流动资产和费用。对于企业而言,这种资金的投入实质是企业筹集生产经营最初资金的过程,因此,称其为资金筹集业务。会计对这类经济业务需要核算的是资金筹集对于企业具体的资产、负债、所有者权益有怎样的影响,影响的金额是多少。

二、资金循环过程中的经济业务

资金投入企业以后,依次经过供应、生产、销售三个主要的经营过程。在供应过程中,企业要用货币购买材料、物资等劳动对象,并按照等价交换的原则支付货款及运输费、装卸费等采购费用,结转材料的采购成本,这时,资金从货币资金形态转化为储备资金形态。同时,企业需要购买或者建造固定资产等生产必备的设备、设施，资金从货币资金形态转化为固定资金形态。此外，企业还需要雇用一定的劳动力，并按照企业的组织结构将劳动力分配到各个岗位上，形成一线操作工人、基层管理人员、中层管理人员以及高层管理人员。在供应过程中，主要经济业务使用货币购买原材料、辅助材料，支付采购费用，计算采购成本，检查材料采购计划执行情况；按照生产计划采购或者建造固定资产；雇用人工。这一切都是在为生产做必要的准备，因此，称为生产准备业务。会计对这类经济业务主要核算材料的采购和固定资产等的购入。

在生产过程中，劳动者借助于劳动手段将劳动对象加工成特定的产品，同时发生原材料消耗、固定资产磨损的折旧费、生产工人劳动耗费的人工费，使企业与职工之间发生工资结算关系，与有关单位之间发生劳务结算关系等。这些生产中耗费的费用要归集和分配到各种产品上去，结转产品生产成本。随着生产费用的支出，资金就从储备资金形态转化为生产资金形态。产品制成以后，资金又从生产资金形态转化为成品资金形态。生产过程涉及的经济业务主要是产品生产业务，主要核算工业企业产品成本的计算和结转。

在销售过程中，企业出售产品，并根据等价交换的原则收取货款，这时资金又从产品资金形态转化为货币资金形态，同时发生支付销售费用、结转产品的销售成本、计算应缴纳税费、计算财务成果、同购货方发生货款结算关系等业务活动。销售过程中主要的经济业务的核算是产品销售收入的核定，销售成本、销售税费的确定，以及最终销售业务成果的确定。

综上所述，资金的循环就是从货币资金开始，依次转化为储备资金和固定资金、生产资金、成品资金，最后又回到货币资金的过程。资金周而复始地循环称为资金的循环。在这个循环中，包含了工业企业生产准备、产品生产以及产品销售三类主要的经济业务。

三、资金退出中的经济业务

企业资金的退出包括偿还债务、上缴各项税费、向所有者分配利润等，使得这部分资金离开本企业，退出企业的资金循环与周转。企业销售成立、取得销售收入以后，要按照合约约定偿还债务的利息以及本金，还需要确定企业的利润。企业实现的利润，应按规定向国家缴纳所得税，余下部分为税后净利润，要在投资者与企业之间进行分配。为此，资金退出阶段，企业需要准确地核算企业利润，并按规定进行利润分配，这就是该阶段主要的经济业务。

上述资金运用的三个阶段是相互支持、相互制约的统一体。没有资金的投入，就没有资金的循环与周转，就不会有债务的偿还、税金的上缴和利润的分配等；没有资金的退出，就不会有新一轮的资金投入，就不会有企业的进一步发展。

上述在供应、生产和销售过程中发生的资金筹集、生产准备、产品生产、商品销售以及财务成果核算等经济业务，即工业企业生产经营过程中的主要经济业务，将在本章的后续部分逐一地讲解。除此之外，企业的资金如果在满足生产经营之外还有剩余，为了提高企业资金运用的效率，企业会将部分资金用于对外投资，形成对外投资业务，这部分的讲解将在“中级财务会计”课程中具体展开。

第二节　资金筹集业务的核算

企业的成立，首先必须筹集到所需要的资金。企业筹集资金的方式可以分为权益筹资和债务筹资，其来源主要有投资者投入和向银行及其他金融机构借入两个方面；此外，企业也可通过接受其他个人、组织、机构等的捐赠获取资金。

一、吸收投资业务

权益筹资方式筹集资金即吸收投资者的投资。投资者需要按照企业章程或合同、协议的约定将资金投入企业中，这就是企业的实收资金。我国目前实行的是注册资本制度，我国企业法人登记管理条例规定，除国家另有规定外，企业的注册资金应当与实有资金相一致。

由于企业资本金的来源及其运用受企业组织形式和相关法律约束较多，因此，对于实收资金的核算，不同的企业组织形式，要求不同。一般而言，企业的组织形式主要有独资、合伙和公司制三种类型。在我国，企业的组织形式又可以具体分为个人独资企业、国有独资企业、合伙企业以及有限责任公司和股份有限公司等。由于公司制企业是我国企业改革的主要方向，因此，本章以公司制企业为例展开介绍。

根据我国《公司法》的规定，有限责任公司的注册资本为在公司登记机关登记的全体股东认缴的出资额。公司全体股东的首次出资额不得低于注册资本的 20%，也不得低于法定的注册资本最低限额，其余部分由股东自公司成立之日起两年内缴足。其中，投资公司可以在五年内缴足。当然，股东可以用货币出资，也可以用实物、知识产权、土地使用权等可以用货币估价并可以依法转让的非货币财产作价出资；但是，法律、行政法规规定不得作为出资的财产除外。对作为出资的非货币财产应当评估作价，核实财产，不得高估或者低估作价。法律、行政法规对评估作价有规定的，从其规定。全体股东的货币出资金额不得低于有限责任公司注册资本的 30%。投资者无论采用何种出资方式，都应当按期足额缴纳公司章程中规定的各自所认缴的出资额。股东以货币出资的，应当将货币出资足额存入有限责任公司在银行开设的账户；以非货币财产出资的，应当依法办理其财产权的转移手续。

对于股份有限公司，《公司法》同样对股东的出资做出了相应的规定。股份有限公司采取发起设立方式设立的，注册资本为在公司登记机关登记的全体发起人认购的股本总额。公司全体发起人的首次出资额不得低于注册资本的 20%，其余部分由发起人自公司成立之日起两年内缴足；股份有限公司采取募集方式设立的，注册资本为在公司登记机关登记的实收股本总额。

综上所述，在注册资本金全部到位的情况下，实收资本就等于注册资本数。同时，实收资本的构成比例也就是投资者的出资比例或股东的股份比例，是企业的股东(或称为投资者)参与企业的经营决策，并获得企业盈利分配的主要依据。企业吸收投资者的投资后，企业的资金增加了，同时投资者在企业中所享有的权益也增加了。为核算投资者作为资本实际投入到企业中的各种资产价值以及企业接受的投资者投资额的变化，企业应设置“实收资本”或“股本”以及“资本公积”账户，并按投资者的不同进行明细核算。

“实收资本”或“股本”是所有者权益类账户，用于核算企业接受投资者投入企业的注册资本额。非股份有限企业应设置“实收资本”账户，股份有限公司设置“股本”账户。其贷方核算国家、法人、自然人按照规定投入到企业中的注册资本，借方登记企业按法定程序经批准减少的注册资本数，期末，贷方余额反映企业接受投资者投入资本(或股本)的余额。此外，本科目应按不同的投资者设置明细科目进行明细核算。

“资本公积”也是所有者权益类账户，核算企业收到投资者出资额超出其在注册资本或股本中所占份额的部分；直接计入所有者权益的利得和损失，也通过本账户核算。投资者出资额超出其在注册资本或股本中所占份额的部分，记入“资本公积——资本溢价(股本溢价)”账户的贷方；直接计入所有者权益的利得，记入“资本公积——其他资本公积”账户的贷方；直接计入所有者权益的损失，记入“资本公积——其他资本公积”账户的借方。

企业在收到投资者投入企业的资本后，应根据投资清单、银行通知单等有关的原始凭证，按不同的出资方式进行会计处理。

(一)接受货币资金投资

企业收到投资者投入的人民币现金存入银行时，按实际收到的金额，借记“银行存款”账户，贷记“实收资本”或“股本”账户。“实收资本”或“股本”按投资者的不同，进行明细核算。

【例 5－1】 张三、李四、王五共同出资设立有限责任公司 A，公司的注册资本金为 300 万元，各出资 100 万元。企业注册成立，20×6 年 1 月 1 日，款项已通过银行转入。

借：银行存款	3 000 000	
贷：实收资本——张三		1 000 000
——李四		1 000 000
——王五		1 000 000

按照我国《公司法》的规定，股份有限公司发行股票，可以以面值发行，也可以高于面值溢价发行，但不可以折价发行。股票的面值乘以核定的股份总数即为公司的注册资本。因此，股份有限公司在核定的股本总额及核定的股份总额的范围内发行股票时，按每股发行价格乘以核定的股份总额的乘积，借记“银行存款”账户，按每股面值乘以核定的股份总额的乘积，贷记“股本”账户；按两者之间的差额，贷记“资本公积——股本溢价”账户。与发行股票直接相关的手续费、佣金等交易费用，借记“资本公积——股本溢价”账户，贷记“银行存款”等账户。

【例 5－2】 B 股份有限公司委托中华证券公司代理发行普通股1 000万股，每股的面值为 1 元，发行价格为 10 元；中华证券公司按发行收入的 1%收取代理发行佣金。发行完毕，股款已经通过银行转入 B 公司账户。

借：银行存款	100 000 000	
贷：股本		10 000 000
资本公积——股本溢价		90 000 000
借：资本公积——股本溢价	1 000 000	
贷：银行存款		1 000 000

(二)接受实物资产投资

1. 接受投入的存货

当投资者投入材料、低值易耗品等存货时，按照投资合同或协议约定的价值，在投资合同或协议约定价值不公允的情况下，按照该项存货的公允价值，借记“原材料”等账户；按发票上列明的增值税额，借记“应交税费——应交增值税”账户；按其在注册资本中应拥有的份额，贷记“实收资本”账户；差额记入“资本公积——资本溢价”账户。

【例 5－3】 C 有限责任公司由甲、乙两家企业共同出资组建，注册资本金为 200 万元，各持股 50%。公司已收到甲企业转入的存款 100 万元，收到乙企业作为资本投入的原材料一批，经合同确认的价值为 100 万元，增值税 17 万元，材料验收入库，乙企业已开具增值税专用发票。

借：银行存款	1 000 000	
贷：实收资本——甲		1 000 000
借：原材料	1 000 000	

应交税费——应交增值税(进项税额)　170 000
　贷:实收资本——乙　1 000 000
　　资本公积——资本溢价　170 000

2. 接受投入的固定资产

对于接受建筑物、机器设备等固定资产投资的企业,在办理了固定资产移交手续之后,应按投资合同或协议约定的价值加上应支付的相关税费作为固定资产的入账价值,但合同或协议约定价值不公允的除外。同时,按其在注册资本中应拥有的份额,贷记"实收资本"账户,差额记入"资本公积——资本溢价"账户。

【例 5—4】 D有限责任公司由甲、乙两家企业共同出资组建,注册资本金为400万元,各持股50%。公司已收到甲企业转入的存款200万元,收到乙企业作为资本投入的厂房一栋,该厂房在乙企业的账面原值180万元,经合同确认的价值为300万元。

借:银行存款　2 000 000
　贷:实收资本——甲　2 000 000
借:固定资产　3 000 000
　贷:实收资本——乙　2 000 000
　　资本公积——资本溢价　1 000 000

(三)接受无形资产投资

投资者以商标、专利、特许经营权、土地使用权等无形资产的方式对企业进行投资,应当按照投资合同或协议约定的价值,在投资合同或协议约定价值不公允的情况下,应按无形资产的公允价值入账,借记"无形资产"账户;同时,按其在注册资本中应拥有的份额,贷记"实收资本"账户;差额记入"资本公积——资本溢价"账户。

【例 5—5】 某有限责任公司接受A公司以其所拥有的专利权作为出资,双方协议约定的价值为2 000万元,已办妥相关手续。该公司接受A公司投资后的注册资本为10 000万元,A公司投资持股比例为10%。

借:无形资产　20 000 000
　贷:资本公积——资本溢价　10 000 000
　　实收资本　10 000 000

二、接受捐赠业务

企业通过接受捐赠的方式,也可以获得资产的增加,如母公司对子公司的捐赠、政府对企业的捐赠、外商对国内企业的捐赠等。企业接受资产捐赠后,企业的资产增加;同时,企业接受捐赠所得的资产归企业的投资者(所有者)所有,故企业的所有者权益同时增加。企业因接受资产捐赠而增加的所有者权益应通过"营业外收入"账户核算。同时,由于接受捐赠会引起企业资产的变化,进而引起企业当期以及未来缴纳企业所得税的变动,情况较为复杂,将在中级财务会计中进一步展开讲解。

三、借款业务的核算

企业自有资金不足以满足企业经营运转需要时,可以通过从银行或其他金融机构借款的方式筹集资金,并按借款协议约定的利率承担支付利息及到期归还借款本金的义务。因此,企业借入资金时,一方面银行存款增加,另一方面负债也相应增加。为核算企业因借款而形成的负债，企业应设置“短期借款”和“长期借款”两个账户。

(一)短期借款业务

“短期借款”是负债类账户，核算企业向银行或其他金融机构等借入的期限在一年以下(含一年)的各种借款。企业从银行或其他金融机构借款时，应贷记本科目；企业归还借款时，借记本科目；本科目期末贷方余额反映企业尚未偿还的短期借款的本金。企业应当按照借款种类、贷款人和币种进行明细核算。

【例5—6】 20×6年1月1日，A企业从工商银行借入1年期借款10万元，年利率12%，每半年付息一次，到期一次还本。

借：银行存款　　100 000

　贷：短期借款——工商银行　　100 000

企业借入上述短期借款后，必须承担支付利息的义务。例如，20×6年6月30日，A企业应确认当年1～6月的利息费用。对于企业发生的利息费用，不通过“短期借款”账户核算，而应通过“财务费用”账户进行核算。若短期借款的利息按季、按半年或者利息是在借款到期时连同本金一起归还，并且数额较大的，为了正确计算各个月的盈亏，应设置“应付利息”账户进行核算。各个月按预计的借款利息，借记“财务费用”账户，贷记“应付利息”账户；实际支付利息的月份，按已经计提的利息金额，借记“应付利息”账户，按实际支付的利息与预提数的差额即尚未提取的部分，借记“财务费用”账户；按实际支付的利息金额，贷记“银行存款”账户。若企业的短期借款利息是按月支付的，或者利息是在借款到期时连同本金一起归还，但相对于该企业而言数额不大的，可以直接在实际支付利息时，直接记入当期损益，借记“财务费用”账户，贷记“银行存款”账户。

“财务费用”为损益类(费用)账户，核算企业为筹集生产经营所需资金等而发生的筹资费用，包括利息支出(减利息收入)、汇兑差额以及相关的手续费等。企业确认发生筹资费用时，记本账户的借方；发生利息收入时，贷记本账户；期末，企业应将本账户余额转入“本年利润”账户，结转后本账户应无余额。

【例5—7】 承【例5—6】，20×6年6月30日，A企业以存款支付银行上半年短期借款利息(10万元×12%×6/12=6 000元)。

借：财务费用　　6 000

　贷：银行存款　　6 000

【例5—8】 承【例5—6】，20×6年12月31日，A企业以银行存款归还B银行短期借款本金10万元及下半年利息6 000元。

借：财务费用　　6 000

　　短期借款——B银行　　100 000

　贷：银行存款　　106 000

(二)长期借款业务

“长期借款”也属于负债类账户，用于核算企业向银行或其他金融机构借入的期限在一年以上(不含一年)的各项借款。企业借入长期借款，应按实际收到的金额，借记“银行存款”账户，贷记“长期借款——本金”账户；按借贷双方之间的差额，借记或贷记“长期借款——利息调整”账户。

至于长期借款在借款期间应该负担的利息，将在“中级财务会计”课程中进一步讲解。

【例5—9】 20×7年1月1日，A企业从B银行借入两年期借款10万元，年利率12%，到期一次还本付息。B 银行已经将 10 万元的贷款划转到 A 企业的银行存款账上。

借:银行存款　　100 000

　　贷:长期借款——B 银行　　100 000

除了向银行或其他金融机构借款之外,股份有限公司和有限责任公司在达到《证券法》发行公司债券的条件时,还可按照法定程序发行约定在一定期限还本付息的公司债券。通过发行公司债券,公司同样可以获得债权人的借款资金。债券发行业务的会计核算,将在“中级财务会计”课程中具体阐述。

第三节　生产准备业务的核算

企业筹集到资金后,就必须购入设备、厂房、材料、工(器)具等,以备生产。在这一生产准备阶段,企业主要是进行材料等存货以及设备等固定资产的采购业务。通过物资采购业务,企业的财产物资增加了;同时,因采购而支付了相应的存款或承担了相应的负债,即货币资金相应减少或负债相应增加。

一、材料采购业务

企业要进行正常的产品生产经营活动,就必须购买和储备一定品种和数量的原材料,这是产品制造企业生产产品必不可少的物质要素;但是,过多的原材料会造成积压,占用资金,造成浪费。因此,产品制造企业要有计划地采购原材料,既要保证及时、保质保量地满足生产上的需要,同时又要避免储备过多。

企业储存备用的材料,通常都是向外单位采购而得。在材料采购过程中,一方面是企业从供应单位购进各种材料,要计算购进材料的采购成本;另一方面企业要按照合同和约定的结算办法支付材料的卖家和各种采购费用,并与供应单位发生货款结算关系。对于工业企业原材料供应的核算,一个非常重要的问题就是原材料成本的确定,同时还涉及增值税的计算与处理问题。

关于原材料成本的确定,不同方式取得的原材料,其成本的确定方法不同,成本构成内容也不同。其中购入的原材料,按照企业会计准则的要求,包括购买价款、相关税费、运输费、装卸费、保险费以及其他可归属于原材料采购成本的费用。其中有几点需要说明:

(1) 购买价款,是指企业购入材料的发票账单上列明的价款,但不包括按规定可以抵扣的增值税额。

(2)相关税费,是指企业购买材料发生的进口关税、消费税、资源税和不能抵扣的增值税进项税额等应计入材料采购成本的税费。

(3)其他可归属于原材料采购成本的费用,是指使原材料达到指定场所和状态的其他支出,这种支出是必要的,同时也是合理的。如材料在运输途中发生的合理损耗,采购过程中发生的仓储费、包装费,材料入库前的挑选整理费等。

(4)对于采购过程中发生的物资毁损、短缺等,除合理的途耗应当作为材料的其他可归属于原材料采购成本的费用计入采购成本外,应区别不同情况进行会计处理:①从供货单位、外部运输机构等收回的物资短缺或其他赔款,应冲减所购物资的采购成本。②因遭受意外灾害发生的损失和尚待查明原因的途中损耗,暂作为待处理财产损溢进行核算,查明原因后再做处理。

按照我国《企业会计制度》的规定，材料的日常核算有计划成本法和实际成本法两种。材料品种繁多的企业一般采用计划成本法进行日常核算；对某些品种不多，但占产品成本比重较大的原料或主要材料，可以单独采用实际成本法进行日常核算。规模较小、材料品种简单、采购业务不多的企业，也可全部采用实际成本法进行日常核算。

（一）实际成本法下材料采购业务的核算

1. 实际成本法下材料采购业务的账户设置

按实际成本计价核算原材料的采购以及验收入库这一材料供应业务时，应设置以下几个账户：

(1)“在途物资”账户

该账户核算企业采用实际成本（或进价）进行材料、商品等物资的日常核算、购入尚在途中或虽已运达但尚未验收入库的购入材料的采购成本。企业可按供应单位和物资品种进行明细核算。企业购入原材料时，按应计入材料采购成本的金额，借记“在途物资”账户；按实际支付或应支付的金额，贷记“银行存款”、“应付账款”、“应付票据”等账户。涉及增值税进项税额的，还应进行相应的处理。所购材料、商品到达验收入库，借记“原材料”、“库存商品”等账户，贷记“在途物资”账户。账户期末借方余额，反映企业在途材料、商品等物资的采购成本。

(2)“原材料”账户

实际成本法下该账户核算企业库存的各种材料，包括原料及主要材料、辅助材料、外购半成品（外购件）、修理用备件（备品备件）、包装材料、燃料等的实际成本。其借方登记已验收入库材料实际成本的增加，贷方登记发出材料的实际成本（即库存材料成本的减少），期末余额在借方，表示库存材料实际成本的期末结余额。企业可按材料的保管地点（仓库），材料的类别、品种和规格等进行明细核算。

(3)“应付账款”账户

该账户核算企业因购买材料、商品和接受劳务等经营活动应支付的款项。其贷方登记应付供应单位款项（买价、税金和代垫运杂费等）的增加，借方登记应付供应单位款项的减少。期末余额一般在贷方，表示尚未偿还的应付款的结余额。企业可按债权人对该账户进行明细核算。

(4)“预付账款”账户

本账户核算企业按照合同规定预付的款项。其借方登记预付款的增加，贷方登记收到供应单位提供的材料物资而应冲销的预付款债权。期末余额表示尚未结算的预付款的结余额，若为借方余额，反映企业预付的款项；如为贷方余额，则反映企业尚未补付的款项。企业可按供货单位进行明细核算。《企业会计制度》规定，对于预付款购买业务不多的企业，也可以不设置“预付账款”账户，而直接将预付的款项计入“应付账款”借方。

(5)“应付票据”账户

该账户核算企业购买材料、商品和接受劳务供应等开出、承兑的商业汇票，包括银行承兑汇票和商业承兑汇票。其贷方登记企业开出、承兑商业汇票或以承兑商业汇票抵付货款、应付账款导致的应付票据的增加，借方登记到期商业汇票的减少。期末余额在贷方，表示尚未到期的商业汇票的期末结余额。企业可按债权人进行明细核算。

(6)“应交税费”账户

该账户核算企业按照税法等规定计算应缴纳的各种税费，包括增值税、消费税、营业税、所得税、资源税、土地增值税、城市维护建设税、房产税、土地使用税、车船使用税、教育费附加、矿产资源补偿费等。其借方登记实际缴纳的各种税费，贷方登记计算出的各种应交而未交税费的增加。期末余额表示尚未结算的税费的结余额，如为贷方，表示未交税费的结余额；如为借方，表示多交的税费。企业可按应交的税费项目进行明细核算。对于增值税一般纳税人，应交增值税还应分别“进项税额”、“销项税额”、“出口退税”、“进项税额转出”、“已交税金”等设置专栏。

由于增值税和其他税费相比较为特殊，其会计处理也较为复杂，但却是我国对商品普遍征收的一种税种。因此，我们首先简单地介绍增值税，其他的税种，将在“中级财务会计”课程中进一步介绍。

在我国，增值税是对在我国境内销售货物或者提供加工、修理修配劳务以及进口货物的单位和个人，以其货物销售或提供劳务的增值额和进口货物金额为征税对象而征收的一种流转税。因为增值税是对商品生产和流通中各环节的新增价值征税，所以叫做“增值税”。操作中，我国是以税款抵扣制实现仅对增值部分征税的，即采取两段征收法，分为增值税的进项税额和销项税额。纳税人销售货物或者应税劳务，按照销售额和条例规定的税率计算并向购买方收取的增值税额，为销项税额；进项税额是指纳税人购进货物或应税劳务所支付或者负担的增值税税额。主要是指从销售方取得的增值税专用发票上注明的增值税额以及从海关取得的完税凭证上注明的增值税额。纳税人将当期的销项税额扣减进项税额，即为当期应纳税额。其计算公式为：

销项税额＝不含增值税的销售额×增值税税率

进项税额＝购进货物或劳务价款×增值税税率

当期应纳税额＝当期销项税额－当期进项税额

目前，增值税率有三档：基本税率，定为17%；低税率，为13%，列入低税率的产品主要是农业生产资料以及关系到人民生活的必需品；零税率，只限于出口货物。

要注意的是，这种增值税的处理方法并不是对所有的增值税纳税人都适用，它仅适用于增值税的一般纳税人。为了便于增值税的征收管理并简化计税，我国将增值税的纳税人划分为小规模纳税人和一般纳税人。对于小规模纳税人，实行简易办法计算应纳税额、不抵扣进项税额；征收率为6%，商业企业小规模纳税人的征收率为4%。计算公式为：

应纳税额＝不含增值税销售额×征收率

小规模纳税人的销售额不包括其应纳税额。小规模纳税人销售货物或应税劳务采用销售额和应纳税额合并定价方法的，按下列公式计算销售额：

$$\text{销售额}=\frac{\text{含税销售额}}{1+\text{征收率}}$$

自2009年1月1日起，在全国所有地区、所有行业推行增值税改革。改革的主要内容是：允许抵扣新购入设备所含的增值税，同时，取消进口设备免征增值税和外商投资企业采购国产设备增值税退税政策，将小规模纳税人的征收率统一调低至3%等。从2012年1月1日起，我国率先在上海进行营业税改增值税试点，从2013年8月起在全国全面推开营业税改增值税试点工作。

综上所述，工业企业材料采购的业务中涉及增值税的进项税问题。若该工业企业为增值税的一般纳税人，购进原材料所支付或者负担的增值税额则不应记入原材料的采购成本，而应借记“应交税费——应交增值税（进项税额）”账户；但若该工业企业为增值税的小规模纳税人，购进原材料所支付或者负担的增值税额则应构成原材料的采购成本。

2. 几种不同情况的原材料采购业务的会计核算

上述介绍了实际成本计价下材料采购业务主要涉及的一些会计科目和账户，会计人员需要根据采购业务的购货发票以及仓库部门的材料入库单等相关凭证为依据进行材料采购以及材料入库的会计核算。以下举例说明不同情况下原材料按实际成本计价采购业务的会计核算。

(1)单据先到，材料后到的情况

企业先收到采购业务的购货发票等单据，采购的原材料可能因为采购地和目的地相隔遥远而正在运输途中，或者材料虽然已经到达企业但还没有验收入库。在这种情况下，通过“在途物资”账户核算购买的原材料，并按照采购合同约定的结算方式选择对应的资产或负债账户；等材料验收入库后，根据仓库部门的材料入库单结转入“原材料”。

【例 5－10】 A企业(小规模纳税人)从B公司购入甲材料，价款10 000元(包含增值税)，以存款支付，材料尚未验收入库(假设企业按实际成本法核算，下同)。

借:在途物资——甲材料	10 000	
贷:银行存款		10 000

假设上述购入材料的货款暂欠，而不是通过存款支付，则A企业因购入材料而增加了一笔负债，即“应付账款”增加。故该业务应编制如下会计分录：

借:在途物资——甲材料	10 000	
贷:应付账款——B公司		10 000

假设上述购入材料的货款A企业开出一张面值10 000元的商业汇票进行结算，则：

借:在途物资——甲材料	10 000	
贷:应付票据——B公司		10 000

【例 5－11】 光华电视机制造厂为增值税一般纳税人，20×6年1月从江南公司购入甲材料1 000千克，取得增值税专用发票上注明的买价为30 000元，增值税额为5 100元，款项未付，材料尚在运输途中。

注意：一般纳税人企业购入材料时，不仅要向售货方支付货款，还要支付购进材料而应支付的增值税(进项税额)。企业支付了增值税(进项税额)，表明企业应交的税费(负债)减少或可抵扣的税费(资产)增加。

借:在途物资——甲材料	30 000	
应交税费——应交增值税(进项税额)	5 100	
贷:应付账款——江南公司		35 100

【例 5－12】 续【例 5－11】，该批甲材料在运输途中发生1%的合理损耗，实际验收入库990千克，在入库前发生挑选整理费用300元，挑选整理费用已经用现金支付。

借:原材料——甲材料	30 300	
贷:在途物资——甲材料		30 000
库存现金		300

(2)材料先到，单据后到的情况

有的时候，企业采购的原材料已经到达并且验收入库，但是采购该原材料的购货发票等相关单据尚未到达企业。企业会计人员在月末需要进行主观职业判断，估计该批原材料的价值，暂估入账。即按照暂估的金额，借记“原材料”账户，贷记“应付账款——暂估应付账款”账户。下月初做相反分录予以冲回。下月收到发票账单时，按照发票的实际金额，借记“原材料”账户，贷记“银行存款”、“应付账款”、“应付票据”等账户；涉及增值税进项税额的，还应进行相应的处理。

【例 5－13】 20×6 年 3 月 10 日，甲公司（增值税一般纳税人）向乙公司采购原材料 A 一批，3 月 25 日，材料到达甲公司已经验收入库，估计的金额为49 000元；4 月 5 日，甲公司收到该批材料的购货发票，增值税专用发票上注明货款为50 000元，增值税8 500元，甲公司立即开出转账支票予以支付。

3 月末，会计人员对该批已经验收入库的原材料暂估入账：

借：原材料——A	49 000	
贷：应付账款——暂估应付账款		49 000

4 月初，冲回该暂估入账的无发票到货：

借：原材料——A	(49 000)	
贷：应付账款——暂估应付账款		(49 000)

4 月 5 日收到发票后，会计人员根据发票的货款金额确定该批原材料的入账价值，同时，根据支票存根减少公司的银行存款。

借：原材料——A	50 000	
应交税费——应交增值税（进项税额）	8 500	
贷：银行存款		58 500

(3)预付款购买的情况

【例 5－14】 胜利工厂为增值税一般纳税人，20×6 年 5 月与长江公司签订订货合同，购买乙材料一批。按照合同规定，胜利工厂 5 月 20 日以银行存款预付给长江公司订货款200 000元。7 月 25 日，胜利工厂收到长江公司发运来的、前已预付货款的乙材料，并验收入库；随货物附来的增值税专用发票注明该批材料的价款为300 000元，增值税51 000元。8 月 2 日，胜利工厂用银行存款支付了剩余的款项。

5 月 20 日，胜利工厂预付订货款给长江公司时：

借：预付账款——长江公司	200 000	
贷：银行存款		200 000

7 月 25 日，材料验收入库，按照发票的金额：

借：原材料——乙	300 000	
应交税费——应交增值税（进项税额）	51 000	
贷：预付账款——长江公司		351 000

“预付账款”账户贷方的余额151 000元表示胜利工厂需要向长江公司补付的价款。8 月 2 日，胜利工厂用银行存款支付剩余的款项时：

借：预付账款——长江公司	151 000	
贷：银行存款		151 000

(二)计划成本法下材料采购业务的核算

采用实际成本对原材料进行计价核算，不便于考核材料采购业务成果，分析材料采购计划的完成情况；同时，当企业材料的种类比较多，收发次数又比较频繁时，实际成本核算的工作量非常大。因此，为了便于材料采购成本的控制和分析，简化材料核算，在一些大中型企业里，材料通常按照计划成本计价组织收、发核算。具体而言，首先，企业应结合各种原材料的特点、实际采购成本等资料确定原材料的计划成本，计划单位成本一经确定，在年度内不作调整。其次，平时购入或者其他方式取得的原材料，按其计划成本和计划成本与实际成本之间的差异额分别在有关账户中进行分类登记；平时发出的材料，按照计划成本核算。最后，月末将本月发出材料应负担的差异额进行分摊,随同本月发出材料的计划成本记入有关账户。

在计划成本法下,材料采购涉及的会计科目和账户主要有“材料采购”、“原材料”和“材料成本差异”。

1.“材料采购”账户

该账户核算企业采用计划成本进行材料日常核算而购入材料的采购成本。其借方登记购入材料物资的买价和采购费用,贷方登记已经验收入库的材料按计划成本转入“原材料”账户借方的数额;材料的实际成本和计划成本之间的差异,转入“材料成本差异”账户。因此,该账户期末一般无余额,若有借方余额,则为尚未验收入库的在途材料。该账户可按供应单位和材料品种进行明细核算。

2.“原材料”账户

计划成本法下该账户核算的是验收入库原材料的计划成本。其借方登记已验收入库材料计划成本的增加,贷方登记发出材料的计划成本(即库存材料计划成本的减少),期末余额在借方,表示库存材料计划成本的期末结余额。

3.“材料成本差异”账户

该账户核算企业采用计划成本进行日常核算的材料计划成本与实际成本的差额。入库材料发生的材料成本差异,实际成本大于计划成本的差异,借记本账户;实际成本小于计划成本的,贷记本账户。发出材料应负担的成本差异应当按月分摊,按应分摊的实际成本大于计划成本的差异,贷记本账户;按应分摊的实际成本小于计划成本的差异,借记本账户。本账户期末借方余额反映企业库存材料等的实际成本大于计划成本的差异,贷方余额反映企业库存材料等的实际成本小于计划成本的差异。

以下举例说明计划成本法下材料采购业务的会计核算。计划成本法下发出材料分摊材料成本差异的会计核算,将在本章第四节进一步阐述说明。

【例5-15】 甲工厂为增值税一般纳税人,对于材料采用计划成本进行日常核算。20×6年1月5日,向乙公司购入丙材料5 000千克,每千克10元,增值税税率为17%,甲工厂开出商业汇票予以支付。另用现金800元支付该批材料的运杂费(不考虑运费的增值税抵扣问题)。1月18日,材料运达并验收入库,其计划成本为45 000元。

1月5日,采购原材料时:

借:材料采购——丙材料	50 000	
应交税费——应交增值税(进项税额)	8 500	
贷:应付票据		58 500
借:材料采购——丙材料	800	
贷:库存现金		800

1月18日,验收入库后:

借:原材料——丙	45 000	
贷:材料采购——丙材料		45 000
借:材料成本差异	5 800	
贷:材料采购——丙材料		5 800

假如本例中丙材料的计划成本为51 000元,则验收入库后的会计分录为:

借:原材料——丙	51 000	
贷:材料采购——丙材料		51 000

借:材料采购——丙材料　　　　200
　　贷:材料成本差异　　　　200

我们把计划成本低于实际成本造成的材料成本差异称为超支差异,将计划成本高于实际成本的材料成本差异称为节约差异。

二、固定资产购建业务

按照我国《企业会计准则》的规定,固定资产是指同时具有下列特征的有形资产:(1)为生产商品、提供劳务、出租或经营管理而持有的;(2)使用寿命超过一个会计年度。从固定资产的定义看,固定资产具有以下三个特征:

第一,固定资产是为生产商品、提供劳务、出租或经营管理而持有。企业持有固定资产的目的是为了生产商品、提供劳务、出租或经营管理,这意味着,企业持有的固定资产是企业的劳动工具或手段,而不是直接用于出售的产品。其中,"出租"的固定资产是指用于出租的机器设备类固定资产,不包括以经营租赁方式出租的建筑物,后者属于企业的投资性房地产,不属于固定资产。

第二,固定资产使用寿命超过一个会计年度。固定资产的使用寿命,是指企业使用固定资产的预计期间,或者该固定资产所能生产产品或提供劳务的数量。通常情况下,固定资产的使用寿命是指使用固定资产的预计期间,如自用房屋建筑物的使用寿命按使用年限表示。对于某些机器设备或运输设备等固定资产,其使用寿命往往以该固定资产所能生产产品或提供劳务的数量来表示,例如,发电设备按其预计发电量估计使用寿命,汽车或飞机等按其预计行驶里程估计使用寿命。固定资产使用寿命超过一个会计年度,意味着固定资产属于长期资产,随着使用和磨损,通过计提折旧方式逐渐减少账面价值。对固定资产计提折旧,是对固定资产进行后续计量的重要内容。

第三,固定资产为有形资产。固定资产具有实物特征,这一特征将固定资产与无形资产区别开来。有些无形资产可能同时符合固定资产的其他特征,如无形资产为生产商品、提供劳务而持有,使用寿命超过一个会计年度;但是,由于其没有实物形态,所以,不属于固定资产。对于工业企业所持有的工具、用具、备品备件、维修设备等资产,施工企业所持有的模板、挡板、架料等周转材料,以及地质勘探企业所持有的管材等资产,企业应当根据实际情况,分别管理和核算。尽管该类资产具有固定资产的某些特征,如使用期限超过一年,也能够带来经济利益,但由于数量多、单价低,考虑到成本效益原则,在实务中,通常确认为存货。但符合固定资产定义和确认条件的,如企业(民用航空运输)的高价周转件等,应当确认为固定资产。对于构成固定资产的各组成部分,如果各自具有不同使用寿命或者以不同方式为企业提供经济利益,适用不同折旧率或折旧方法的,该各组成部分实际上是以独立的方式为企业提供经济利益,因此,企业应当分别将各组成部分确认为单项固定资产。例如,飞机的引擎,如果其与飞机机身具有不同的使用寿命,适用不同折旧率或折旧方法,则企业应当将其确认为单项固定资产。

固定资产是企业重要的生产力要素之一,是企业赖以生存的物质基础,是企业产生效益的源泉,固定资产的结构、状况、管理水平等直接影响着企业的竞争力,关系到企业的运营与发展。企业科学管理和正确核算固定资产,有利于促进企业正确评估固定资产的整体情况,提高资产使用效率,降低生产成本,保护固定资产的安全完整,实现资产的保值增值,增强企业的综合竞争实力。本节重点阐述固定资产购建的会计核算。

固定资产的购建，需要通过“固定资产”和“在建工程”两个会计账户进行核算。

“固定资产”账户核算企业持有的固定资产原价，可按固定资产类别和项目进行明细核算。其借方登记企业因购入或通过其他方式取得可直接投入使用的固定资产；贷方登记因处置等而减少的固定资产；期末借方余额，反映企业固定资产的账面原价。

“在建工程”账户核算企业基建、更新改造等在建工程发生的支出。企业购买的需要安装的固定资产，以及企业自营建造或出包建造的固定资产，在未达到预定可使用状态之前发生的所有合理、必要的支出，记入该账户的借方；固定资产达到预定可使用状态之后，将该账户借方归集的固定资产的成本转入到“固定资产”账户。

(一)外购固定资产

企业外购固定资产的成本，包括购买价款、相关税费、使固定资产达到预定可使用状态前所发生的可归属于该项资产的运输费、装卸费、安装费和专业人员服务费等。外购固定资产是否达到预定可使用状态，需要根据具体情况进行分析判断。如果购入不需安装的固定资产，购入后即可发挥作用，因此，购入后即可达到预定可使用状态。如果购入需安装的固定资产，只有安装调试后达到设计要求或合同规定的标准，该项固定资产才可发挥作用，才意味着达到预定可使用状态。

自 2009 年 1 月 1 日起，新购设备的增值税可以抵扣，但自用的其他固定资产及房屋、建筑物仍不得抵扣。

【例 5-16】 企业购入办公用不需安装的设备一台，价款20 000元，增值税税率 17%，运费 500 元，开出承兑的商业汇票。

固定资产的成本即入账价值包括买价20 000元，以及运费 500 元，共计20 500元。

借：固定资产	20 500	
应交税费——应交增值税(进项税额)	3 400	
贷：应付票据		23 900

【例 5-17】 开远工厂 20×6 年 7 月 30 日用银行存款购入一台需要安装的机床，有关发票等凭证显示其买价为500 000元，增值税为85 000元，包装运杂费等5 000元，机床投入安装。在安装过程中，领用了本工厂的原材料20 000元，该原材料负担的进项税3 400元；应付本工厂安装工人的工资10 000元。9 月 20 日，机床安装完毕，达到预定可使用状态，并经验收合格办理竣工手续，投入使用。

购入的设备因需要安装，故先记入“在建工程”账户。

借：在建工程	505 000	
应交税费——应交增值税(进项税)	85 000	
贷：银行存款		590 000

发生安装费用时，“在建工程”成本增加，同时，工厂的原材料减少，并承担了对安装工人的负债；特别需要注意的是，原材料上负担的进项税额需要转出。

借：在建工程	33 400	
贷：原材料		20 000
应交税费——应交增值税(进项税额转出)		3 400
应付职工薪酬		10 000

待安装完工时，将“在建工程”账户的借方发生额合计转入“固定资产”账户，结转后，“在建工程”账户余额应为零。

借：固定资产　　538 400

　　贷：在建工程　　538 400

值得注意的是，企业购买固定资产通常在正常信用条件期限内付款，但也会发生超过正常信用条件购买固定资产的经济业务事项，如采用分期付款方式购买资产，且在合同中规定的付款期限比较长，超过了正常信用条件，通常在3年以上。在这种情况下，该类购货合同实质上具有融资租赁性质，购入资产的成本不能以各期付款额之和确定，而应以各期付款额的现值之和确定。

此外，对于特殊行业的特定固定资产，确定其初始入账成本时，还应考虑弃置费用。弃置费用通常是指根据国家法律和行政法规、国际公约等规定，企业承担的环境保护和生态恢复等义务所确定的支出，如核电站核设施等的弃置和恢复环境义务。弃置费用的金额与其现值比较，通常相差较大，需要考虑货币时间价值。对于这些特殊行业的特定固定资产，企业应当按照现值计算确定应计入固定资产成本的金额。一般工商企业的固定资产发生的报废清理费用不属于弃置费用，应当在发生时作为固定资产处置费用处理。

（二）自行建造固定资产

我国《企业会计准则》规定，自行建造固定资产的成本，由建造该项资产达到预定可使用状态前所发生的必要支出构成，包括工程用物资成本、人工成本、缴纳的相关税费、应予资本化的借款费用以及应分摊的间接费用等。

企业自行建造固定资产包括自营建造和出包建造两种方式。无论采用何种方式，所建工程都应当按照实际发生的支出确定其工程成本并单独核算。

1. 自营方式建造固定资产

企业以自营方式建造固定资产，意味着企业自行组织工程物资采购、自行组织施工人员从事工程施工。在我国市场经济不断发展的新形势下，随着市场化不断深入，除施工企业外，其他行业的企业较少采用自营方式建造固定资产，即便有，也多为小型土木建筑工程。企业以自营方式建造固定资产，其成本应当按照直接材料、直接人工、直接机械施工费等计量。

企业为建造固定资产准备的各种物资应当按照实际支付的买价、不能抵扣的增值税税额、运输费、保险费等相关税费作为实际成本，并按照各种专项物资的种类进行明细核算。工程完工后，剩余的工程物资转为本企业存货的，按其实际成本或计划成本进行结转。建设期间发生的工程物资盘亏、报废及毁损，减去残料价值以及保险公司、过失人等赔款后的净损失，计入所建工程项目的成本；盘盈的工程物资或处置净收益，冲减所建工程项目的成本。工程完工后发生的工程物资盘盈、盘亏、报废、毁损，计入当期营业外收支。

建造固定资产领用工程物资、原材料或库存商品，应按其实际成本转入所建工程成本。自营方式建造固定资产应负担的职工薪酬，辅助生产部门为之提供的水、电、修理、运输等劳务，以及其他必要支出等，也应计入所建工程项目的成本。上述项目涉及增值税的，还应结转其相应的增值税额。

企业以自营方式建造固定资产，发生的工程成本应通过“在建工程”账户核算；工程完工达到预定可使用状态时，从“在建工程”账户转入“固定资产”账户。

【例5—18】 20×6年1月1日，某企业（增值税一般纳税人）准备自行建造一座仓库。有关资料如下：

(1)1月8日，购入工程物资一批，价款为300 000元，支付的增值税进项税额为51 000元，款项以银行存款支付。

(2)2月3日，领用生产用原材料一批，价值为32 000元，购进该批原材料时支付的增值税进项税额为5 440元。

(3)3月10日，领用企业的产成品一批，账面成本30 000元，计税价格50 000元，增值税税率17%。

(4)1月8日至6月30日，工程先后领用工程物资351 000元(含增值税进项税额)。

(5)工程建设期间发生工程人员职工薪酬65 800元。

(6)6月30日，完工并交付使用。

账务处理如下：

(1)购入工程物资时：

工程物资的入账价值=300 000+51 000=351 000(元)

借：工程物资　　351 000

　　贷：银行存款　　351 000

(2)领用原材料时：

借：在建工程——仓库　　37 440

　　贷：原材料　　32 000

　　　　应交税费——应交增值税(进项税额转出)　　5 440

(3)工程领用产成品，需要视同销售，计算缴纳增值税销项税额时：

借：在建工程——仓库　　38 500

　　贷：库存商品　　30 000

　　　　应交税费——应交增值税(销项税额)　　8 500

(4)工程领用物资时：

借：在建工程——仓库　　351 000

　　贷：工程物资　　351 000

(5)计提工程人员职工薪酬时：

借：在建工程——仓库　　65 800

　　贷：应付职工薪酬　　65 800

(6)工程完工交付时：

固定资产的入账价值=37 440+38 500+351 000+65 800=492 740(元)

借：固定资产——仓库　　492 740

　　贷：在建工程——仓库　　492 740

2. 出包方式建造固定资产

在出包方式下，企业通过招标方式将工程项目发包给建造承包商，由建造承包商(即施工企业)组织工程项目施工。采用出包方式建造固定资产，企业要与建造承包商签订建造合同，企业是建造合同的甲方，负责筹集资金和组织管理工程建设，通常称为建设单位，建造承包商是建造合同的乙方，负责建筑安装工程施工任务。企业的新建、改建、扩建等建设项目，通常均采用出包方式。在我国，企业基本建设项目的立项，涉及国家产业政策、区域经济政策以及固定资产投资规模控制与宏观管理，因此，国家对国有建设项目的立项实行审批制度，建设项目的概算需经有关部门批准，项目建成后，需办理竣工决算及验收手续。一个建设项目通常由若干单项工程构成，如新建一个火电厂包括建造发电车间、冷却塔、安装发电设备等，新建的火电厂即为建设项目，建造的发电车间、冷却塔、安装发电设备均为单项工程。相关的会计核算将在“中级财务会计”课程中进一步讲解。

第四节　产品生产业务的核算

工业企业在生产过程中，工人借助于劳动资料对劳动对象(原材料等)进行加工，制成劳动产品(即产成品)。因此，生产过程既是产品制造过程，又是物化劳动(劳动资料和劳动对象)和活劳动的消耗过程。

在生产过程中发生的各种耗费，称为生产费用，主要包括生产产品消耗的原材料、辅助材料、燃料和动力，生产工人的工资、福利等薪酬费用，厂房和机器设备等固定资产的耗费即折旧费用，以及管理和组织生产、为生产服务而发生的各种费用。这些生产费用，要按一定种类的产品进行归集和分配，以计算产品的成本。

生产费用按其计入产品成本的方式不同，可以分为直接费用和间接费用。直接费用是指企业生产产品过程中实际消耗的直接材料、直接人工和其他可以直接与最终的产成品挂钩的费用支出。间接费用是指企业为生产产品和提供劳务而发生的各种间接支出，也称为制造费用。上述各个项目是生产费用按其经济用途进行的分类，在会计上我们一般将其称为成本项目。各个产品成本项目的具体构成内容如下：

直接材料，是指企业在生产产品和提供劳务的过程中所消耗、直接用于产品生产、构成产品实体的各种原材料及主要材料、外构半成品以及有助于产品形成的辅助材料。

直接人工，是指企业在生产产品和提供劳务过程中，直接从事产品生产的工人工资、津贴、补助、奖金、福利等薪酬。

制造费用，是指企业为生产产品和提供劳务而发生的不能与产品直接挂钩的各项间接费用，其构成内容比较复杂，包括车间为组织和管理生产发生的办公费、水电费、机物料消耗、修理费、折旧费、薪酬费用等。

在会计核算中，企业必须按照划分收益性支出和资本性支出原则、权责发生制原则、配比原则的要求对各项生产费用的发生金额以及其应归属的会计期间加以确认和计量，并按照各项费用的构成内容和经济用途正确地进行反映。因此，产品生产业务的核算，主要涉及材料的领用、薪酬的确认与支付、生产费用的摊销与分配、生产设备等固定资产的折旧、完工产品成本的计算与入库等内容。为此，需要设置下列主要的会计账户和科目：

1.“生产成本”账户

本账户核算企业进行工业性生产发生的各项生产费用，包括生产各种产品(包括产成品、自制半成品等)、自制材料、自制工具、自制设备等。企业应当按照基本生产成本和辅助生产成本进行明细核算。基本生产成本应当分别按照基本生产车间和成本核算对象(如产品的品种、类别、订单、批别、生产阶段等)设置明细账(或成本计算单，下同)，并按照规定的成本项目设置专栏。当企业发生各项直接的生产费用时，即生产成本增加，应借记本账户；因产品完工入库，在产品减少时，应将完工产品的“生产成本”结转入“库存商品”账户；本账户的期末借方余额，反映企业尚未加工完成的在产品的成本或生产性生物资产尚未收获的农产品成本。

2.“制造费用”账户

本账户核算企业生产车间、部门为生产产品和提供劳务而发生的各项间接费用，如固定资产折旧、职工薪酬、物料消耗、水电支出、停工损失等，可按不同的生产车间、部门和费用项目进行明细核算。当企业产品生产间接费用发生或增加时，借记本账户；期末，将产品生产的间接费用在受益产品间分配并结转入“生产成本”账户时，贷记本账户；除季节性的生产性企业外，本账户期末应无余额。

3.“应付职工薪酬”账户

本账户核算企业根据有关规定应付给职工的各种薪酬。企业（外商）按规定从净利润中提取的职工奖励及福利基金，也在本账户核算。企业可按“工资”、“职工福利”、“社会保险费”、“住房公积金”、“工会经费”、“职工教育经费”、“非货币性福利”、“辞退福利”、“股份支付”等进行明细核算。当企业计算确认应付的职工薪酬时，贷记本账户；当企业实际支付职工薪酬时，借记本账户；本账户期末贷方余额，反映企业应付未付的职工薪酬。

4.“累计折旧”账户

本账户用来核算企业固定资产的累计折旧，企业应按固定资产的类别或项目进行明细核算。其贷方登记按月计提固定资产折旧额；借方登记因减少固定资产而减少的累计折旧；期末余额在贷方，反映企业固定资产的累计折旧额。

5.“库存商品”账户

本账户核算企业库存的各种商品的实际成本（或进价）或计划成本（或售价），包括库存产成品、外购商品、存放在门市部准备出售的商品、发出展览的商品以及寄存在外的商品等。接受来料加工制造的代制品和为外单位加工修理的代修品，在制造和修理完成验收入库后，视同企业的产成品，也通过本账户核算。企业可按库存商品的种类、品种和规格等进行明细核算。企业产品完工入库时，借记本账户；因出售等原因而减少库存商品时，贷记本账户；账户期末借方余额，反映企业库存商品的实际成本（或进价）或计划成本（或售价）。

以下从材料费用、人工费用以及制造费用三类产品生产费用的归集和分配、完工产品入库等，具体阐述生产过程所涉及的主要经济业务的会计核算。

一、材料费用的归集和分配

工业企业通过供应过程采购的各种原材料，经过验收入库之后，就形成了生产产品的物资储备，生产产品及其他方面领用时，就形成了材料费用。完整意义上的材料费用包括消耗的原材料、主要材料和辅助材料等，在确定材料费用时，会计部门要根据仓库部门转来的领料单，编制“发出材料汇总表”，区分生产、车间、部门和不同用途后进行不同的会计处理。对于直接用于某种产品生产的材料费用，应直接计入该产品生产成本明细账中的直接材料费用项目；对于由几种产品共同耗用、应由这些产品共同负担的材料费用，应选择适当的标准在各种产品之间进行分配之后，计入各有关成本计算对象；对于创造生产条件等需要而间接消耗的各种材料费用，应先在“制造费用”账户中进行归集，然后再同其他间接费用一起分配计入有关产品的成本中。

发出材料数量和金额的确定是材料费用归集和分配的基础。由于企业生产经营活动的不断进行，使各种材料物资的数量处在经常变化之中，这就给材料的计量造成一定的困难。企业材料本期转出数量和期末结存数量的确定有实地盘存制和永续盘存制两种方法。

实地盘存制，也称定期盘存制。它是用定期（一般为月末）实地盘点来确定期末材料的结存数量，并根据材料的单价计算出结存金额，再以期初结存金额、本期购入金额来倒算本期发出材料成本的一种材料核算方法。其方法要点是：平时账上只记录库存材料的购入数，不记发出数；期末时，通过盘点确定期末库存材料数量后，按公式计算本期发出材料数量和金额，其计算公式如下：

$$\underset{(实际成本)}{本期材料发出量} = \underset{(实际成本)}{期初存货量} + \underset{(实际成本)}{本期购入量} - \underset{(实际成本)}{期末盘存量}$$

永续盘存制，是对各项材料设置有数量和金额的账簿，根据各有关凭证，逐日逐笔登记其收发存的数量和金额的一种核算方法。这种方法能够随时在会计的账簿上了解企业各种材料的收发数量和金额，对于加强材料管理与控制等具有重要意义。这种盘存制度在实际工作中应用较为普遍。

在本章第三节中，我们曾提及材料的日常核算有计划成本核算和实际成本核算两种方法，因此，对于发出材料金额的确定方法，总体上也分为计划成本法和实际成本法两大类。在计划成本法下，平时材料的出库可按核定的计划成本予以计价，到月末将本月发出材料应负担的材料计划成本与实际成本的差异额进行分摊，随同本月发出材料的计划成本记入有关账户。

实际成本法核算发出材料的金额，即按材料实际入库的成本来计算发出材料的成本，具体应用时按计算方法不同，主要有先进先出法、移动加权平均法、月末一次加权平均法和个别计价法四种方法。企业应当根据各类存货的实物流转方式、企业管理的要求、存货的性质等实际情况，合理地选择发出存货成本的计算方法，以合理确定当期发出材料的实际成本。

1. 先进先出法

先进先出法是以先购入的存货应先发出(销售或耗用)这样一种存货实物流动假设为前提，对发出存货进行计价。采用这种方法，先购入的存货成本在后购入存货成本之前转出，据此确定发出存货和期末存货的成本。

2. 移动加权平均法

移动加权平均法，是指以每次进货的成本加上原有库存存货的成本，除以每次进货数量与原有库存存货的数量之和，据以计算加权平均单位成本，作为在下次进货前计算各次发出存货成本的依据。

3. 月末一次加权平均法

月末一次加权平均法，是指以当月全部进货数量加上月初存货数量作为权数，去除当月全部进货成本加上月初存货成本，计算出存货的加权平均单位成本，以此为基础计算当月发出存货的成本和期末存货的成本的一种方法。

4. 个别计价法

个别计价法，也称个别认定法、具体辨认法、分批实际法，其特征是注重所发出存货具体项目的实物流转与成本流转之间的联系，逐一辨认各批发出存货和期末存货所属的购进批别或生产批别，分别按其购入或生产时所确定的单位成本计算各批发出存货和期末存货的成本。即把每一种存货的实际成本作为计算发出存货成本和期末存货成本的基础。对于不能替代使用的存货、为特定项目专门购入或制造的存货以及提供的劳务，通常采用个别计价法确定发出存货的成本。在实际工作中，越来越多的企业采用计算机信息系统进行会计处理，个别计价法可以广泛应用于发出存货的计价，并且个别计价法确定的存货成本最为准确。

而实际成本法下存货发出计价的如先进先出、加权平均等不同方法的具体操作，将在"中级财务会计"中进行详细的介绍。本节主要介绍会计人员如何依据领料单或发出材料汇总表对发出的材料进行账务处理。

【例5－19】 长江公司为工业企业，其材料采用计划成本进行日常核算。20×6年10月，公司生产领用A材料计划成本总额为150 000元，全部用于生产产品甲。月末计算确定发出A材料应负担的差异额，并予以结转。A材料月初计划成本为20 000元，本月收入材料的计划成本为180 000元，原材料成本差异月初数额为节约400元，本月收入材料成本差异为超支3 000元。

会计人员应根据领料单，确定发出A材料的计划成本：

借：生产成本——甲产品　　150 000

　贷：原材料——A材料　　150 000

为了计算产品耗用材料的实际成本，在月末，需要将计划成本调整为实际成本。其方法是运用材料成本差异率对计划成本进行调整：

$$\text{本月材料成本差异率}=\frac{\text{月初库存材料差异额}+\text{本月购入材料差异额}}{\text{月初库存材料计划成本}+\text{本月入库材料计划成本}}\times 100\%$$

注意：上述公式中的材料差异额若为节约差异，则用负号表示。

发出材料应负担的材料成本差异＝成本差异率×发出材料的计划成本

根据本例资料，可计算并做出会计处理如下：

$$\text{本月材料成本差异率}=\frac{-400+3\,000}{20\,000+180\,000}\times 100\%=1.3\%$$

发出材料应负担的成本差异＝150 000×1.3%＝1 950(元)

借：生产成本——甲产品　　1 950

　贷：材料成本差异——A材料　　1 950

【例5—20】 某工业企业的材料采用实际成本法进行日常核算。会计人员依据本月仓库部门转来的领料单，编制了发出材料汇总表（见表5—1）。

表5—1　某工业企业发出材料汇总表

项　目	A材料		B材料		C材料		合计	
	数量（件）	金额（元）	数量（件）	金额（元）	数量（件）	金额（元）	数量（件）	金额（元）
生产甲产品耗用	500	5 000	300	6 000	50	5 000		16 000
生产乙产品耗用	100	1 000	500	10 000	80	8 000		19 000
小计	600	6 000	800	16 000	130	13 000		35 000
车间一般耗用			100	2 000	40	4 000		6 000
管理部门耗用	50	500			30	3 000		3 500
合　计	650	6 500	900	18 000	200	20 000		44 500

企业生产中耗费的材料，按受益对象，一是直接记入各产品成本计算对象的“直接材料”成本项目，二是车间耗用的消耗性材料记入“制造费用”项目，三是厂部、销售部门等耗用的材料记入“管理费用”、“销售费用”等项目。因此，本例依据发出材料汇总表，编制会计分录如下：

借：生产成本——甲产品　　16 000

　　　　　　——乙产品　　19 000

　制造费用　　6 000

　管理费用　　3 500

　贷：原材料　　44 500

二、人工费用的归集和分配

在市场经济条件下，企业作为市场竞争的主体，其所生产产品的成本高低，质量好坏，在市场上是否有竞争力，是企业能否生存和发展的关键所在。而人工费用是企业在生产经营过程中发生的各种耗费支出的主要组成部分，直接关系到产品成本和产品价格的高低，直接影响企业生产经营的成果。明确企业使用各种人力资源所付出的全部代价，以及产品成本中人工成本所占比重，有利于有效监督和控制生产经营过程中的人工费用支出，改善费用支出结构，节约成本，降低产品价格，提高企业的市场竞争力。从本质上看，人工费用是企业在生产产品或提供劳务活动中所发生的各种直接和间接人工费用的总和，按照我国《企业会计准则第 9 号——职工薪酬》的规定，主要包括企业为获得职工提供的服务而给予各种形式的报酬以及其他相关支出，如职工工资、奖金、津贴和补贴；职工福利费；医疗保险费、养老保险费、失业保险费、工伤保险费和生育保险费等社会保险费；住房公积金；工会经费和职工教育经费；非货币性福利；以及因解除与职工的劳动关系给予的补偿。所有的人工费用不论是否在当月支付都应在“应付职工薪酬”账户核算。

在对企业职工的各项薪酬进行核算时，应根据工资结算汇总表的内容登记有关的总分类账户和明细分类账户，进行人工费用归集和分配的相关账务处理。生产工人的薪酬费用的归集，在计件工资形式下，根据工资结算凭证，直接记入有关成本计算对象的“直接人工”成本项目；在计时工资形式下，如果只生产一种产品，直接计入该种产品成本；如生产多种产品，则应采用一定分配标准分配后再计入各产品成本。其分配标准通常是按各种产品的生产工时（实际工时或定额工时）比例进行分配。生产工人以外的其他生产管理人员的薪酬费用则属于间接费用，应记入“制造费用”账户。为销售本企业商品而专设的销售机构（含销售网点、售后服务网点等）的职工薪酬，应记入“销售费用”账户。其他行政管理部门职工工资及福利费、工会经费、董事会成员津贴等薪酬，应记入“管理费用”账户。

【例 5－21】 企业期末计算确认当期应付给生产人员的薪酬为50 000元，其中 A 产品直接生产人员薪酬20 000元，B 产品直接生产人员薪酬16 000元，车间间接生产人员薪酬14 000元。

借：生产成本——基本生产成本（A 产品）	20 000	
——基本生产成本（B 产品）	16 000	
制造费用	14 000	
贷：应付职工薪酬——工资		50 000

【例 5－22】 续【例 5－21】，企业以银行存款支付上述生产人员薪酬，同时代扣职工个人所得税1 000元。

注意：企业以银行存款支付职工薪酬，一方面引起企业银行存款减少，同时减少了企业的应付职工薪酬；另外，企业代扣了职工的个人所得税，故“应交税费”相应增加。故应编制会计分录如下：

借：应付职工薪酬——工资	50 000	
贷：银行存款		49 000
应交税费——应交个人所得税		1 000

三、制造费用的归集和分配

制造费用是工业企业为了生产产品和提供劳务而发生的各种间接费用。其主要内容是企业的生产部门(包括基本生产车间和辅助生产车间)为组织和管理生产活动以及为生产活动服务而发生的费用,如车间管理人员的薪酬、办公费、水电费等。在生产多种产品的企业里,制造费用在发生时一般无法直接判定其应归属的成本核算对象,因而不能直接计入所生产的产品成本中,必须将上述各种费用按照发生的不同空间范围在"制造费用"账户中予以归集汇总,然后选用一定的标准(如生产工人工资、生产工时等),在各种受益产品之间进行合理的分配,以便于准确地确定各种产品应负担的制造费用金额。在制造费用的归集过程中,要按照权责发生制原则的要求,正确地处理跨期间的各种费用,使其摊配于应归属的会计期间。

制造费用包括的具体内容又可以分为三个部分:

第一部分是间接用于产品生产的费用,如机物料消耗费用,车间固定资产的折旧费、修理费、保险费,车间生产用的水电费、劳动保护费,等等。

第二部分是直接用于产品生产,但管理上不要求或者不便于单独核算,因而依据会计的重要性原则没有单独设置成本项目进行核算的某些费用,如低值生产工具的摊销费、设计制图费、试验费以及生产工艺用的动力费等。

第三部分是车间用于组织和管理生产的费用,如车间管理人员的薪酬,车间管理用的固定资产的折旧费、修理费,车间管理用具的摊销费用,车间管理用的水电费、办公费、差旅费等。

在这些制造费用中,车间管理人员的薪酬核算在上一部分已经述及,本部分不再赘述。以下重点介绍有关固定资产折旧费用的内容。

通过本章第三节的介绍,我们已经知道固定资产使用寿命超过一个会计年度,意味着固定资产属于长期资产。按照划分收益性支出和资本性支出的原则购建固定资产的支出即固定资产的入账价值是一项资本性支出;资本件支出需要在受益期间,采用一定的方法转为收益性支出,企业固定资产随着使用和磨损,其价值逐渐转移到受益的产品或者企业的其他费用中,形成为收益性支出。这种固定资产在企业受益期间价值逐期转移的过程,会计上称为固定资产的折旧。要注意的是,随着固定资产的使用,固定资产的外观实物除了新旧程度有所改变之外,并没有其他太大的变化,但固定资产的价值却是不断在减少。因此,会计上对于固定资产价值的转移即折旧并没有直接通过贷记"固定资产"账户来体现,而是设立了"累计折旧"账户,反映固定资产已经转移的价值。会计期末"固定资产"账户的期末借方余额抵消"累计折旧"账户的贷方余额,则反映了固定资产截至该会计期末尚存的价值,也称为固定资产的折余价值。

1. 计提折旧的固定资产范围

按照我国《企业会计准则第 4 号——固定资产》规定,企业应对所有的固定资产计提折旧,但是,已提足折旧仍继续使用的固定资产和单独计价入账的土地除外。

在确定计提折旧的范围时,还应注意以下几点:

(1)固定资产应当按月计提折旧。实务中,当月增加的固定资产,当月不计提折旧,从下月起计提折旧;当月减少的固定资产,当月仍计提折旧,从下月起不计提折旧。

(2)固定资产提足折旧后,不论能否继续使用,均不再计提折旧,提前报废的固定资产也不再补提折旧。所谓提足折旧,是指已经提足该项固定资产的应计折旧额。

(3)已达到预定可使用状态但尚未办理竣工决算的固定资产,应当按照估计价值确定其成本,并计提折旧;待办理竣工决算后再按实际成本调整原来的暂估价值,但不需要调整原已计提的折旧额。

2. 固定资产折旧方法

企业应当根据与固定资产有关的经济利益的预期实现方式合理选择折旧方法。可选用的折旧方法包括年限平均法、工作量法、双倍余额递减法和年数总和法等。企业选用不同的固定资产折旧方法，将影响固定资产使用寿命期间内不同时期的折旧费用，因此，固定资产的折旧方法一经确定，不得随意变更。

(1)年限平均法。年限平均法又称直线法，是指将固定资产的应计折旧额均衡地分摊到固定资产预计使用寿命内的一种方法。采用这种方法计算的每期折旧额均相等。计算公式如下：

年折旧率＝[(1－预计净残值率)÷预计使用寿命(年)]×100%

月折旧率＝年折旧率÷12

月折旧额＝固定资产原价×月折旧率

(2)工作量法。工作量法是根据实际工作量计算每期应提折旧额的一种方法。计算公式如下：

单位工作量折旧额＝固定资产原价×(1－预计净残值率)÷预计总工作量

某项固定资产月折旧额＝该项固定资产当月工作量×单位工作量折旧额

(3)双倍余额递减法。双倍余额递减法是指在不考虑固定资产预计净残值的情况下，根据每期期初固定资产原价减去累计折旧后的金额和双倍的直线法折旧率计算固定资产折旧的一种方法。采用这种方法计算折旧额时，由于每年年初固定资产净值没有扣除预计净残值，所以在计算固定资产折旧额时，应在其折旧年限到期前两年内，将固定资产净值扣除预计净残值后的余额平均摊销。计算公式如下：

年折旧率＝[2÷预计使用寿命(年)]×100%

月折旧率＝年折旧率÷12

月折旧额 ＝每月月初固定资产账面净值×月折旧率

(4)年数总和法。年数总和法又称年限合计法，是指将固定资产的原价减去预计净残值后的余额，乘以一个以固定资产尚可使用寿命为分子、以预计使用寿命逐年数字之和为分母的逐年递减的分数计算每年的折旧额。计算公式如下：

年折旧率＝(尚可使用年限÷预计使用寿命的年数总和)×100%

月折旧率＝年折旧率÷12

月折旧额＝(固定资产原价－预计净残值)×月折旧率

固定资产不同折旧方法下折旧费用的计算，将在“中级财务会计”课程中进行具体的讲解，本部分主要介绍会计人员如何依据计算好的“固定资产折旧计算表”对本期固定资产的折旧进行会计处理。

会计实务中，企业一般按月计提折旧，并通常以上月计提的固定资产折旧额为基础，根据上月固定资产的增减情况进行调整而计算当月应计提的折旧额。具体的计算公式如下：

$$\frac{\text{当月固定资产}}{\text{应计提的折旧额}}=\frac{\text{上月固定资产}}{\text{计提的折旧额}}+\frac{\text{上月增加固定资产}}{\text{应计提的折旧额}}-\frac{\text{上月减少固定资产}}{\text{应计提的折旧额}}$$

企业按月计提的固定资产折旧额，应通过“累计折旧”账户核算，并根据固定资产的使用部门或用途分别计入相关资产的生产成本或当期费用。例如，企业自行建造固定资产过程中使用的固定资产，其计提的折旧应计入在建工程成本；基本生产车间所使用的固定资产，其计提的折旧应计入制造费用；管理部门所使用的固定资产，其计提的折旧应计入管理费用；销售部门所使用的固定资产，其计提的折旧应计入销售费用；经营租出的固定资产，其应提的折旧额应计入其他业务成本。

【例 5—23】 某企业 20×6 年 11 月的固定资产折旧计算表如表 5—2 所示。

表 5—2 固定资产折旧计算表

20×6 年 11 月 单位：元

使用部门或用途	固定资产项目	上月折旧额	上月增加固定资产		上月减少固定资产		本月折旧额
			原值	折旧额	原值	折旧额	
基本生产车间	厂房	10 000					10 000
	机器设备	50 000	200 000	2 000			52 000
	其他设备	5 000					5 000
	小计	65 000					67 000
辅助生产车间	厂房	8 000					8 000
	机器设备	2 000					2 000
	小计	10 000					10 000
厂部行政管理部门	办公楼	2 000					2 000
	办公设备	800	5 000	500			1 300
	小计	2 800					3 300
专设销售机构	办公楼	1 000					1 000
	办公设备	500			1 500	200	300
	小计	1 500					1 300
合计		79 300					81 600

根据该固定资产折旧计算表，11 月编制的固定资产折旧分录如下：

借：制造费用——基本生产车间 67 000

——辅助生产车间 10 000

管理费用 3 300

销售费用 1 300

贷：累计折旧 81 600

企业发生的制造费用属于间接费用，所以，月末，企业应将本月累计发生的制造费用采用一定的标准在各种的产品间进行分配，并将其转入相应的产品“生产成本”账户中去。间接生产费用的具体分配标准有：按生产工人工资比例进行分配；按生产工人工时比例进行分配；按机器设备运转台时进行分配；按耗用原材料的数量或者成本进行分配；按产品的产量进行分配等。企业可根据自身管理的需要、产品的特点等选择某种分配标准；但标准一经确定，应遵循可比性原则中的一贯性的要求，不得随意变更。

【例 5—24】 某企业基本生产车间 20×6 年 10 月累计发生的制造费用（由 A 产品和 B 产品共同承担）共计500 000元，企业按照生产工人工时比例进行分配。其中，A 产品生产工时为

30 000小时，B产品生产工时为20 000小时。月末，企业将上述间接生产费用分别转入两种产品的“生产成本”账户。

$$制造费用分配率=\frac{500\ 000}{30\ 000+20\ 000}=10$$

A产品制造费用＝10×30 000＝300 000(元)

B产品制造费用＝10×20 000＝200 000(元)

按生产工时比例法编制“制造费用分配表”(见表5—3)，依据“制造费用分配表”编制会计分录如下：

表5—3　　**制造费用分配表**　　单位：元

借方账户	生产工时	分配金额(分配率：10)
生产成本——基本生产成本		
A产品	30 000	300 000
B产品	20 000	200 000
合计	50 000	500 000

借：生产成本——基本生产成本(A产品)　　300 000
　　　　　　——基本生产成本(B产品)　　200 000
　贷：制造费用　　500 000

四、完工产品生产成本的计算和结转

在将制造费用采用一定的标准分配入各种产品的成本项目后，“生产成本”账户的借方归集了各种产品所发生的直接材料、直接工资、其他直接支出以及应负担的制造费用全部内容，在此基础上就可以进行产品成本的计算了。进行产品生产成本的计算就是将企业生产过程中为制造产品所发生的各种费用按照所生产产品的品种、类别等(即成本计算对象)进行归集和分配，以便计算各种产品的总成本和单位成本。计算产品生产成本既为入库产成品提供了计价的依据，也是确定各会计期间盈亏的需要。

企业应设置产品生产成本明细账，用来归集应计入各种产品的生产费用。在以产品品种为成本计算对象的企业或者车间，如果只生产一种产品，计算产品成本时，只需为这种产品开设一本明细账，账内按照成本项目设立专栏或专行。在这种情况下发生的生产费用全部都是直接记入的费用，可以直接记入产品生产成本明细账，而不存在在各成本计算对象之间分配费用的问题。如果生产的产品品种不止一种，就应按照产品品种分别开设产品生产明细账。生产过程中发生的费用凡是能分得清为哪种产品所消耗的，应根据有关凭证直接记入该种产品的生产成本明细账，如我们前面介绍的直接材料、直接人工等；凡分不清的，如制造费用或几种产品共同耗用的某种原材料费用，则应采取适当的分配方法在各成本计算对象之间进行分配，然后记入各产品生产明细账。产品生产成本的计算过程应在生产明细账中进行。如果月末某种产品全部完工，该种产品生产成本明细账归集的费用总额，就是该完工产品的总成本，用完工产品的总成本除以该种产品的完工总产量即可计算出该种产品的单位成本。如果月末某种产品全部未完工，该种产品生产成本明细账所归集的费用总额，就是该种产品在产品的总成本。如果月末某种产品一部分完工，一部分未完工，这时归集在产品生产成本明细账中的费用总额还要采取适当的分配方法在完工产品和在产品之间进行分配，然后才能计算出完工产品的总成本和单位成本。生产费用如何在完工产品和在产品之间进行分配，是成本计算中一个既重要又复杂的问题。完工产品成本的简单计算公式为：

完工产品生产成本＝期初在产品成本＋本期发生的生产费用－期末在产品成本

企业生产的产品完工后，需要验收入库以备销售。会计人员需要根据完工产品生产成本计算单和入库单结转完工、验收入库产品的生产成本，形成企业的资产，在“库存商品”账户中进行核算。对于未完工的在产品成本，仍然在“生产成本”账户中核算。

以下举例说明完工入库产品成本结转的会计处理。

【例5－25】 长江公司20×6年5月A、B产品的产品成本计算单如表5－4、表5－5所示。

表5－4 **产品成本计算单**

产品名称：A产品 20×6年5月 产成品数量：600件

成本项目	月初在产品成本	本月生产费用	生产费用合计	产成品成本		月末在产品成本
				总成本	单位成本	
直接材料费	15 700	55 000	70 700	60 600	101	10 100
直接人工费	7 730	31 920	39 650	36 600	61	3 050
制造费用	6 290	22 960	29 250	27 000	45	2 250
合计	29 720	109 880	139 600	124 200	207	15 400

表5－5 **产品成本计算单**

产品名称：B产品 20×6年5月 产成品数量：500件

成本项目	月初在产品成本	本月生产费用	生产费用合计	产成品成本		月末在产品成本
				总成本	单位成本	
直接材料费	9 468	30 000	39 468	29 900	59.8	9 568
直接人工费	2 544	18 240	20 784	17 320	34.64	3 464
制造费用	1 292	13 120	14 412	12 010	24.02	2 402
合计	13 304	61 360	74 664	59 230	118.46	15 434

根据上列成本计算单，编制完工产品入库的会计分录如下：

借：库存商品——A产品 124 200
　　　　　　——B产品 59 230
　贷：生产成本——基本生产成本(A产品) 124 200
　　　　　　　——基本生产成本(B产品) 59 230

第五节 商品销售业务的核算

销售阶段是工业企业资金循环的第三个阶段，在销售过程中，企业要将在生产过程所完工的产品销售出去并收回货币，以补偿生产产品的资金耗费，保证再生产正常进行的资金需求。因此，这是资金周转最重要的一个过程，如果企业生产出来的产品销售不出去或者不能销售完,成品资金就不能顺利地转化为货币资金,通过生产过程增值的价值就不能得以实现。

企业在销售产品的过程中,通过产品销售最终实现收入,获得相应的货款或债权。获得销售收入的代价就是转让商品的所有权,即企业将库存商品转让给客户,这种为取得销售收入而让渡的商品成本就构成收入的代价,也就产生了企业的一项费用。企业收入与费用的差额就形成了企业的利润,并用于股东的分配或留存于企业继续用于生产经营。企业在销售产品的过程中,还会发生其他的相关费用,如销售税金、销售运杂费、产品广告费、销售机构的办公费等。工业企业在销售过程中除了发生销售产成品、自制半成品以及提供工业性劳务等业务外,还可能发生如销售多余材料、出租包装物、出租闲置固定资产等其他业务。

按照我国《企业会计制度》的规定,工业企业的主营业务范围包括销售商品、自制半成品、代制品、代修品以及提供工业性劳务等,其他业务范围包括企业发生的与经常性活动相关的其他活动,如工业企业对外出售不需用的原材料、出租包装物、出租闲置固定资产、利用闲置资金对外投资、对外转让无形资产使用权等。主营业务和其他业务都是工业企业经常性活动或与经常性活动相关的其他活动,都构成工业企业会计收入的来源,但其会计核算还是有所差异。本节就分别介绍工业企业销售过程中涉及的主营业务和其他业务的会计核算。

一、主营业务收支的核算

本部分介绍的工业企业主营业务主要针对工业企业销售自制的产成品。该核算的主要内容就是产品销售收入的确认和计量、产品销售成本的计算与结转、销售费用的发生与归集、销售税金的计算和缴纳以及销售利润的确定、货款的收回等内容。

(一)商品销售收入的确认与计量

销售过程首先需要解决的就是销售收入的确认与计量问题。收入的确认实际上即解决收入在什么时间入账的问题,而收入的计量即收入以多少金额入账的问题。企业生产经营活动所获得的收入应当以权责发生制为基础,根据收入实现条件加以确认。按照我国《企业会计准则第 14 号——收入准则》的规定,工业企业销售产品收入的确认,必须同时符合以下条件:

1. 企业已将商品所有权上的主要风险和报酬转移给购货方

企业已将商品所有权上的主要风险和报酬转移给购货方,是指与商品所有权有关的主要风险和报酬同时转移给了购货方。其中,与商品所有权有关的风险,是指商品可能发生减值或毁损等形成的损失;与商品所有权有关的报酬,是指商品价值增值或通过使用商品等形成的经济利益。

判断企业是否已将商品所有权上的主要风险和报酬转移给购货方,应当关注交易的实质而不是形式,同时考虑所有权凭证的转移或实物的交付。如果与商品所有权有关的任何损失均不需要销货方承担,与商品所有权有关的任何经济利益也不归销货方所有,就意味着商品所有权上的主要风险和报酬转移给了购货方。

(1)通常情况下,转移商品所有权凭证或交付实物后,商品所有权上的所有风险和报酬随之转移,如大多数商品零售、预收款销售商品、订货销售商品、托收承付方式销售商品等。

预收款销售商品,是指购买方在商品尚未收到前按合同或协议约定分期付款,销售方在收到最后一笔款项时才交货的销售方式。在这种方式下,销售方直到收到最后一笔款项才将商品交付购货方,表明商品所有权上的主要风险和报酬只有在收到最后一笔款项时才转移给购货方,企业通常应在发出商品时确认收入,在此之前预收的货款应确认为负债。

订货销售,是指已收到全部或部分货款而库存没有现货,需要通过制造等程序才能将商品交付购买方的销售方式。在这种销售方式下，企业通常应在发出商品并符合收入确认条件时确认收入，在此之前预收的货款应确认为负债。

采用托收承付方式销售商品的，在办妥托收手续时，表明商品所有权上的主要风险和报酬已经转移给购货方，因此可以确认收入。

(2)某些情况下，转移商品所有权凭证或交付实物后，商品所有权上的主要风险和报酬随之转移，企业只保留商品所有权上的次要风险和报酬，如交款提货方式销售商品、视同买断方式委托代销商品等。在这种情形下，应当视同商品所有权上的所有风险和报酬已经转移给购货方。

【例5－26】 甲公司销售一批商品给丙公司。丙公司已根据甲公司开出的发票账单支付了货款，取得了提货单，但甲公司尚未将商品移交丙公司。

根据本例的资料，甲公司采用交款提货的销售方式，即购买方已根据销售方开出的发票账单支付货款，并取得卖方开出的提货单。在这种情况下，购买方支付货款并取得提货单，说明商品所有权上的主要风险和报酬已转移给购买方，虽然商品未实际交付，甲公司仍可以认为商品所有权上的主要风险和报酬已经转移，应当确认收入。

【例5－27】 甲公司委托乙公司销售商品100件，协议价为200元/件，成本为120元/件。代销协议约定，乙企业在取得代销商品后，无论是否能够卖出、是否获利，均与甲公司无关。这批商品已经发出，货款尚未收到，甲公司开出的增值税专用发票上注明的增值税额为3 400元。

根据本例的资料，甲公司采用视同买断方式委托乙公司代销商品。视同买断方式代销商品，是指委托方和受托方签订合同或协议，委托方按合同或协议收取代销的货款，实际售价由受托方自定，实际售价与合同或协议价之间的差额归受托方所有。如果委托方和受托方之间的协议明确标明，受托方在取得代销商品后，无论是否能够卖出、是否获利，均与委托方无关，那么委托方和受托方之间的代销商品交易，与委托方直接销售商品给受托方没有实质区别，在符合销售商品收入确认条件时，委托方应确认相关销售商品收入。本例中，甲公司应当确认20 000元的销售收入，并结转相应的成本。

(3)某些情况下，转移商品所有权凭证或交付实物后，商品所有权上的主要风险和报酬并未随之转移。

①企业销售的商品在质量、品种、规格等方面不符合合同或协议要求，又未根据正常的保证条款予以弥补，因而仍负有责任。

【例5－28】 甲公司向乙公司销售一批商品，商品已经发出，乙公司已经预付部分货款，剩余货款由乙公司开出一张商业承兑汇票，销售发票账单已交付乙公司。乙公司收到商品后，发现商品质量没有达到合同约定的要求，立即根据合同有关条款与甲公司交涉，要求在价格上给予一定折让，否则要求退货。双方没有就此达成一致意见，甲公司也未采取任何补救措施。

根据本例的资料，尽管商品已经发出，并将发票账单交付买方，同时收到部分货款，但是，由于双方在商品质量的弥补方面未达成一致意见，说明购买方尚未正式接受商品，商品可能被退回。因此，商品所有权上的主要风险和报酬仍保留在甲公司，没有随商品所有权凭证的转移或实物的交付而转移，不能确认收入。

②企业销售商品的收入是否能够取得，取决于购买方是否已将商品销售出去，如采用支付手续费方式委托代销商品、售后回购等。

支付手续费方式委托代销商品，是指委托方和受托方签订合同或协议，委托方根据代销商品数量向受托方支付手续费的销售方式。在这种方式下，委托方发出商品时，商品所有权上的主要风险和报酬并未转移给受托方，委托方在发出商品时通常不应确认销售商品收入，而应在收到受托方开出的代销清单时确认销售商品收入；受托方应在商品销售后，按合同或协议约定的方法计算确定的手续费确认收入。

售后回购，是指销售商品的同时，销售方同意日后再将同样或类似的商品购回的销售方式。在这种方式下，销售方应根据合同或协议条款判断销售商品是否满足收入确认条件。通常情况下，售后回购交易属于融资交易，商品所有权上的主要风险和报酬没有转移，企业不应确认收入；回购价格大于原售价的差额，企业应在回购期间按期计提利息费用，计入财务费用。

③企业尚未完成售出商品的安装或检验工作，且安装或检验工作是销售合同或协议的重要组成部分。

【例 5－29】 甲公司向乙公司销售一部电梯，电梯已经运抵乙公司，发票账单已经交付，同时收到部分货款。合同约定，甲公司应负责该电梯的安装工作，在安装工作结束并经乙公司验收合格后，乙公司应立即支付剩余货款。

根据本例的资料，电梯安装调试工作通常是电梯销售合同的重要组成部分，在安装过程中可能会发生一些不确定因素，影响电梯销售收入的实现。因此，电梯实物的交付并不表明商品所有权上的主要风险和报酬随之转移，不能确认收入。

④销售合同或协议中规定了买方由于特定原因有权退货的条款，且企业又不能确定退货的可能性。

【例 5－30】 甲公司为推销一种新产品，承诺凡购买新产品的客户均有一个月的试用期，在试用期内如果对产品使用效果不满意，甲公司无条件给予退货。该种新产品已交付买方，货款已收讫。

根据本例的资料，甲公司虽然已将产品售出，并已收到货款，但是，由于是新产品，甲公司无法估计退货的可能性，这表明产品所有权上的主要风险和报酬并未随实物的交付而发生转移，不能确认收入。

2. 企业既没有保留通常与所有权相联系的继续管理权，也没有对已售出的商品实施有效控制

通常情况下，企业售出商品后不再保留与商品所有权相联系的继续管理权，也不再对售出商品实施有效控制，商品所有权上的主要风险和报酬已经转移给购货方，应在发出商品时确认收入。

【例 5－31】 甲公司属于房地产开发商。甲公司将住宅小区销售给客户后，接受客户委托代售住宅小区商品房并管理住宅小区物业。

根据本例的资料，甲公司接受客户委托代售住宅小区商品房并管理住宅小区物业，是与住宅小区销售无关的另一项提供劳务的交易。甲公司虽然仍对住宅小区进行管理，但这种管理与住宅小区的所有权无关，因为住宅小区的所有权属于客户。

对售出商品实施继续管理，既可能源于仍拥有商品的所有权，也可能与商品的所有权没有关系。如果商品售出后，企业仍保留与商品所有权相联系的继续管理权，则说明此项销售交易没有完成，销售不能成立，不应确认销售商品收入。同样的道理，如果商品售出后，企业仍对商品可以实施有效控制，也说明销售不能成立，不应确认销售商品收入，如售后租回等。

3. 收入的金额能够可靠地计量

收入的金额能够可靠地计量，是指收入的金额能够合理地估计。如果收入的金额不能够

合理估计，就无法确认收入。企业在销售商品时，商品销售价格通常已经确定。但是，由于销售商品过程中某些不确定因素的影响，也有可能存在商品销售价格发生变动的情况。在这种情况下，新的商品销售价格未确定前通常不应确认销售商品收入。企业通常应按从购货方已收或应收的合同或协议价款确定收入金额；合同或协议价款延期收取具有融资性质时，企业应按应收的合同或协议价款的公允价值确定收入金额；已收或应收的价款不公允的，企业应按公允的交易价格确定收入金额。

4. 相关的经济利益很可能流入企业

相关的经济利益很可能流入企业，是指销售商品价款收回的可能性大于不能收回的可能性，即销售商品价款收回的可能性超过50%。

企业在确定销售商品价款收回的可能性时，应当结合以前和买方交往的直接经验、政府有关政策、其他方面取得信息等因素进行分析。企业销售的商品符合合同或协议要求，已将发票账单交付买方，买方承诺付款，通常表明满足本确认条件（相关的经济利益很可能流入企业）。如果企业判断销售商品收入满足确认条件确认了一笔应收债权，以后由于购货方资金周转困难无法收回该债权时，不应调整原确认的收入，而应对该债权计提坏账准备、确认坏账损失。如果企业根据以前与买方交往的直接经验判断买方信誉较差，或销售时得知买方在另一项交易中发生了巨额亏损，资金周转十分困难，或在出口商品时不能肯定进口企业所在国政府是否允许将款项汇出等，就可能出现与销售商品相关的经济利益不能流入企业的情况，不应确认收入。

5. 相关的已发生或将发生的成本能够可靠地计量

通常情况下，销售商品相关的已发生或将发生的成本能够合理地估计，如库存商品的成本、商品运输费用等。如果库存商品是本企业生产的，其生产成本能够可靠计量；如果是外购的，购买成本能够可靠计量。有时，销售商品相关的已发生或将发生的成本不能够合理地估计，此时企业不应确认收入，已收到的价款应确认为负债。

【例5-32】 甲公司与乙公司签订协议，约定甲公司生产并向乙公司销售一台大型设备。限于自身生产能力不足，甲公司委托丙公司生产该大型设备的一个主要部件。甲公司与丙公司签订的协议约定，丙公司生产该主要部件发生的成本经甲公司认定后，其金额的108%即为甲公司应支付给丙公司的款项。假定甲公司本身负责的部件生产任务和丙公司负责的部件生产任务均已完成，并由甲公司组装后运抵乙公司，乙公司验收合格后及时支付了货款。但是，丙公司尚未将由其负责的部件相关的成本资料交付甲公司认定。

本例中，虽然甲公司已将大型设备交付乙公司，且已收到货款，但是，甲公司为该大型设备发生的相关成本因丙公司相关资料未送达而不能可靠地计量，也不能合理估计。因此，甲公司收到货款时，不应确认为收入。

如果甲公司为该大型设备发生的相关成本因丙公司相关资料未送达而不能可靠地计量，但是甲公司基于以往经验能够合理估计出该大型设备的成本，仍应认为满足本确认条件。

销售商品的收入按照上述条件予以确认之后，就要对其金额进行计量。我国《企业会计制度》规定，销售商品收入的计量，应根据企业与购货方签订的合同或协议的金额确定，无合同或者协议的，应按照双方协商的价格确定。在计量销售商品的收入时，要注意销售过程中发生的销售退回、销售折让和销售折扣等内容。

为了对工业企业销售商品的业务进行计量，应设置下列主要的会计账户：

(1)“主营业务收入”账户，核算企业确认的销售商品、提供劳务等主营业务形成的收入，可按主营业务的种类进行明细核算。企业确认实现主营营业收入时，登记入本账户的贷方；本账户的借方登记销售退回和销售折让时应冲减本期的主营业务收入；期末，应将本账户的余额转入“本年利润”账户，结转时应借记本账户；结转后本账户应无余额。

(2)“应收账款”账户，核算企业因销售商品、提供劳务等经营活动应收取的款项，包括应收取的货款、税款以及代购买方垫付的各种款项。其借方登记由于销售商品以及提供劳务等而发生的应收账款；贷方登记已经收回的应收账款；本账户期末借方余额，反映企业尚未收回的应收账款，期末如为贷方余额，反映企业预收的账款。企业可按债务人进行明细核算。

(3)“应收票据”账户，核算企业因销售商品、提供劳务等而收到的商业汇票，包括银行承兑汇票和商业承兑汇票。其借方登记企业收到购货单位开出的商业汇票，即应收票据的增加；贷方登记企业收到的到期商业汇票，或者未到期商业汇票的贴现、转让等应收票据的减少；期末借方余额，反映企业持有的商业汇票的票面金额。企业可按开出、承兑商业汇票的单位进行明细核算；同时，应当设置“应收票据备查簿”，逐笔登记商业汇票的种类、号数和出票日、票面金额、交易合同号和付款人、承兑人、背书人的姓名或单位名称、到期日、背书转让日、贴现日、贴现率和贴现净额，以及收款日和收回金额、退票情况等资料。商业汇票到期结清票款或退票后，在备查簿中应予注销。

(4)“预收账款”账户，核算企业按照合同规定预付的款项。其贷方登记预收购买单位订货款的增加，借方登记销售实现冲减的预收货款；期末余额如在贷方，表示企业预收款的结余额，期末余额如在借方，表示购货单位应补付给本企业的款项。可按供货单位进行明细核算。对于预付款项情况不多的企业，也可以不设置本账户，而将预收的款项直接记入“应收账款”账户的贷方。

(二)销售商品收入确认的账务处理

1. 通常情况下销售商品收入的账务处理

增值税一般纳税人在确认销售商品收入时，企业应按已收或应收的合同或协议价款，加上应收取的增值税额，借记“银行存款”、“应收账款”、“应收票据”等账户；按确定的收入金额，贷记“主营业务收入”、“其他业务收入”等账户；按应收取的增值税额，贷记“应交税费——应交增值税(销项税额)”账户；同时或在资产负债表日，按应缴纳的消费税、资源税、城市维护建设税、教育费附加等税费金额，借记“营业税金及附加”账户，贷记“应交税费——应交消费税(应交资源税、应交城市维护建设税等)”账户。小规模纳税人销售商品的会计处理与一般纳税人类似，不过应按收取的增值税额，贷记“应交税费——应交增值税”账户。

【例5—33】 A企业(小规模纳税企业，适用增值税税率3%)将一批产品售出，售价(价税合计)103 000元，收到款项。

分析：企业将产品售出，款项也已收到，表明企业营业收入增加、存款增加；另外，作为小规模纳税企业，应按收入的一定比率计算应缴纳的增值税额，即在企业营业收入增加的同时，还应同时确认一笔负债(应交税费)。故A企业应计算该笔业务应缴纳的增值税并编制分录如下：

应缴纳的增值税＝103 000÷(1＋3%)×3%＝3 000(元)

主营业务收入＝103 000－3 000＝100 000(元)

借：银行存款	103 000	
贷：主营业务收入		100 000
应交税费——应交增值税		3 000

【例 5—34】 12 月 13 日，甲公司向丁公司销售 B 产品 60 台，每台售价16 688元，计货款1 001 280元，销项税额为170 217.60元，丁公司支付货款500 000元，余款丁公司尚未支付（甲公司为增值税一般纳税人）。

甲公司应编制会计分录如下：

借：银行存款　　500 000
　　应收账款　　671 497.6
　贷：主营业务收入　　1 001 280
　　　应交税费——应交增值税（销项税额）　　170 217.6

2. 销售商品涉及现金折扣、商业折扣、销售折让的处理

企业销售商品有时也会遇到现金折扣、商业折扣、销售折让等问题，应当分别不同情况进行处理。

（1）现金折扣，是指债权人为鼓励债务人在规定的期限内付款而向债务人提供的债务扣除。企业销售商品涉及现金折扣的，应当按照扣除现金折扣前的金额确定销售商品收入金额。现金折扣在实际发生时计入财务费用。

（2）商业折扣，是指企业为促进商品销售而在商品标价上给予的价格扣除。企业销售商品涉及商业折扣的，应当按照扣除商业折扣后的金额确定销售商品收入金额。

（3）销售折让，是指企业因售出商品的质量不合格等原因而在售价上给予的减让。对于销售折让，企业应分别不同情况进行处理：①已确认收入的售出商品发生销售折让的，通常应当在发生时冲减当期销售商品收入；②已确认收入的销售折让属于资产负债表日后事项的，应当按照有关资产负债表日后事项的相关规定进行处理。

【例 5—35】 甲公司 20×7 年 5 月 1 日向乙公司销售一批商品，开出的增值税专用发票上注明的销售价格为10 000元，增值税额为1 700元。为及早收回货款，甲公司和乙公司约定的现金折扣条件为：2/10，1/20，n/30。假定计算现金折扣时不考虑增值税额（甲公司为增值税一般纳税人）。

甲公司的商品销售账务处理如下：

（1）5 月 1 日销售实现时，按销售总价确认收入。

借：应收账款　　11 700
　贷：主营业务收入　　10 000
　　　应交税费——应交增值税（销项税额）　　1 700

（2）如果乙公司在 5 月 9 日付清货款，则按销售总价10 000元的 2%享受现金折扣 200 元（10 000×2%），实际付款11 500元（11 700—200）。

借：银行存款　　11 500
　　财务费用　　200
　贷：应收账款　　11 700

（3）如果乙公司在 5 月 18 日付清货款，则按销售总价10 000元的 1%享受现金折扣 100 元（10 000×1%），实际付款11 600元（11 700—100）。

借：银行存款　　11 600
　　财务费用　　100
　贷：应收账款　　11 700

（4）如果乙公司在 5 月底才付清货款，则按全额付款。

借：银行存款　　11 700

　　贷：应收账款　　11 700

3. 销售退回及附有销售退回条件的销售的处理

(1)销售退回。销售退回是指企业售出的商品由于质量、品种不符合要求等原因而发生的退货。对于销售退回，企业应分别不同情况进行会计处理。

对于未确认收入的售出商品发生销售退回的，企业应按已记入“发出商品”账户的商品成本金额，借记“库存商品”账户，贷记“发出商品”账户。采用计划成本或售价核算的，应按计划成本或售价记入“库存商品”账户，同时计算产品成本差异或商品进销差价。

对于已确认收入的售出商品发生退回的，企业一般应在发生时冲减当期销售商品收入，同时冲减当期销售商品成本。如该项销售退回已发生现金折扣的，应同时调整相关财务费用的金额；如该项销售退回允许扣减增值税额的，应同时调整“应交税费——应交增值税(销项税额)”账户的相应金额。

已确认收入的售出商品发生的销售退回属于资产负债表日后事项的，应当按照有关资产负债表日后事项的相关规定进行会计处理。

具体例题见【例 5－37】。

(2)附有销售退回条件的商品销售。附有销售退回条件的商品销售，是指购买方依照有关协议有权退货的销售方式。在这种销售方式下，企业根据以往经验能够合理估计退货可能性且确认与退货相关负债的，通常应在发出商品时确认收入；企业不能合理估计退货可能性的，通常应在售出商品退货期满时确认收入。

具体例题见【例 5－38】和【例 5－39】。

4. 具有融资性质的分期收款销售商品的处理

企业销售商品，有时会采取分期收款的方式，如分期收款发出商品，即商品已经交付，货款分期收回(通常为超过 3 年)。如果延期收取的货款具有融资性质，其实质是企业向购货方提供信贷时，企业应当按照应收的合同或协议价款的公允价值确定收入金额。应收的合同或协议价款的公允价值，通常应当按照其未来现金流量现值或商品现销价格计算确定。

应收的合同或协议价款与其公允价值之间的差额，应当在合同或协议期间内，按照应收款项的摊余成本和实际利率计算确定的金额进行摊销，作为财务费用的抵减处理。其中，实际利率是指具有类似信用等级的企业发行类似工具的现时利率，或者将应收的合同或协议价款折现为商品现销价格时的折现率等。

应收的合同或协议价款与其公允价值之间的差额，按照实际利率法摊销与直线法摊销结果相差不大的，也可以采用直线法进行摊销。

具体的会计处理将在中级财务会计中进行介绍。

(三)商品销售成本的结转及销售税金的确认

1. 主营业务成本的结转

企业在销售过程中销售商品，在取得销售收入的同时，要将自己生产出来的产成品的所有权让渡给购货单位，因此，企业的库存存货减少，这是企业作为取得主营业务的销售收入而垫付的资金。我们需要把企业销售出去的产成品的成本确定出来，销售收入在弥补了销售产品的成本之后，才是企业在销售中实现的基本利润。这就叫做商品销售成本的结转，我们通过设置“主营业务成本”来体现企业将销售出去的产品进行成本结转的过程。将销售出去的商品成本结转为主营业务成本，应遵循配比原则的要求。也就是说，不仅主营业务成本的结转应与主营业务收入在同一会计期间加以确认，而且应该与主营业务收入在数量上保持一致。主营业务成本的确认公式如下：

本期应结转的主营业务成本＝本期销售商品的数量×单位商品的生产成本

上式中单位商品生产成本的确定，应考虑期初库存的商品成本和本期入库的商品成本情况，与原材料的发出相同，企业可以根据自身的经营特点和管理需要，选择移动加权平均法、月末一次加权平均法、先进先出法、个别认定法来确定，方法一经确定，应遵循会计的可比性原则中的一贯性的要求，不得随意变动。关于这些发出商品的计价方法的具体内容，同样在中级财务会计中进行介绍。

为了对已销售的商品的成本进行结转，并对销售发出的商品进行会计反映，主要需要设置“主营业务成本”和“发出商品”两个会计账户。

(1)“主营业务成本”账户，核算企业确认销售商品、提供劳务等主营业务收入时应结转的成本，可按主营业务的种类进行明细核算。企业确认发生的主营业务成本时，借记本账户；平时其账户的贷方登记由于退货原因造成的销售的撤销、商品的退回；期末，将本账户的余额转入“本年利润”账户时，贷记本账户；结转后本账户应无余额。

(2)“发出商品”账户，核算企业未满足收入确认条件但已发出商品的实际成本(或进价)或计划成本(或售价)。其借方登记未满足收入确认条件的发出商品的实际成本(或进价)或计划成本(或售价)；贷方登记发出商品满足收入确认条件时，应结转销售成本；期末借方余额，反映企业发出商品的实际成本(或进价)或计划成本(或售价)。企业可按购货单位、商品类别和品种进行明细核算。

【例5－36】 沿用【例5－35】，假设例中所售出库存商品的生产成本为6 000元。

甲公司在确认主营业务收入的同时，应编制如下会计分录结转主营业务成本：

借：主营业务成本	6 000	
贷：库存商品		6 000

【例5－37】 甲公司(一般纳税人)20×7年12月18日向乙公司销售一批商品，开出的增值税专用发票上注明的销售价格为50 000元，增值税额为8 500元，该批商品成本为26 000元。为及早收回货款，甲公司和乙公司约定的现金折扣条件为：2/10，1/20，n/30。乙公司在20×7年12月27日支付货款，20×8年4月5日，该批商品因质量问题被乙公司退回，甲公司当日支付有关款项。假定计算现金折扣时不考虑增值税，销售退回不属于资产负债表日后事项。甲公司的账务处理如下：

20×7年12月18日销售实现时，按销售总价确认收入。

借：应收账款	58 500	
贷：主营业务收入		50 000
应交税费——应交增值税(销项税额)		8 500
借：主营业务成本	26 000	
贷：库存商品		26 000

20×7年12月27日收到货款时，按销售总价50 000元的2%享受现金折扣1 000元(50 000×2%)，实际收款57 500元(58 500－1 000)。

借：银行存款	57 500	
财务费用	1 000	
贷：应收账款		58 500

20×8 年 4 月 5 日发生销售退回时：

借：主营业务收入　50 000
　应交税费——应交增值税（销项税额）　8 500
　　贷：银行存款　57 500
　　　财务费用　1 000
借：库存商品　26 000
　　贷：主营业务成本　26 000

【例 5－38】 甲公司（一般纳税人）是一家健身器材销售公司，20×7 年 1 月 1 日，甲公司向乙公司销售5 000件健身器材，单位销售价格为 500 元，单位成本为 400 元，开出的增值税专用发票上注明的销售价格为2 500 000元，增值税额为425 000元。协议约定，乙公司应于 2 月 1 日之前支付货款，6 月 30 日之前有权退还健身器材。健身器材已经发出，款项尚未收到。假定甲公司根据过去的经验，估计该批健身器材退货率约为 20%，健身器材发出时纳税义务已经发生，实际发生销售退回时有关的增值税额允许冲减。甲公司的账务处理如下：

(1)1 月 1 日，发出健身器材时：

借：应收账款　2 925 000
　　贷：主营业务收入　2 500 000
　　　应交税费——应交增值税（销项税额）　425 000
借：主营业务成本　2 000 000
　　贷：库存商品　2 000 000

(2)1 月 31 日，确认估计的销售退回时：

借：主营业务收入　500 000
　　贷：主营业务成本　400 000
　　　其他应付款　100 000

(3)2 月 1 日前收到货款时：

借：银行存款　2 925 000
　　贷：应收账款　2 925 000

(4)6 月 30 日，发生销售退回，实际退货量为1 000件，款项已经支付。

借：库存商品　400 000
　应交税费——应交增值税（销项税额）　85 000
　其他应付款　100 000
　　贷：银行存款　585 000

如果实际退货量为 800 件时：

借：库存商品　320 000
　应交税费——应交增值税（销项税额）　68 000
　主营业务成本　80 000
　其他应付款　100 000
　　贷：银行存款　468 000
　　　主营业务收入　100 000

如果实际退货量为 1 200 件：

借：库存商品　480 000

应交税费——应交增值税(销项税额)　　102 000
主营业务收入　　100 000
其他应付款　　100 000
　贷:主营业务成本　　80 000
　　银行存款　　702 000

【例 5—39】 沿用【例 5—38】,假定甲公司无法根据过去的经验,估计该批健身器材的退货率;健身器材发出时纳税义务已经发生。甲公司的账务处理如下:

(1)1 月 1 日,发出健身器材时:

借:应收账款　　425 000
　贷:应交税费——应交增值税(销项税额)　　425 000
借:发出商品　　2 000 000
　贷:库存商品　　2 000 000

(2)2 月 1 日前收到货款时:

借:银行存款　　2 925 000
　贷:预收账款　　2 500 000
　　应收账款　　425 000

(3)6 月 30 日,退货期满,没有发生退货时:

借:预收账款　　2 500 000
　贷:主营业务收入　　2 500 000
借:主营业务成本　　2 000 000
　贷:发出商品　　2 000 000

(4)6 月 30 日,退货期满,发生 2 000 件退货时:

借:预收账款　　2 500 000
　应交税费——应交增值税(销项税额)　　170 000
　贷:主营业务收入　　1 500 000
　　银行存款　　1 170 000
借:主营业务成本　　1 200 000
　库存商品　　800 000
　贷:发出商品　　2 000 000

2. 营业税金及附加的核算

企业在销售商品过程中,实现了商品的销售额,就应该向国家税务机关缴纳各种销售税金及附加,包括消费税、营业税、城市维护建设税、资源税以及教育费附加等,但要注意的是这里所说的销售税金不包括增值税。这些税金及附加一般是根据当月销售额或税额,按照规定的税率计算,于下月初缴纳的。因此,计算的税金及附加,一方面形成了企业的负债,另一方面作为企业为了取得销售收入而必然发生的一项费用支出。

为了核算企业销售商品的税金及附加情况,需要设置"营业税金及附加"账户。该账户核算企业经营活动发生的营业税、消费税、城市维护建设税、资源税和教育费附加等相关税费的计算及其结转的情况。其借方登记企业按规定计算确定的与经营活动相关的税费;贷方登记期末转入"本年利润"账户的营业税金及附加额;经过结转之后,该账户无余额。

【例 5—40】 远大公司(一般纳税企业,适用增值税税率 17%)本月将一批产品售出,售价

(不含税)100 000元,收到购货方开出的承兑商业汇票。该批产品的成本为40 000元。经计算,应缴纳的消费税为35 000元,城市维护建设税1 400元,教育费附加 600 元。

借:应收票据 117 000
　贷:主营业务收入 100 000
　　应交税费——应交增值税(销项税额) 17 000
借:主营业务成本 40 000
　贷:库存商品 40 000
借:营业税金及附加 37 000
　贷:应交税费——应交消费税 35 000
　　——应交城市维护建设税 1 400
　　——教育费附加 600

企业在销售过程中,为了销售产品,还要发生各种销售费用,如广告费、业务招待费等,按照《企业会计制度》的规定,销售费用不作为销售收入的抵减项目,而是作为期间费用直接计入当期损益。关于销售费用的核算,我们将在本章第六节中进行介绍。

二、其他业务收支的核算

(一)其他业务收入的核算

关于工业企业其他业务的范围在本节刚开始就已经予以介绍,由于发生其他业务而实现的收入称为其他业务收入。在会计核算中,对于其他业务而实现的收入是通过"其他业务收入"账户进行核算的。"其他业务收入"账户用来核算企业确认的除主营业务活动以外的其他经营活动实现的收入,包括出租固定资产、出租无形资产、出租包装物和商品、销售材料、用材料进行非货币性交换(非货币性资产交换具有商业实质且公允价值能够可靠计量)或债务重组等实现的收入,可按其他业务收入种类进行明细核算。其贷方登记企业确认实现的其他业务收入,借方登记期末将本账户余额转入"本年利润"账户的金额,结转后本账户应无余额。

以下举例说明其他业务收入的核算。

【例 5－41】 A 企业(一般纳税企业,适用增值税率 17%)将一批原材料售出,售价(不含税)100 000元,收到购货方货款。

应缴纳的增值税＝100 000×17%＝17 000(元)

银行存款＝100 000＋17 000＝117 000(元)

借:银行存款 117 000
　贷:其他业务收入 100 000
　　应交税费——应交增值税(销项税额) 17 000

【例 5－42】 B公司向甲公司经营租赁租出一台设备,获得月租金10 000元,存入银行。

借:银行存款 10 000
　贷:其他业务收入 10 000

(二)其他业务支出的核算

企业在实现其他业务收入的同时,往往还要发生一些其他业务支出,包括与其他业务有关的成本、费用以及税金等,如销售材料的成本支出,出租包装物应摊销的成本支出以及计算的营业税等。为了核算这些支出,需要设置"其他业务成本"和"营业税金及附加"账户。"其他业务成本"账户核算企业确认的除主营业务活动以外的其他经营活动所发生的支出,包括销售材料的成本、出租固定资产的折旧额、出租无形资产的摊销额、出租包装物的成本或摊销额等,可按其他业务成本的种类进行明细核算。企业确认发生其他业务成本时,借记本账户;期末,将本账户余额转入“本年利润”账户时,贷记本账户;结转后本账户无余额。对于与其他业务有关的税金,登记入“营业税金及附加”账户的借方。

【例5—43】 假设【例5—41】所售出材料的账面成本为60 000元。

借:其他业务成本　　60 000

　贷:原材料　　60 000

【例5—44】 沿用【例5—42】,为了该项经营租赁,B公司用银行存款支付了相关费用1 000元,B公司按5%的税率计算本月转让商标使用权收入应缴纳的营业税,该项固定资产该月的折旧金额为3 000元。

需要缴纳的营业税=10 000×5%=500(元)

借:营业税金及附加　　500

　贷:应交税费——应交营业税　　500

借:其他业务成本　　4 000

　贷:累计折旧　　3 000

　　银行存款　　1 000

第六节　财务成果业务的核算

一、财务成果——利润的构成与计算

所谓财务成果,是指企业在一定会计期间所实现的最终经营成果,也就是企业所实现的利润或者亏损总额。利润是按照配比原则的要求,将一定会计期间内存在因果关系的收入、利得和费用、损失进行配比而产生的结果,收入和利得大于费用支出和损失的差额部分为利润,反之为亏损。利润是综合反映企业一定时期生产经营成果和判断企业经营活动效率及效益的重要指标,是对经营者进行业绩考核和对投资者进行利润分配的重要依据,也是评价企业长期偿债能力的一项重要因素。企业各方面的情况,诸如劳动生产率的高低、产品是否适销对路、产品成本和期间费用的节约与否,都会通过利润指标得以综合反映。因此,获取利润就成为企业生产经营的主要目的之一。

由于利润是一个综合指标,综合了企业在经营过程中的所费与所得,因而对利润的确认与计量,是以企业生产经营活动过程中所实现的收入和发生的费用的确认与计量为基础,同时还要包括直接计入当期利润的利得和损失等。企业收益的内涵不同,可表现为不同的利润指标。

(一)营业利润

营业利润主要反映企业主要经济活动,即经营、投资和筹资活动中形成的损益。企业以营业收入为基础,减去营业成本、营业税金及附加、销售费用、管理费用、财务费用、资产减值损失,加上公允价值变动收益(减去公允价值变动损失)和投资收益(减去投资损失),就可计算出营业利润。其计算公式为:

营业利润=营业收入-营业成本-营业税金及附加-销售费用-管理费用-财务费用-资产减值损失+公允价值变动收益(-公允价值变动净损失)+投资净收益(-投资净损失)

1.“营业收入”项目,反映企业经营主要业务和其他业务所确认的收入总额。包括本章第五节我们已经介绍的“主营业务收入”和“其他业务收入”。

2.“营业成本”项目，反映企业经营主要业务和其他业务所发生的成本总额。包括本章第五节我们已经介绍的“主营业务成本”和“其他业务成本”。

3.“营业税金及附加”项目，反映企业经营业务应负担的消费税、营业税、城市建设维护税、资源税、土地增值税和教育费附加等。即本章第五节介绍的“营业税金及附加”账户的发生额。

4.“销售费用”项目，反映企业在销售商品过程中发生的包装费、广告费等费用和为销售本企业商品而专设的销售机构的职工薪酬、业务费等经营费用。我们将在本节的期间费用的“销售费用”账户予以介绍。

5.“管理费用”项目，反映企业为组织和管理生产经营发生的管理费用。我们将在本节的期间费用的“管理费用”账户予以介绍。

6.“财务费用”项目，反映企业筹集生产经营所需资金等而发生的筹资费用。我们将在本节的期间费用的“财务费用”账户予以介绍。

7.“资产减值损失”项目，反映企业各项资产发生的减值损失。

8.“公允价值变动收益”项目，反映企业应当计入当期损益的资产或负债公允价值变动收益。

9.“投资收益”项目，反映企业以各种方式对外投资所取得的收益。

企业营业利润中的资产减值损失、公允价值变动收益以及投资收益，我们将在中级财务会计中展开具体的介绍。

(二)利润总额

利润总额又称为税前会计利润。以营业利润为基础，加上直接计入利润的利得，减去直接计入利润的损失，即可得到企业的利润总额。其计算公式为：

利润总额＝营业利润＋营业外收入－营业外支出

(三)净利润

净利润又称税后会计利润，为企业股东(或投资者)所享有。以利润总额为基础，减去所得税费用，即可计算出净利润(或净亏损)。

二、利润形成过程的核算

(一)期间费用的核算

期间费用是企业当期发生的费用中的重要组成部分，是指本期发生、不能直接或间接计入某种产品成本，而是直接计入当期损益的各项费用。它是企业在经营过程中随着时间的推移而不断发生的、与产品生产活动的管理和销售有一定的关系，但与产品的制造过程没有直接关系的各种费用。一般而言，我们能够容易地确定期间费用应归属的会计期间，但难以确定其应归属的产品，也就是难以确定其直接的负担者，因此，期间费用不计入产品成本，而是从当期损益中予以扣除。

期间费用包括为管理企业的生产经营活动而发生的管理费用、为筹集资金而发生的财务费用以及为销售产品等而发生的销售费用三大内容。这些费用的发生对企业取得收入有很大的影响，但很难与各类收入直接配比，因此将其视为与某一期间的营业收入相关的费用按其实际发生额予以确认。

1. 管理费用

管理费用是指企业行政管理部门为组织和管理生产经营活动而发生的各种费用，具体包括企业在筹建期间内发生的开办费（如人员工资、办公费、培训费、差旅费、印刷费、注册登记费以及不计入固定资产价值的借款费用等），董事会和行政管理部门在企业的经营管理中发生的或者应由企业统一负担的公司经费（包括行政管理部门职工工资及福利费、物料消耗、低值易耗品摊销、办公费和差旅费等），工会经费，董事会费（包括董事会成员津贴、会议费和差旅费等），聘请中介机构费，咨询费（含顾问费），诉讼费，业务招待费，房产税，车船使用税，土地使用税，印花税，技术转让费，矿产资源补偿费，研究费用，排污费等。另外，企业行政管理部门等发生的不满足固定资产准则规定的固定资产确认条件的日常修理费用和大修理费用等固定资产的后续支出、同一控制下企业合并发生的直接相关费用等也应作为管理费用。

为了核算企业发生的管理费用，需要设置"管理费用"账户，并按费用项目进行明细核算。企业发生各项管理费用时，借记"管理费用"账户，贷记"库存现金"、"银行存款"、"累计折旧"、"累计摊销"、"应交税费"、"应付职工薪酬"等账户；期末，将本账户的余额转入"本年利润"账户，计入当期损益，结转后本账户期末没有余额。

2. 财务费用

财务费用是指企业为筹集生产经营所需资金而发生的费用，具体包括利息支出（减利息收入）、汇兑净损失（减汇兑收益）、金融机构的手续费、企业发生的现金折扣或收到的现金折扣等。但为了购建或生产满足资本化条件的资产发生的应予以资本化的借款费用，不包括在财务费用的核算范围内。

为了核算和监督财务费用的发生和结转情况，企业应设置"财务费用"账户，并按费用项目进行明细核算。企业发生的各项财务费用，借记"财务费用"账户，贷记"银行存款"、"未确认融资费用"等账户。发生的应冲减财务费用的利息收入、汇兑损益、现金折扣，借记"银行存款"、"应付账款"等账户，贷记"财务费用"账户。期末，应将本账户余额转入"本年利润"账户，计入当期损益，结转后本账户无余额。

3. 销售费用

销售费用是指企业在销售商品和材料、提供劳务过程中发生的各项费用，具体包括保险费、包装费、展览费和广告费、商品维修费、预计产品质量保证损失、运输费、装卸费等以及为销售本企业商品而专设的销售机构（含销售网点、售后服务网点等）的职工薪酬、业务费、折旧费等经营费用以及企业发生的与专设销售机构相关的固定资产修理费用等后续支出。

为了核算和监督销售费用的发生和结转情况，企业应设置"销售费用"账户，并按费用项目进行明细核算。企业在销售商品过程中发生各种销售费用时，借记"销售费用"账户，贷记"库存现金"、"银行存款"、"应付职工薪酬"、"累计折旧"等账户。期末，应将本账户余额转入"本年利润"账户，计入当期损益，结转后本账户无余额。

【例5—45】 A企业为销售商品（或原材料），以现金支付产品运费800元。

借：销售费用　　800

　　贷：库存现金　　800

【例5—46】 A公司20×6年5月派张三公干出差，张三预借差旅费等出差费用3 000元。6月，张三出差归来报销差旅费2 460元，余额退回现金。

预借差旅费时：

借：其他应收款——张三　　3 000

　　贷：库存现金　　3 000

张三报销差旅费时：

借:管理费用　　2 460

　库存现金　　540

　　贷:其他应收款——张三　　3000

【例 5—47】 B公司本月应缴纳车船使用税5 800元,房产税20 000元,另外以银行存款支付本月印花税3 000元。

借:管理费用　　28 800

　　贷:银行存款　　3 000

　　　应交税费——应交车船使用税　　5 800

　　　　　　　——应交房产税　　20 000

(二)计入当期利润的利得和损失的核算

利得是除所有者投资引起或收入引起以外的所有者权益的增加。损失是除向所有者分配引起或费用引起以外的所有者权益的减少。利得代表了经济利益的增加,这一点与收入在本质上相同;损失代表了经济利益的减少,这一点与费用在本质上也没有区别。但利得和损失不是企业日常活动所产生的,利得与收入、损失与费用发生的频率、产生的原因不同,对其进行分别核算,有助于提高会计信息的可比性及相关性,有助于财务报表使用者进行经济决策。利得和损失一般情况下计入当期损益,作为企业利润的构成部分;某些情况下发生的利得和损失,根据会计准则的要求直接计入所有者权益。为直接计入当期利润的利得和损失,主要是指与企业正常的生产经营业务没有直接关系的营业外收支,包括营业外收入和营业外支出。需要注意的是,营业外收入和营业外支出应当分别进行会计核算,两者之间不能相互冲减。

1. 营业外收入

营业外收入是指企业发生的与其经营活动无直接关系的各项利得,主要包括非流动资产处置利得、非货币性资产交换利得、债务重组利得、政府补助利得、流动资产盘盈利得、接受捐赠利得、确实无法支付按规定转销的应付款项等。

为了核算和监督营业外收入的发生和结转情况,企业应设置"营业外收入"账户,并按营业外收入项目进行明细核算。实现的各种应计入当期利润的利得,贷记"营业外收入"账户,借记"固定资产清理"、"无形资产"、"原材料"、"库存商品"、"应付账款"、"递延收益"等账户;期末,应将本账户余额转入"本年利润"账户,计入当期损益,结转后本账户无余额。

2. 营业外支出

营业外支出是指企业发生的与其经营活动无直接关系的各项损失,包括非流动资产处置损失、非货币性资产交换损失、债务重组损失、公益性捐赠支出、非常损失、盘亏损失等。

为了核算和监督营业外支出的发生和结转情况,企业应设置"营业外支出"账户,并按支出项目进行明细核算。企业确认各项计入当期利润的损失时,借记"营业外支出"账户,贷记"固定资产清理"、"无形资产"、"原材料"、"库存商品"、"应付账款"、"待处理财产损溢"等账户;期末,应将本账户余额转入"本年利润"账户,结转后本账户无余额。

【例 5—48】 甲公司有一台设备,因使用期满经批准报废。该设备原价为186 700元,累计已计提折旧177 080元。在清理过程中,以银行存款支付清理费用5 000元,残料变卖收入为6 500元。

甲公司的账务处理如下:

(1)固定资产转入清理时:

借:固定资产清理　　9 620

累计折旧　　177 080

　　贷：固定资产　　186 700

(2)发生清理费用时：

借：固定资产清理　　5 000

　　贷：银行存款　　5 000

(3)收到残料变价收入时：

借：银行存款　　6 500

　　贷：固定资产清理　　6 500

(4)结转固定资产净损益时：

借：营业外支出——处置非流动资产损失　　8 120

　　贷：固定资产清理　　8 120

假设该台设备不是报废，而是出售，出售价格为20 000元，价款已经收到，营业税税率为5%，则甲公司的会计处理如下：

(1)固定资产转入清理以及(2)发生清理费用的账务处理与上面相同。

(3)出售时：

借：银行存款　　20 000

　　贷：固定资产清理　　20 000

借：固定资产清理　　1 000

　　贷：应交税费——应交营业税　　1 000

(4)结转固定资产净损益时：

借：固定资产清理　　4 380

　　贷：营业外收入——处置非流动资产利得　　4 380

【例5—49】 某企业对存货进行清查，发现毁损C产成品80件，每件实际成本为350元，经查实，C产成品毁损是意外事故造成，残料回收作价500元，已作为原材料A入库；可获保险公司赔偿18 450元。经厂长会议批准后，对上述清查结果做出处理。

借：待处理财产损溢——待处理流动资产损溢　　28 000

　　贷：库存商品——C产品　　28 000

借：原材料——A材料　　500

　　其他应收款——保险公司　　18 450

　　营业外支出　　9 050

　　贷：待处理财产损溢——待处理流动资产损溢　　28 000

若本例中C产成品毁损是企业管理不善造成的，则盘亏的存货28 000元在扣除已作为原材料A入库的500元以及可获保险公司赔偿18 450元之后的金额，应计入管理费用。

若发生的是存货的盘盈，对于金额较小的，经相关机构批准，作为当期管理费用的冲减；金额重大的，要作为前期差错予以更正，不能通过“待处理财产损溢——待处理流动资产损溢”账户进行核算。

需要注意的是，企业的现金每日都需要进行财产清查，发现现金日记账和库存现金的实存数不相符合时，也需要将其差额通过“待处理财产损溢——待处理流动资产损溢”进行注销。当现金盘盈时(现金日记账余额小于现金的实存数)，盘盈的现金属于其他单位或个人的，作为企业的一项负债，计入其他应付款；找不到现金归属的，经相关机构批准，作为当期的利得，计入营业外收入。当现金盘亏时(现金日记账余额大于现金的实存数),现金的短缺能够找到责任人的,应该责令其退回,计入其他应收款;找不到现金短缺责任人的,经相关机构批准,作为当期的损失,计入营业外支出。

(三)利润的结转和净利润的核算

每月月末,企业都需要计算当月实现的利润;年末,企业将每月实现的利润汇总,即得到当年实现的利润总额。利润总额扣减企业需要缴纳的所得税后,就是由股东(或投资者)享有的税后净利润。企业对利润的计算是通过利润的结转这一业务体现出来的,年末,企业根据汇总的本年税前利润,按照企业所得税税法的要求进行一系列的调整,据以计算应缴纳的所得税,最终确定企业的税后净利润。为了实现对净利润的核算,需要设置以下会计账户:

1."本年利润"账户

该账户核算企业当期实现的净利润(或发生的净亏损)。企业每月末结转利润时,应将各损益类账户的金额转入本账户,结平各损益类账户。结转后本账户的贷方余额为当期实现的利润,借方余额为当期发生的亏损。年度终了,将"本年利润"账户的贷方余额转入"利润分配"账户时,借记本账户;或将"本年利润"账户的借方余额转入"利润分配"账户时,贷记"本年利润"账户;结转后本账户应无余额。

2."所得税费用"账户

该账户用于核算企业确认的应从当期利润总额中扣除的所得税费用。资产负债表日(年度终了),企业按照税法规定计算确定当期的应交所得税时,借记本账户;期末,将本账户的余额转入"本年利润"账户时,贷记本账户;结转后本账户应无余额。

利润的结转可由图5—1具体表述。

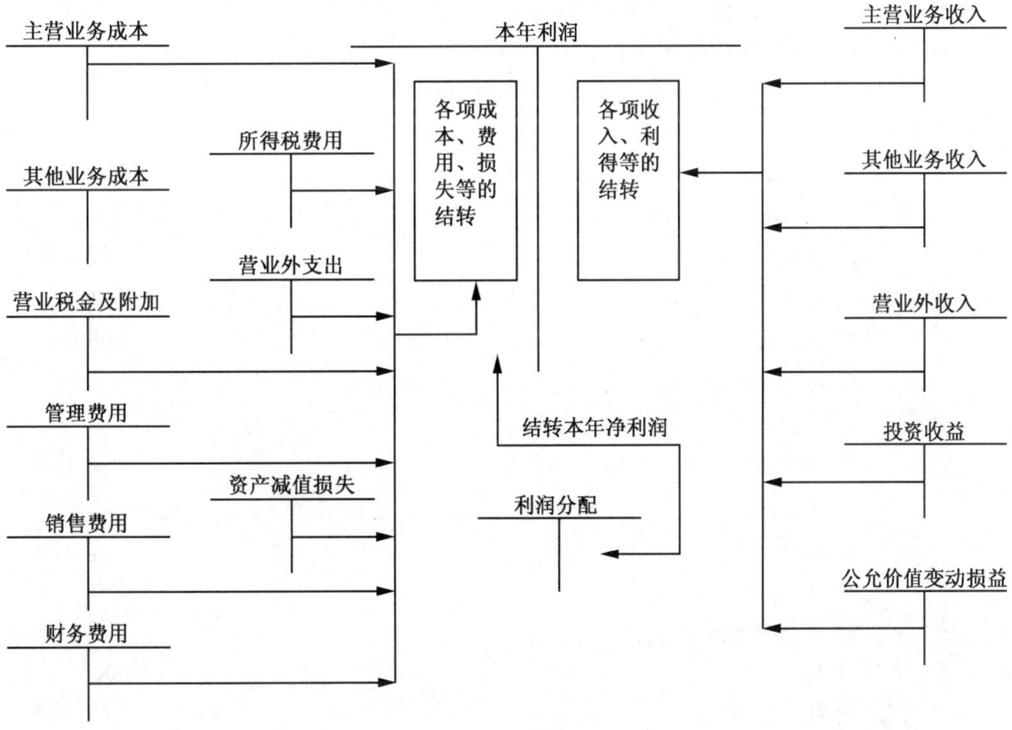

图5—1　利润的结转

下面举例说明利润结转的会计处理。

【例 5—50】 远达企业 20×6 年 12 月决算时各损益类账户及本年利润的余额如表 5—6 所示，企业的所得税税率为 25%。

表 5—6 远达企业 20×6 年 12 月损益类账户及本年利润的余额 单位：元

会计科目	借方余额	会计科目	贷方余额
主营业务成本	108 000	主营业务收入	175 000
营业税金及附加	3 640	营业外收入	12 700
销售费用	1 600	本年利润	234 050
管理费用	4 100		
财务费用	2 060		
营业外支出	2 350		

企业 12 月实现的利润为：

175 000＋12 700－108 000－3 640－1 600－4 100－2 060－2 350＝65 950（元）

本年利润 12 月初的余额即企业 20×6 年 1 月至 11 月所实现的利润，因此，企业20×6年实现利润总额为：

1～11 月实现的利润＋12 月实现的利润＝234 050＋65 950＝300 000（元）

企业应缴纳的所得税为：

应纳税所得×所得税税率＝300 000×25%＝75 000（元）

企业 20×6 年实现的净利润为：

利润总额－所得税＝300 000－75 000＝225 000（元）

编制会计分录如下：

借：主营业务收入 175 000
　　营业外收入 12 700
　　贷：本年利润 187 700

借：本年利润 121 750
　　贷：主营业务成本 108 000
　　　　营业税金及附加 3 640
　　　　销售费用 1 600
　　　　管理费用 4 100
　　　　财务费用 2 060
　　　　营业外支出 2 350

借：所得税费用 75 000
　　贷：应交税费——应交所得税 75 000

借：本年利润 75 000
　　贷：所得税费用 75 000

借：本年利润 225 000
　　贷：利润分配——未分配利润 225 000

需要注意的是，本例中所得税的计算直接采用了会计核算的税前利润为基础；实务中，会计税前利润和企业所得税的应纳税所得是有区别的，会计税前利润需要按照所得税法的规定调整成为应纳税所得，据以确定应缴纳的所得税。这种调整属于所得税会计核算的内容，我们将在“中级财务会计”课程中进行具体的讲解。

三、企业利润分配业务的核算

企业对于实现的净利润，应按照国家的有关规定在各相关方面进行合理的分配，就进入了利润分配过程，会计同样需要对该过程中涉及的业务进行会计核算。

利润分配是企业依据《公司法》等有关法律、法规及本公司的公司章程、投资合同或协议等约定，由董事会或类似的权力机构提请股东大会或类似批准机构批准、对企业可供分配利润指定其特定用途和分配给股东（或投资者）的行为。利润分配的过程和结果不仅关系到每个股东（或投资者）的权益是否得到保障，而且还关系到企业的未来发展问题，因此，必须做好企业利润分配工作，正确地对利润分配的具体内容进行会计核算。

（一）利润分配的一般程序

根据我国有关法律、法规的规定，企业本年实现的净利润加上年初未分配利润为本年可供分配的利润。企业一般按以下程序进行利润分配：

1. 弥补以前年度的亏损

这里的弥补亏损，指的是超过税前利润弥补亏损期限后只能用税后利润进行的亏损弥补。

2. 提取法定盈余公积

法定盈余公积应按照本年实现利润的一定比例提取。我国《公司法》规定，公司制企业按照公司税后利润的10％提取；其他企业可以根据需要确定提取比例，但不得低于10％。企业提取的法定盈余公积累计额超过注册资本50％以上的，可以不再提取。

3. 提取任意盈余公积

公司从税后利润中提取法定盈余公积后，经股东会或者股东大会决议，还可以从税后利润中提取任意盈余公积。任意盈余公积的提取比例由企业根据自身的特点和要求自行确定。

4. 向企业所有者或者公司股东分配利润或股利

企业实现的净利润扣除上述1和2项目后，再加上年初未分配利润和其他转入数（公积金弥补亏损等），形成了可供投资者分配的利润，可根据投资者的投资合同或协议的约定进行可供投资者分配利润的分配。

在企业弥补亏损、提取法定盈余公积之前，不得向所有者或者公司股东分配利润或股利。

（二）向所有者分配利润的形式

对于公司制企业而言，向所有者分配利润的主要形式有现金股利和股票股利两种方式，此外，股票回购是一项非常规的股利政策。采用不同的股利分配政策会对企业的资产总额、所有者权益总额、股本、货币资金等产生影响，从而影响企业的财务指标。对上市公司而言，公司股利政策还会对其股票市场价格产生影响。

分派现金股利，是用现金形式将企业创造的一部分税后利润支付给所有者或股东，不会增加或减少股本，但会减少企业的货币资金和所有者权益。

分派股票股利，是以公司额外发行股票的形式将企业创造的一部分税后利润分派给所有者或股东，不会影响所有者权益总额，但会引起所有者权益内部结构的调整，但对企业的资产没有任何影响。

可供投资者分配的利润，对于公司制企业应按下列顺序进行分配：

(1)支付优先股股利，是指企业按照利润分配方案分配给优先股股东的现金股利，优先股股利是按照约定的股利率计算支付的。

(2)提取任意盈余公积。

(3)支付普通股股利，是指企业按照利润分配方案分配给普通股股东的现金股利。普通股股利一般按照各股东持有股份的比例进行分配。

(4)转作资本(或股本)的普通股股利，即企业按照利润分配方案以分派股票股利的形式转作的资本(或股本)。

可供投资者分配的利润经过上述分配之后，为企业的未分配利润(或未弥补亏损)。年末未分配利润可用下式计算：

$$\text{本年末未分配利润}=\text{可供投资者分配的利润}-\text{优先股股利}-\text{提取的任意盈余公积}-\text{普通股股利}$$

未分配利润是企业留待以后年度进行分配的利润或用于后续发展的利润，它是所有者权益的一个重要组成部分。相对于所有者权益的其他部分而言，企业对于未分配利润的使用分配有较大的自主权。

而企业的法定盈余公积和任意盈余公积是用于弥补公司的亏损、扩大公司生产经营或者转为增加公司资本。按照我国《公司法》的规定，法定盈余公积转为资本时，所留存的该项公积金不得少于转增前公司注册资本的25%。

(三)利润分配业务的会计核算

为了核算企业利润分配的具体过程和结果，需要设置以下的会计账户：

(1)“利润分配”账户，用于核算企业利润的分配(或亏损的弥补)和历年分配(或弥补)后的余额。本账户应当分别“提取法定盈余公积”、“提取任意盈余公积”、“应付现金股利或利润”、“转作股本的股利”、“盈余公积补亏”和“未分配利润”等账户，进行明细核算。

年度终了，企业应将本年实现的净利润，自“本年利润”账户转入本账户的贷方，为净亏损的自“本年利润”账户转入本账户的借方；企业进行利润分配时，按规定提取盈余公积、向股东或投资者分配现金股利或利润等时，应借记本账户；用盈余公积弥补亏损时，则贷记本账户(盈余公积补亏)；进行利润分配后，再将“利润分配”账户所属其他明细账户的余额转入本账户的“未分配利润”明细科目。结转后，本账户除“未分配利润”明细账户外，其他明细账户应无余额。若“未分配利润”明细账户余额在贷方，表示留待以后年度分配的利润；若在借方，则表示尚未弥补的亏损。

(2)“盈余公积”账户，用于核算企业从净利润中提取的盈余公积。企业应当分别设置“法定盈余公积”、“任意盈余公积”进行明细核算；外商投资企业还应分别“储备基金”、“企业发展基金”进行明细核算；中外合作经营在合作期间归还投资者的投资，应在本账户设置“利润归还投资”明细账户进行核算。企业按规定提取盈余公积时，贷记本账户；用盈余公积弥补亏损、转增资本、分配股利或利润、归还投资者投资时，借记本账户；本账户期末贷方余额，反映企业的盈余公积余额。

(3)“应付股利”账户，用于核算企业分配的现金股利或利润，可按投资者进行明细核算。企业根据股东大会或类似机构审议批准的利润分配方案确认应支付的现金股利或利润时，贷记本账户；实际支付现金股利或利润时，借记本账户。董事会或类似机构通过的利润分配方案中拟分配的现金股利或利润，不做账务处理，但应在附注中披露。本账户期末贷方余额，反映企业应付未付的现金股利或利润。需要注意的是，企业分配给投资人的股票股利不在本账户中核算。

企业利润的分配由董事会或类似权力机构根据企业的经营业绩和未来生产经营计划提出利润分配方案并形成决议，上市公司还需经股东大会审议批准后方可执行。

1. 以利润弥补亏损的会计核算

无论是用税前利润弥补亏损还是用税后利润弥补亏损，均无需专门编制以利润弥补亏损的会计分录。因为年终结账的账务处理完成后，本年利润结转至“利润分配——未分配利润”账户，自然而然地与该账户借方的以前年度亏损进行抵消了。

用税前利润弥补亏损与用税后利润弥补亏损的区别在于所得税的计算、申报不同。我国所得税法规定，企业经营过程中出现的亏损，可用以后 5 年内的税前利润予以弥补；若超过了税前利润弥补亏损的时限，就只能用税后利润或者盈余公积进行亏损的弥补。因此，若是用税前利润弥补亏损，企业是将本年实现的利润总额首先扣减以前年度亏损后再计算缴纳所得税；而若是用税后利润弥补亏损，企业是直接以本年实现的利润总额为基础计算缴纳所得税。

2. 提取盈余公积的会计核算

【例 5－51】 沿用【例 5－50】，企业当年按净利润的 10％提取法定盈余公积金，按净利润的 20％提取任意盈余公积金。

当年提取的法定盈余公积＝225 000×10％＝22 500（元）

当年提取的任意盈余公积＝225 000×20％＝45 000（元）

编制会计分录如下：

借：利润分配——提取法定盈余公积　　22 500

　　贷：盈余公积——法定盈余公积　　22 500

借：利润分配——提取任意盈余公积　　45 000

　　贷：盈余公积——任意盈余公积　　45 000

值得注意的是，上述两项账务处理，均只影响所有者权益的内部结构，不会改变所有者权益的总额。

3. 分派现金股利的会计核算

【例 5－52】 沿用【例 5－50】，企业按当年净利润的 20％向投资者分配现金股利。分配的现金股利总额＝225 000×20％＝45 000（元）。

企业通过股东大会或类似机构决议，宣告分配给股东或所有者现金股利或利润时：

借：利润分配——应付现金股利　　45 000

　　贷：应付股利　　45 000

企业用银行存款向投资者发放股利时：

借：应付股利　　45 000

　　贷：银行存款　　45 000

4. 分派股票股利的会计核算

企业经股东大会或类似机构决议分配给股东股票股利时，不需要做出账务处理，等到企业办理增资手续完毕，股票股利发放时，才进行账务处理。

【例 5－53】 沿用【例 5－50】，企业向投资者分配股票股利10 000元，增资手续办理完毕。

借：利润分配——转作股本的股利　　10 000

　　贷：实收资本　　10 000

对于上市公司发放股票股利，公司需要在办理增资手续完毕，股票股利发放时，按照发放日股票的市场价格为基础确定股票股利的总金额，借记“利润分配——转作股本的股利”账户；按照增加的注册资本，贷记“股本”账户；差额记入“资本公积——股本溢价”账户。

5. 盈余公积使用的会计核算

前已述及，企业的盈余公积可用于弥补公司的亏损、扩大公司生产经营或者转为增加公司资本。盈余公积在使用时，借记“盈余公积”账户，表示企业盈余公积的减少；贷记“实收资本”、“利润分配——盈余公积补亏”等账户，表示盈余公积的用途以及企业所有者权益的变化。与盈余公积的提取相同，该账务处理，也只影响所有者权益的内部结构，不会改变所有者权益的总额。

【例 5—54】 沿用【例 5—50】，企业以前年度累计未弥补亏损15 000元，已经超过用税前利润弥补的期限。经股东会决议，用任意盈余公积全部弥补。

借：盈余公积——任意盈余公积　　15 000
　　贷：利润分配——盈余公积补亏　　15 000

【例 5—55】 企业经股东会决议，用法定盈余公积转增资本500 000元，已办理增资手续。

借：盈余公积——法定盈余公积　　500 000
　　贷：实收资本　　500 000

6. 分配完毕的会计核算

利润分配后，需将“利润分配”账户所属其他明细账户的余额转入“利润分配”的“未分配利润”明细科目。结转后，“利润分配”账户除“未分配利润”明细账户外，其他明细账户应无余额。

【例 5—56】 承【例 5—50】、【例 5—51】、【例 5—52】、【例 5—53】和【例 5—54】，结清利润分配账户所属的各明细账户。

借：利润分配——未分配利润　　122 500
　　贷：利润分配——提取法定盈余公积　　22 500
　　　　　　　　——提取任意盈余公积　　45 000
　　　　　　　　——应付现金股利　　45 000
　　　　　　　　——转作股本的股利　　10 000
借：利润分配——盈余公积补亏　　15 000
　　贷：利润分配——未分配利润　　15 000

通过结转，“利润分配”账户除“未分配利润”明细账户之外，其他的所属明细账户全部结清。“未分配利润”明细账的余额为贷方的102 500元，T形账户如下：

利润分配——未分配利润

15 000	
122 500	225 000
	15 000
	102 500

本章小结

工业企业的经营过程主要分为资金筹集过程、生产准备(即供应)过程、生产过程、销售过程、利润结算及利润分配过程。在这些基本过程中,企业的资产、负债、所有者权益、收入、费用以及利润六大会计要素会不断地进行相互转化或者内部转化,形成了经营过程的主要经济业务。

资金筹集过程是企业筹集生产经营所需资金的过程,该过程涉及的基本经济业务为企业筹集股东资金形成的资产和所有者权益这两个会计要素的同时增加,以及企业筹集债权人资金形成的资产和负债这两个会计要素的同时增加。

生产准备过程是企业为了进行生产经营而采购原材料等生产物资以及固定资产等生产设备的供应过程。在该过程中,企业的主要经济业务就是采购存货类物资和固定资产等生产资料。企业的采购行为,必然导致企业存货类、固定资产等资产的增加,同时企业的银行存款等货币资金由于支付采购价款而减少,或者企业承担了对供应单位的一项负债或者对国家的一项负债,企业的负债增加。

生产过程是企业消耗各种资源形成最终产成品的过程。在该过程中,企业由于消耗了材料、固定资产等资源使得企业存货、固定资产的价值减少;由于耗用了企业职工的活劳动而形成了对职工的一项负债;同时,企业耗用的资源形成了产成品的价值或者企业的费用。

销售过程是企业销售产成品获取收益的过程。在该过程中,企业由于销售,在获得资金回收或者获得资金回收的权利的同时,确认了销售产品的收入,并且根据会计的配比原则,确认了与销售收入配比的销售成本带来的产成品的减少。

利润的结算是企业经过一段时间的经营,确定当期经济利益的净流量的过程,通过“本年利润”对企业的收入、利得、费用、损失进行结算,结算后所有的损益类账户余额为零。利润的分配是企业的净利润按照国家和相关法规的规定进行分配的过程,通过“利润分配”账户进行分配,分配结束后,“利润分配”账户除“未分配利润”明细账户之外,其他的所属明细账户全部结清,没有余额;而“利润分配”账户下“未分配利润”明细账户的期末余额表示企业从经营开始积累至今的未分配利润。

主要概念

实收资本　资本公积　原材料　实际成本法　计划成本法　先进先出法
加权平均法　移动平均法　个别计价法　生产成本　产品成本
库存商品　主营业务收入　主营业务成本　其他业务收入　其他业务成本
营业税金及附加　营业外收入　营业外支出　盈余公积　未分配利润
应付职工薪酬　短期借款　长期借款　应付票据　应付账款
应收账款　应收票据　应交税费　固定资产折旧　利润分配的程序

复习思考题

1. 工业企业主要的生产经营流程是怎样的?
2. 资金筹集过程中债权人资金和股东的资金有何不同?

3. 实收资本和资本公积的区别与联系何在?

4. 固定资产的入账价值和存货的入账价值有什么不同?

5. 增值税是怎样计算的?小规模纳税人和一般纳税人在增值税的会计核算上有什么不同?

6. 存货的实际成本计价和计划成本计价有什么区别?

7. 存货发出计价的方法有哪些?各自的优缺点是什么?

8. 固定资产折旧是什么含义?其会计核算是怎样进行的?

9. 固定资产折旧的方法有哪些?

10. 直接成本和间接成本的区别是什么?生产成本、产品成本、销售成本之间的联系和区别何在?

11. 主营业务收入、其他业务收入以及营业外收入分别核算什么?主营业务成本、其他业务成本以及营业外支出又分别核算什么?

12. 利润可以分为哪几种?分别怎么计算的?

13. 企业利润结算的会计处理是如何进行的?

14. 企业的利润分配是如何进行的?

练习题

习题一

(一)目的:练习存货盘盈、盘亏的会计处理。

(二)资料:天意公司年末对材料进行全面盘点,发现下列账实不符情况(见表5—7):

表5—7 **存货盘点表**

200×年12月31日

材料名称	计量单位	数量		盘盈		盘亏		原因
		账存	实存	数量	金额	数量	金额	
甲	吨	500	480			20	8 800	定额内自然损耗
乙	吨	300	250			50	55 000	自然灾害损失
丙	吨	50	55	5	4 000			领料计量不准
丁	千克	150	100			50	400	管理不善
合计								

材料的溢缺,已查明原因并由经理审批。自然灾害损失,除保险公司赔偿50 000元外,其余应作营业外支出处理;管理不善造成的损失,保管人员应负担50元损失;其余盈亏转作管理费用。

(三)要求:编制批准前后的会计分录。

习题二

(一)目的:固定资产增加的核算。

(二)资料:某企业××年8月发生下列固定资产增加业务:

(1)8月2日,从B公司购进管理用设备一台,价款27 000元,进项税4 590元,共计款项31 590元,价款以银行存款支付,设备已交付使用。

(2)8月7日，投资转入设备2台，原账面价值50 000元，已提折旧6 000元，经评估作价48 000元，设备已交辅助生产车间安装，共发生安装费3 100元。

(3)8月18日，上述设备安装完毕交付生产车间使用。

(4)8月20日，向W企业购入已使用过设备一台，原单位账面原价113 000元，其中安装成本3 000元，购入时实际支付价款90 000元，同时支付设备运输费、安装费计5 000元。

(三)要求：根据以上资料，编制相关会计分录。

习题三

(一)目的：固定资产折旧的核算。

(二)资料：某企业3月份有关固定资产折旧的资料如下：

(1)3月6日，企业管理部门购入计算机一台已投入使用，原值120 000元，预计净残值为0，预计折旧年限10年，采用直线法计提折旧，每月折旧1 000元。

(2)3月9日，基本生产车间购入不需安装设备一台，原值为172 800元，预计净残值为0，预计折旧年限12年，采用直线法计提折旧，每月折旧1 200元。

(3)3月25日，报废生产车间设备一台，原值98 000元，预计净残值率为4%，预计折旧年限为14年，实际使用12年零3个月，该设备采用直线法计提折旧，每月折旧560元。

(4)该企业3月份各部门固定资产折旧额为：基本生产车间9 400元，管理部门5 620元。

(三)要求：根据资料编制该企业4月份固定资产折旧计算表，并编制会计分录。

习题四

(一)目的：固定资产减少的核算。

(二)资料：某企业××年发生如下经济业务：

(1)10月12日，经批准报废设备一台，原值90 000元，预计折旧年限10年，预计净残值率为5%，实际已使用8年零9个月。清理中实际支付清理费用2 000元，残料变价收入3 500元，款项由银行分别付讫和收妥，固定资产清理工作全部完结。

(2)11月8日，意外事故报废货运汽车一辆，原值100 000元，已提折旧42 000元，收到保险公司赔偿款28 000元及残料变价收入2 000元，已存入银行。

(3)11月30日将一台不需用管理设备出售，该设备原值17 000元，已提折旧5 000元，收入15 000元，按收入的5%计算应交营业税，款项已存入银行，另用现金支付运杂费50元。

(4)12月10日，将一套生产流水线向E工厂投资。该套流水线原价为500 000元，已提折旧200 000元，双方协议作价320 000元。

(5)12月28日，年终盘点发现办公室短少电脑一台，账面价值15 000元，已提折旧6 000元，原因待查。后经批准，按其净值40%由责任人丁佳赔偿，其余部分作为财产损失处理。

(三)要求：根据以上资料，编制相关会计分录。

习题五

(一)目的：练习短期借款的账务处理。

(二)资料：某企业200×年10月1日向银行申请借入短期人民币借款50 000元，借款利率为12%，期限为3个月，到期一次还本付息。

(三)要求：请分别按分月预提利息费用和一次支付利息费用的办法对其进行有关账务处理。

习题六

(一)目的：练习应付账款的核算。

(二)资料：某企业购入材料一批，专用发票列明全部价款为80 000元，另应支付增值税17%，合同约定付款条件为货到后按 3/10、1/20、n/30 进行付款，现已将货物验收入库。

（三）要求：

（1）按货到后 10 天内付款，采用总价法进行账务处理。

（2）按货到后第 25 天付款，采用总价法进行账务处理。

习题七

（一）目的：练习预收账款的核算。

（二）资料：某企业向购货单位预先收取货款60 000元。10 天后向购货单位发货，货物价款计60 000元，增值税销项税额为10 200元，不足部分由购货单位补付。

（三）要求：根据以上资料，编制预收款项的会计分录。

习题八

（一）目的：练习应付票据的核算。

（二）资料：某企业购入商品一批，专用发票列明货款金额为60 000元，另应支付增值税 13%，企业开出商业汇票一张，并向银行办妥承兑手续，以银行存款向银行支付按票面金额 1%的承兑手续费，该票据期限为 6 个月。

（三）要求：据此开出商业汇票、承兑、到期等在下列不同情况下的有关会计处理：

（1）无息票据，且到期时无力偿还，银行将此转为短期借款，并加收 800 元的罚息，在 30 天后偿还时一并向银行支付。

（2）该汇票为年利率 12%的商业汇票，到期时一并偿还本息。

习题九

（一）目的：练习应付职工薪酬的核算。

（二）资料：某工业企业本月工资情况如下：基本生产单位生产人员应付工资总额为100 000元，管理人员为10 000元；辅助生产单位生产人员应付工资总额为30 000元，管理人员为2 000元；企业行政，管理人员应付工资总额为5 000元；在建工程人员应付工资总额为50 000元；向各类人员代扣房租共计6 000元（不含离退休人员）。

（三）要求：

（1）计算该企业本月份应付工资总额及各种款项的实发金额。

（2）根据实发金额开出现金支票提取现金、发放工资、结转代扣款项等业务，编制会计分录。

（3）编制分配各种工资费用的会计分录。

习题十

（一）目的：练习投入资本的会计处理。

（二）资料：某公司 200×年 1 月 1 日创立时，发生如下业务：

（1）发行面值为 50 元的优先股4 000股，发行面值为 1 元的普通股800 000股。

（2）收到发起人投入楼房一幢，作价500 000元，重置完全价值为600 000元，该公司换给发起人500 000股普通股。

（3）收到发起人投入土地使用权，换给发起人普通股5 000股。

（三）要求：根据以上业务，编制相关会计分录。

习题十一

（一）目的：练习制造业供应过程的核算和采购成本的计算。

（二）资料：××工厂 200×年 7 月份内发生以下有关材料采购的经济业务：

(1)采购员××预支差旅费 500 元,以现金支付。

(2)购进下列原材料,增值税税率 17%,已验收入库,货款以商业承兑汇票结算。

甲种材料	1 600 千克	单价 10 元	计 16 000 元
乙种材料	800 千克	单价 16 元	计 12 800 元
应交增值税	4 896 元	合计	33 696 元

(3)以银行存款支付上述材料运费 480 元(不考虑运费的增值税抵扣),以现金支付运达仓库的装卸搬运费 240 元。

(4)上述材料按实际成本入账。

(5)商业承兑汇票到期,以银行存款支付上述材料款33 696元。

(6)从外地购入材料 11 100 元,甲种材料 550 千克,单价 10 元;乙种材料 350 千克,单价 16 元,应交增值税1 887元。货款以银行存款支付,材料未到。

(7)上述材料已到,以现金支付运费 180 元,以银行存款支付装卸搬运费 540 元。

(8)上述材料按实际成本转账。

(三)要求:根据以上材料采购的经济业务,编制相关会计分录。

习题十二

(一)目的:练习工业企业生产过程核算和生产成本的计算。

(二)资料:某工厂 200×年×月份内发生以下各项经济业务:

(1)生产车间从仓库领用各种原材料进行产品生产:生产 A 产品领用甲材料(单价 10.5 元)150 千克,乙材料(单价 16.5 元)100 千克;生产 B 产品领用甲材料 120 千克,乙材料 80 千克。

(2)结算本月份应付职工工资,按用途归集如下:

A 产品生产工人工资	5 000 元
B 产品生产工人工资	4 000 元
车间职工工资	2 000 元
管理部门职工工资	3 000 元

(3)计提本月份固定资产折旧,车间使用的固定资产折旧 600 元,管理部门使用固定资产折旧 300 元。

(4)车间报销办公费及其他零星开支 400 元,以现金支付。

(5)车间管理人员出差报销差旅费 237 元,原预支 300 元,余额归还现金。

(6)将制造费用总额如数转入"生产成本"账户,并按生产工人工资的比例摊配计入 A、B 两种产品成本中去。

(7)结算本月份 A、B 两种产品的生产成本。本月 A 产品 100 件,B 产品 80 件,均已全部制造完成,并已验收入库,按其实际成本入账。

(三)要求:

(1)根据上列产品生产的经济业务,编制相关会计分录。

(2)编制"产品生产成本计算表",格式如下(见表 5—8):

表 5—8　　产品生产成本　　单位:元

成本项目	A 产品		B 产品	
	总成本(100 件)	单位成本	总成本(80 件)	单位成本
直接材料				
直接人工				
制造费用				
产品生产成本				

习题十三

(一)目的：练习制造业费用的核算。

(二)资料：××工厂200×年7月份发生经济业务如下：

(1)结算本月管理人员工资8 000元，其中厂部管理人员工资3 000元，车间管理人员工资5 000元。

(2)计提本月固定资产折旧费1 400元，其中车间固定资产折旧费800元，管理部门固定资产折旧费600元。

(3)以银行存款支付车间房屋修理费1 200元。

(4)以现金支付机动车修理费400元。

(5)按税法规定，以现金支付车船使用税300元。

(6)以现金预付下半年度书报费480元，并按预算摊配应由本月份负担的书报费。

(7)以银行存款支付产品广告费1 500元。

(8)预提应由本月负担的借款利息900元。

(9)以银行存款支付产品销售过程中发生的运输费600元，以现金支付包装费100元。

(10)以现金支付退休人员退休金1 200元。

(11)厂部管理人员出差回来报销差旅费960元，原预支1 000元，余款归还现金。

(12)以银行存款支付水电费2 400元，其中车间用1 900元，办公室用500元。

(13)以银行存款支付房租3 000元，其中办公用房租金1 000元，车间生产用房租金2 000元。

(三)要求：根据以上各项经济业务，编制相关会计分录。

习题十四

(一)目的：练习销售业务的核算。

(二)资料：××工厂200×年7月份发生有关销售经济业务如下：

(1)向甲工厂出售A产品500件，每件售价60元，增值税税率17%，货款已收到，存入银行。

(2)向乙公司出售B产品300件，每件售价150元，增值税税率17%，货款尚未收到。

(3)按出售的两种产品的实际销售成本转账(A产品每件45元，B产品每件115元)。

(4)以银行存款支付上述A、B产品两种产品在销售过程中的运输费800元、包装费200元。

(5)结算本月份专设销售机构职工工资1 000元。

(6)向丙工厂出售材料物资100千克，每千克售价12元，货款1 404元(含税)已收到，存入银行。

(7)按出售的材料物资实际销售成本转账(每千克10元)。

(三)要求：根据以上各项经济业务，编制相关会计分录。

习题十五

(一)目的：练习财务成果的核算。

(二)资料：TD企业在20×6年度决算时各损益类账户的余额如下(见表5—9)：

表5—9　**TD企业20×6年度损益类账户余额**　单位：元

会计科目	借方余额	会计科目	贷方余额
主营业务成本	108 000	主营业务收入	175 000
营业税金及附加	3 640	营业外收入	12 700
销售费用	1 600		
管理费用	4 100		
财务费用	2 060		
营业外支出	2 350		

（三）要求：

（1）计算本年利润总额和应交所得税（所得税税率 25%），并编制相关会计分录。

（2）编制该企业结转各项收入、费用及本年净利润的有关会计分录。

（3）编制该企业利润分配的有关会计分录（按税后利润的 10%提取法定盈余公积，并按税后利润的 50%分配投资者利润）。

习题十六

（一）目的：练习资金投入和退出企业的核算。

（二）资料：××工厂 200×年 7 月发生资金投入和退出的各项经济业务如下：

（1）收到国家投入资金 400 000 元存入银行。

（2）接受 A 单位投入生产设备一台，原值 200 000 元，已提折旧50 000元。

（3）向银行借入临时借款 50 000 元，存入银行，借款期为 3 个月。

（4）临时借款 50 000 元到期，以银行存款归还。

（5）出售不需用机器一台，双方协议价为 20 000 元。该机器原值为30 000元，已提折旧10 000元，价款已收到，存入银行。

（三）要求：根据以上各项经济业务，编制相关会计分录。

习题十七

（一）目的：综合练习工业企业主要经营过程核算和成本计算。

（二）资料：

1. ××工厂 200×年 11 月 30 日“本年利润”账户贷方余额500 000元。

2. 本年 12 月份内发生下列经济业务：

（1）仓库发出材料 40 000 元，用于生产 A 产品 21 900 元，B 产品 18 100 元。

（2）仓库发出辅助材料 2 000 元，供车间使用。

（3）从银行存款中提取现金 30 000 元。

（4）以现金支付职工工资 24 000 元。

（5）向光明厂购入甲材料 16 380 元（含增值税 17%），全部款项以银行存款支付。材料已验收入库，按其实际采购成本转账。

（6）向八一厂购入乙材料 46 800 元（含增值税 17%），货款以商业承兑汇票结算，材料已到达并验收入库。

（7）收到新华工厂还来欠款 3 000 元存入银行。

（8）本月份职工工资分配如下：

A 产品生产工人工资	10 000 元
B 产品生产工人工资	10 000 元
车间职工工资	3 000 元
管理部门职工工资	1 000 元
合　计	24 000 元

（9）计提本月固定资产折旧 3 160 元，其中车间使用固定资产折旧2 380元，管理部门用固定资产折旧 780 元。

（10）结转本月完工产品成本 50 000 元，完工产品已转入产成品仓库。

（11）出售产成品给新华工厂，计 A 产品 1 800 件，每件售价 28 元，B 产品4 400件，每件售价 14 元，共计售价131 040元（含增值税 17%），货款尚未收到。

（12）结转上述出售产成品生产成本，计 A 产品每件 20 元，B 产品每件 10 元，共计80 000元。

（13）用现金支付销售产品包装费、装卸费等销售费用1 100元。

（14）以银行存款支付临时借款利息 5 000 元。

(15)由于自然灾害使辅助材料损坏300千克，价值1 120元，经上级批准，作非常损失处理。

(16)出售多余材料2 340元(含增值税17%)，价款存入银行。同时结转该材料的实际成本1 500元。

(17)将12月份各损益账户余额转至本年利润账户，结出12月份利润。

(18)按12月份利润总额的25%计算应交所得税，并将“所得税”账户余额转入“本年利润”账户。

(19)按12月份税后利润的10%提取盈余公积金。

(三)要求：根据上述经济业务，编制相关会计分录。

习题十八

(一)目的：练习留存收益的会计处理。

(二)资料：某公司200×年末发生如下业务：

(1)200×年实现税后利润400 000元。

(2)按税后利润的10%提取法定盈余公积。

(3)按税后利润的5%提取任意盈余公积。

(4)公司流通在外的普通股为4 000股，本年度宣告分派现金股利每股0.8元。

(三)要求：根据以上资料，编制有关会计分录。

习题十九

(一)目的：练习其他业务收支的核算。

(二)资料：某工业企业200×年10月发生以下业务：

(1)转让一项专利的使用权，取得转让收入3 000元。

(2)上述转让收入的营业税税率为5%，请计算并缴纳该项营业税。

(3)出租一项固定资产，本月租金收入4 000元，该资产的本月折旧为1 500元。租金已收到并存入银行。

(4)出租包装物，取得收入200元，包装物成本120元，租金已存入银行。

(三)要求：根据以上各项经济业务，编制相关会计分录。

第六章　会计账户分类

学习目标

通过本章的学习，你可以达到以下目标：

1. 了解账户分类的目的、作用和原则。
2. 了解账户分类的标志以及不同分类标志的分类作用。
3. 理解账户按照经济内容分类下的不同账户的性质和特征。
4. 理解账户按照用途和结构分类下的不同账户的性质和特征。
5. 了解其他分类标准下的账户特征。

第一节　会计账户分类概述

账户分类，就是按照账户的本质特性，依据一定的原则，将全部账户进行科学的概括和归类。

一、账户分类的目的

为了满足会计信息使用者使用会计信息的需求，需要运用会计科目在会计账簿中开设一系列的账户。每个账户都有其特定的核算内容，只能运用于特定的经济业务的核算，只能对某项经济业务中某一方面的会计数据进行分类记录，只能从某一侧面来反映会计要素的变化及其结果。任意一个账户一般不能用其他账户来替代，每个账户都有其独特的经济性质、用途和结构。正因为如此，每个账户才有区别于其他账户的特征和存在的意义。但我们知道，就某一会计要素而言，它不是孤立存在的，它与自身同要素的对应账户或其他五个会计要素中的对应账户是不可分割的统一整体。六大会计要素之间虽然有区别，但联系密切，无论是在静止状态还是运动状态，会计要素内部或相互之间都存在着联系。对六大会计要素的科学核算，能提供完整而有体系的会计信息。因此，作为反映各种会计要素手段的账户之间，也必然不是相互孤立的，它们之间必然相互依存、互为条件，它们的增减变动在数量金额上是相互关联的关系。也就是说，账户之间存在着某种共性。账户的整体集合，构成一个完整的有机体系。只有完整地运用这个体系，才能反映和监督会计对象的全部内容。

为了正确地设置账户和运用账户，就需要从理论上进一步认识各个账户的经济内容、用途和结构以及其在整个账户体系中的地位和作用；在了解各账户特性的基础上，了解各账户的共性和相互之间的联系，掌握各账户在提供核算指标方面的规律性。因此，会计应按账户的共性有机地进行分类，以进一步了解各账户的具体内容，明确掌握各账户之间的内在联系与区别，掌握账户的使用方法，正确地设置和运用账户，进而满足会计信息使用者的信息需求。

二、账户分类的标志

运用不同的分类标志，可以把账户划分为不同的类别。账户分类的标志实质上就是从什么角度去寻找它们的共性。凡是在提供核算指标方面有共同性的账户，就它们的共同性而言属于同一类账户，而它们之间的共性也就成为该类账户的共同性标志。为了进一步研究账户各自的特性和它们的共同性，应研究和掌握账户的分类标志。账户的分类标志一般有两类：按经济内容分类和按用途和结构分类。除了这两类外，还可以统驭与被统驭关系以及以账户与会计报表的关系为分类标志。

（一）以经济内容为分类标志

一个单位所设置的全部账户能够综合反映和监督这个单位的经济内容，同样，会计核算和监督的具体内容又必须通过一个完整的账户体系实现。账户体系与会计对象的一致性，决定了账户体系的分类与会计所反映的经济内容的一致性。因此，我们可以将账户体系按照经济内容进行分类，如把共同反映各类资产的增减变化情况的账户分为一类，把共同反映企业利润形成过程的账户分为一类，等等。账户以经济内容作为分类标志，是账户最基本的分类标志。

（二）以用途和结构为分类标志

由于各个账户的使用方法不同，在账户体系中起着不同的作用，从不同的角度反映经济活动的某一侧面，提供着不同的信息，因此，在对账户按会计要素分类的基础上，还可以以用途和结构为分类标志对账户进行分类。账户的用途和结构是账户分类的一个主要标志。

账户按用途分类，可以了解其所提供的信息及所起的作用，解决在什么条件下使用该类账户的问题；账户按结构分类，可以明确账户的借方、贷方所登记的具体内容和余额表示的含义，有利于掌握各类账户的使用方法，解决各类账户具体提供何种信息的问题。

（三）以统驭与被统驭关系为分类标志

账户按其提供会计资料的详细程度不同，可分为总分类账户和明细分类账户。这种分类标志表明会计资料具有不同的层次和等级，各层次会计资料具有控制与被控制、统驭与被统驭的关系。

（四）以账户与会计报表的关系为分类标志

账户的类别不同，由此形成的会计数据对于会计报表的作用也不同。如资产、负债和所有者权益账户，无论在平时或结账后，通常都留有余额，分别表示资产、负债和所有者权益的实存数，这些账户的余额表明企业的财务状况，直接为资产负债表的编制提供资料。这种分类标志表明，账户和会计报表作为会计核算方法体系和重要组成部分，两者互为联系，不可分割。

三、账户分类的作用

科学地进行账户分类，具有以下作用：

（一）便于设置完整的账户体系，全面反映企业经营活动和资金运动情况

由于各单位的经营活动特点不同，资金运动的内容不同，所涉及的账户体系也就不同。要想有效地反映和监督核算单位的经营活动，就要从本核算单位经营活动的特点出发，选择能够反映本核算单位经营活动的账户体系。这就要求会计工作者必须了解不同类型的企业单位应该设置哪些具体的账户，它们反映的具体经济内容是什么，这些账户之间应该建立什么样的相互关系，又能提供什么核算资料。只有这样，才能选择并建立适合本核算单位的账户体系，使它们能全面、系统地记录本核算单位的经济活动过程和结果，为会计信息使用者提供所需的会

计信息。

(二)便于设计会计账簿的格式

在单位内部会计管理中,由于不同经营活动各具特点,对不同性质的会计要素的信息披露方式是不同的。例如,对于一般的有形资产的增减变动及其结余额,不仅要向有关管理当局披露有关金额方面的信息,而且还要适当地披露有关实物量方面的信息;对于像负债和所有者权益类的会计要素,只需要披露有关时间和金额方面的信息就可以了;另外,对于一些费用类要素,不仅要反映费用的总额,还要按项目反映费用构成的详细情况。上述不同的会计信息,要通过账户在会计账簿中体现出来。对于既要提供金额又要提供实物方面信息的账户,在相应的会计账簿格式设计时,应设置和运用"数量金额式"账页格式;对于只要披露有关时间和金额方面信息的账户,在相应的会计账簿格式设计时,应设置和运用"三栏式"账页格式;对于不仅要反映费用的总额,还要按项目反映费用构成的详细情况方面信息的账户,在相应的会计账簿格式设计时,应设置和运用"多栏式"账页格式。会计账户的设置,应考虑便于设计会计账簿格式的问题。

(三)便于编制会计报表

会计六大要素的增减变动过程及其结果,最终要以会计报表的形式反映出来。编制会计报表所需的相关数据资料是由各个相关的账户提供的。不同的会计报表,反映的经济内容不同,其相关数据资料的来源也不相同。为了及时、正确地编制会计报表,要根据特定会计报表所反映的经济内容,正确确定编制每张会计报表所需的数据资料是来自哪些账户,这些账户能提供怎么样的会计信息。例如,资产负债表是用于反映某一特定时点上的财务状况的,是对某一时点上企业现存的经济资源及其来源的说明,它的数据资料由资产、负债、所有者权益三类账户提供。若不能正确确定为编制会计报表提供数据资料的账户,就不能正确编制会计报表。因此,掌握账户分类及账户的经济内容、用途与结构,有利于正确编制会计报表。

总体而言,账户的分类,有利于从理论上加深对账户的全面认识,了解账户体系的设置和运用在会计核算体系中的地位和作用,有助于正确运用设置账户这种会计核算的专门方法,建立起更加完善的会计核算体系;便于进一步了解账户体系中各类账户的共性和特性,以及各个账户内容之间的联系与区别,从使用账户的技术方法的角度来研究账户的不同用途和结构,揭示账户使用中的规律性,不断提高运用技能,从而做到正确、熟练地使用账户;能够使我们正确认识各会计要素的经济内容,通过对数据按报表信息的要求进行分类,形成报表所需要揭示的财务信息和其他经济信息,为经济管理提供系统的、分门别类的会计资料;能够揭示全部账户在反映会计内容上存在的既分工又协作的关系。当会计制度确定的会计账户随各个时期经济管理的不同要求而变动时,能够尽快适应,并在统一会计制度许可的范围内,根据企业实际情况增设或合并会计账户。

四、账户分类的原则

账户的分类,是一个对账户体系的认识过程,同时也是一个从账户的相互区别之中,探求设置和运用账户规律性的过程。因此,账户的分类应遵循以下几项原则:

(一)规范性原则

账户的分类既要结合会计内容特点,又要符合经济管理的要求。因此,在账户分类时,要根据会计内容的特点,把共同反映同一性质,具有相同作用的账户归为同一类别;同时,要根据经济管理的要求,把共同反映某一阶段、处理某一方面数据的账户归为同一类别,从而建立起一个符合经济核算需要的、科学完善的账户分类体系。

(二)明晰性原则

账户分类必须清楚地反映出有关账户所具有的共同性特征。要借助于账户的分类，揭示各有关账户的共性及其相互关系，做到主从分明，关系清楚，使所有账户在账户体系中所处的地位一目了然，各有关账户的经济内容、用途和结构也能清楚地展现出来，从而进一步深化对账户体系的认识，更好地运用账户进行会计核算和会计监督，实现会计的最终目的。

(三)有用性原则

账户的分类必须能够对某种决策和管理产生比较重要的影响，有利于会计信息的处理加工和会计报表的编制，使账户分类形成的信息，作为会计实务中随时需要掌握的类别，经过一定的处理加工变换，直接成为某种决策和管理的相关信息要素，或直接成为表达财务状况、成本水平和经营成果的准确、可靠的数据资料。

(四)完整性和互斥性相结合的原则

账户的分类，要能够在同一分类标志下，无一遗漏地概括出会计内容所涉及的一切账户，做到有一个账户，就必有其归属的类别，不致发生无适当类别进行划分和归纳的账户。同时，账户的分类，要求在同一分类标志下，各个类别的账户一般要具有明确的界限，不致产生混淆不清的现象。

第二节 会计账户按经济内容分类

一、会计账户按经济内容分类的意义

账户的经济内容，是指账户所反映的会计对象的具体内容，按账户的经济内容对账户进行分类，就是按账户所反映的会计对象的具体内容对账户进行分类。在借贷记账法下，不同会计对象增减变动的记账方向是不同的，不同的会计对象有不同的账户结构和用途。明确了账户的经济内容，就为明确账户的结构和用途打下了一个良好的基础；另外，不同的会计报表，包含不同的会计要素，明确了账户的经济内容，就能正确掌握会计账户与对应会计报表之间的关系。因此，通过对账户按经济内容的分类，可以为更好地运用借贷记账法，确切地了解每类和每个账务具体应核算和监督的内容，设置出适应本单位经营管理需要的科学完整的账户体系，同时为学习账户的其他分类打下基础。

二、会计账户按经济内容的分类

如前所述，按账户的经济内容对账户进行分类，就是按账户所反映的会计对象的具体内容对账户进行分类。会计对象在企业中可表现为企业再生产过程中能以货币表现的经济活动，也就是企业再生产过程中的资金运动。资金运动可以分为静态运动形式和动态运动形式两种。资产、负债、所有者权益构成资金运动静态运动形式，而收入、费用和利润则构成资金运动动态运动形式。因此，按经济内容分类建立的账户体系，应包括反映资金运动的静态账户和动态账户两类。反映资金运动的静态账户应由反映资产的账户、反映负债的账户和反映所有者权益的账户所组成，反映资金运动的动态账户应由反映收入的账户、反映费用的账户和反映利润的账户所组成。

（一）资产类账户

资产类账户是用来核算各类资产的增减变动及其结存情况的账户。资产类账户从其反映的经济内容上看，一是具有对所有者有用的特征，即具有为预期的未来经济利益作贡献的特征；二是具有为该企业获得利益并限制其他人取得这项利益的特征；三是具有掌握和控制该经济资源组织经营活动的特征。

1. 流动资产类账户

流动资产类账户反映可以在一年或者超过一年的一个营业周期内变现或者耗用的资产。按照流动资产在生产经营活动过程中存在的不同形态和作用，反映流动资产的账户又可以进一步划分为以下几类：

（1）反映货币资金的账户，如"库存现金"、"银行存款"等账户。

（2）反映短期债权的账户，如"应收账款"、"其他应收款"等账户。

（3）反映存货的账户，如"原材料"、"库存商品"等账户。

2. 非流动资产类账户

非流动资产类账户包括反映企业的长期投资、固定资产、无形资产、长期待摊费用、其他资产等企业的财产、债权和其他权利的账户，如"长期股权投资"、"固定资产"、"累计折旧"、"无形资产"、"长期待摊费用"等账户。

（二）负债类账户

负债类账户反映企业由过去的交易、事项形成，并预期履行时导致经济利益流出企业的现时义务。从该类账户反映的经济内容看，一是体现了对其他经济主体按时履行偿付债务的责任，二是责任的强制性，三是表明这种债务责任履行的客观存在。

1. 流动负债类账户

流动负债类账户反映企业将在一年或者超过一年的一个营业周期内偿还的债务。反映流动负债的账户包括"短期借款"、"应付票据"、"应付账款"、"预收账款"、"应付职工薪酬"、"应交税费"等账户。

2. 长期负债类账户

长期负债类账户反映偿还期在一年或超过一年的一个营业周期以上的债务。反映长期负债的账户包括"长期借款"、"应付债券"、"长期应付款"等账户。

（三）所有者权益类账户

所有者权益类账户是核算企业所有者权益增减变动及其结余额的账户。按照所有者权益的来源和构成，又可分为核算所有者原始投资和追加投资的账户、核算经营累积的账户。

1. 投入资本类账户

投入资本是指投资人对企业原始投入的资本和追加投资以及投资过程中的增值。反映投入资本的账户有"实收资本"、"资本公积"等账户。

2. 留存收益类账户

留存收益类账户是用于反映企业在经营过程中出现盈利而增加的公积金和未分配利润或发生亏损而减少的所有者权益。反映留存收益类账户有"盈余公积"等账户。

（四）损益类账户

这里所说的损益包括广义的收入和广义的费用，而不是与收入以及费用会计要素对应的狭义的收入和费用意义。该类账户核算企业在生产经营过程中所取得的各种经济利益和所耗费的各种费用支出。可分为收益类账户和费用损失类账户两类。

1. 收益类账户

收益类账户是核算企业在生产经营过程中取得的各种经济利益的账户。按照广义收入的不同性质和内容，又可分为核算收入会计要素的营业收入的账户和核算直接计入利润的利得的非营业收入的账户两类。

(1)营业收入类账户，如“主营业务收入”账户、“其他业务收入”账户等。

(2)非营业收入的账户，如“营业外收入”账户等。

2. 费用损失类账户

费用损失类账户是核算企业在生产经营过程中所耗费的各种费用支出的账户。按照广义费用的不同性质和内容，又可分为核算生产成本的账户、核算营业费用的账户以及核算非营业费用的账户三类。

(1)生产成本类账户，核算生产经营过程中所发生的各种直接费用和间接费用，如“生产成本”和“制造费用”账户。

(2)营业费用类账户，核算企业为取得营业收入和利润而发生的各种直接费用和间接费用，如“主营业务成本”账户、“其他业务成本”账户、“营业税金及附加”账户以及“管理费用”、“财务费用”、“销售费用”三大期间费用账户等。

(3)非营业费用类账户，核算直接计入利润的损失，如“营业外支出”等账户。

需要注意的是，“投资收益”、“公允价值变动损益”账户的期末余额出现在贷方时，表示的是投资的收益和公允价值变动收益；其账户的期末余额也可能出现在借方，表示投资的损失和公允价值变动损失。因此，这两个账户也属于损益类账户，但无法直接定义其一定是收益类账户还是费用损失类账户。

(五)利润类账户

利润类账户反映企业在一定时期内的经营成果及其分配情况。该账户包括反映利润实现情况的“本年利润”账户和反映利润分配情况的“利润分配”账户。

第三节 会计账户按用途和结构分类

账户按经济内容分类，可以明确各类账户所反映的各项具体内容，但无法详细说明各类账户的用途和结构，即各类账户的作用以及它们是如何提供企业经营管理和对外报告所需要的各种核算指标。因此，有必要在账户按照经济内容分类的基础上，对用途和结构基本相同的账户进行适当的分类。

所谓账户的用途，是指通过账户的记录能够提供什么样的核算资料。所谓账户的结构，是指在账户中如何提供核算资料，借方登记什么，贷方登记什么，怎样进行登记，其余额反映什么内容。按账户的用途和结构分类，可以使我们明确各个账户不同的使用方法和各个账户的具体内容。

账户按用途和结构划分，可以分为基本账户、调整账户和业务账户三大类，盘存账户、结算账户、跨期摊配账户、资本账户、调整账户、汇转账户、成本计算账户、集合分配账户、财务成果计算账户以及暂记账户十小类。

一、基本账户

基本账户是用于核算和监督资产、负债、所有者权益的增减变动和实有数情况的账户，可分为盘存账户、资本账户、结算账户以及跨期摊配账户四类。

(一)盘存账户

盘存账户是用于核算和监督各项财产物资和货币资金增减变动情况及其实有数额的账户。这类账户包括了企业主要的资产账户,如“固定资产”、“原材料”、“库存商品”、“银行存款”、“库存现金”等账户。

在借贷记账法下,盘存类账户的借方反映各项财产物资和货币资产的增加数;贷方登记各项财产物资和货币资产的减少数;余额在借方,反映各项财产物资和货币资产的结存数。该类账户的结构如图 6—1 所示。

盘存账户

借 方	贷 方
期初余额:期初各项财产物资或货币资产结存数	
发生额:本期各项财产物资或货币资产的增加数	发生额:本期各项财产物资或货币资产的减少数
期末余额:期末各项财产物资或货币资产结存数	

图 6—1 盘存账户的结构

盘存账户的特点是:

(1)所有账户都可以通过定期或不定期的实物盘点和核对账目来检查账户记录是否正确,账实是否相符。

(2)在各项财产物资和货币资产有结存的情况下,反映该财产物资和货币资产账户的期末就应该有借方余额。不仅总分类账户的余额在借方,而且明细分类账户的余额也在借方。如果出现贷方余额,则说明财产物资或货币资产在收发保管或账务处理上存在问题。

(3)该类账户中反映财产物资的账户在进行明细分类核算时,除了采用货币计量外,还需兼用实物计量。

(二)资本账户

资本账户是用来核算和监督企业从外部各种渠道取得的投资,以及内部形成的积累的增减变化及其实有数额的账户,如“实收资本”、“资本公积”、“盈余公积”等账户。资本账户的特点是:

(1)由于该账户反映企业从外部取得的投资或内部形成的积累,因此,在生产经营期间,反映外部投资的账户一定有贷方余额,反映企业内部形成的资本积累的账户有时可能出现贷方无余额的情况。但无论反映外部投资还是内部积累的账户,都不会出现借方余额,否则就说明所有者权益受到侵犯或者账务处理上有错误。

(2)由于资本账户反映企业投资人对企业净资产的所有权,因此,该类账户无论是总分类核算还是明细分类核算,都只需用(而且必须运用统一的)货币计量,以总括说明资本规模及其增减变化。

在借贷记账法下,资本账户的贷方反映各项投资和积累的增加;借方反映各项投资和积累的减少;余额在贷方,反映各项投资和积累的结存。该类账户的结构如图 6—2 所示。

借　方	资本账户　　　　贷　方
	期初余额：期初投资或积累的实有额
发生额：本期投资撤出或积累的减少额	发生额：本期投资进入或积累的增加额
	期末余额：期末投资或积累的实有额

图 6—2　资本账户的结构

(三)结算账户

结算账户是用于核算和监督企业同其他单位或个人以及企业内部各单位之间债权、债务结算关系的账户。按照结算的性质，又可分为债权结算账户、债务结算账户两类。

1. 债权结算账户

债权结算账户也称债权账户，它是用来核算和监督企业与各个债务单位和个人在经济往来中发生的各种应收款项的账户。“应收账款”、“应收票据”、“预付账款”、“其他应收款”等账户，均属债权结算账户。

在借贷记账法下，债权结算账户的借方登记各种应收款项的增加，表示债权的形成或建立；贷方登记各种应收款项的减少，表示债权的清偿或解除；余额在借方，反映各种应收款项的结余，即应收而未收回的各种款项，表示企业与有关债务单位或个人尚未解除的债权。债权结算账户的结构如图 6—3 所示。

借　方	债权结算账户　　　　贷　方
期初余额：期初尚未收回的应收款项或尚未报销的预付款项的实有额	
发生额：本期应收款项或预付款项的增加额	发生额：本期应收款项或预付款项的减少额
期末余额：期末尚未收回的应收款项或尚未报销的预付款项的实有额	

图 6—3　债权结算账户的结构

债权结算账户的特点是：

(1)为了保证核算资料的正确性，债权人需要定期通过与有关债务单位或个人核对账目来保证账账相符。因此，债权账户要求按建立债权债务关系的单位和个人设置明细分类账户，进行明细分类核算。

(2)由于债权账户综合反映了会计主体对债务单位索取债务的权利，因此，对债权账户，无论是总分类核算还是明细分类核算，都只需提供货币信息。

(3)债权账户的期末余额一般在借方，表示债权的实有额，但该账户也有可能出现贷方余额，这时，账户就具有了债务结算账户的性质。

2. 债务结算账户

债务结算账户，是用来核算和监督企业与各个债权单位或个人在经济往来中发生的各种应付款项的账户。“短期借款”、“应付账款”、“应付票据”、“应付债券”、“预收账款”、“其他应付款”、“应付职工薪酬”、“应交税费”等账户，均属债务结算账户。

在借贷记账法下，债务结算账户的贷方登记各种应付款项的增加，表示债务的形成或建立；借方登记各种应付款项的减少，表示债务的清偿或解除；余额在贷方，表示各种应付款项的余额，即应付而未予偿还的各种款项，表示企业已建立而未清偿的债务。债务结算账户的结构如图 6—4 所示。

借　方	债务结算账户　　　贷　方
	期初余额:期初结欠的借入款项或尚未结算的应付款项和预收款项的实有额
发生额:本期偿还的债务额	发生额:本期借入款项、应付款项或预收款项的增加额
	期末余额:期末结欠的借入款项或尚未结算的应付款项和预收款项的实有额

图 6—4　债务结算账户的结构

债务结算账户的特点是：

(1)该账户一般需要通过定期与有关债权单位或个人核对账目，以确保负债的真实性。据此，负债账户要求按具有债务结算关系的单位或个人设置明细分类账户，进行明细分类核算。

(2)负债账户综合反映会计主体对各个债权单位或个人承担的责任，因而无论总分类核算还是明细分类核算，均只需提供货币信息。

(3)负债类账户期末余额一般在贷方，表示负债的实有额。但有时也可能出现借方余额，这时，账户就具有了债权结算账户的性质。

(四)跨期摊配账户

跨期摊配账户是用于核算和监督应由相毗连的各个成本计算期的成本或有关损益对象共同负担的费用，并将这些费用按照一定的标准，在各个成本计算期中进行分配，借以正确计算产品成本的账户。

跨期摊配账户的设置和运用，是为了使费用的确认建立在权责发生制的基础上，分清计入成本计算对象的时期界限，正确计算成本和利润，以便有根据地评价各该期间的经营业绩和经营责任。跨期摊配账户主要包括“长期待摊费用”等账户。

长期待摊费用等账户从性质上看属资产类的跨期摊配账户，都是用来核算和监督某些已经发生或支付，但应由本期和以后各期分摊费用的账户。“长期待摊费用”账户反映的是分摊期在 1 年以上的诸如租入固定资产改良支出等各种费用发生和摊销。该类账户的结构如图 6—5所示。

借　方　　　长期待摊费用等账户	贷　方
期初余额:以前各期发生或支付但截至本期期初尚未摊配完的费用	
发生额:本期发生，应由本期和以后各期成本或损益对象共同负担的费用	发生额:按照一定标准分摊的，由本期成本或损益对象负担的费用
期末余额:已经发生或支付，但截至本期期末尚未分摊的费用	

图 6—5　长期待摊费用账户的结构

当实际支付的费用摊配完毕后，这类账户应无余额。跨期摊配账户应按费用的种类或用途开设明细分类账户，进行明细分类核算。

二、调整账户

调整账户是用来调整有关账户的账面余额而设置的账户。在会计核算中，由于管理上的需要或其他原因，对于某些资产或负债，有的需要用两种不同的数字，开设两个或两个以上的账户进行记录反映。其中一个账户记录反映资产、负债的原始数字，其他的账户用来记录反映对原始数字的调整数字。记录反映原始数字的账户，称为被调整账户；记录反映对原始数字的调整数字的账户，称为调整账户。将原始数字同调整数字相加或者相减，就可以得到某项资产、负债的现有实存数字。由调整账户和被调整账户相互配合，既能全面、完整地反映同一个会计对象，又能满足管理上对不同指标的需要。

调整账户按照其调整方式的不同，分为备抵账户、附加账户以及备抵附加账户三类调整账户。

(一)备抵账户

备抵账户又叫抵减账户，是作为被调整对象原始数额的抵减项目，以确定被调整对象实有数额而设置的账户。其调整方式是以被调整账户的余额减去备抵账户的余额，以求得调整后的实有数。调整方式可用公式表示如下：

被调整账户余额－备抵账户余额＝调整后被调整对象的实有数额

备抵账户按被调整账户的性质和内容，又可分为资产备抵账户和权益备抵账户两类。

1. 资产备抵账户

资产备抵账户是用来抵减某一资产账户的数额，以求得该资产账户实有数额的账户。“累计折旧”账户就是一个典型的资产备抵账户，它与“固定资产”账户之间的关系，就是调整与被调整的关系。其相互关系和调整方式如图 6－6 所示。

固定资产原始价值－固定资产累计抵减数额＝固定资产实际价值(净值)

借方　固定资产(被调整账户)	贷方
余额：固定资产原始价值	

借方　累计折旧(调整账户)	贷方
	余额：固定资产的累计抵减数额

图 6－6　固定资产备抵账户的结构

从图 6－6 可以看出：

(1)“累计折旧”(调整账户)配合被调整的“固定资产”账户，从不同的角度描述了固定资产的情况：既有固定资产原始价值信息，用于揭示企业生产能力的大小、技术含量的高低，并作为计提折旧的依据；又有该固定资产的磨损价值和净值数额相互对照，用于说明固定资产的新旧程度。这样，就为了解企业的生产规模，合理组织固定资产的更新改造，确保固定资产的有效利用等，提供了全面、系统的信息。

(2)“累计折旧”账户与“固定资产”账户的结构相反，余额方向相反。“固定资产”账户的余额一定在借方，“累计折旧”账户的余额一定在贷方。

在企业日常经济活动中，如果企业资产的市价发生大幅度下跌，或企业经营所处的经济等环境以及资产所处的市场发生重大变化而对企业产生不利影响等致使企业发生资产减值的，根据财政部的规定，都应计提资产减值准备。计提的资产减值准备具体包括“坏账准备”、“存货跌价准备”、“持有至到期投资减值准备”、“长期股权投资减值准备”、“固定资产减值准备”、“无形资产减值准备”、“在建工程减值准备”和“委托贷款损失准备”等，这些都是用来抵减相应资产账户余额的备抵账户。

2．权益备抵账户

权益备抵账户是用来抵减某一权益（包括负债、所有者权益和收入）账户（被调整账户）的数额，据以确定该权益账户的实际数额的账户。“利润分配”账户就是一个典型的权益备抵账户，它与“本年利润”账户之间的关系，就是调整与被调整的关系。其相互关系和调整方式如图6—7所示。

年累计利润－累计已分配的利润＝未分配利润

借方	本年利润（被调整账户）　贷方
	余额：本年累计利润（原始数据）

借方	利润分配（权益调整账户）　贷方
余额：累计已分配的利润	

图6—7　利润分配账户的结构

从图6—7可以看出：

(1)“利润分配”（调整账户）配合被调整账户“本年利润”账户，从不同角度揭示企业的财务成果情况：既有利润总额信息，用于综合说明企业的经营业绩；又有累计实现利润和已分配利润的相互对照，据以确定尚未分配的利润数额。

(2)“利润分配”账户的结构取决于“本年利润”账户的结构。由于采用抵减方式，因此，调整账户与被调整账户的结构正好相反。

（二）附加账户

附加账户也称补充账户，它作为增补被调整对象原始数额，以确定被调整对象的实有数额。附加账户与被调整账户在性质上是相同的，记账方向也相同，因此，附加账户与被调整账户的余额方向一定是相同的。其调整方式是以附加账户的余额加上被调整账户的余额，以求得调整后的实有数。调整方式可用公式表示如下：

被调整账户余额＋附加账户余额＝调整后被调整对象的实有数额

附加调整账户在实际工作中运用较少，为了便于掌握其基本原理，这里特以债券发行采用溢价发行时所涉及的“应付债券——面值”和“应付债券——利息调整”账户加以说明。

如果企业通过发行债券来筹集资金，在溢价发行的情况下，为了同时反映债券的总面值和债券实际价格超过债券面值的溢价金额，可分别设置“应付债券”和“债券溢价”两个账户。在这里，“应付债券”是被调整账户，其贷方余额反映发行在外债券的总面值；而“债券溢价”是附加账户，其贷方余额反映发行在外债券的溢价余额。两个账户相互关系的调整方式如图6—8所示。

借方	应付债券——面值（被调整账户）　贷方
	余额：发行在外的债券总面值

借方	应付债券——利息调整（附加账户）　贷方
	余额：发行在外的债券溢价余额

图6—8　附加账户的结构

发行在外的债券总面值加发行在外的债券溢价，等于发行在外的债券的实际负债额。

(三)备抵附加账户

备抵附加账户是以备抵或附加的方式来调整被调整账户的账面余额，以确定被调整账户实有数额的账户。备抵附加账户兼有备抵账户和附加账户的作用：当备抵附加账户的余额与被调整账户的余额方向相反时，起备抵作用，其调整方式与备抵账户相同；当备抵附加账户的余额与被调整账户的余额在同一方向时，起附加作用，调整方式与附加账户相同。

工业企业材料日常核算采用计划成本法时设置的“材料成本差异”账户就是一个典型的备抵附加账户。现以该账户为例，说明备抵附加账户的用途与结构。工业企业在采用计划成本进行材料的日常收发核算时，“原材料”账户按计划成本计价核算。为了反映原材料的实际成本，需要设置“材料成本差异”账户，用于调整“原材料”账户的账面余额。这样，“材料成本差异”账户与“原材料”账户之间就建立了一种调整与被调整的关系。其调整方式如图6—9所示。

借方　原材料(被调整账户)	贷方
余额：结存材料的计划成本	

借方　材料成本差异(备抵附加账户)	贷方
余额：结存材料的超支差异	

图6—9　备抵附加账户的结构

当“材料成本差异”账户出现借方余额时，以附加的方式，将“原材料”账户所反映的材料的计划成本调整为实际成本；相反，当“材料成本差异”账户出现贷方余额时，则以抵减的方式，将“原材料”账户所反映的材料的计划成本调整为实际成本。

综上所述，调整账户的特点可以归纳为如下几点：

(1)调整账户依被调整账户而存在，两者紧密联系，提供了特定的会计信息，即：

被调整账户的账面余额＋(－)调整账户的账面余额＝被调整账户的实有数额

(2)调整账户与被调整账户的经济内容相同，但两者余额的方向可能相同，也可能相反。相同时相加，相反时相减。

三、业务账户

业务账户是用于核算和监督企业在供应、生产、销售过程中业务活动的账户，其特点是能及时考核企业账务和成本计划的完成情况，对企业经济效益作全面评价。

业务账户可分为集合分配账户、成本计算账户、汇转账户以及财务成果计算账户和暂记账户五类。

(一)集合分配账户

集合分配账户是用来归集和分配生产经营过程中某一阶段所发生的成本费用，并借以核算和监督该阶段费用预算执行情况和费用分配情况的账户。属于这类账户的有“制造费用”账户。

在借贷记账法下，集合分配账户的借方汇集费用的发生额，贷方登记费用的结转额；在通常情况下，当汇集的成本费用于期末时按一定标准全部分配给各受益对象后，该账户应无余额。因此，集合分配账户就成为一种过渡性的账户。这种过渡性账户的意义在于：一方面，费用的汇集有利于成本费用的分析和控制；另一方面，将一定时期所汇集的费用一次分配，可以大大简化繁琐复杂的摊配手续，提高工作效率。集合分配账户的结构如图 6－10 所示。

借　方　　集合分配账户	贷　方
发生额：汇集生产经营过程中某一阶段发生的某种费用额	发生额：分配到各受益对象上的费用
期末一般无余额	

图 6－10　集合分配账户的结构

集合分配账户的特点是：

(1)由于该账户归集的成本费用，一般要在期末时全部分配到各受益对象中去，因此，费用经分配结转后，本类账户无余额。

(2)为了考核费用的发生情况，该账户一般要分项目进行明细分类核算。

(3)集合分配账户所归集和分配的费用，是反映经营过程耗费的综合性信息，因而这类账户只需要提供货币信息。

(二)成本计算账户

成本计算账户是用来核算和监督企业在生产经营过程中某一经营阶段所发生的全部费用，并借以确定该过程各成本计算对象实际总成本和单位成本的账户，如“生产成本”、“材料采购”等账户。

在借贷记账法下，成本计算账户的借方登记应计入某成本计算对象的全部费用，反映费用的发生；贷方结转已完成某阶段经营活动的成本，反映该阶段上成本计算对象的实际成本；该账户余额在借方，反映尚未结束的某经营过程某一阶段上成本计算对象的实际成本。这类账户的结构如图 6－11 所示。

借　方　　成本计算账户	贷　方
期初余额：期初尚未结束经营过程某一阶段的成本计算对象的实际成本 发生额：归集经营过程中某一阶段发生的全部费用额	发生额：结转已结束该阶段的成本计算对象的实际成本额
期末余额：期末尚未结束经营过程某阶段的成本计算对象的实际成本	

图 6－11　成本计算账户的结构

成本计算账户的特点是：

(1)成本计算账户的期初余额，表示尚未结束经营过程某一阶段上成本计算对象的实际成本，如在产品、在途材料等。所以，成本计算账户还具有盘存账户的特点，又能起盘存账户的作用。

(2)为了加强成本管理，成本计算账户应根据成本计算对象或费用控制的责任部门(或环节)设置明细账，并按成本项目归集各项费用。

(3)成本计算账户所属明细分类账既要借助于货币计量，总括反映全部消耗，提供综合的成本信息，又要借助于实物或劳动计量，反映物资或劳动消耗。

(三)汇转账户

汇转账户是用来汇集企业在某一期间从事经营活动或其他活动的某种收入或支出,并如期结转该项收入或支出的账户。该类账户按照其汇集的性质和经济内容,又可以划分为收入汇转账户和费用(支出)汇转账户两类。

1. 收入汇转账户

收入汇转账户是用来汇集和结转企业在某一期间从事经营活动或其他活动的某种收入的账户。属于这类账户的有“主营业务收入”、“其他业务收入”、“投资收益”和“营业外收入”等账户。

在借贷记账法下,收入汇转账户的贷方登记收入的增加额,反映企业经营主营业务收入或其他收入的形成或确认,借方登记当期收入的减少数或转销数;该类账户当期收入结转到“本年利润”账户后,期末无余额。因此,收入汇转账户也就成为一种过渡性的账户。这类账户的结构如图 6—12 所示。

借　方　　收入汇转账户	贷　方
发生额:本期因销售退回等原因发生的收入减少数及期末转入“本年利润”账户的净收入额	发生额:本期形成或确认的收入额

图 6—12　收入汇转账户的结构

收入汇转账户的特点是:

(1)所有收入汇转账户的贷方都登记收入的增加数,借方登记收入的减少或结转数。

(2 由于企业通过该类账户汇集某会计期间的收入,一般在当期要全额结转完毕,因此,收入结转后,本账户期末无余额。

(3)为了考核收入的形成情况,收入汇转账户一般要按商品或业务类别等分项目进行明细分类核算。

(4)该类账户在进行明细分类核算时,除了采用货币计量外,有时还兼用实物计量。

2. 费用(支出)汇转账户

费用(支出)汇转账户是用来汇集和结转企业在某一期间从事经营活动或其他活动的某种费用或支出的账户。属于这类账户的有“管理费用”、“财务费用”、“营业费用”、“营业税金及附加”、“其他业务成本”、“所得税费用”、“营业外支出”等账户。

在借贷记账法下,费用(支出)汇转账户的借方登记一定会计期间的费用数或支出数,贷方登记期末转入“本年利润”账户的费用或支出数;结转后,该账户期末一般无余额。这类账户的结构如图 6—13 所示。

借　方　　费用(支出)汇转账户	贷　方
发生额:费用(支出)的发生额	发生额:转入“本年利润”账户的费用(支出)额

图 6—13　费用(支出)汇转账户的结构

费用(支出)汇转账户的特点是:

(1)所有费用(支出)汇转账户的借方都登记费用(支出)的增加,贷方登记费用(支出)的结转数。

(2)由于企业通过费用(支出)汇转账户汇集的某会计期间的费用,一般当期要全额结转至“本年利润”账户,因此,当费用(支出)结转后,该账户无余额。

(3)为了考核费用的发生情况,该类账户一般分项目进行明细分类核算。

(4)该类账户所汇集的费用或支出,是反映耗费情况的综合性信息,因而这种账户只需提供货币信息。

(四)财务成果账户

财务成果账户是用来计算并反映一定期间企业全部经营业务活动的最终成果,并确定企业利润或亏损数额的账户。这类账户主要有“本年利润”账户。由于财务成果账户将一定时期内形成或确认的收入和该时期内发生的各项费用支出对比计算,把经营业务活动的最终成果以货币表现,因此,从账户体系中各账户的关系看,财务成果账户是联结一切收入和费用账户的纽带。

在借贷记账法下,财务成果账户的贷方登记各项经营业务活动的收入,借方登记各项经营业务活动的费用和损失;余额为借贷两方发生额对比求得的差额,反映该时期经营业务活动的最终成果。该类账户的结构如图 6—14 所示。

财务成果账户

借 方	贷 方
期初余额:年度内截至该期期初累计发生的亏损额 发生额:本期汇总转入的各项费用	期初余额:年度内截至该期期初累计实现的利润额 发生额:本期转入的各项收入
期末余额:期末累计发生的亏损	期末余额:期末累计实现的净利润

图 6—14 财务成果账户的结构

财务成果账户的特点是:

1. 年度内各期期末都有余额,贷方余额为净利润,借方余额为亏损。年度终了,由于企业应将本年收入和支出相抵后结出的本年实现的净利润或亏损总额,全部转入“利润分配”账户,因此,年初、年末本账户均无余额。

2. 无论总分类账或明细分类账,均只提供货币信息。

(五)暂记账户

在《企业会计制度》和《企业会计准则应用指南》中规定有“待处理财产损溢”账户,是用于核算企业在财产盘盈、盘亏未处理之前的暂记账户,待批准后再转入有关账户。暂记账户是用来核算和控制财产清查中发现的盘盈或盘亏、损毁在明确应记账户之前暂记,以保证账实相符的账户。

暂记账户“待处理财产损溢”的借方登记财产物资的盘亏、损毁数以及转销财产物资的盘盈数,贷方登记财产物资的盘盈数以及转销财产物资的盘亏、损毁数,期末转销后暂记账户无余额。该类账户的结构如图 6—15 所示。

借　方	暂记账户　　贷　方
发生额:(1)待处理财产物资的盘亏、损毁数;(2)转销财产物资的盘盈数	发生额:(1)待处理财产物资的盘盈数;(2)转销财产物资的盘亏、损毁数

图 6－15　暂记账户的结构

最后需要说明的是,账户按照用途和结构分类不是绝对的,有些账户具有双重性质,如"生产成本"、"在建工程"、"物资采购"等账户,既是盘存账户,又具有成本计算账户的性质;又如"本年利润"账户,既是财务成果账户,又具有集合汇转账户的性质。

第四节　会计账户按其他标志分类

账户除了按照经济内容、用途和结构进行分类外,还可以按照账户的统驭与被统驭关系以及账户与会计报表的关系进行分类

一、按账户的统驭与被统驭的关系分类

账户以统驭与被统驭的关系为标志进行分类,可以分为总分类账户和明细分类账户。其中,总分类账户是指在账户体系中提供总括会计资料的账户,明细分类账户是指在账户体系中为某些总分类账户提供详细会计资料的账户。

总分类账户和明细分类账户核算的内容是相同的,只是提供的数据资料的详细程度不同。因此,总分类账户提供的总括数据资料,对所属明细分类账户起统驭作用;而明细分类账户提供详细具体的数据资料,对总分类账户起补充说明作用,并受到总分类账户的统驭。

账户按统驭与被统驭的关系进行分类,不仅能满足生产经营管理上要求提供详略有别的数据资料的需要和对外正确报告会计信息的需要,而且还能利用总分类账户和明细分类账户之间的平行登记关系进行账账核对,及时发现账簿记录中的错误并加以纠正,使提供的数据正确、可靠。

账户按统驭与被统驭的关系分类,如图 6－16 所示。

二、按与会计报表的关系进行分类

账户以其与会计报表的关系为标志进行分类,可以分为资产负债表账户和利润表账户两类。这种分类方法以会计要素分类为基础,把反映资产、负债和所有者权益的三类账户构成一组,称为资产负债表账户或实账户,主要反映企业在某一时点的财务状况;把反映收入、费用和利润的三类账户构成为一组,称为利润表账户或虚账户,主要反映企业在一定期间的经营成果。

资产负债表账户的特点是:期末一般有余额,期末余额是编制资产负债表的资料来源。同时,期末余额还需要结转到下一个会计期间。

利润表账户的特点是:发生额反映企业已经实现的收入或已经发生的成本、费用和支出,在每一会计期间终了,都要转至"本年利润"账户。因此,利润表账户一般无期末余额。

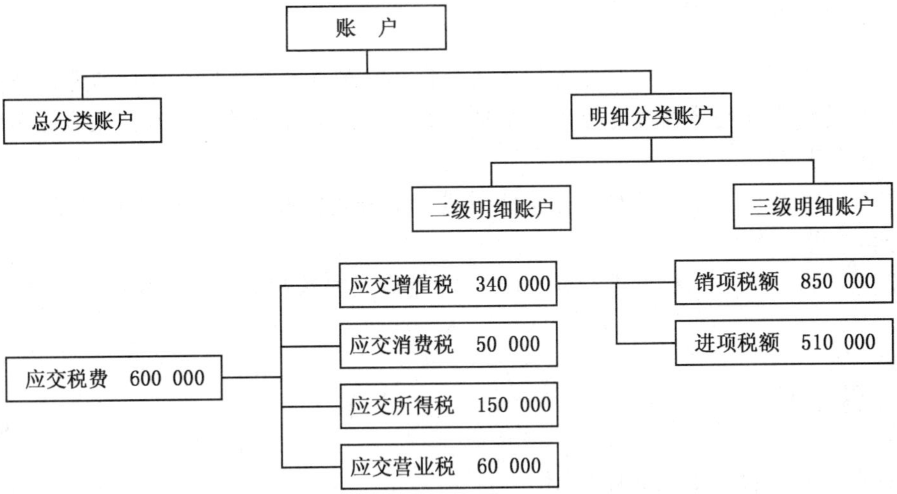

图 6—16 账户按统驭与被统驭的关系分类

账户按与会计报表的关系进行分类，不仅能体现账户所反映的经济内容，而且把账户分类与期末结账和编制报表联系起来，有助于进一步理解会计核算方法之间的关系。

本章小结

在会计核算中，账户分类对正确设置和运用账户是十分重要的。通过账户分类，可以了解各类账户的特性，与同类账户的共性及其各类账户之间的相互联系。这不仅有助于更深入全面地认识账户，也有助于利用账户满足企业日常经营管理需要和财务报表的编制，满足企业外部会计信息使用者的需要。

账户的分类应遵循一定的原则，即要符合规范性原则、明晰性原则、有用性原则以及完整性和互斥性相结合的原则。

账户可以采用不同的标志进行分类。运用不同的标志对账户进行分类，可以从不同的角度全方位观察账户体系的全貌。主要有以经济内容为分类标志和以用途和结构为分类标志两种，当然还有其他一些分类标志。账户以经济内容作为分类标志，是账户最基本的分类标志，它可以分为资产类、负债类、所有者权益类、损益类和利润类五大类。账户以用途和结构为分类标志进行分类，可以分为基本账户、调整账户和业务账户三大类，盘存账户、结算账户、跨期摊配账户、资本账户、调整账户、汇转账户、成本计算账户、集合分配账户、财务成果计算账户以及暂记账户十小类。

主要概念

账户分类　盘存账户　结算账户　跨期摊配账户　资本账户　调整账户
汇转账户　成本计算账户　集合分配账户　财务成果计算账户　暂记账户

复习思考题

1. 账户分类有何意义？账户分类的原则是什么？账户可按哪些分类标志进行分类？

2. 什么是账户以经济内容为分类标志进行的分类？按该分类标志可将账户分为哪几类？其分类有什么意义？

3. 什么是账户以用途和结构为分类标志进行的分类？按该分类标志可将账户分为哪几类？其分类有什么意义？

4. 以经济内容为分类标志进行分类，划分出的各账户结构有什么特性？

练习题

习题一

(一)目的：练习有关账户之间的调整关系。

(二)资料：某企业有关账户的期末余额如表6—1所示。

表6—1 某企业有关账户的期末金额 单位：元

账户名称	借方余额	贷方余额
应收账款	1 000 000	
坏账准备		30 000
固定资产	5 000 000	
累计折旧		2 000 000
本年利润		500 000
利润分配	100 000	

(三)要求：计算固定资产和应收账款的账面价值以及未分配利润，并说明有关账户的关系。

习题二

(一)目的：练习有关账户之间的调整关系。

(二)资料：天华公司存货采用计划成本法进行日常核算，有关账户的期末余额如下：

(1)“原材料”账户余额200 000元，“材料成本差异——原材料”账户贷方余额8 000元。

(2)“库存商品”账户余额500 000元，“材料成本差异——库存商品”账户借方余额5 000元。

(三)要求：分别计算公司期末原材料和库存商品的实际成本，并对上述两个账户之间的关系进行说明。

习题三

(一)目的：练习账户按用途和结构以及按与财务报表的关系进行分类。

(二)资料：有关账户名称如下：库存现金、银行存款、原材料、材料成本差异、应收账款、坏账准备、应收票据、应收利息、预付账款、固定资产、累计折旧、固定资产清理、待处理财产损溢、应付账款、短期借款、应付利息、应交税费、主营业务成本、其他业务收入、营业外支出、财务费用、资本公积、本年利润、利润分配。

(三)要求：将上述会计账户按用途和结构、按经济内容以及按与财务报表的关系进行分类，填写表6—2。

表 6－2　　账户分类表

账户名称	按经济内容分类	按用途和结构分类	按与财务报表的关系分类

第七章 会计凭证

学习目标

通过本章的学习，你可以达到以下目标：

1.熟悉会计凭证的含义及内容。

2.掌握会计凭证的作用和种类。

3.掌握会计凭证的填制要求和编制方法。

4.掌握会计凭证的传递和保管方法。

第一节 会计凭证概述

会计凭证简称为凭证，是指在会计核算中用以记录经济业务、明确经济责任的书面证明，是用来登记账簿的依据。

为了保证会计记录的真实性和明确经济责任，任何一个有经济活动的会计主体，对所记录账户的每一项经济业务，都必须有可靠的书面文件来证明经济业务的发生和完成。因此，合法地取得、正确地填制和审核会计凭证是会计核算的基本方法之一，也是会计核算工作的初始环节，它对实现会计职能、发挥会计作用有着重要的意义。

1. 会计凭证是审核经济业务的依据

会计凭证是经济业务的记录，通过会计凭证的审核，可以检查每一项经济业务是否合法、合理，会计凭证是否客观地反映了经济业务的内容，以此实现对经济活动的监督和控制。

2. 会计凭证是登记账簿的依据

会计的特点之一就是严格以凭证为依据，账簿记录必须根据审核无误的会计凭证登记，这样才能保证账簿记录真实可靠，客观反映经济业务的发生和完成情况，为分析、检查经济活动提供切实可靠的数据资料。

3. 会计凭证是分清各有关方面经济责任的依据

会计单位所发生的经济业务都是由有关部门协同完成的，都必须由有关方面的经办人员办理填制、取得凭证的手续，并由有关部门的经办人员签章。这样可促使有关经办部门和人员对经济业务的真实性、合法性负起责任，从而加强了有关人员的岗位责任。如果发现管理上的责任不清等问题，可以及时采取措施，改进工作，从而加强经济管理上的责任制。

会计凭证的种类繁多，按其填制程序和用途不同，可以分为原始凭证和记账凭证。由于它们的取得方式和内容不同，在会计核算的不同环节有着各自的作用。

第二节 原始凭证

一、原始凭证的概念及其基本内容

原始凭证也称单据，是指在经济业务发生时填制或取得、用于证明经济业务发生或完成情况、明确经办人员经济责任的书面证明。它是进行会计核算的原始资料和重要依据，也是作为记账原始依据的会计凭证。例如，销售产品时开出的发票，购买材料时取得的购货发票以及生产过程中领用材料的领料单，等等。凡是可用来证明经济业务发生或完成情况的单证是原始凭证，至于不能证明经济业务已发生或完成情况的单证则不能作为原始凭证记账，例如，购销合同、银行对账单、材料请购单及生产计划书等。

企业发生的经济业务纷繁复杂，记录经济业务的各种原始凭证的内容、格式也就各不相同。但是，作为反映经济业务的原始依据，都必须详细、客观地载明经济业务的发生和完成情况，必须明确经办单位和人员的经济责任，因此，各种原始凭证都具备一些共同的基本内容，主要包括：

(1)原始凭证的名称；

(2)原始凭证的编号及填制日期；

(3)接受凭证单位的名称；

(4)经济业务的简要内容；

(5)经济业务的财物数量、单价和金额；

(6)填制凭证单位的名称及填制人的姓名。

二、原始凭证的种类

1. 原始凭证按照来源不同，可分为外来原始凭证和自制原始凭证两类

外来原始凭证是指在经济业务发生或完成时，从其他单位或个人取得的原始凭证。例如，外购货物取得的增值税专用发票(见表7—1)，对外支付款项时取得的收据等。

表7—1 **增值税专用发票**

开票日期： 年 月 日 NO.

<table>
<tr><td rowspan="2">购货单位</td><td>名称</td><td colspan="3"></td><td colspan="2">纳税人登记号</td><td></td></tr>
<tr><td>地址、电话</td><td colspan="3"></td><td colspan="2">开户银行及账号</td><td></td></tr>
<tr><td colspan="2" rowspan="2">货物或应税劳务名称</td><td rowspan="2">计量单位</td><td rowspan="2">数量</td><td rowspan="2">单价</td><td>金额</td><td>税率(%)</td><td>税额</td></tr>
<tr><td></td><td></td><td></td></tr>
<tr><td colspan="2"></td><td></td><td></td><td></td><td></td><td></td><td></td></tr>
<tr><td colspan="2"></td><td></td><td></td><td></td><td></td><td></td><td></td></tr>
<tr><td colspan="2">合计</td><td></td><td></td><td></td><td></td><td></td><td></td></tr>
<tr><td colspan="2">价税合计(大写)</td><td colspan="6"></td></tr>
<tr><td rowspan="2">销货单位</td><td>名称</td><td colspan="3"></td><td colspan="2">纳税人登记号</td><td></td></tr>
<tr><td>地址、电话</td><td colspan="3"></td><td colspan="2">开户银行及账号</td><td></td></tr>
<tr><td colspan="2">备注</td><td colspan="6"></td></tr>
</table>

收款人： 开票单位(未盖章无效)

自制原始凭证是指由本单位内部的经办业务的部门和人员，在执行或完成某项经济业务时填制的，仅供本单位内部使用的原始凭证。例如，收料单、领料单等(见表7—2)。

表7—2 **领料单**

领料部门： 领料编号：

领料用途： 年 月 日 发料仓库：

材料编号	材料名称及规格	计量单位	数量		单价	金额
			请领	实领		
备注	合计					

发料人： 审批人： 领料人： 记账：

2. 原始凭证按照填制手续及内容不同，可以分为一次凭证、累计凭证、汇总原始凭证

(1)一次凭证。一次凭证是指在一项经济业务或若干项同类经济业务发生或完成时填制的，而且填制手续是一次完成的原始凭证。例如上面列示的发票、领料单。已填列的一次凭证不能再重复使用。外来原始凭证一般都是一次凭证，大多数自制原始凭证也是一次凭证。

(2)累计凭证。累计凭证是指在一定时期内，对同类经济业务在一张凭证中分次进行连续记录，直至汇总后才作为记账依据的原始凭证。例如，限额领料单(见表7—3)。

表7—3 **限额领料单** 仓库号：

领料部门： 年 月 计划产量：

用途： 单位消耗定额：

材料类别	材料编号	材料名称	规格	计量单位	单价	全月领用限额	全月实领	
							数量	金额

日期	请领			实发		退料			限额结余
	数量	领料单位负责人签章	领料人签章	数量	发料人签章	数量	退料人	收料人	

供应部门负责人： 仓库负责人： 生产部门负责人：

(3)汇总原始凭证。汇总原始凭证是指在会计核算中为简化记账工作，将一定时期内同类经济业务的原始凭证定期(每周、每旬、每月)整理加总而成的原始凭证。例如，根据一定时期的收料单、领料单汇总而成的收料凭证汇总表、发料凭证汇总表(见表7—4)。

表 7—4

发料凭证汇总表

年　月

单位：元

会计科目		领料部门	原料及主要材料	辅助材料	燃料	合计
生产成本	基本生产车间	一车间				
		二车间				
		小计				
	辅助生产车间	供水车间				
		机修车间				
		小计				
制造费用						
管理费用						
合计						

制表：　　　　　　　　　　　　　　审核：

三、原始凭证的填制

原始凭证反映的是经济业务发生或完成情况，是具有法律效力的书面证明，是会计核算的原始依据，必须认真填制。为了保证原始凭证能正确、及时地反映经济业务的客观情况，填制时应严格遵循以下要求：

1. 记录真实

原始凭证上记录的经济业务，必须与实际情况完全符合，所填列的内容、数量、金额、日期必须真实可靠，不得匡算、估计和随意填写。

2. 内容完整

原始凭证上的各项内容都必须按规定的格式和内容逐项填写齐全，并由有关人员签章。对外开出的凭证必须加盖本单位公章或专用章。各种凭证必须连续编号。

3. 填制及时

每项经济业务发生或完成以后，应由经办人员及时取得或填制原始凭证，并按规定程序和手续及时送交财会部门，不得拖延、积压，以便财会部门审核后及时据以编制记账凭证。

4. 填写规范

原始凭证上的数字、文字必须正确、清楚，易于辨认，不得使用未经国务院颁布的简化字；阿拉伯数字要逐个填写，不得连写；小写金额前要写人民币符号“￥”，用外币计价结算的凭证小写金额前应填外币符号，如 US、$ 等；元以后要写到角、分，无角分的以“0”表示，大写金额最后为元、角的应加“整”字断尾；凭证填写发生差错应按规定方法更正，不得任意涂改、刮擦、挖补。

四、原始凭证的审核

为了保证原始凭证内容的真实、正确，提高会计信息质量，充分发挥会计的监督作用，财会部门和经办业务部门必须对原始凭证进行严格的审核。审核的内容主要有以下三个方面：

1. 审核原始凭证的合法性

审核原始凭证所反映的经济业务是否符合有关政策、法律、制度、合同的规定，是否符合企业制定的有关规章、预算和计划的要求；审核有无违反规定的开支标准，有无弄虚作假、违法乱纪、贪污舞弊等行为。

2. 审核原始凭证的完整性

审核人员应该审核原始凭证是否具备作为合法凭证所具备的基本内容：填制的格式、内容以及手续是否符合规定的要求，各项目是否填写齐全，有关人员是否已签字、盖章。

3. 审核原始凭证的正确性

审核人员应该审核凭证上的经济内容摘要和数字计算是否正确，数量、单价、金额是否准确，大小写金额是否相符。

原始凭证的审核是一项重要而又细致的工作，对于不合法、不真实的原始凭证，会计人员应坚持原则，拒绝受理，并及时向单位领导报告。对于内容不全、数字不准、手续不齐的原始凭证，应退回给有关经办人员，由其补充完整、更正错误或重开之后，再办理正式会计手续。只有审核无误的原始凭证，方能作为编制记账凭证的依据。

第三节　记账凭证

一、记账凭证的概念及其基本内容

记账凭证也称记账凭单，是指会计人员运用借贷记账法，根据审核无误的原始凭证或原始凭证汇总表编制的，用于确定会计分录，作为登记账簿直接依据的会计凭证。在会计实际工作中，会计分录就是编制在记账凭证上的。

由于记账凭证反映的经济业务不同，按记账的要求归类整理和编制的，就有不同的种类和格式，但不论哪一类记账凭证，作为记账的直接依据，都必须满足记账的需要而具备以下基本内容：

(1)记账凭证的名称；

(2)填制记账凭证的日期；

(3)记账凭证的编号；

(4)经济业务的内容摘要；

(5)应借、应贷的会计科目(包括总分类科目和明细分类科目)和金额；

(6)所附原始凭证的张数；

(7)填制、审核、记账、会计主管人员的签名盖章。

二、记账凭证的种类

记账凭证按其适用的经济业务不同，可分为专用记账凭证和通用凭证。

(一)专用记账凭证

专用记账凭证是指分类记录经济业务的记账凭证。按其所反映的经济业务与货币资金有无联系，可分为：

1. 收款凭证

收款凭证是用于记录现金、银行存款收入业务的记账凭证，根据现金和银行存款收入业务的原始凭证填制。例如，企业因销售商品、提供劳务而收到银行存款时，就须填制收款凭证。它又可根据记录的内容不同，分为现金收款凭证和银行存款收款凭证(见表7—5)。

表7—5 **收款凭证**

借方科目：银行存款　　20×7年5月8日　　银收字第028号

摘要	贷方总账科目	明细科目	金额	记账
销售A商品8件	主营业务收入	A商品	380 000	✓
	应交税费	应交增值税	64 600	✓
合　计			￥444 600	

附单据　张

会计主管：　记账：　出纳：　审核：　制单：

2. 付款凭证

付款凭证是用于记录现金和银行存款付出业务的记账凭证，根据现金和银行存款付出业务的原始凭证填制。例如，企业开出支票购买原材料时，就须填制付款凭证。它又可根据记录的内容不同，分为现金付款凭证和银行存款付款凭证(见表7—6)。

表7—6 **付款凭证**

贷方科目：库存现金　　20×7年5月10日　　现付字第033号

摘要	借方总账科目	明细科目	金额	记账
李海预借差旅费	其他应收款	李海	20 000	✓
合　计			￥20 000	

附单据　张

会计主管：　记账：　出纳：　审核：　制单：

需要注意的是，在会计实际工作中，涉及现金和银行存款之间的相互划转业务，即从银行提取现金或将现金存入银行，只编制付款凭证，以免重复记账的情况发生。

3. 转账凭证

转账凭证是用于记录不涉及现金和银行存款收付业务(即转账业务)的会计凭证，根据有关转账业务的原始凭证填制。例如，原材料或产成品入库时，就须填制转账凭证(见表7—7)。

表7—7 **转账凭证**

20×7年6月9日　　转字第076号

摘要	总账科目	明细科目	记账	借方金额	记账	贷方金额
购买原材料货款未付，货已验收入库	原材料	甲材料	✓	528 600		
	应交税费	应交增值税	✓	89 862		
	应付账款	长城公司			✓	618 462
合　计				￥618 462		￥618 462

附单据　张

会计主管：　记账：　审核：　制单：

(二)通用凭证

通用凭证是指不分经济业务的内容,以一种格式记录全部经济业务的记账凭证。通用凭证的格式与转账凭证基本相同。

三、记账凭证的编制

记账凭证编制时所填列的会计科目应根据会计制度的规定,不得缩写、简写,更不能任意更改会计科目,以使会计记录的口径一致,提供统一的核算指标。同时,应借应贷的会计科目必须保持清晰的对应关系,便于有关人员通过记账凭证了解经济业务的内容。

(一)收款凭证的编制

收款凭证是根据现金、银行存款收入业务的原始凭证编制的记账凭证。该凭证左上角的"借方科目"根据实际收款的情况填列"库存现金"或"银行存款";日期填写的是编制本凭证的日期;"凭证号"可按收款业务的顺序编号:收字第×号,也可分别货币资金的类别并按收款业务的顺序编号:现收字第×号、银收字第×号;"摘要"栏填写所记录的经济业务的简要内容;"贷方科目"栏填写收入现金或银行存款相对应的会计科目;"金额"栏填写该项经济业务的发生额;"记账"栏填写该凭证已登记账簿的标记,可作"√"记号或填上所记账簿的页数,以免漏记或重记;凭证右边的"附单据×张"是记录作为本记账凭证编制依据的原始凭证张数,并将其直接粘附在记账凭证后面;凭证下面必须由有关人员签名盖章。

(二)付款凭证的编制

付款凭证是根据现金、银行存款支付业务的原始凭证编制的记账凭证,编制方法基本与收款凭证相同。所不同的是"贷方科目"填列在凭证的左上角,而借方则根据款项的不同用途填列在凭证中间的"借方科目"栏内;付款凭证的编号可按付款业务的顺序编号:付字第×号,也可分别货币资金的类别再按付款业务的顺序编号:现付字第×号、银付字第×号。

(三)转账凭证的编制

转账凭证是根据不涉及现金和银行存款收付业务的原始凭证编制的记账凭证,应按先借后贷的顺序将所记录的经济业务涉及的会计科目和金额填入"总账科目"、"明细科目"和"借方金额"、"贷方金额"栏;转账凭证的编号通常是转字第×号;其他栏目的填写与收款凭证、付款凭证相同。

(四)通用凭证的编制

通用凭证的编制与转账凭证基本相同,所不同的是按所有经济业务发生的先后顺序编号的。

(五)科目汇总表的编制

在实际工作中,如果企业的规模较大,发生的经济业务较多,按记账凭证逐笔登记总账的工作量较大。为简化记账工作,可定期(5天、10天或半个月)根据记账凭证编制科目汇总表,然后根据科目汇总表汇总登记总分类账。

科目汇总表的编制方法是将一定时期内全部记账凭证进行归类汇总,先按全部记账凭证的借方科目归类汇总,将各个账户的借方发生额合计数填列在科目汇总表的"借方发生额"栏中,然后再按全部记账凭证的贷方科目归类汇总,将各个账户的贷方发生额合计数填列在科目汇总表的"贷方发生额"栏中,最后将所有账户的本期借方发生额和贷方发生额进行合计,借贷平衡后,据以登记总账。

四、记账凭证的审核

记账凭证是登记账簿的直接依据，为了保证账簿记录的正确性，以及整个会计信息的质量，记账前必须由专人对已填制的记账凭证进行认真严格的审核，审核的内容主要包括：

（1）审核记账凭证是否附有原始凭证，所附原始凭证的张数与记账凭证所列附件张数是否相符；记账凭证所反映的经济业务内容、金额与所附原始凭证的内容和金额是否相符。

（2）审核记账凭证中应借应贷的会计科目对应关系是否清晰，借贷金额是否正确，借贷是否平衡。

（3）审核记账凭证中有关项目的填写是否清楚、完整，有关人员的签章是否齐全。记账凭证要严格审核无误后，才能登记入账。如在审核后发现错误，应及时查明原因，按规定的方法更正，再审核无误后才能据以记账。

第四节　会计凭证的传递和保管

一、会计凭证的传递

会计凭证的传递是指会计凭证从填制或取得起到归档保管为止，按照规定的时间和路线在单位内部各有关部门和人员之间传递的手续。

会计凭证由于记载的经济业务不同，管理的要求不同，涉及的部门和人员不同，要据以办理的业务手续也不同。因此，要使各项工作环环相扣，既满足内部控制制度的要求，又节约传递时间，提高工作效率，就必须给各种会计凭证制定合理的流转程序和方法。

制定合理、有效的会计凭证传递程序必须考虑以下几个方面：

1. 确定会计凭证的传递路线

企业经济业务往往要由各个业务部门分工完成，应根据经济业务的特点、机构设置和人员的分工，以及管理上的要求，明确规定会计凭证的联次及其流程。既要使会计凭证经过必要的环节进行审核和处理，又要避免在不必要的环节停留，保证最简捷、最合理的传递路线。

2. 确定会计凭证的联数

应根据管理的需要，具体规定各种会计凭证应一式几联，要使各有关部门既能按规定处理业务，又能利用掌握的资料及时为管理提供所需的信息。

3. 确定会计凭证的传递手续

在凭证传递过程中的衔接手续，既要完备严密，又要简便易行，建立凭证收发、交接的签收制度，以分清各有关部门和人员的职责。

4. 确定会计凭证的传递时间

要根据经办人员办理经济业务所需的时间合理确定各种凭证在经办部门的停留时间，防止拖延处理和积压凭证，保证会计凭证的及时传递，提高工作效率。

二、会计凭证的保管

会计凭证的保管是指会计凭证记账后的整理、装订和归档存查。会计凭证作为记账的依据，是企业的重要经济档案，必须妥善保管，不得丢失、随意抽取或任意销毁。会计凭证的保管方法和要求是：

(1)每月记账完毕，会计部门要将本月各种记账凭证按序号整理，检查有无缺号或重号，附件是否齐全，而后加上封面、封底，装订成册，以防散失，并在装订线上粘贴封签，盖具会计主管印章；封面上填好凭证所属年月，标明凭证册数及每册起讫号、原始凭证张数等。对业务量大的企业，如月内凭证数量过多，可分成若干册进行装订，在封面注明共几册的字样。

(2)装订成册的会计凭证，应有专人负责保管。查阅会计凭证应有一定的手续制度。作为会计档案，会计凭证不能外借，其他单位因特殊原因需要查阅时，须经本单位负责人批准方可；向外单位提供的会计凭证复制品，应在专门的登记簿上登记，由提供人和收受人共同签章。

(3)会计凭证的保管期限和销毁手续，应严格按照《会计档案管理办法》的有关规定，保管期未满，任何人不得随意销毁会计凭证；保管期满后，也必须按规定的批准手续进行处理。

本章小结

会计凭证是在会计核算中用以记录经济业务、明确经济责任的书面证明，是用来登记账簿的依据。会计凭证既是审核经济业务、登记账簿的依据，也是分清各有关方面经济责任的依据。

会计凭证按其填制程序和用途不同，可以分为原始凭证和记账凭证。

原始凭证是在经济业务发生时填制或取得的，用以证明经济业务发生或完成情况，明确经办人经济责任的书面证明。它是进行会计核算的原始资料和重要依据，也是作为记账原始依据的会计凭证。

原始凭证按照来源不同，可分为外来原始凭证和自制原始凭证两类；原始凭证按照填制手续及内容不同，可以分为一次凭证、累计凭证、汇总原始凭证。

记账凭证是会计人员运用借贷记账法，根据审核无误的原始凭证或原始凭证汇总表编制的，用于确定会计分录，作为登记账簿直接依据的会计凭证。在会计实际工作中，会计分录就是编制在记账凭证上的。

记账凭证按其适用的经济业务不同可分为专用记账凭证和通用记账凭证。

主要概念

会计凭证　　原始凭证　　记账凭证　　会计传递

复习思考题

1. 会计凭证有什么作用？它包括哪几种？

2. 什么是原始凭证？它又有哪些种类？

3. 记账凭证在会计核算中起哪些作用？它应具备哪些内容？

4. 记账凭证按其反映的经济内容不同，可分为哪几种？它们分别用来记录什么经济业务？

练习题

习题一

(一)目的:练习记账凭证的编制。

(二)资料:南海工厂 20×8 年 7 月发生下列经济业务:

(1)1 日,收到某单位的投资款 96 000 元存入银行。

(2)3 日,以银行存款 1 540 元缴纳上月欠交的税金。

(3)4 日,生产产品领用乙材料 4 600 元。

(4)5 日,销售产品一批,货款 54 000 元尚未收到。

(5)8 日,购买乙材料价值 20 000 元,货款尚未支付。

(6)11 日,从银行存款中提取现金 1 000 元备用。

(7)15 日,收到销货款 54 000 元存入银行。

(8)18 日,以银行存款 30 000 元归还短期借款。

(9)20 日,购买管理部门的办公用品 120 元,以现金支付。

(10)22 日,生产产品领用甲材料 1 950 元。

(11)25 日,采购员出差归来报销差旅费 850 元,原预支 900 元,余款交回现金。

(12)26 日,用银行存款购买设备,价值 34 000 元。

(13)29 日,本月有部分产品完工已验收入库,结转完工产品成本 5 000 元。

(三)要求:根据上述经济业务编制记账凭证,并注明所编凭证的种类。

习题二

(一)目的:练习记账凭证的编制。

(二)资料:A 公司 20×8 年 10 月发生有关经济业务如下:

(1)购入原材料 20 000 元,材料已验收入库,货款尚未支付。

(2)收到投资人投入现金 6 000 元;投入设备一台,价值74 000元,设备已投入使用。

(3)采购员李胜出差预借差旅费 2 000 元,以现金支付。

(4)收回上月销货款 22 000 元,存入银行。

(5)以银行存款 5 600 元缴纳上月欠交税金。

(6)生产产品领用材料 8 500 元。

(7)以银行存款支付本月管理部门电话费 2 350 元。

(8)采购员李胜出差回来报销差旅费 2 400 元,不足数以现金支付。

(9)以银行存款 17 000 元支付应付购料款。

(10)本月投产的产品 9 800 元已完工验收入库,结转完工产品成本。

(11)检查上月凭证、账簿,发现有错账:

购入管理部门用办公文具用品 1 500 元,以银行存款支付,已编制下列凭证并入账:

借:原材料　　1 500

　　贷:银行存款　　1 500

(三)要求:

(1)为上述经济业务编制有关的记账凭证。

(2)根据会计分录登记"银行存款"(期初借方余额 90 000 元)和"应付账款"(期初贷方余额 7 800 元)账户,并结出本期发生额和期末余额。

第八章 会计账簿

学习目标

通过本章的学习，你可以达到以下目标：

1. 明确账簿的概念，理解其在会计核算、经济管理中的重要意义。
2. 了解账簿的种类，掌握账簿的登记方法、错账的更正方法、结账和对账的方法。
3. 重点掌握、熟练运用各种账簿的规则。
4. 熟悉账簿启用和保管的程序和规则。

第一节 会计账簿的意义和种类

一、会计账簿的意义

会计账簿，简称账簿，是以会计凭证为依据，用于全面、系统、序时、分类地记录和反映各项经济业务的簿籍。会计账簿由有专门格式并以一定形式、相互联系的账页所组成。

企业发生的经济业务，都必须通过填制和审核会计凭证加以反映，但会计凭证的数量多，又很分散，每张会计凭证只能反映个别经济业务的内容，而不能反映企业全部的经济活动情况。账簿由有专门格式而又相互联结的账页所组成，因此，能够把分散在会计凭证中的大量资料加以集中归类反映，从而全面地、序时地、分类地提供各单位某一时期内的全部经济业务的核算资料。

设置和登记账簿是会计核算的一种专门方法，是连接会计凭证和会计报表的中间环节。科学地设置和正确地登记账簿，对于加强经济管理，发挥会计的职能作用，具有重要的意义。账簿的主要作用如下：

1. 会计账簿可以提供系统、完整的会计信息

企业的所有经济活动都序时地、分类地记录在账簿中，便于经营管理者及时了解企业的筹资及投资情况，资产、负债和所有者权益的结构，以及资金的往来、收支及资产的增减变动情况，从而监督资金的合理有效使用，财务成果的正确核算，保护财产物资的安全完整。

2. 会计账簿为编制会计报表提供依据

通过会计账簿的设置和登记，将会计凭证中大量零散资料加以归类整理，从而为会计报表的编制提供了各有关账户的明细、总括资料。完整、正确的账簿记录能及时、正确地向信息使用者提供有关的会计信息。

3. 会计账簿是检查和分析单位经济活动的重要依据

账簿的记录可以反映企业全面的经济活动，开展财务分析所需的指标信息都可以从账簿中找到详细资料。会计监督部门可以通过对账簿记录的检查和监督，了解企业会计活动和会

计信息活动以及会计信息形成的合法性、正确性和完整性，据此对企业财务活动和会计信息质量做出评价。通过财务分析和财务检查，促使企业不断改善经营管理水平，以适应现代企业制度的要求。

企业必须根据国家法规、会计准则、会计制度的有关规定，根据企业自身的业务特点和管理需要，科学合理地设置相应的账簿体系，及时、正确地做好账簿的登记工作。

二、会计账簿的种类

会计核算中应用的账簿很多，不同的账簿，其用途、形式、内容和登记方法都各不相同。为了更好地了解和使用各种账簿，应对账簿进行必要的分类。账簿的分类一般有以下三种方式：

(一)账簿按其用途分类

所谓账簿的用途，是指某一本账簿用来登记什么经济业务以及如何进行登记。账簿按其用途分类，一般可分为序时账簿、分类账簿和备查账簿三大类。

1. 序时账簿

序时账簿通常称为日记账，是按照经济业务完成时间的先后顺序，逐日、逐笔、连续进行登记的账簿。在会计核算工作中，序时账簿是根据会计部门收到的会计凭证的先后顺序，即记账凭证编号的先后顺序，逐日逐笔进行登记，每日结出余额。序时账簿按其记录经济业务范围的不同，可分为普通日记账和特种日记账。其中，登记全部经济业务的日记账为普通日记账，如“分录簿”；登记某类经济业务的专门日记账称为特种日记账，如“库存现金日记账”、“银行存款日记账”等。

(1)普通日记账。通常把每天发生的经济业务，按照其发生的时间先后顺序，根据原始凭证，在账簿中逐笔编制会计分录，也可称为分录日记账。其实质是把会计分录按照经济业务发生的先后顺序记入日记账中，以此作为连续登记分类账的依据。在会计实务中，由于经济业务的复杂多样性，采用一本账簿逐日、逐笔、序时记录全部经济业务，显然比较困难，也不利于分工，因此现在已很少采用。这种账簿适用于会计电算化。

(2)特种日记账。是用来记录某一类经济业务的完成情况，即将大量重复发生的同类经济业务集中在一本日记账中进行序时登记的日记账。在会计实务中，为了简化记账手续，除了库存现金和银行存款的收付要记入库存现金日记账和银行存款日记账以外，其他各项目一般不再设置特种日记账进行登记。

2. 分类账簿

分类账簿也称分类账，是对各项经济业务按照账户进行分类登记的账簿。分类账簿按其反映经济业务详细程度的不同，又可分为总分类账簿和明细分类账簿。

(1)总分类账簿。也称为总分类账，简称总账，是根据总分类科目开设的账户，用来分类登记全部经济业务，提供总括资料的分类账簿。总分类账可以提供经济活动和财务收支的全面情况，统驭明细分类账，为编制会计报表提供主要依据。所有单位都必须设置总分类账。

(2)明细分类账簿。也称明细分类账，简称明细账，是根据总分类科目设置，按所属二级科目或明细科目开设账户，用于分类登记某一类经济业务，提供详细的核算资料的账簿。明细分类账可以提供经济活动和财务收支的详细情况，有利于加强财产物资的管理，监督往来款项的结算，也为编制会计报表提供必要的资料。因此，各单位应在设置总分类账的基础上，根据经营管理的实际需要，按照总分类科目，设置必要的明细分类账。

在实际工作中，序时账簿还可与分类账簿结合起来，即在一本账簿中既进行序时登记，又进行分类登记，故称为联合账簿。日记总账是典型的联合账簿。

3. 备查账簿

备查账簿也称辅助账簿，是对某些在日记账和分类账等主要账簿中未能记录或记载不全的经济业务进行补充登记的账簿，是一种辅助性的账簿，它可以为经营管理者提供必要的参考资料。例如，应收票据备查账簿、租入固定资产备查账簿等。备查账簿没有固定格式，它与其他账簿之间不存在依存和勾稽关系。各单位可以根据实际需要设置备查账簿。

（二）账簿按其外表形式分类

1. 订本式账簿

订本式账簿也称订本账，是指在账簿启用前，将一定数量的印有专门格式的账页按顺序号固定装订成册的账簿。这种账簿的优点是，可以避免账簿散失，防止任意抽换账页，从而能够保证账簿资料的安全和完整。它的缺点是，由于账页固定，不能根据需要增减账页，所以在使用时，必须为每一账户预留账页，这样就容易出现预留账页过多或不足，造成浪费和影响账户连续登记的情况，而且，在同一时间里，只能由一人负责登记，不便于分工记账。通常，一些重要的账簿，如库存现金日记账、银行存款日记账、总账等，都采用订本式账簿。

2. 活页式账簿

活页式账簿也称活页账，是指把一定数量的零散的账页放置在活动账夹中形成的账簿。这种账簿平时将账页装置在账夹中，年终结账后装订成册。它的优点是，账页不固定装订在一起，可以根据需要，任意增减空白账页，不会造成账页浪费，使用起来灵活，而且便于分工记账，有利于提高工作效率。它的缺点是，由于账页是散开的，容易散失或被抽换，因此，账页在使用时应连续编号，并在账页上加盖记账人员和会计主管的印章，以防止舞弊行为。活页式账簿主要适用于各种明细账。

3. 卡片式账簿

卡片式账簿也称卡片账，是指由若干张分散的、具有专门格式的存放在卡片箱中的硬纸卡片组成的账簿。卡片式账簿平时将卡片放在卡片箱中，由专人负责保管。可以随时抽出账页，予以记录，并随时放回。这种账簿的优缺点及防范措施与活页式账簿相同，通常主要用于记载内容比较复杂的财产明细账，如固定资产明细账、低值易耗品明细账等。

（三）会计明细账按账页格式分类

账簿按账页格式不同可分为二栏式账簿、三栏式账簿、多栏式账簿和数量金额式账簿。

1. 二栏式账簿

二栏式账簿是在账页中只设置借方和贷方两个金额栏，不设余额栏的账簿。一般情况下，普通日记账的格式采用二栏式。

2. 三栏式账簿

三栏式账簿是将账页中登记金额的部分分为三个栏目，即借方、贷方和余额三栏。这种账簿适用于只提供价值核算信息，不需要提供数量核算信息的账簿，如总分类账、库存现金日记账、银行存款日记账、债权债务明细账等常使用它。

3. 多栏式账簿

多栏式账簿是根据经营管理的需要，在借方和贷方的某一方或两方下面分设若干栏目，以登记某一个会计科目增、减变动详细情况的一种明细账，是在账页中设立三个以上金额栏的账簿，详细反映借、贷方金额的组成情况。按照明细账所记经济业务的特点不同，多栏式账簿可分为借方多栏式、贷方多栏式和借贷方多栏式三种格式。

多栏式账簿适用于核算内容较多，且管理上要求提供各核算项目详细信息的明细分类账簿，如成本、费用等明细账。以管理费用为例，总账科目管理费用下设办公费、差旅费、折旧费等明细科目。

4. 数量金额式账簿

数量金额式账簿是指由在借方、贷方、余额(或收入、支出、余额)三大栏下再设数量、单价、金额三小栏目的账页所组成的账簿。这类账簿可以全面反映经济业务的数量和金额，主要适用于既要进行金额核算，又要进行数量核算的各种财产物资账簿。如原材料明细账和产成品明细账等。

一般企业，不论规模大小、业务繁简，都必须设置序时账、总分类账和明细分类账三种主要账簿，不能记入主要账簿的经济业务，可根据需要设置备查账簿。

第二节　会计账簿的设置和登记

一、日记账的设置和登记

序时账也称日记账，可以用来序时地记录和反映全部经济业务的发生或完成情况，也可以用来序时地记录和反映某一类经济业务的发生或完成情况，前者称为普通日记账，后者称为特种日记账。

(一)普通日记账的设置和登记方法

普通日记账是根据日常发生的经济业务逐日逐笔地进行登记的账簿。它把每笔经济业务涉及的借、贷方科目都列入日记账内，故又称为“会计分录簿”。其设置一般分为“借方金额”和“贷方金额”两栏，这种账簿不结余额。普通日记账的具体格式如表8—1所示。

表8—1　　普通日记账　　第　页

20×7年		摘要	会计科目	借方金额	贷方金额	过账
月	日					
4	2	从银行提取现金	库存现金	2 500		
			银行存款		2 500	
	3	归还前欠货款	应付账款	18 600		
			银行存款		18 600	
	5	收到投资者投资	固定资产	160 000		
			实收资本		160 000	

普通日记账的登记方法如下：“日期”栏登记经济业务发生的时间，“摘要”栏填写经济业务的简要说明，“会计科目”栏填写会计分录涉及的会计科目名称，“借方金额”栏填写应借记账户的金额，“贷方金额”栏填写应贷记账户的金额。

(二)特种日记账的设置和登记方法

特种日记账用来记录某一类经济业务。为了加强对货币资金的管理，每个单位都应设置库存现金日记账和银行存款日记账，用于序时反映库存现金和银行存款收入的来源、支出的去向或用途以及每日结存金额。各单位根据实际需要，库存现金日记账和银行存款日记账可以采用三栏式格式或者多栏式格式。

1. 三栏式库存现金日记账和银行存款日记账的格式和登记方法

(1)三栏式库存现金日记账的格式和登记方法

库存现金日记账是记录和反映库存现金收付业务的一种特种日记账，一般采用订本式账簿。三栏式库存现金日记账是指在同一账页内设置库存现金的收入、付出和结余三个金额栏。它由出纳人员根据审核无误的库存现金收款凭证和付款凭证逐日逐笔顺序登记。对于从银行提取现金的业务，由于只填制银行存款付款凭证，而不填制库存现金收款凭证，因而从银行提取现金引起的现金收入数额，应根据审核后的银行存款付款凭证登记库存现金日记账。三栏式库存现金日记账的一般格式如表 8－2 所示。

表 8－2 **三栏式库存现金日记账** 第 页

20×7 年		凭证字号	摘要	对方科目	借方（收入）	贷方（支出）	借或贷	余额
月	日							
8	1		期初余额				借	2 000
	1	银付 1	提取现金	银行存款	20 000		借	22 000
	3	现付 1	发放工资	应付职工薪酬		14 000	借	8 000

三栏式库存现金日记账的登记方法如下：库存现金日记账中的“日期”、“摘要”等栏目，根据有关记账凭证登记；“凭证字号”栏登记收款凭证或付款凭证的种类和编号，如库存现金收款凭证第 8 号可写成“现收 8”；“收入”栏根据现金收款凭证和引起现金增加的银行存款付款凭证登记；“支出”栏根据库存现金付款凭证登记；“对方科目”栏登记库存现金收入、支出时的对应科目，以反映每笔经济业务的来龙去脉。

每日收付款项登记完毕，应分别计算收入金额和付出金额的合计数，并结出每日余额。余额的计算公式为：

本日余额＝昨日余额＋本日收入金额合计－本日付出金额合计

余额结出后，出纳人员应盘点库存现金实有数额，将库存现金实有额与账面余额相核对，核对账实是否相符，如果账实不符，应查明原因。

(2)三栏式银行存款日记账的格式和登记方法

银行存款日记账是记录和反映银行存款的存入、支取以及结余情况的一种特种日记账。一般采用订本式账簿。

三栏式银行存款日记账的登记方法与三栏式库存现金日记账的登记方法基本相同，在此不再重复说明。三栏式银行存款日记账的一般格式如表 8－3 所示。

表 8－3 **三栏式银行存款日记账** 第 页

20×7 年		凭证字号	摘要	对方科目	借方（收入）	贷方（支出）	借或贷	余额
月	日							
6	1		期初余额				借	28 000
	1	银付 1	支付材料费	在途物资		2 500	借	25 500
	1	银收 1	销售产品收入	主营业务收入	10 000		借	35 500

2. 多栏式库存现金日记账和银行存款日记账的格式和登记方法

所谓多栏式日记账，是将账页的“收入”栏和“支出”栏分别按对应科目设置若干专栏。即把“收入”栏按贷方科目设置若干专栏，“支出”栏按借方科目设置若干专栏。多栏式库存现金日记账和银行存款日记账的格式如表8—4所示。

表8—4 **多栏式库存现金(银行存款)日记账** 第 页

20×7年		凭证字号	摘要	收入金额			支出金额					余额
月	日			应贷对方科目			应借对方科目					

多栏式日记账的登记方法是：由出纳人员根据审核后的收款凭证和付款凭证逐日逐笔顺序登记“收入金额”栏和“支出金额”栏。将其对应科目的金额，登入“应贷对方科目”栏或“应借对方科目”栏。每日收付款项登记完毕，应分别计算收入金额和付出金额的合计数，并结出每日余额。

二、总分类账簿的设置和登记

总分类账簿，简称总账，是按照总分类科目设置的账簿，一般采用订本式账簿。每个账户应视其经济内容的多少预留出若干空白账页，以登记一定时期内涉及该账户的所有经济业务及其发生的增减变动。由于总分类账簿能够全面、系统地反映全部经济活动情况，并为编制会计报表提供资料，所以每个单位都要设置总分类账簿。总分类账簿的格式一般采用三栏式。下面以“应收账款”总分类账为例，说明三栏式总分类账的格式和登记方法(如表8—5所示)。

表8—5 **总分类账**

会计科目：应收账款 第 页

20×7年		凭证字号	摘要	借方	贷方	借或贷	余额
月	日						
5	1		期初余额			借	21 300
	2	转字1	赊销产品	4 600		借	25 900
	10	银收2	收回前欠货款		5 000	借	20 900
	21	转字7	赊销产品	2 000		借	22 900
	22	转字12	发生坏账损失		3 500	借	19 400
5	31		本月发生额及月末余额	6 600	8 500	借	19 400

“会计科目”栏，填列所开设总账的会计科目名称；“年月日”、“凭证字号”、“摘要”等栏，根据有关记账凭证编制的先后顺序依次登记；“借方”栏，登记有关记账凭证载明的应记入该账户的借方金额；“贷方”栏，登记有关记账凭证载明的应记入该账户的贷方金额；“借或贷”栏，登记该账户余额的方向，填写“借”字或“贷”字，如期末余额为零，则填写“平”字，并在“余额”栏中填写“0”符号。

为了清晰地反映经济业务的来龙去脉，也可增设“对方科目”。

总分类账也可以设成多栏式的。多栏式总分类账，是在一张账页上，把一个会计主体涉及的会计科目都设置专栏，并在各专栏内再分借方和贷方栏次，同时根据“有借必有贷，借贷必相等”的原理，在各专栏前，设置“发生额”栏，起合计作用。这种格式是把序时账簿和总分类账簿结合在一起，变成了一种联合账簿，通常称为日记总账。一般是根据记账凭证汇总后的数字定期进行登记。采用多栏式总账，可以清晰地反映经济业务的来龙去脉，可以进行全部会计科目的试算平衡。但如果一个单位使用的会计科目较多，栏目也会相应增多，使得账簿篇幅较大，不便于使用和保管。因此，它主要适用于经济业务较少、规模不大的单位。多栏式总分类账格式如表 8－6 所示。

表 8－6　　日记总账（多栏式）

20×7 年		凭证字号	摘　要	发生额	科目		科目		科目		
月	日				借方	贷方	借方	贷方	借方	贷方	

总分类账的登记依据和方法取决于所采用的会计核算程序。在不同的会计核算组织程序下，总分类账可以直接根据各种记账凭证逐笔登记，也可根据将各种记账凭证先汇总编制成汇总记账凭证或科目汇总表，再据以登记，还可以根据多栏式库存现金日记账、银行存款日记账逐笔或定期登记。无论采取哪种方法，会计人员每月都应将全月已发生的经济业务全部登记入账，并且月末结出总分类账各个账户的本期发生额和期末余额，作为编制会计报表的主要依据。

三、明细分类账簿的设置和登记

为了详细地反映经济活动情况，并为编制会计报表提供详细的核算资料，各单位应在设置总分类账的基础上，根据经营管理的需求，设置必要的明细分类账。明细分类账的设置对于加强财产物资的收发和保管、资金的管理和使用、收入的取得和分配、往来款项的结算以及费用的开支等方面经济活动的监督，起着重要的作用。

各单位应根据经营管理的需要，为各种财产物资、债权债务、收入、费用及利润等有关总分类账户设置各种明细分类账，如原材料明细账、应收账款明细账。明细分类账一般采用活页式账簿，也可采用卡片账，如固定资产卡片账可作为固定资产明细账。至于哪些总分类账要设置明细分类账，则要根据企业管理上的需要而定。一般来说，对于经营过程的监督越细致、越具体，就越需要设置明细分类账。

明细分类账的格式，应根据它所反映的经济业务内容的特点以及实物管理的不同要求来设计，一般有三栏式、多栏式、数量金额式三种。

（一）三栏式明细分类账簿

三栏式明细分类账簿的账页格式与三栏式总分类账簿账页格式相同，即只设有“借方”、“贷方”和“余额”三个金额栏，不设“数量”栏。其填列方法除在左上角“明细科目”处，填列所开设的二级或明细账的会计科目名称外，其余项目的填列方法与三栏式总分类账基本相同。

三栏式明细分类账适用于仅需要进行金额明细分类核算，不需要提供数量变化情况的账户。如应收账款、应付账款等科目的明细分类核算。三栏式明细分类账的格式如表8—7所示。

表8—7 应付账款明细账(三栏式)

20×7年		凭证字号	摘要	借方	贷方	借或贷	余额
月	日						
7	1		期初余额			贷	2 400
	2	转字1	购买材料欠款		4 600	贷	7 000
	10	银付2	偿还前欠货款	2 000		贷	5 000
7	31		本月发生额及月末余额	2 000	4 600	贷	5 000

(二)多栏式明细分类账簿

多栏式明细分类账簿是根据经济业务的特点和管理的需要，在一张账页上按明细项目分设若干专栏，用来登记明细项目多、借贷方向单一且无需数量核算的收入、费用、利润等业务，如"生产成本"、"制造费用"、"管理费用"、"主营业务收入"、"本年利润"等明细账。

多栏式明细分类账一般都是单方向登记，即只在借方或贷方登记。如成本、费用类明细分类账，只在借方登记；收入类明细分类账，只在贷方登记。多栏式明细分类账也可双向登记，如本年利润、利润分配、应交增值税明细分类账等。多栏式明细分类账的格式设计及登记方法因科目及核算内容的不同，可分为三种情况。

1. 借方多栏式

借方多栏式一般用于成本费用支出类科目，在每一成本费用总账科目下，都需要设置若干明细科目或明细项目，反映成本费用支出的构成。由于这类科目在会计期间内发生的经济业务主要应登记在该账户的借方，因此，成本费用支出类明细分类账按借方开设多栏，反映各明细科目或明细项目本月借方发生额，如发生冲减事项，则用红字在借方登记。月末，将借方发生额合计数从贷方一笔转出，记入有关账户。成本费用支出类明细分类账的格式如表8—8所示。

表8—8 成本费用支出类明细分类账

年		凭证字号	摘要	借方(项目)					贷方	余额
月	日							合计		

2. 贷方多栏式

贷方多栏式一般用于收入类科目，其总账科目下的所属明细科目或明细项目，反映出某一收入指标的构成。由于这类科目在会计期间内发生的经济业务主要都应登记在该账户的贷方，因此，收入类明细分类账按贷方开设多栏，反映各明细科目或明细项目本月贷方发生额，如发生冲减有关收入事项，则用红字在贷方登记。月末，将贷方发生额合计数从借方一笔转出，记入有关账户。收入类明细分类账的格式如表 8－9 所示。

表 8－9　　收入类明细分类账

<table>
<tr><th colspan="2">年</th><th rowspan="2">凭证字号</th><th rowspan="2">摘　要</th><th colspan="5">贷方（项目）</th><th rowspan="2">借方</th><th rowspan="2">余额</th></tr>
<tr><th>月</th><th>日</th><th></th><th></th><th></th><th></th><th>合计</th></tr>
<tr><td></td><td></td><td></td><td></td><td></td><td></td><td></td><td></td><td></td><td></td><td></td></tr>
<tr><td></td><td></td><td></td><td></td><td></td><td></td><td></td><td></td><td></td><td></td><td></td></tr>
<tr><td></td><td></td><td></td><td></td><td></td><td></td><td></td><td></td><td></td><td></td><td></td></tr>
</table>

3. 借贷方多栏式

借贷方多栏式一般用于财务成果类科目，这类科目在会计期间既发生借方业务，也发生贷方业务。为反映财务成果的构成，借方和贷方都要设多栏，登记各明细科目或明细项目本月发生额。财务成果类明细分类账的格式如表 8－10 所示。

表 8－10　　财务成果类明细分类账

<table>
<tr><th colspan="2">年</th><th rowspan="2">凭证字号</th><th rowspan="2">摘　要</th><th colspan="3">借　方</th><th colspan="4">贷　方</th><th rowspan="2">借或贷</th><th rowspan="2">余额</th></tr>
<tr><th>月</th><th>日</th><th></th><th></th><th>合计</th><th></th><th></th><th></th><th>合计</th></tr>
<tr><td></td><td></td><td></td><td></td><td></td><td></td><td></td><td></td><td></td><td></td><td></td><td></td><td></td></tr>
<tr><td></td><td></td><td></td><td></td><td></td><td></td><td></td><td></td><td></td><td></td><td></td><td></td><td></td></tr>
<tr><td></td><td></td><td></td><td></td><td></td><td></td><td></td><td></td><td></td><td></td><td></td><td></td><td></td></tr>
</table>

(三)数量金额式明细分类账簿

数量金额式明细分类账，是对具有实物形态的财产物资进行明细分类核算的账簿，适用于财产物资和库存商品等既要进行金额明细核算，又要进行实物数量核算的各种财产物资科目。其账簿的格式如表 8－11 所示。

表 8－11　　数量金额式明细分类账

<table>
<tr><td colspan="2">类　别</td><td colspan="4"></td><td colspan="3">计量单位</td><td colspan="4"></td></tr>
<tr><td colspan="2">品名规格</td><td colspan="4"></td><td colspan="3">存放地点</td><td colspan="4"></td></tr>
<tr><td colspan="2">编　号</td><td colspan="4"></td><td colspan="3">储备定额</td><td colspan="4"></td></tr>
<tr><th colspan="2">年</th><th rowspan="2">凭证字号</th><th rowspan="2">摘要</th><th colspan="3">收　入</th><th colspan="3">支　出</th><th colspan="3">结　存</th></tr>
<tr><th>月</th><th>日</th><th>数量</th><th>单价</th><th>金额</th><th>数量</th><th>单价</th><th>金额</th><th>数量</th><th>单价</th><th>金额</th></tr>
<tr><td></td><td></td><td></td><td></td><td></td><td></td><td></td><td></td><td></td><td></td><td></td><td></td><td></td></tr>
<tr><td></td><td></td><td></td><td></td><td></td><td></td><td></td><td></td><td></td><td></td><td></td><td></td><td></td></tr>
<tr><td></td><td></td><td></td><td></td><td></td><td></td><td></td><td></td><td></td><td></td><td></td><td></td><td></td></tr>
</table>

数量金额式明细分类账的具体登记方法如下：

“凭证字号”栏：填写按所依据的原始凭证的字和号进行，如收料单的“收”字、领料单的“领”字、产成品入库单的“入”字和出库单的“出”字。

三个“数量”栏：填写实际入库、出库和结余的财产物资的数量。

入库“单价”栏和“金额”栏按照入库材料的单位成本登记。

出库和结存中的“单价”栏和“金额”栏，登记时间及登记金额取决于企业所采用的期末存货计价方法。在采用月末一次加权平均法下，出库和结存的“单价”栏和“金额”栏一个月只在月末登记一次。

各种明细分类账的登记方法，应根据各个单位业务量的大小和经营管理上的需要，以及记录的经济内容而定，可以直接根据原始凭证、记账凭证逐笔登记，也可以根据汇总原始凭证逐日、定期汇总登记。一般来说，固定资产、债权债务明细账应当逐笔登记；商品、材料物资明细账，如业务发生不是很多，可以逐笔登记，如业务发生较多，为了简化记账工作，也可以逐日汇总登记。各种明细账每次登记完毕后，都应当结算出余额，以便进行核对和加强日常管理。

四、总分类账和明细分类账的关系及其平行登记

如前所述，总分类账和明细分类账所记入的经济业务内容相同，登记的依据相同。总分类账是统驭账户，对其下属的明细分类账户起控制作用；明细分类账是从属账户，对其所隶属的总分类账户起补充作用，所不同的只是通过核算资料有详细程度的差别，所起的作用不同。因此，在会计核算中，为了便于进行账户记录的核对，保证核算资料的完整性和准确性，总分类账与其所属明细分类账必须采取平行登记的方法。

所谓平行登记，是指经济业务发生后，要根据有关会计凭证，一方面要登记有关的总账，另一方面要登记该总账所属的各有关明细账。

（一）总分类账和明细分类账的平行登记

1. 同期登记

对发生的每一笔经济业务，要根据同一会计凭证，在同一会计期间，既要记总账，又要记该总账所属的明细账。如果涉及几个明细分类账，则应在几个明细账中进行登记。登记总分类账与其所属明细分类账必须在同一会计期间完成，并非同一时点。

2. 方向相同

依据同一会计凭证登记总账的借、贷方向与登记该总账所属明细账的借、贷方向必须一致。即如果在总分类账中记借方，则在所属的明细分类账户中也应记借方；如果在总分类账中记贷方，则在所属的明细分类账户中也应记贷方。

3. 金额相等

记入总分类账与其所属明细分类账的金额应当相等。总分类账与其所属明细分类账平行登记后可产生如下数额关系：

总分类账户期初余额＝所属明细分类账户期初余额合计

总分类账户本期借方发生额＝所属明细分类账户本期借方发生额合计

总分类账户本期贷方发生额＝所属明细分类账户本期贷方发生额合计

总分类账户期末余额＝所属明细分类账户期末余额合计

总分类账与明细分类账之间只有进行平行登记，才能起到总账控制明细账、明细账补充说明总账的作用，并通过平行登记，检查总账和明细分类账记录的完整性和正确性。

下面以富莱公司的“原材料”账户为例，说明总账与明细账的平行登记方法。

【例8—1】 富莱公司20×7年6月份“原材料”总账的月初余额为31 000元，其所属明细账的月初余额如表8—12所示。

表 8—12

名称	数量	单价	金额
甲材料	50 吨	600 元	30 000 元
乙材料	10 千克	100 元	1 000 元
合计			31 000 元

20×7 年 6 月份发生下列材料收发业务，编制会计分录如下(不考虑增值税问题)：

(1)5 日，填制收料单 1 号，验收入库甲材料 40 吨，单位成本 600 元；乙材料 25 千克，单位成本 100 元。

编制转账凭证 1 号，会计分录如下：

借：原材料——甲材料　　24 000
　　　　　——乙材料　　2 500
　贷：在途物资——甲材料　　24 000
　　　　　　　——乙材料　　2 500

(2)8 日，填制领料单 1 号，生产 A 产品领用甲材料 45 吨，单位成本 600 元；生产 B 产品领用乙材料 20 千克，单位成本 100 元。

编制转账凭证 2 号，会计分录如下：

借：生产成本——A 产品　　27 000
　　　　　　——B 产品　　2 000
　贷：原材料——甲材料　　27 000
　　　　　　——乙材料　　2 000

(3)17 日，填制领料单 2 号，车间一般消耗领用甲材料 5 吨，单位成本 600 元；行政管理部门领用乙材料 4 千克，单位成本 100 元。

编制转账凭证 3 号，会计分录如下：

借：制造费用——甲材料　　3 000
　　管理费用——乙材料　　400
　贷：原材料——甲材料　　3 000
　　　　　　——乙材料　　400

根据上列会计分录平行登记"原材料"总分类账户及其所属明细分类账户，如表 8—13、表 8—14、表 8—15 所示。

表 8—13　　　　**总分类账**

账户名称：原材料　　　　第　页

20×7 年		凭证字号	摘要	借方余额	贷方余额	借或贷	余额
月	日						
6	1		月初余额			借	31 000
	5	转字 1 号	材料验收入库	26 500		借	57 500
	8	转字 2 号	生产领用材料		29 000	借	28 500
	17	转字 3 号	车间一般耗用材料等		3 400	借	25 100
	30		本期发生额及余额	26 500	32 400	借	25 100

表 8－14

原材料明细分类账

账户名称：甲材料

第　　页

20×7年		凭证字号	摘要	收入			支出			结存		
月	日			数量	单价	金额	数量	单价	金额	数量	单价	金额
6	1		月初余额							50	600	30 000
	5	转字1号	材料验收入库	40	600	24 000				90	600	54 000
	8	转字2号	生产领用材料				45	600	27 000	45	600	27 000
	17	转字3号	车间一般耗用材料				5	600	3 000	40	600	24 000
	30		本月发生额及余额	40	600	24 000	50	600	30 000	40	600	24 000

表 8－15

原材料明细分类账

账户名称：乙材料

第　　页

20×7年		凭证字号	摘要	收入			支出			结存		
月	日			数量	单价	金额	数量	单价	金额	数量	单价	金额
6	1		月初余额							10	100	1 000
	5	转字1号	材料验收入库	25	100	2 500				35	100	3 500
	8	转字2号	生产领用材料				20	100	2 000	15	100	1 500
	17	转字3号	行政管理部门领用				4	100	400	11	100	1 100
	30		本期发生额及余额	25	100	2 500	24	100	2 400	11	100	1 100

(二)总分类账和明细分类账的核对

在根据平行登记的方法登记总分类账户及其所属各明细分类账户之后，为了检查账户记录是否正确，应当对总分类账户和明细分类账户登记的结果进行相互核对。主要是核对总分类账户与其所属明细分类账户的发生额和余额是否相等，以便及时发现和更正错账，保证账簿记录的准确性。

现根据上述原材料明细账资料，编制原材料明细账本期发生额及余额对照表，如表 8－16 所示。

表 8－16

原材料明细账本期发生额及余额对照表

明细账户名称	计量单位	单价	期初余额		本期发生额				期末余额	
					收入		发出			
			数量	金额	数量	金额	数量	金额	数量	金额
甲材料	吨	600	50	30 000	40	24 000	50	30 000	40	24 000
乙材料	千克	100	10	1 000	25	2 500	24	2 400	11	1 100
合　计				31 000		26 500		32 400		25 100

通过对上述账户的试算平衡，可以看出：

(1)总账的期初余额和所属明细账的期初余额的合计数相等；

(2)总账的借方(或贷方)本期发生额和所属明细账的借方(或贷方)本期发生额合计数相

等；

(3)总账的期末余额和所属明细账期末余额合计数相等。

在会计核算中，通常根据总分类账与其所属明细账之间的这种关系，来检查总分类账与其所属明细分类账记录的正确性和完整性。

第三节 会计账簿登记和使用的规则

一、会计账簿启用的规则

为了确保账簿记录的合法和完整，明确记账责任，在启用账簿时应注意以下几个方面：

(1)启用新账簿时，应在账簿封面上写明单位名称和账簿名称。

(2)账簿扉页应附“账簿启用和交接表”，其内容主要有单位名称、账簿名称及编号、启用日期、记账人员和会计主管人员姓名及盖章、单位公章等；记账人员或会计主管人员调动工作或因故离职时，应办理账簿交接手续，在交接记录栏内填明交接日期、交接人员和监交人员的姓名，并由交接双方人员签名或盖章。“账簿启用和交接表”的内容如表 8—17所示。

表 8—17　账簿启用及交接表

<table>
<tr><td colspan="2">单位名称</td><td colspan="8"></td><td colspan="4">公　章</td></tr>
<tr><td colspan="2">账簿名称</td><td colspan="8">(第　　页)</td><td colspan="4" rowspan="4"></td></tr>
<tr><td colspan="2">账簿编号</td><td colspan="8"></td></tr>
<tr><td colspan="2">账簿页数</td><td colspan="4">本账簿共计　　页</td><td colspan="4">(本账簿页数　　)
检点人盖章</td></tr>
<tr><td colspan="2">启用日期</td><td colspan="8">公元　　年　　月　　日</td></tr>
<tr><td rowspan="3">经管人员</td><td colspan="3">单位主管</td><td colspan="2">财务主管</td><td colspan="4">复　核</td><td colspan="4">记　账</td></tr>
<tr><td colspan="2">姓 名</td><td>盖章</td><td>姓 名</td><td>盖章</td><td colspan="2">姓 名</td><td colspan="2">盖章</td><td colspan="2">姓 名</td><td colspan="2">盖章</td></tr>
<tr><td colspan="2"></td><td></td><td></td><td></td><td colspan="2"></td><td colspan="2"></td><td colspan="2"></td><td colspan="2"></td></tr>
<tr><td rowspan="7">交接记录</td><td colspan="5">经　管　人　员</td><td colspan="4">接　管</td><td colspan="4">交　出</td></tr>
<tr><td colspan="2"></td><td colspan="3"></td><td>年</td><td>月</td><td>日</td><td>盖章</td><td>年</td><td>月</td><td>日</td><td>盖章</td></tr>
<tr><td colspan="2"></td><td colspan="3"></td><td></td><td></td><td></td><td></td><td></td><td></td><td></td><td></td></tr>
<tr><td colspan="2"></td><td colspan="3"></td><td></td><td></td><td></td><td></td><td></td><td></td><td></td><td></td></tr>
<tr><td colspan="2"></td><td colspan="3"></td><td></td><td></td><td></td><td></td><td></td><td></td><td></td><td></td></tr>
<tr><td colspan="2"></td><td colspan="3"></td><td></td><td></td><td></td><td></td><td></td><td></td><td></td><td></td></tr>
<tr><td colspan="2"></td><td colspan="3"></td><td></td><td></td><td></td><td></td><td></td><td></td><td></td><td></td></tr>
</table>

(3)启用订本式账簿，应从第一页起顺序编号，不得跳页、缺号。

(4)启用活页式账簿，应在使用账页时按顺序编定分页数，并定期装订成册。装订后再按实际使用的账页顺序编定总页数，并标明目录、账户名称和页次。

会计账簿是储存会计信息的重要会计档案，为了确保账簿记录的合法性和账簿资料的完整性，明确记账责任，必须按照一定的规则启用账簿。

二、会计账簿的登记规则

账簿是形成和储存会计信息的主要工具，登记账簿是会计的基础工作，为了保证记账的准确、完整，并便于查阅和长期保存，登记账簿应遵循下列规则：

(1)登记账簿必须以经过审核无误的记账凭证及所附的原始凭证为依据。记账时应将记账凭证上的日期、凭证种类和编号、摘要和金额及其他有关资料逐项记入账内，要求做到数字准确，摘要清楚，登记及时。记账后要在记账凭证上签名或盖章，并注明已经登记的符号(如"√")，表示已经过账，以防重记或漏记。

(2)为了使账簿记录清晰整洁，耐久保存，登记账簿必须使用蓝色或黑色墨水钢笔书写，不得使用铅笔和圆珠笔。但在下列情况下，可以使用红色墨水书写：①在单向登记的多栏式账页中，登记减少数；②用红字更正法更正错账；③结账划线；④根据国家有关会计制度的规定可以用红字登记的其他会计记录。

(3)账簿中文字和数字的书写必须规范、整洁、清晰，应紧贴底线，在上面留有适当的空距，一般应占格长的$\frac{1}{2}\sim\frac{2}{3}$，以便留有改错的空间。这样，一旦发生登记错误，就能比较容易地进行更正，同时也方便查账工作。

(4)各种账簿应按页次顺序连续登记，不得跳行、隔页，如果发生跳行、隔页，应将空行空页用红线对角划掉或注明"此行空白"或"此页空白"字样，并由记账人员签章确认，对各种账簿的账页不得任意抽换和撕毁，以防舞弊。

(5)凡需要结出余额的账户，应当定期结出余额，库存现金日记账和银行存款日记账必须每天结出余额。结出余额后，应在"借或贷"栏内填写"借"或"贷"字样，以表示余额的方向；没有余额的账户，应在"借或贷"栏内填写"平"字，并在余额栏"元"位上用"0"表示。

(6)每一账页登记完毕结转下页时，应在账页的最末一行结出本页发生额合计数和余额，并在"摘要"中注明"过次页"，在次页的第一行记入上页的合计数和余额，并在"摘要"栏中注明"承前页"，以保持账页之间的连续性。

(7)会计账簿记录发生错误后，应根据错误的性质和发现时间的不同，按规定的办法进行更正，不允许用涂改、挖补、刮擦、用褪色药水更改字迹更正错误。

三、更正错账的办法

会计工作中日常的账簿登记出现的错账的类型多种多样，常见的主要有因凭证错误而发生的账簿错误和登记误差而发生的账簿错误两类。

对账簿登记中发现的错误应按规定的方法进行更正。常见的错账更正方法有三种：画线更正法、红字更正法和补充登记法。

(一)画线更正法

画线更正法，也称红线更正法，是指对账簿记录中的错误文字和数字，采用画红线注销，并进行更正的一种方法。采用这一方法时，必须注意的是：它只适用于结账以前发现账簿记录有错误，而其所依据的记账凭证没有错误，即纯属记账时文字或数字笔误的情况。

更正的方法是：先在错误的文字和数字上画一条红色横线，表示注销，但必须使原有字迹仍可辨认，以备查考；然后在画线上方用蓝色字迹写上正确的文字和数字，作出更正记录，并在画线处加盖更正人图章，以明确责任。采用画线更正法更正时，对于文字错误，可只画去错误部分，不必将与错误文字相关联的其他文字画去；但数字发生错误时，应将错误的数字全部画去，不能只更正错误数额中的个别数字。例如，将6 710元错记为7 610元，更正时必须将7 610全部用红线画去，在上方用蓝字写上正确的数字，即6 710元，不能只画掉个别数字，如 76，更正记录如图 8—1 所示。

6 710

~~7 610~~　（用红线注销并盖章）

图 8—1　画线更正法

如记账凭证中的文字和数字发生错误，在未登记账簿之前，也可以采用画线更正法进行更正。

(二)红字更正法

红字更正法也称赤字冲账法，它是利用账户同方向蓝字金额和红字金额相减关系的道理，采用编制红字金额的记账凭证入账，将错误予以更正的一种更正方法。红字更正法适用于过账、结账前清账过程中发现的，由于记账凭证错误而使账簿记录发生错误，用红字冲销原记账凭证，以更正账簿记录的一种方法。这种方法一般适用于以下两种情况：

1. 根据记账凭证所记录的内容记账以后，发现记账凭证中应借、应贷会计科目或记账方向有错误，应采用红字更正法。

更正的方法是：首先用红字金额填制一张与原错误记账凭证内容完全相同的记账凭证，在其“摘要”栏内注明“冲销×月×日×号凭证”，并据以用红字金额登记入账，冲销原有错误的账簿记录；然后，再用蓝字填制一张正确的记账凭证，在其“摘要”栏内注明“更正×月×日×号凭证”，并据以用蓝字登记入账。

【例 8—2】 某企业以银行存款购置修理用千斤顶一台1 500元，修理部门已验收，在填制记账凭证时，误记入“固定资产”账户，并据以登记入账。其错误分录为：

借：固定资产　　1 500

　　贷：银行存款　　1 500

用红字金额填制一张与错误记账凭证完全相同的记账凭证，并据以登记入账。入账后，表明已全部冲销原有错误记录。

借：固定资产　　1 500

　　贷：银行存款　　1 500

用蓝字填制一张正确的记账凭证，并据以登记入账。

借：低值易耗品　　1 500

　　贷：银行存款　　1 500

更正记录见图 8—2。

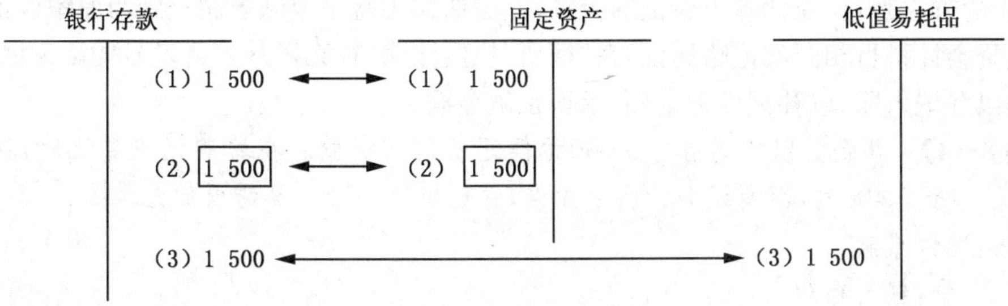

图 8—2　红字更正法

采用红字更正法更正错账时应注意：若错误的记账凭证只有一个科目运用错误，也必须以复式记账凭证原理，将原有记账凭证全部冲销，以反映更正原错误凭证的内容，不得只有红字填制更正单个会计科目的单式记账凭证。

2. 根据记账凭证记录的内容记账以后，发现记账凭证和账簿中应借、应贷会计科目和记账方向都正确，且证账金额一致，只是所记金额大于应记金额，应采用红字更正法更正。

将多记的金额用红字填制一张与原错误记账的会计科目、记账方向相同的记账凭证，并据以用红字登记入账，以冲销多记金额，求得正确的金额。

不得以蓝字金额填制与原错误记账凭证记账方向相反的记账凭证去冲销原错误记录或错误金额，因为蓝字记账凭证反方向记录的会计分录反映某类经济业务，而不能反映更正错账的内容。

更正时，可将多记的金额用红字填制一张与原错误记账凭证相同的记账凭证，在其摘要栏内注明“冲销×月×日×号凭证多记金额”，并据以用红字登记入账，以冲销多记的金额。

【例 8—3】 生产车间计提 8 月份固定资产折旧费23 000元，在填制记账凭证时，误记金额为32 000元，而所记会计科目无误，并已入账。其错误分录为：

借：制造费用　　32 000

　　贷：累计折旧　　32 000

将多记的 9 000 元用红笔填制一张与错误分录相同的记账凭证，并用红字入账，以冲销多记的金额。

借：制造费用　　[9 000]

　　贷：累计折旧　　[9 000]

更正记录见图 8—3。

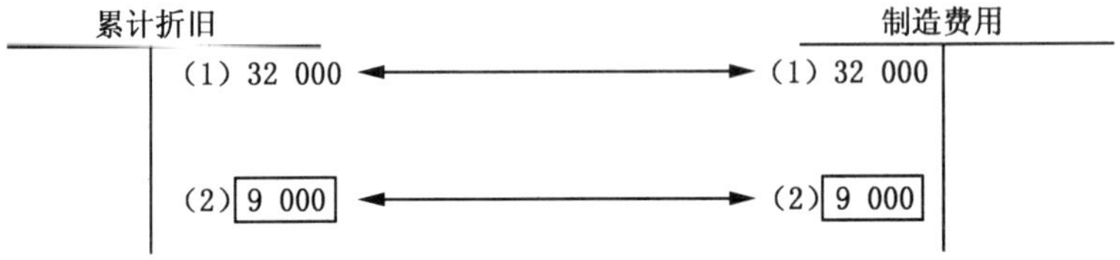

图 8—3　红字更正法

(三)补充登记法

补充登记法，也称蓝字补记法，是根据记账凭证所记录的内容记账以后，结账前，发现已入账的记账凭证中应借、应贷的会计科目和记账方向都没有错误，只是所记金额小于应记的正确金额，应采用补充登记法更正。

更正的方法是，首先计算出少记的金额，然后通常用蓝字金额填制一张与原错误记账凭证应借、应贷会计科目相同的记账凭证，在“摘要”栏内注明“补充×月×日×号凭证少记金额”字样，并据以登记入账，以补记少记金额，求得正确金额。

【例 8—4】 某企业以银行存款6 000元偿还所欠购货款。在填制记账凭证时，误记金额为 600 元，少记5 400元，而所记会计科目无误，并已登记入账。其错误的分录为：

借：应付账款　　600

　　贷：银行存款　　600

更正时用蓝字填制一张金额为5 400元的记账凭证：

借：应付账款　　5400

　贷：银行存款　　5 400

根据更正错误的记账凭证以蓝字记账后，即可反映其正确的金额为6 000元。更正记录如图8—4所示。

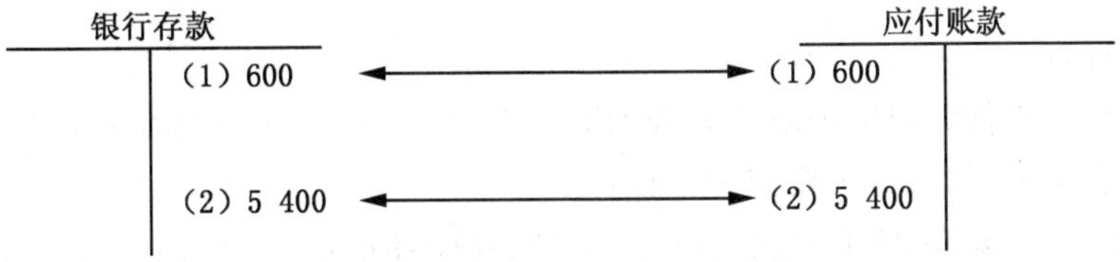

图8—4 补充登记法

第四节 对账和结账

一、对账

在会计工作中，由于种种原因，难免发生记账、计算差错，有时难免出现账实不符的现象，为了保证会计资料真实可靠，能够确切说明会计主体的财务状况和经营状况，必须建立定期的对账制度。

对账是对各种账簿记录进行的检查和核对工作，即核对账目，它是会计核算的一项重要内容。通过对账，可以及时发现记账过程中的错误，做到账证相符、账账相符、账实相符，保证记录的完整和正确，为编制会计报表提供真实可靠的会计核算资料，还可揭露可能存在的违法乱纪的事件和行为。对账的时间通常是在月末、季末、年末记账之后，结账之前进行。

对账的主要内容包括账证核对、账账核对和账实核对。

（一）账证核对

账证核对是指将账簿记录与其据以过账的有关会计凭证之间进行相互核对。由于原始凭证和记账凭证种类多、数量大，因此，账证核对一般在日常编制凭证和记账过程中的“复核”环节进行。如果在月末发现账账不符，为查找原因，也要进行账证核对。账证核对主要包括总账、明细账以及库存现金和银行存款日记账的记录与记账凭证及其所附的原始凭证相核对，主要是检查其时间、凭证字号、业务内容、金额是否一致，即账簿记录是否按照记账凭证确定的账户、方向和金额进行登记；账簿与原始凭证核对，主要是对账簿记录的经济业务的真实性、合法性进行检查。如果发现差错，应逐步核对至最初的凭证，直到查出产生差错的原因为止。

（二）账账核对

账账核对是指将各种账簿之间的有关记录进行相互核对。其主要内容有：

1. 总分类账户之间的核对。检查全部总分类账户本期借方发生额合计数是否等于本期贷方发生额合计数，期末所有账户借方余额合计数是否等于贷方余额合计数。此项核对一般通过编制“总分类账户期末余额试算表”进行。

2. 总分类账户与所属各明细分类账户之间的核对。检查总分类账户本期借、贷方发生合计数及期末余额与所属各明细分类账户相对应的合计数是否相等,一般通过编制“总分类账户与明细分类账户对照表”进行核对。

3. 总分类账户与库存现金、银行存款日记账之间的核对。检查总分类账户中“库存现金”、“银行存款”账户本期借、贷方发生额及期末余额与日记账中相对应数字是否相等。

4. 会计部门的财产物资明细账期末余额与财产物资保管、使用部门的明细分类账期末余额核对相符。

(三)账实核对

账实核对是指各种账簿的记录与有关的财产物资的实存数额进行相互核对。账实核对一般是结合财产清查进行的,其主要内容包括:

1. 库存现金日记账的账面余额与库存现金实际库存数之间的核对。此项核对应每日进行,并且还应进行不定期的抽查。

2. 银行存款日记账的账面余额与开户银行对账单之间的核对。一般每月核对一次,对未达账项通过编制“银行存款余额调节表”,将双方实际结存调节相等。

3. 各种财产物资明细分类账的账面数量,应与清查盘点后的实存数额核对相符。此项核对应定期或不定期进行。

4. 各种应收、应付、应缴款明细分类账户的账面余额与有关债权、债务单位或个人及有关部门之间的核对。此项核对应定期或不定期进行。

对账工作一般在月末进行,即在记账之后、结账之前进行对账。如遇特殊情况,如有关人员调动或发生非常事件,应随时进行对账。

二、结账

为了总结一定会计期间企业经济活动的全面情况,以便编制会计报表和指导未来的经济活动,必须按月末、季末、年末对各种账簿记录进行结算,做好结账工作。另外,企业因合并、歇业等而办理账务交接,也需办理结账。

结账就是把在一定时期内企业发生的经济业务全部登记入账,并在已核对相符的基础上,结算出各种账簿的本期发生额合计数和期末余数,并将期末余额结转至下期或转入新的账簿内的一系列账务处理。通过结账,能够全面、系统地反映一定时期内发生经济活动所引起的资产、负债及所有者权益等方面的增减变动情况及其结果,可以合理确定各期间的经营成果,并且有利于企业定期编制会计报表。

(一)结账的内容

结账是一项细致而复杂的工作,具体有以下几个方面的内容:

(1)结账前,必须将本期内发生的经济业务全部登记入账,对漏记的账项应及时补记,但不得提前入账,也不得将本期发生的经济业务延至下期入账,只有这样,才能保证结账的正确性。

(2)按权责发生制的原则进行期末账项调整。为了真实地反映各会计期间的收入和费用,以便合理地确定各会计期间的财务成果,就需要调整那些收支期与归属期不一致的收入和费用,如应计收入和应计费用的反映以及期末其他账项的调整。

(3)期末分配结转有关成本费用,按照配比原则对有关费用进行分配,并结转损益。

①成本类账户的结转,如制造费用的分配、完工产品生产成本的结转。

②损益类账户的结转,如期末为了计算利润结转的收益类和费用成本类账户。

③年末利润的清算，如年末对本年实现的利润总额和利润分配的结转。

④其他转账业务的结转，如财产物资的盘盈盘亏，应按有关规定调整入账等。

(4)计算各账户本期发生额和期末余额。在本期全部经济业务已登记入账的基础上，分别计算出库存现金日记账、银行存款日记账、总账和明细账的本期发生额和期末余额，并将期末余额结转下期。

(5)根据结出的各账户的本期发生额和期末余额，编制“本期发生额试算平衡表”、“总账余额试算平衡表”和“明细账本期发生额明细表”。

根据借贷记账法“有借必有贷、借贷必相等”的记账规则，本期发生额借方合计也必然等于贷方合计。通过检查试算表中的试算结果，如果借贷两方合计金额不等，就表明账户的记录发生了错误，要及时查明原因，并按规定方法予以更正。

(二)结账的方法

结账工作一般在会计期末进行，主要采用画线法，即在本会计期间最后一笔业务下面画一条通栏红单线，表示开始结账。需结算本月发生额合计数、月末余额和本年累计发生额的账户，可将发生额或累计发生额直接填在结账线下，不需要每填一项数字就画一条结账线，等全部结算数字填写完成后，再在下面画一条通栏红单线，以示结账结束和将上下两个不同会计期间分隔开。月结线画通栏单红线，年结线画通栏双红线以示封账。

结账按照结算时期的不同可分为月结、季结和年结，具体方法如下：

(1)月结。每月结账时，在各账户本月份最后一笔记录下面画一条通栏红线，表示本月结束；然后，在红线下结算出本月借、贷方发生额和月末余额，如果没有余额，在“借或贷”栏内和“余额”栏内分别注明“平”字和“0”符号，同时，在“摘要”栏内注明“本月合计”或“某月份发生额和月末余额”字样；最后，再在下面画一条通栏红线，表示完成月结工作。

(2)季结。季末的结账方法与月结基本相同，季结时，在各账户本季最后一个月的月结下面(需按月结出累计发生额，应在“本季累计”下面)画一条通栏红线，表示本季结束；然后，在红线下结算出本季借、贷方发生额和季末余额，同时，在“摘要”栏内注明“本季合计”或“某季度发生额及余额”字样；最后，再在下面画一条通栏红线，表示完成季结工作。

(3)年结。年度结账时，应在12月份月结下面(需办理季结的，应在第四季度的季结下面)结算填列全年12个月的月结发生额合计或四个季度季结发生额合计和年末余额，如果没有余额，在“借或贷”栏内和“余额”栏内注明“平”和“0”符号，并在“摘要”栏内注明“本年合计”或“某年度发生额及余额”字样；然后，将年初借(贷)方余额抄列入下一行的借(贷)方栏内，在“摘要”栏内注明“年初余额”字样，同时将年末借(贷)方余额再列入下一行的贷(借)方栏内，在“摘要”栏内注明“结转下年”字样；最后，分别加计借贷方合计数，使年初余额＋本年增加额＝本年减少额＋年末余额，并在合计数下面画通栏双红线表示封账，完成了年结工作。

需要更换新账的，应在新账有关账户的第一行摘要栏内注明“上年结转”或“年初余额”字样，并将上年的年末余额以相同方向记入新账中的“余额”栏内。结账方法如表8－18所示。

表 8－18　　总分类账

会计科目：库存商品　　第　页

20×7年		凭证号数	摘要	借方	贷方	借或贷	余额
月	日						
1	1		年初余额			借	1 800 000
	5		销售		50 000	借	1 750 000
	10	略	销售		30 000	借	1 720 000
	20		购入	100 000		借	1 820 000
1	31		本月合计	100 000	80 000	借	1 820 000
2	1		月初余额			借	1 820 000
	5		略	180 000		借	2 000 000
	10		略	60 000		借	2 060 000
	25		略		120 000	借	1 940 000
2	28		本月合计	240 000	120 000	借	1 940 000
3	1		月初余额			借	1 940 000
			略	略	略		略
	31		略	略	略		略
3	31		本月合计	300 000	60 000	借	2 180 000
3	31		第一季度发生额及余额	640 000	260 000	借	2 180 000
	略		略	略	略	借	略
12	31		略	略	略	借	略
12	31		第四季度发生额及余额	略	略	借	略
12	31		本年合计	2 000 000	900 000	借	2 900 000
			年初余额	1 800 000			
			结转下年		2 900 000		
			合计	3 800 000	3 800 000		

注：┈┈┈ 表示单红线；═══ 表示双红线。

三、账簿的保管

为了反映每个会计年度的财务状况和经营成果情况，保持会计账簿资料的连续性，企业需要在每个会计年度结束、新的会计年度开始时，按会计制度的规定启用新账，更换上个会计年度的会计账簿，并进行归档保管。

（一）账簿的更换

一般情况下，库存现金日记账、银行存款日记账、总分类账及绝大多数明细分类账，每年都要更换新账。对于个别采用卡片式的明细分类账，如固定资产明细账和固定资产卡片，可以跨年度使用，不必每年更换新账。需要更换的账簿，在年终进行结账后，要将各账户的年末余额直接抄入新账的有关账户中。

因会计制度改变而需要变更账户名称、核算内容的，应在上年度结账时，编制余额调整分录。按本会计年度的账户名称、核算内容，将上年度有关账户的余额进行合并或分解出新账中应列出的余额，然后再过渡到新账中的各个有关账户，然后开设本年度新账。新旧账簿更换时，账户余额的结转不需编制记账凭证。

建立新账时，首先检查上年度账簿记录在年终结账时是否全部结清，然后在新账中有关账户的第一行“日期”栏内注明1月1日，在摘要栏内注明“上年结转”或“年初余额”字样，将上年的年末余额以同方向记入新账中的“余额”栏内，并在“借或贷”栏内注明余额的方向。上年末编制的余额调整分录，应与上年度会计凭证一并归档保管。

（二）账簿的保管

会计账簿是单位重要的经济档案和历史资料，并且有些是需要保密的，必须妥善保管，不得丢失和任意销毁。账簿的保管既要安全、完善、机密，又要保证使用时能及时、迅速查到所需要的资料。对账簿的管理主要包括日常管理和旧账归档保管两部分内容。

1. 账簿的日常管理

（1）各种账簿要分工明确，并指定专人管理。账簿经管人员既要负责记账、对账、结账等工作，又要负责保证账簿安全、完整。

（2）会计账簿未经领导和会计负责人批准，非经管人员不得随意翻阅查看会计账簿。

（3）会计账簿除需要与外单位核对外，一般不准携带外出。对携带外出的账簿，必须经领导和会计主管人员批准，并指定专人负责，不得交给其他人员负责，以保证账簿安全、完整和防止任意涂改、毁坏账簿等问题的发生。

2. 旧账的归档保管

会计人员在年度终了时，更换和启用新账后对旧账要整理、装订成册，办理交接手续，归档保管。具体包括以下内容：

（1）整理。首先检查应归档的旧账是否收集齐全，再检查各种账簿应办的会计手续是否完备。对于手续不完备的应补办手续，如改错盖章、结账画线、结转余额、注销空行和空页等。活页账应抽出未使用的空白账页，以便装订成册，并注明各账页的总账页号及每一账户的明细账页号。

（2）装订成册。旧账装订时，应注意以下事项：首先，检查账簿扉页的内容是否填列齐全，并将账簿经管人员一览表及账户目录附在账页前面，加具封面底线。其次，检查订本式账簿从第一页到最后一页是否按顺序编写页数，有无缺页或跳页；活页账或卡片式账簿是否按顺序编号，是否加具封面。具体装订时，一般按账户分类装订成册，一个账户装订一册或数册，某些账户账页较少，也可以将几个账户合并装订成一册。将账页整齐牢固地装订在一起后，要将装订线用纸封口，由经办人员及装订人员、会计主管人员在封口处签名或盖章。

（3）办理交接手续，归档保管。账簿装订成册后，要在各种账簿封面上注明单位名称、账簿种类、会计年度、账簿册数、页数等，由经办人员和会计主管人员签名或盖章，然后编制目录，填写移交清单，办理交接手续，归档保管。各单位必须严格按照会计档案保管的有关规定履行账簿的保管、借阅和销毁手续，且要注意防火、防盗，库房通风良好，以防毁坏、霉烂等。

通常，会计账簿的保管期限为15年，但库存现金日记账和银行存款日记账的保管期限为25年，而对一些涉外事务和其他重要的会计账簿应永久保存。保管期满后，应按规定的审批程序报经批准后才能销毁，不得随意销毁。账簿保管期满，需要销毁时，由档案保管部门提出销毁意见，会同财务部门共同鉴定，编造销毁清册，单位负责人在清册上签署意见后方可销毁。销毁时，应由档案保管部门、财务部门和有关部门共同监督。

本章小结

为了对单位的经济活动进行连续、系统、全面的汇总、整理，以提供各项序时、总括和明细的资料，进而通过会计报表的编制和分析，反映单位经济活动的全貌，需要设置和登记各类会计账簿。

账簿是由一定格式的相互联系的账页组成的，根据会计凭证序时、分类地记录和反映各项经济业务的会计簿籍。

账簿按用途分类，可分为序时账簿、分类账簿和备查账簿；按其外表形式，可分为订本式账簿、活页式账簿和卡片式账簿；按账页格式，可分为二栏式账簿、三栏式账簿、多栏式账簿和数量金额式账簿。

总分类账簿是根据总分类科目开设的账户，用来分类登记全部经济业务，提供总括资料的分类账簿。总分类账一般采用三栏式格式。明细分类账簿是根据总分类科目设置，按所属二级科目或明细科目开设账户，用于分类登记某一类经济业务，提供详细、具体的核算资料的账簿。明细分类账常用的格式有三栏式账簿、多栏式账簿和数量金额式账簿。总分类账与其所属明细分类账必须采取平行登记的方法。

对账是对各种账簿记录所进行的检查和核对工作，即核对账目，它是会计核算的一项重要内容。结账，就是把在一定时期内企业发生的经济业务全部登记入账，将各种账簿记录的经济业务结算清楚，结算出各种账簿的本期发生额和期末余额，并将期末余额结转至下期或转入新的账簿内的一系列账务处理。

账簿的启用和登记应遵循一定规则，做到数字准确、登记及时、摘要清楚、书写整洁和改错规范。发生记账错误时，应根据错误发生的原因、性质及类型不同，采用专门的方法进行更正。常用的错账更正方法有画线更正法、红字更正法和补充登记法。

主要概念

会计账簿　日记账　总分类账　明细分类账　三栏式账簿　多栏式账簿　数量金额式账簿　总分类账和明细分类账平行登记　账簿启用　账簿登记规则　画线更正法　红字更正法　补充登记法　对账　结账

复习思考题

1. 什么是账簿？它的作用是什么？
2. 账簿有哪些种类？
3. 总分类账和明细分类账之间的关系是什么？它们采用什么格式？
4. 什么是对账？对账有哪些内容？
5. 什么是结账？结账的主要程序有哪些？
6. 错账更正的方法有哪几种？各适用于哪些情况？
7. 账簿的登记规则是什么？
8. 如何进行账簿的保管？

练习题

习题一

(一)目的:练习错账的更正方法。

(二)资料:某企业对账过程中发现下列经济业务内容的账簿记录有误:

1. 购入办公用品 3 200 元,以转账支票支付货款,已填制如下记账凭证,并已登记入账:

借:管理费用 3 200

　　贷:应付票据 3 200

2. 采购员李东出差暂借差旅费 5 000 元,以现金支付,已编制下列记账凭证,并已登记入账:

借:其他应收款 500

　　贷:库存现金 500

3. 以银行存款归还短期借款 68 000 元,已编制下列记账凭证,并已登记入账:

借:短期借款 86 000

　　贷:银行存款 86 000

4. 收到购货单位还来欠款 21 500 元,存入银行,已编制下列记账凭证,并已登记"应收账款"总分类账(见表 8—19):

借:银行存款 21 500

　　贷:应收账款 21 500

表 8—19 　　**应收账款总分类账**

日期	凭证号	摘要	借方	贷方	借/贷	金额
		期初余额			借	106 000
略	略	收到××单位货款	20 150		借/贷	126 150

5. 开出现金支票 800 元,支付企业管理部门日常零星开支,已编制下列记账凭证,但未登记入账:

借:管理费用 800

　　贷:库存现金 800

(三)要求:根据上述错账,分别采用适当的方法给予更正。

习题二

(一)目的:练习总分类账户和明细分类账的平行登记。

(二)资料:光明工厂在"原材料"总分类账下按材料种类设置明细账,在"应付账款"总分类账下按供应单位名称设置明细账。

1. 该企业有关总分类账和明细账的期初余额如表 8—20a、表 8—20b 所示。

表 8—20a

(1)原材料

明细科目	数量	单价(元)	金额(元)
甲材料	8 000 千克	3.20	25 600
乙材料	1 020 件	5.60	5 712
合计	——	——	31 312

表 8－20b

(2)应付账款

明细科目	金额(元)
东风工厂	40 800
南海工厂	13 700
合计	54 500

2. 本月发生有关经济业务如下(不考虑增值税问题)：

(1)向东风工厂购进甲材料 2 500 千克，单价 3.20 元；乙材料 200 件，单价 5.60 元；共计9 120元。材料已验收入库，货款尚未支付。

(2)生产车间领用甲材料 5 500 千克，乙材料 300 件，材料全部投入产品生产。

(3)向南海工厂购入乙材料 360 件，单价 5.60 元，共计2 016元。材料已验收入库，货款尚未支付。

(4)以银行存款偿还所欠东风工厂材料款 20 000 元，南海工厂材料款5 000元。

(5)向西林工厂购入甲材料 3 500 千克，单价 3.20 元，共计 11 200 元。材料已验收入库，货款尚未支付。

(6)生产车间领用甲材料 5 000 千克，乙材料 600 件，已投入产品生产。

(7)向东风工厂购进甲材料 4 000 千克，单价 3.20 元；乙材料 800 件，单价 5.60 元；共计17 280元。材料已验收入库，货款尚未支付。

(8)以银行存款偿还东风工厂材料款 30 000 元。

(三)要求：

(1)根据资料 2 编制会计分录。

(2)根据资料 1 设置“原材料”和“应付账款”总分类账及其所属明细分类账，填入期初余额，并逐笔登记“原材料”和“应付账款”总账和所属明细账。

(3)结出各账户本期发生额和期末余额，并分别编制“原材料和应付账款明细分类账本期发生额及余额对照表”，进行总账和明细账的核对。

第九章　财产清查

学习目标

通过本章的学习，你可以达到以下目标：

1. 熟悉财产清查的含义及内容
2. 掌握财产清查的意义和种类
3. 掌握财产清查的方法

第一节　财产清查概述

一、财产清查的意义

财产清查是指通过实地盘点或查询核对来确定各项实物、货币资金、债权债务的实存数，并查明账存数与实存数是否相符的一种专门方法。

企业各项财产物资、债权债务的日常增减变动及其结果都通过会计凭证及时地反映在账簿记录中，虽然通过对会计凭证的审核和对账，保证了账簿记录的正确性，但仍不能保证账簿记录的真实和客观，因为在实际工作中还可能产生账实不符的现象，原因概括起来有两个方面：

一是自然原因，企业因气候等自然因素影响使某些财产物资自然挥发或增重，发生自然灾害造成损失，以及由于机械操作、切割等技术原因造成某些财产物资发生一定的损耗。

二是人为原因，包括有关人员工作中收发计量差错或核算不准等失误以及管理制度不严造成贪污盗窃等。

因此，运用财产清查这一会计核算的专门方法对各项财产进行定期或不定期的清查，对于加强企业经营管理，充分发挥会计的监督作用，具有重要的意义。财产清查的意义主要体现在以下几个方面：

(1)保证会计资料的正确、真实。通过财产清查做到账实相符，切实保证账簿记录真实、正确，为管理提供可靠的资料。

(2)挖掘各项财产物资的潜力。通过财产清查可查明各项财产物资的储备情况，对储备不足的财产物资应及时组织采购，对超储积压的材料物资应及时处理，加速资金周转。

(3)改善经营管理，保护各项财产安全完整。通过财产清查可暴露出经营管理上的薄弱环节，促使企业进一步完善各方面的规章制度，防微杜渐，从根本上杜绝因管理不善和贪污盗窃等引起的财产物资的损失，保护企业财产物资的安全完整。

二、财产清查的种类

(一)按财产清查的对象和范围,可分为全面清查和局部清查

全面清查是指对所有财产进行盘点和核对。清查的对象包括所有权属本单位的财产和所有权虽不属于本单位,但使用权或实物在本单位的财产物资。全面清查的范围广、内容多,一般在每年年终进行,但企业在清算、合并和改变隶属关系时,单位主要领导调离工作时以及开展清产核资时,都要进行全面清查。

局部清查是指根据需要对一部分财产物资所进行的清查。局部清查的对象主要是流动性较大或较贵重的资产,主要有:库存现金每日清点一次;银行存款和银行借款每月至少核对一次;流动性较大或容易短缺损耗的存货年内应轮流盘点或重点抽查;贵重物资每月盘点一次,各项债权债务每年至少核对一至两次;在实物保管人办理交接或财产遭受自然灾害或意外损失时,也需进行局部清查。

(二)按财产清查的时间,可分为定期清查和不定期清查

定期清查是指按计划安排的时间对财产物资进行的清查,一般在期末结账时进行。企业通常在年终决算前进行全面定期清查,月末、季末对贵重财产及货币资金进行盘点和抽查,实施局部定期清查。

不定期清查是指根据实际需要,事前未规定清查时间而进行的临时性的清查。不定期清查可以是全部财产物资清查,也可以是局部财产物资清查。如更换财产保管人、发生自然灾害和意外事故、上级或其他有关部门对本单位进行检查、国家对商品产品进行统一价格调整、企业改变隶属关系时所进行的清查,都是不定期清查。

定期清查和不定期清查的对象不同,它们可以是局部清查,也可以是全面清查,具体根据实际需要决定。

第二节　财产清查的方法

一、财产物资的清查方法

(一)确定财产物资账面结存数的方法

财产清查的一个重点是盘点财产物资的实际数量。为使盘点工作顺利进行,必须建立一套严格的盘存制度。确定财产物资结存数量的方法有实地盘存制和永续盘存制两种。

1. 实地盘存制

实地盘存制也称定期盘存制,是通过期末实地盘点来确定财产物资的实存数量,作为财产物资账面结存数量的方法。这个方法的特点是:平时有关账簿中只登记财产物资的增加数,不登记减少数,期末通过实地盘点来确定财产物资的期末结存数,再倒推计算出本期减少(销售或耗用)的财产物资数量。其计算公式为:

本期减少数=期初账面结存数+本期增加数-期末实际结存数

通过公式可以看出,采用实地盘存制的财产物资盘存制度,平时只记录增加入库数量,不记录减少(销售或耗用)数量,因此核算比较简便。但正因为这样,使各项财产物资的减少没有严密的手续,不能从账面上随时反映财产物资的收入、减少和结存情况,这样因管理不善等原因造成的财产物资的短缺与损失都被本期减少(销售或耗用)成本所掩盖,不利于对财产物资的实物管理，不便于进行会计监督。因此，这种方法只适用于品种多、价值低、进出频繁的财产物资，一般情况下不宜采用。

2. 永续盘存制

永续盘存制也称账面盘存制，是根据账簿记录计算账面结存数量的方法。这个方法的特点是：平时对各项财产物资的增加数和减少数，都要根据会计凭证连续登记入账，随时可以根据账面记录结出账面结存数。其计算公式为：

期末账面结存数＝期初账面结存数＋本期增加数－本期减少数

通过公式可以看出，采用永续盘存制的财产物资盘存制度，需要在账簿中对财产物资的收入、发出进行连续登记，可从账面上随时反映各种财产物资的收、发、存数量，通过账实核对，及时发现溢缺，以便分析原因，采取措施，加强对财产物资的管理。

在永续盘存制下，财产物资仍需要进行定期或不定期的实地盘点，将实存数与账存数进行核对，以查明账实是否相符。但永续盘存制与实地盘存制相比，日常的核算工作量较大，由于永续盘存制对财产收发都有严密的手续，便于加强会计监督，因此，在实际工作中，除特殊情况外，一般都采用永续盘存制。

由于在实地盘存制下进行财产清查的目的主要是确定存货的数量，从而计算本期销售（耗用）成本，它并不具备账实核对的作用，所以，下面所介绍的财产清查方法及清查结果的账务处理都是在采用永续盘存制下进行的。

（二）确定财产物资实物数量的方法

由于实物的形态、体积、重量、堆放方式等方面不一样，采用的清查方法也就不同，主要有实地盘点法和技术推算盘点法两种。

1. 实地盘点法

实地盘点法是对实物逐一清点数量或用计量器具确定实存数的方法。采用这种方法确定实存数准确、可靠，但清点工作量较大，适用于大多数财产物资的清点。

2. 技术推算盘点法

技术推算盘点法是通过量方、计尺等技术来推算财产物资实存数的方法。采用这种方法确定财产物资实存数的准确性比较差，因此只适用于价值低、数量大的财产物资，如露天堆放的煤炭、建筑材料等，不便于称重、点数的，在抽样盘点的基础上，通过技术推算确定其实存数。

对各项财产物资的实地盘点的结果，应填制“盘存单”（见表9－1），并与账存数核对。确认盘盈盘亏数后，再填制“实存账存对比表”（见表9－2），作为调整账面记录的原始凭证，进行财产清查后的有关账务处理。

表9－1　　**盘存单**

盘点时间：　　编号：

财产类别：　　存放地点：

序号	名称	规格型号	计量单位	实际数量	单价	金额	备注

盘点人签章：　　实物保管员签章：

表 9—2

实存账存对比表

年　月　日　　　　编号：

存放地点：

序号	名称及规格	计量单位	单价	实存		账存		对比结果				备注
								盘盈		盘亏		
				数量	金额	数量	金额	数量	金额	数量	金额	

主管人员：　　会计：　　制表：

二、货币资金的清查方法

现金的清查一般采用实地盘点的方法进行。每日工作结束时，出纳员都必须清点现金的实存金额，并与现金日记账的当天账面余额核对，查明账实是否相符及盈亏情况。若发现账实不符，应填制“现金盘点报告表”(见表 9—3)，并据此调整现金日记账的账面记录，查明原因后加以处理。

表 9—3

现金盘点报告表

年　月　日

实存金额	账存金额	实存与账存对比		备注
		盘盈	盘亏	
盘点人签章：		出纳员签章：		

银行存款的清查是采用与开户银行核对账目的方法进行的。即把银行存款日记账与银行定期发来的对账单进行核对，以查明银行存款的实存数与账存数是否相符。银行存款日记账与银行对账单结存数发生不符有两个原因：一是会计单位或银行某一方或双方记账发生差错；二是会计单位与银行由于结算凭证在传递上的时间差异存在着未达账项。对于未达账项，应通过编制“银行存款余额调节表”进行调整。

三、往来款项的清查方法

对各种往来款项的清查，可采用函证核对法。即通过发函与经济往来单位查询核对账目，以确定其实际数额与本单位账面记录是否相符的方法。采用这种方法应在保证本单位往来账目正确、完整的基础上，向经济往来单位发出“往来款项对账单”(一式两联)(见表 9—4)，对方核对相符后，在回联单上加盖公章退回。如核对不符，则对方应在回联单上注明不符情况或另说明情况退回本单位，以进一步查明原因，直至核对相符。

表 9—4 往来款项对账单

____××____单位：

贵公司于　　　年　　月　　日向我公司购买甲商品 500 千克，已付货款，价税合计 58 万元，尚有余款 7 万元未付，请予以核准并将回单联寄回。

清查单位：(盖章)

年　　月　　日

沿此虚线裁开，请将以下回单联寄回

往来款项对账单

____××____单位：

贵公司寄来的“往来款项对账单”已收到，经核对，相符无误。

××单位(盖章)

年　　月　　日

本章小结

财产清查是通过实地盘点或查询核对来确定各项实物、货币资金、债权债务的实存数，并查明账存数与实存数是否相符的一种专门方法。

按财产清查的对象和范围，分为全面清查和局部清查。按财产清查的时间，分为定期清查和不定期清查。

财产清查的重点是盘点财产物资的实际数量。确定财产物资结存数量的方法有实地盘存制和永续盘存制。确定财产物资实物数量的方法主要有实地盘点法和技术推算盘点法。

货币资金的清查包括现金的清查和银行存款的清查。

对各种往来款项的清查，可采用函证核对法。

主要概念

财产清查　　全面清查　　局部清查　　定期清查　　不定期清查

实地盘存制　　永续盘存制

复习思考题

1. 财产清查的目的何在？有哪几种清查方法？
2. 实地盘存制与永续盘存制各有哪些特点？
3. 确定财产物资实物数量的方法有哪些？

练习题

习题

(一)目的:练习确定财产物资账面结存数的方法。

(二)南海公司某产品 7 月份收发情况如表 9－5 所示。

表 9－5　　南海公司某产品 7 月份收发情况

摘　要	日　期	数　量	单位成本
期初结存	7 月 1 日	3 100 千克	10 元
完工入库	7 月 5 日	600 千克	10 元
完工入库	7 月 20 日	1 900 千克	10 元
发出销售	7 月 3 日	1 000 千克	
发出销售	7 月 12 日	1 700 千克	
发出销售	7 月 26 日	1 100 千克	

7 月 31 日，经过实地盘点确定某产品实际库存数为 1 790 千克。

(三)要求：

(1)计算实地盘存制下本期销售成本和期末库存成本。

(2)计算永续盘存制下本期销售成本和期末库存成本。

第十章　会计账务处理程序

学习目标

通过本章的学习，你可以达到以下目标：

1. 了解会计账务处理程序的意义。
2. 了解会计账务处理程序的类型。
3. 掌握记账凭证账务处理程序。
4. 掌握科目汇总表账务处理程序。
5. 掌握汇总记账凭证账务处理程序。
6. 掌握日记总账账务处理程序。

第一节　会计账务处理程序概述

会计凭证、账簿与会计报表等会计核算的方法是进行会计核算必不可少的工具，而在会计核算中，各个会计核算的方法并不是缺乏联系的，这些方法是以一定的形式和要求将其结合在一起，构成一个完整的会计工作步骤之后，再根据预先制定的会计工作步骤进行会计核算工作。

所谓会计账务处理程序，是指将会计凭证、账簿、会计报表等会计核算方法和账务处理程序相互结合的方法，也称为会计核算组织程序、账务处理程序或者记账程序。由于不同的记账要求，也就形成了不同的会计核算形式，它规定了填制会计凭证、登记账簿和编制会计报表的不同步骤和方法。

一、会计账务处理程序的意义

由于各种企业、行政事业等单位的经济活动的性质与内容不同，经济核算与管理的要求不一，必须对各种会计核算的专门方法，规定设置会计凭证、账簿及会计报表的种类与格式，采用一定的组织程序，规定各种凭证之间、各种账簿之间、各种报表之间的相互关系以及填制方法和登记程序，这对于提高会计信息质量与会计工作效率，正确及时地编制会计报表，以满足企业、行政事业等单位内外会计信息使用者的需求，有着十分重要的意义。此外，根据不同企业、行政事业等单位的不同特点，采用合适的会计账务处理程序，通过对规定的会计凭证、账簿和会计报表之间的登记与编制、规定的传递程序和环节，将企业、行政事业等单位的各个会计核算工作环节与岗位，组织成为既分工明确又整体协调的一个有机整体，这对于减少会计核算的工作量，节约人力和物力，具有相当重要的意义。

二、会计账务处理程序的组织要求

一个有效率的、适用的会计核算形式，一般应符合以下三个方面的要求：

(1)能有效地提供正确、清晰、系统、有用的本单位会计信息，以满足企业、行政事业等单位内外信息需求者的需要。

(2)要能适应本单位经济业务活动的特点、规模和对会计核算的要求，此外，还要根据会计机构的设置情况，有利于会计核算的分工与管理，提高会计核算的效率。

(3)要在保证所提供的会计报告、资料的信息质量正确、及时的前提之下，尽可能简化会计核算手续。

三、会计账务处理程序的类型

根据上述会计账务处理程序组织的要求，在会计核算实务工作中，各会计核算单位采用的会计账务处理程序一般有以下几种：(1)记账凭证账务处理程序；(2)科目汇总表账务处理程序；(3)汇总记账凭证账务处理程序；(4)日记总账账务处理程序。

以上四种账务处理程序虽然有着许多相似之处，但它们各有区别与特点，其主要的区别与特点表现在登记总账的方法与依据不同。在学习中，必须注意它们的不同特点。

第二节　会计账务处理程序的基本内容与处理方法

各种会计账务处理程序在会计实务处理中有着不同的特点与方法，下面分别阐述记账凭证账务处理程序、科目汇总表账务处理程序、汇总记账凭证账务处理程序以及日记总账账务处理程序的基本内容和主要特点。

一、记账凭证账务处理程序

(一)记账凭证账务处理程序的特点

记账凭证账务处理程序的主要特点是：直接根据记账凭证逐笔登记总分类账。记账凭证账务处理程序是最基本的账务处理程序，其他各种账务处理程序都是在此基础上，根据经济管理的要求而发展形成的。

(二)记账凭证账务处理程序下所使用凭证、账簿的种类和格式

在记账凭证账务处理程序下，记账凭证一般采用专用记账凭证即收款凭证、付款凭证和转账凭证，也可采用通用记账凭证格式。

账簿一般应设置库存现金日记账、银行存款日记账、总分类账和明细分类账。其中，库存现金日记账、银行存款日记账和总分类账一般应采用三栏式，明细分类账的格式可以根据实际管理的需要而采用三栏式、数量金额式或多栏式。

(三)记账凭证账务处理程序下账务处理的步骤

①根据原始凭证或原始凭证汇总表编制记账凭证(收款凭证、付款凭证和转账凭证)；

②根据收款凭证和付款凭证逐笔登记库存现金日记账和银行存款日记账；

③根据原始凭证(或原始凭证汇总表)和记账凭证登记各种明细分类账；

④根据记账凭证逐笔登记总分类账；

⑤月末，将各种明细分类账、库存现金日记账和银行存款日记账的余额合计数与有关总分

类账余额逐一核对相符；

⑥月末，根据已核实的总分类账和明细分类账的记录编制会计报表。

记账凭证账务处理程序的流程如图10－1所示。

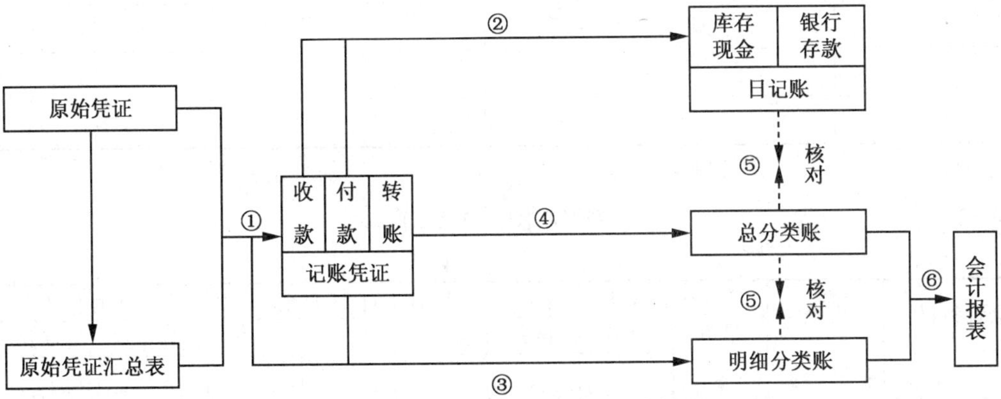

图10－1　记账凭证账务处理程序的流程

（四）记账凭证账务处理程序的优缺点及适用范围

记账凭证账务处理程序的优点是：处理账务简单明了，处理过程易于理解。由于该账务处理程序直接根据每张记账凭证逐笔登记总分类账，所以账户之间的对应关系清晰、明了，有利于利用账户的对应关系分析和查对账目。其缺点是：当一些大中型企业单位采用这种账务处理程序时，由于经济业务量较大，则登记总分类账的工作量相当繁重。因此，这种账务处理程序一般适用于规模比较小、业务量比较少、凭证不多的单位。

二、科目汇总表账务处理程序

（一）科目汇总表账务处理程序的特点

科目汇总表账务处理程序，也称为记账凭证汇总表账务处理程序，它是在记账凭证账务处理程序的基础上，针对其不适宜业务量大的情况而形成的。它的主要特点是：先根据记账凭证定期编制科目汇总表（或称记账凭证汇总表），然后再根据科目汇总表（记账凭证汇总表）登记总分类账。

科目汇总表是定期根据记账凭证按相同的会计科目进行汇总而编制的一种汇总表格。其编制方法是：定期（每天、3天、5天或每旬、每月）将该期间内的全部记账凭证，按相同会计科目归类，汇总每一账户的借方本期发生额和贷方本期发生额，并填写在科目汇总表的相应发生额栏内。由于科目汇总表内填列各账户的本期借方发生额和本期贷方发生额的合计数，虽然不能反映账户的对应关系，但全部总账科目的借方发生额总计数与全部总账科目的贷方发生额总计数必须相等。科目汇总表的格式如表10－1、表10－2所示。

表 10—1

科目汇总表(格式一)

年 月 日至 日 第 号

会计科目	账页	本期发生额		记账凭证起讫号数
		借方	贷方	
合计				

会计主管： 记账： 复核： 制表：

表 10—2

科目汇总表(格式二)

年 月

会计科目	账页	自1日至10日		自11日至20日		自21日至31日		本月合计	
		借方	贷方	借方	贷方	借方	贷方	借方	贷方
合计									

会计主管： 记账： 复核： 制表：

(二)科目汇总表账务处理程序下凭证、账簿的种类和格式

采用科目汇总表账务处理程序，所需设置的记账凭证、账簿的种类和格式与记账凭证账务处理程序基本相同。一般设置专用记账凭证即收款凭证、付款凭证、转账凭证，但为了便于相同账户的归类汇总，以准确计算账户借方和贷方的本期发生额，通常要求所有记账凭证中的会计分录保持一借一贷的账户对应关系，即编制简单会计分录。转账凭证也可一式两联，一联为借方账户，一联为贷方账户。所设置的库存现金日记账、银行存款日记账一般采用三栏式，总分类账应采用不设对方科目的借、贷、余三栏式，也无须书写摘要。

(三)科目汇总表账务处理程序下账务处理的步骤

①根据原始凭证或原始凭证汇总表编制记账凭证；

②根据收款凭证和付款凭证逐笔登记库存现金日记账和银行存款日记账；

③根据原始凭证(或原始凭证汇总表)和记账凭证登记各种明细分类账；

④定期根据各种记账凭证编制科目汇总表；

⑤根据科目汇总表中各账户的借、贷发生额合计数登记总分类账；

⑥月末，将各种明细分类账、库存现金日记账和银行存款日记账余额与总分类账余额相核对；

⑦月末，根据核对无误的总分类账和明细分类账的记录编制会计报表。

科目汇总表账务处理程序的流程如图 10—2 所示。

(四)科目汇总表账务处理程序的优缺点及适用范围

科目汇总表账务处理程序的优点是：根据科目汇总表登记总分类账可以减轻登记总分类账的工作量，简化了总分类账的记账工作，而且科目汇总表还可以进行登账前借贷双方发生额的试算平衡，从而保证总分类账户记录的正确性。其缺点是：科目汇总表不能反映账户之间的

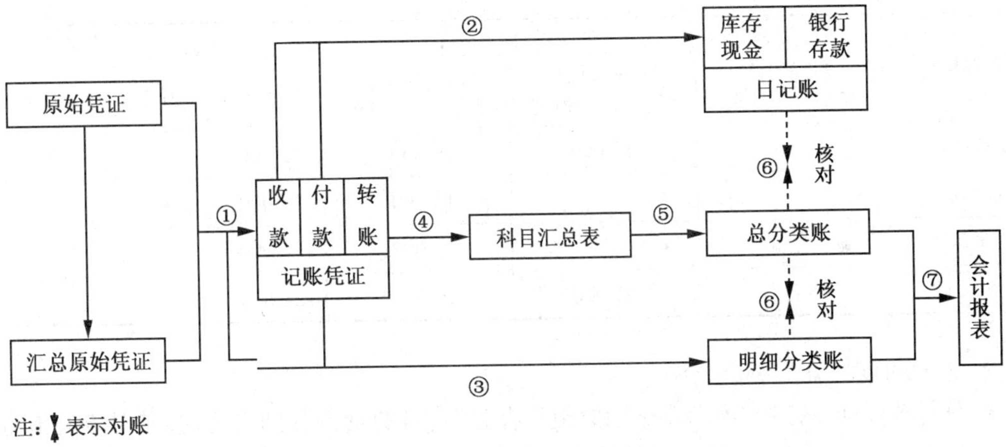

图 10—2　科目汇总表账务处理程序的流程

对应关系，不能详细反映经济业务的性质内容，不便于查账。所以，科目汇总表账务处理程序一般适用于经济业务较多的中型企业单位。

三、汇总记账凭证账务处理程序

(一)汇总记账凭证账务处理程序的特点

汇总记账凭证账务处理程序的主要特点是：定期根据所有记账凭证按收款凭证、付款凭证和转账凭证分别归类汇总编制成汇总收款凭证、汇总付款凭证、汇总转账凭证，然后再根据各汇总记账凭证登记总分类账户。

(二)汇总记账凭证账务处理程序下凭证、账簿的种类和格式

在汇总记账凭证账务处理程序下，除了要分别设置收款凭证、付款凭证和转账凭证外，还要分别设置汇总收款凭证、汇总付款凭证和汇总转账凭证。设置的账簿主要有库存现金日记账、银行存款日记账、总分类账，以上账户一般采用三栏式；设置的各种明细分类账，其格式根据需要可采用三栏式、数量金额式或多栏式。

下面简要说明汇总记账凭证的编制方法。

1. 汇总收款凭证的编制方法

汇总收款凭证按照“库存现金”和“银行存款”科目的借方分别设置，按其对应的贷方科目进行归类，计算出每一贷方科目的发生额合计数，填入汇总收款凭证中。一般可 5 天或 10 天汇总一次，每月编制一张。月终根据结出的每个贷方科目合计数，据以登记总分类账。汇总收款凭证的格式如表 10—3 所示。

表 10—3　汇总收款凭证

借方科目：库存现金　××××年××月　汇收字第　号

贷方科目	金　额(元)				总账页数	
	1～10 日 凭证 1～30 号	11～20 日 凭证 31～60 号	21～30 日 凭证 61～90 号	合计	借方	贷方
其他应收款	1 800			1 800	85	9
主营业务收入	62 000	26 000		88 000	85	18

续表

贷方科目	金 额(元)				总账页数	
	1～10 日 凭证 1～30 号	11～20 日 凭证 31～60 号	21～30 日 凭证 61～90 号	合计	借方	贷方
其他业务收入		15 000	6 000	21 000	85	29
银行存款			12 000	12 000	85	15
应收账款			2 000	2 000	85	13
合 计	63 800	41 000	20 000	124 800	—	—

2. 汇总付款凭证的编制方法

汇总付款凭证是按照“库存现金”和“银行存款”科目的贷方分别设置，按其对应的借方科目进行归类，计算出每一个借方科目的发生额合计数，填入汇总付款凭证中。一般可 5 天或 10 天汇总一次，每月编制一张。月终根据结出的每一借方科目发生额合计数，据以登记总分类账。汇总付款凭证的格式如表 10—4 所示。

表 10—4 **汇总付款凭证**

贷方科目：银行存款 ××××年××月 汇付字第 号

借方科目	金 额(元)				总账页数	
	1～10 日 凭证 1～30 号	11～20 日 凭证 31～60 号	21～30 日 凭证 61～90 号	合计	借方	贷方
应付账款	10 000	5 000		15 000	8	3
原材料	35 000	12 000	20 000	67 000	5	3
固定资产	68 000			68 000	12	3
财务费用			500	500	26	3
管理费用	580	2 400	800	3 780	16	3
合 计	113 580	19 400	21 300	154 280	—	—

3. 汇总转账凭证的编制方法

汇总转账凭证是按照转账凭证中每一贷方科目分别设置，按其对应的借方科目进行归类，计算出每一借方科目的发生额合计数，填入汇总转账凭证中。一般可 5 天或 10 天汇总一次，每月编制一张。月终根据计算出每个借方科目结出的合计数，据以登记总分类账。汇总转账凭证的格式如表 10—5 所示。

表 10—5 **汇总转账凭证**

贷方科目：原材料 ××××年××月 汇转字第 号

借方科目	金 额(元)				总账页数	
	1～10 日 凭证 1～30 号	11～20 日 凭证 31～60 号	21～30 日 凭证 61～90 号	合计	借方	贷方
生产成本	17 800	13 800	16 400	48 000	65	4
制造费用			10 000	10 000	70	4
管理费用			8 500	8 500	16	4
合 计	17 800	13 800	34 900	66 500	—	—

由于汇总转账凭证上的科目对应关系是一个贷方科目与一个或几个借方科目相对应，因此，在汇总转账凭证账务处理程序下，为了便于编制汇总转账凭证，所有转账凭证也只能按一个贷方科目与一个或几个借方科目对应来填制，而不能填制一个借方科目与几个贷方科目相对应的汇总转账凭证。也就是可以填制一借一贷和一贷多借的汇总转账凭证，而不能填制一借多贷和多借多贷的汇总转账凭证。

（三）汇总记账凭证账务处理程序下账务处理的步骤

①根据原始凭证或原始凭证汇总表编制记账凭证；

②根据收款凭证和付款凭证逐笔登记库存现金日记账和银行存款日记账；

③根据原始凭证（或原始凭证汇总表）和记账凭证登记各种明细分类账；

④根据一定时期内的全部记账凭证，定期汇总编制成汇总记账凭证；

⑤根据汇总记账凭证登记总分类账；

⑥月末，将各种明细分类账、库存现金日记账和银行存款日记账余额分别与相应总分类账户余额相核对；

⑦月末，根据核实的总分类账和明细分类账的记录编制会计报表。

汇总记账凭证账务处理程序的流程如图 10－3 所示。

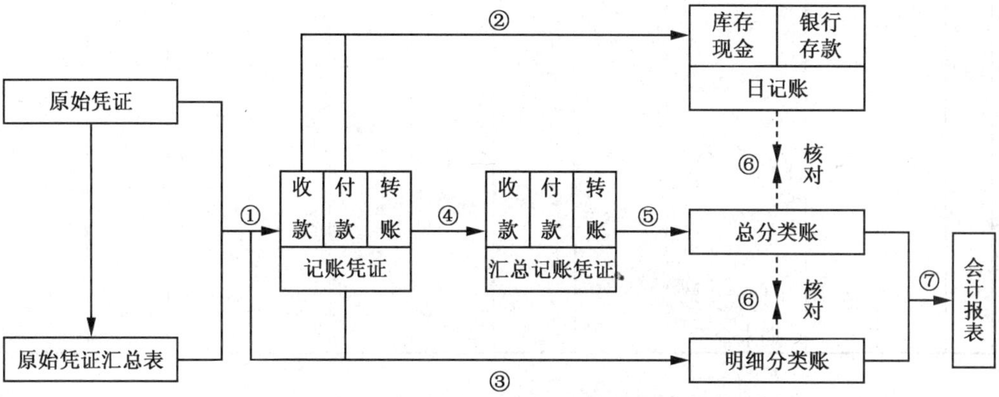

图 10－3 汇总记账凭证账务处理程序的流程

（四）汇总记账凭证账务处理程序的优缺点及适用范围

汇总记账凭证账务处理程序的优点是：根据汇总记账凭证登记总分类账，可以在月末一次登记入总分类账，减少登记总账的工作量，克服了采用记账凭证账务处理程序的缺点。同时，由于汇总记账凭证是按账户的对应关系汇总，总分类账能反映账户之间的对应关系，因而便于对经济活动进行分别查对，又克服了科目汇总表账务处理程序的不足。汇总记账凭证账务处理程序的缺点是：汇总记账凭证是按每一贷（借）方科目，而不是按照经济业务的性质来汇总，因而不利于会计工作的分工。而且，当转账凭证数量较多时，汇总的工作量就较大，且编制也比较繁琐。正是由于该种账务处理程序的特点，对于业务量较少的企业来说，要达到简化的意义就不大。因此，汇总记账凭证账务处理程序主要适用于经营规模较大、经济业务较多的企业单位。

四、日记总账账务处理程序

（一）日记总账账务处理的特点

日记总账账务处理程序的特点是：设置日记总账，根据记账凭证逐笔登记总账。

（二）日记总账账务处事程序下凭证、账簿的种类和格式

在日记总账账务处理程序下，设置的记账凭证有收款凭证、付款凭证和转账凭证；设置的序时账簿有库存现金日记账和银行存款日记账，其格式一般采用三栏式；设置日记总账；设置各种明细分类账，根据需要可采用三栏式、数量金额式和多栏式。

日记总账既是日记账，要根据经济业务发生日的先后顺序逐笔登记；又是总账，要将所有科目的总分类核算都集中在一张账页上，所以，日记总账是将序时账和分类账结合在一起的联合账簿。它由两部分组成：一部分是用来序时核算的，包括登记经济业务发生或完成的日期栏、凭证"种类"和"号数"栏、"摘要"栏及"发生额"栏；另一部分是用来进行总分类核算的，这一部分是将所运用的账户按行、按栏对称排列，并将每一账户分设"借方"和"贷方"两栏。日记总账的账页格式如表10－6所示。

表10－6　　日记总账　　单位：元

年		凭证		摘要	发生额	库存现金		银行存款		原材料		
月	日	种类	号数			借方	贷方	借方	贷方	借方	贷方	
				期初余额								
				本期发生额								
				期末余额								

（三）日记总账账务处理程序下账务处理的步骤

①根据原始凭证或原始凭证汇总表编制记账凭证；

②根据收款凭证和付款凭证逐笔登记库存现金日记账和银行存款日记账；

③根据原始凭证（或原始凭证汇总表）和记账凭证登记各种明细分类账；

④根据各种记账凭证逐日、逐笔登记日记总账；

⑤月末，将各种明细分类账、库存现金日记账和银行存款日记账余额与日记总账余额相核对；

⑥月末，根据核实的日记总账和明细分类账的记录编制会计报表。

日记总账账务处理程序的流程如图10－4所示。

（四）日记总账账务处理程序的优缺点及适用范围

日记总账账务处理程序的优点是：能将序时核算与总分类核算结合进行，核算手续简单，同时将全部账户集中在一张账页上，账户对应关系清楚，便于查阅，因而有利于对会计资料的分析和利用。其缺点是：如果当企业的规模较大、运用的会计科目较多时，日记总账的账页就会过长，不便于记账和查阅。所以，日记总账账务处理程序适用于规模较小、经济业务比较简单、使用会计科目较少的企业单位。

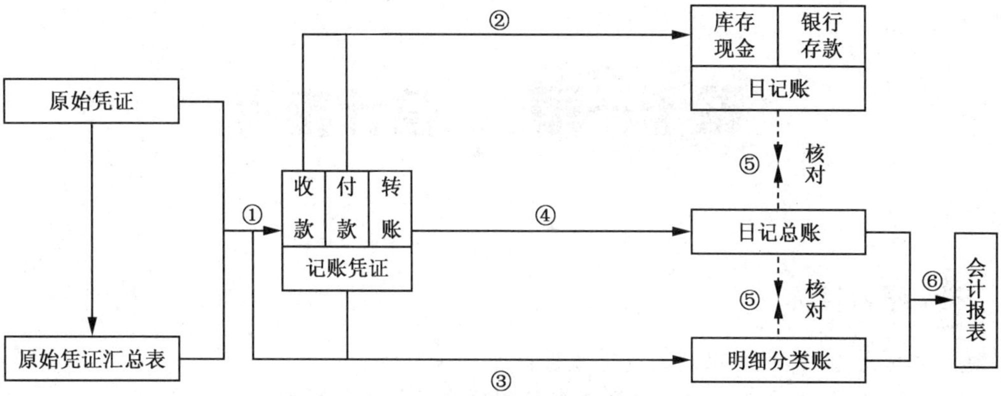

图 10—4　日记总账账务处理程序的流程

本章小结

账务处理程序是指会计凭证、会计账簿和会计报表相结合的方式，主要有记账凭证账务处理程序、科目汇总表账务处理程序、汇总记账凭证账务处理程序和日记总账账务处理程序。

主要概念

账务处理程序　　记账凭证账务处理程序　　科目汇总表账务处理程序
汇总记账凭证账务处理程序　　日记总账账务处理程序

复习思考题

1. 什么是账务处理程序？
2. 合理组织账务处理程序的意义有哪些？
3. 合理组织账务处理程序的要求是什么？
4. 账务处理程序主要有哪几种？其各自的特点、优缺点及适用范围是什么？
5. 科目汇总表账务处理程序和汇总记账凭证账务处理程序两者间有何异同？

第十一章　会计报表

学习目标

通过本章的学习，你可以达到以下目标：

1. 了解会计报表的概念、作用、种类以及编制会计报表的要求
2. 掌握资产负债表的概念、内容、结构以及编制方法
3. 掌握利润表的概念、内容、结构以及编制方法
4. 掌握所有者权益变动表的概念、内容、结构以及编制方法
5. 了解现金流量表的概念、结构以及编制方法

第一节　会计报表概述

一、会计报表的概念和作用

会计报表是综合反映企业某一特定日期的资产、负债和所有者权益状况，以及某一特定时期的经营成果和现金流量情况的书面文件。它是企业根据日常的会计核算资料归集、加工和汇总后形成的，它是会计信息的主要载体，是会计核算的最终成果。

企业日常发生的交易或事项，经过填制和审核会计凭证，运用复式记账法按规定的会计科目进行分类核算，连续、系统地记入在账簿中，通过日常会计记录反映企业一定时期的经济活动情况及其结果。但由于凭证、账簿的种类和数量较多，提供的财务会计资料比较零散，不能集中、概括地反映单位的经济活动全貌，不便于满足财务会计资料使用者的需要，因此，应将日常会计核算资料进行归纳、整理、汇总，按规定的要求编制成会计报表，为有关方面提供总括性的信息资料。企业的会计核算是以反映“资产＝权益”平衡关系的会计报表为起点，也应以其为终点，日常的会计核算工作必须面向财务会计的最终目标，即通过会计报表和财务报告向有关各方提供会计信息。所以，正确、及时地编制和报送会计报表，对各方面的使用者都有重要意义。

会计报表是会计信息的主要载体，会计凭证、会计账簿记录的经济信息只有利用会计报表的形式报出去，才会被利用，会计才能实现其职能，发挥其作用。编制会计报表是会计工作的最后环节，也是最重要的环节。

会计报表的作用可以从以下四个方面进行概括：

1. 为投资者的投资决策提供企业经营状况和盈利能力的信息

投资者主要关心投资的内在风险和投资报酬，因此，企业的投资者可以根据会计报表提供的资料，了解企业的财务状况和经营成果，以便正确判断投资风险与投资前景，从而作出扩大或收回投资的决策。

2. 为债权人提供企业偿债能力的会计信息

债权人主要关心企业能否按期支付利息、偿还债务，企业债权人可根据会计报表提供的资料了解企业的信用基础、偿债能力，以便作出信贷和赊销的决策。

3. 为企业经营者提供改善经营管理、制定发展规划的会计信息

企业的经营者根据会计报表提供的资料可了解和掌握企业财务、成本状况，发现企业管理中存在问题，从而不断改善经营管理，提高管理水平。

4. 为财政、税务等政府部门提供企业的经营业绩和遵守国家有关法规情况的会计信息。

政府及各机构根据会计报表提供的资料，可了解企业的经营活动、社会资源的分配情况等，作为决定税收政策、制定经济法规和统计国民收入等的情况。

二、会计报表的种类

(一)按照反映的经济内容进行分类

按照反映的经济内容进行分类，可分为反映财务状况、经营成果和现金流量的财务报表。

(1)反映一定日期财务状况的会计报表，如资产负债表、所有者权益变动表。

(2)反映一定时期内企业经营成果的报表，如利润表。

(3)反映一定时期内现金流入、流出情况的会计报表，如现金流量表。

(二)按照反映的资金运动的状态进行分类

按照反映的资金运动的状态进行分类，可分为静态报表和动态报表。

(1)静态报表是反映企业资金运动处于某一相对静止状态的会计报表，如资产负债表。

(2)动态报表是反映企业一定时期资金运动状况及其结果的会计报表，如利润表、现金流量表和所有者权益变动表。

(三)按照会计报表编制和报送的时间进行分类

按照会计报表编制和报送的时间进行分类，可分为月报、季报、半年报和年报。月报、季报、半年报以及短于一年期的报告，又称为中期报告。

(1)月报是按月编制和报送的报表，如资产负债表和利润表。

(2)季报是按季度编制和报送的报表，如资产负债表和利润表。

(3)半年报是每个会计年度前6个月结束后编制和报送的报表，资产负债表和利润表也是半年度报表。

(4)年报是按会计年度编制和报送的报表，是反映全年经济活动和财务状况的报表。

(四)按照编报报表的主体，可分为个别会计报表和合并会计报表

(1)个别会计报表是指会计核算只以一个特定会计主体的核算范围所编制而成的会计报表，它不反映投资单位和其他会计主体的财务状况与经营成果。

(2)合并会计报表是以母公司和子公司组成的企业集团为会计主体，根据母公司和所属子公司的会计报表，由母公司编制的综合反映企业集团财务状况和经营成果的会计报表。

(五)按照服务对象不同，可分为内部报表和外部报表

(1)内部报表是指为满足企业内部经营管理需要而编制的会计报表，它一般不需要由《企业会计制度》规定统一的格式，也没有统一的编制要求，一般也无须对外公开，如期间费用报表等。

(2)外部报表是指企业对外提供的会计报表，主要供投资者、债权人、政府部门和社会公众等有关方面使用，《企业会计制度》对其规定了统一的格式和编制要求，如资产负债表、利润表、

股东权益变动表和现金流量表。本章所述的会计报表是外部报表中的几个主要报表。

三、编制会计报表的要求

为了充分发挥会计报表的作用，使会计报表阅读者能够清楚地了解企业的财务状况和经营成果，会计报表的编制应达到以下四点基本要求：

1. 真实可靠

会计报表各项目的数据必须建立在真实可靠的基础之上，必须如实反映企业的客观情况，数字计算必须准确。会计报表在编制前必须把会计期间所有经济业务全部登记入账，然后根据核实无误的账簿记录编制会计报表。不得使用估计、匡算的数据，也不能为了赶编报表而提前结账，更不能弄虚作假，使错误的信息导致报表使用者作出错误的决策。

2. 内容完整

企业会计报表应全面披露企业的经营活动，会计报表的种类必须根据会计制度的规定填报完整，报表上的项目包括补充资料都应填写齐全。特别对企业的某些重要事项，应当按照要求在会计报表附注中说明，不得遗漏。

3. 编报及时

企业会计报表提供会计信息的使用价值具有很强的时效性，因此，会计报表必须在规定的时间内及时编报，以使报表的使用者能及时有效地利用信息资料作出决策。否则，即使会计报表的编制真实可靠、内容完整，但由于编报不及时而使其提供的信息失去价值。为此，企业必须及时组织日常会计核算工作，以保证会计报表的及时性。

4. 便于理解

会计报表提供的信息应简明、易懂，简单明了地反映企业的财务状况和经营成果。这样有利于会计信息的使用者准确、完整地把握会计信息所要说明的内容，从而更好地加以利用。

第二节 资产负债表

一、资产负债表的概念及作用

资产负债表是反映企业在某一特定日期全部资产、负债和所有者权益状况的会计报表。它反映企业在某一特定日期拥有或控制的经济资源、承担的现时义务和所有者对净资产的要求权。通过资产负债表，可以提供某一日期资产的总额及其结构，表明企业拥有或控制的资源及其分布情况；可以提供某一日期的负债总额及其结构，表明企业未来需要用多少资产或劳务清偿债务以及清偿时间；可以反映所有者拥有的权益，据以判断资本保值、增值的情况以及对负债的保障程度。

资产负债表是企业的主要会计报表之一，主要有以下作用：

(1)通过资产负债表可以反映企业某一特定日期拥有的经济资源及其分布情况，据此可以分析企业资产的分布是否合理，促使企业合理使用经济资源，改善经营管理。

(2)通过资产负债表可以反映某一特定日期的负债总额及其结构，分析企业的偿债能力，使报表使用者能够了解企业面临的财务风险，以作出正确的决策。

(3)通过资产负债表可反映投资人在企业资产总额中所占的份额，了解企业所有者权益的结构情况。

(4)通过对不同时期资产负债表的分析,可了解企业财务状况的变化情况及变化趋势,以使报表使用者能及时对企业未来作出预测。

二、资产负债表的内容和结构

(一)资产负债表的内容

资产负债表主要包括表首、正表和补充资料三个部分。

(1)表首部分主要包括报表名称、编制单位、报表日期和货币计量单位。由于资产负债表是反映企业在特定时点的静态报表,其报表日期应该具体到某一日期。

(2)正表部分包括资产、负债和所有者权益。

(3)补充资料是对一些在基本部分中未予提供的重要会计信息,如会计政策、会计估计变更等所做的补充说明。

(二)资产负债表的结构

资产负债表是根据“资产=负债+所有者权益”会计等式的原理设置的,格式主要有账户式和报告式两种。报告式是上下平衡,账户式是左右平衡。根据我国《企业会计准则》的规定,目前我国企业资产负债表采用账户式结构。

账户式的资产负债分为左右两方,全部项目按流动性快慢确定排列顺序,左方为资产,右方为负债及所有者权益。根据会计的平衡原理,左右两方的金额总计必须相等,保持平衡。

三、资产负债表的编制方法

资产负债表正表各项目均应填制年初数和期末数。“年初数”栏内各项目数字,应根据上年末资产负债表“期末数”栏内的数字填列。如果本年度资产负债表规定的项目名称和内容与上年不一致,应先对上年末资产负债表各项目的数字按本年度的规定进行调整,然后填入本年“年初数”栏;“期末数”栏各项目主要是根据各资产、负债、所有者权益类账户的期末余额填列的。由于表中各项目名称与会计科目并不完全一致,因此,资产负债表的大部分项目可直接根据有关总账和明细账的余额填列,而有些项目则需要根据有关总账和明细账的余额分析计算后才能填列。

(一)资产各项目的填列方法

1.“货币资金”项目,根据“库存现金”、“银行存款”、“其他货币资金”总账的期末余额的合计数填列。

2.“交易性金融资产”项目,根据“交易性金融资产”总账的期末余额填列。

3.“应收票据”项目,根据“应收票据”总账的期末余额填列。已向银行贴现和已背书转让的应收票据不在本项目反映。

4.“应收股利”项目,根据“应收股利”总账的期末余额填列。

5.“应收利息”项目,根据“应收利息”总账的期末余额填列。企业购入的一次还本付息的持有至到期投资持有期间取得的利息,不包括在本项目内。

6.“应收账款”项目,根据“应收账款”和“预收账款”总账下所属明细账的期末借方余额合计数减去“坏账准备”账户中有关应收账款计提的坏账准备期末贷方余额后的数额填列。

7.“预付账款”项目,根据“预付账款”、“应付账款”总账下属明细账的期末借方余额合计数填列。

8.“其他应收款”项目,根据“其他应收款”总账所属的期末明细账借方余额,减去“坏账准备”总账所属明细账户期末余额后的净额填列。

9.“存货”项目，根据“原材料”、“库存商品”、“委托加工物资”、“周转材料”、“材料采购”、“在途物资”、“发出商品”、“包装物及低值易耗品”、“材料成本差异”等总账期末余额的合计数，减去“存货跌价准备”总账期末余额后的净额填列。

10.“其他流动资产”项目，根据上述流动资产外的其他流动资产账户的期末余额填列，如果其他流动资产价值较大的，应在会计报表附注中披露其内容和金额。

11.“可供出售金融资产”项目，根据“可供出售金融资产”总账的期末余额填列。

12.“持有至到期投资”项目，根据“持有至到期投资”总账的期末余额，减去将于一年内到期的长期债权投资，再减去持有至到期投资减值准备期末余额后的净额填列。

13.“长期应收款”项目，根据“长期应收款”总账的期末余额，减去长期应收款减值准备期末余额，减去相应的“未实现融资收益”期末余额后的净额填列。

14.“长期股权投资”项目，根据“长期股权投资”总账的期末余额，减去长期股权投资减值准备期末余额后的净额填列。

15.“投资性房地产”项目，根据“投资性房地产”总账的期末余额，减去投资性房地产减值准备期末余额后的净额填列。

16.“固定资产”项目，根据“固定资产”、“累计折旧”、“固定资产减值准备”总账的期末余额填列。

17.“在建工程”项目，根据“在建工程”总账的期末余额，减去“在建工程减值准备”总账的期末余额后的净额填列。

18.“工程物资”项目，根据“工程物资”总账的期末余额，减去“工程物资减值准备”总账的期末余额后的净额填列。

19.“固定资产清理”项目，根据“固定资产清理”总账的期末余额填列。如果“固定资产清理”账户期末为贷方余额，应以负号填列。

20.“生产性生物资产”项目，根据“生产性生物资产”总账的期末余额，减去“生产性生物资产减值准备”总账的期末余额，再减去“生产性生物资产累计折旧”总账的期末余额后的净额填列。

21.“油气资产”项目，根据“油气资产”总账的期末余额，减去“油气资产减值准备”总账的期末余额，再减去“油气资产折耗”总账的期末余额后的净额填列。

22.“无形资产”项目，根据“无形资产”总账的期末余额，减去“累计摊销”总账的期末余额，再减去“无形资产减值准备” 总账的期末余额后的净额填列。

23.“开发支出”项目，根据“开发支出”总账的期末余额填列。

24.“商誉”项目，根据“商誉”总账的期末余额，减去“商誉减值准备” 总账的期末余额后的净额填列。

25.“长期待摊费用”项目，根据“长期待摊费用”总账的期末余额填列。

26.“递延所得税资产”项目，根据“递延所得税资产”总账的期末借方余额填列。

27.“其他非流动资产”项目，根据除上述非流动资产账户以外的其他有关非流动资产账户的期末余额填列。如果其他非流动资产数额较大的，应在会计报表附注中披露其内容与金额。

(二)负债项目的填列方法

1.“短期借款”项目，根据“短期借款”总账的期末余额填列。

2.“交易性金融负债”项目，根据“交易性金融负债”总账的期末余额填列。

3.“应付票据”项目，根据“应付票据”总账的期末余额填列。

4.“应付账款”项目，根据“应付账款”和“预付账款”总账下所属明细账的期末贷方余额合计数填列。

5.“预收账款”项目，根据“预收账款”和“应收账款”总账下所属明细账的期末贷方余额合计数填列。

6.“应付职工薪酬”项目，根据“应付职工薪酬”总账的期末余额填列，如果“应付职工薪酬”总账期末为借方余额，以负号填列。

7.“应交税费”项目，根据“应交税费”总账的期末余额填列，如果“应交税费”账户期末为借方余额，以负号填列。

8.“应付利息”项目，根据“应付利息”总账的期末余额填列。

9.“应付股利”项目，根据“应付股利”总账的期末余额填列。

10.“其他应付款”项目，根据“其他应付款”总账的期末余额填列。

11.“其他流动负债”项目，根据除以上流动负债账户以外的其他流动负债账户的期末贷方余额填列，如果其他流动负债价值较大的，应在会计报表附注中披露其内容及金额。

12.“长期借款”项目，根据“长期借款”总账的期末余额填列。

13.“应付债券”项目，根据“应付债券”总账的期末余额填列。

14.“长期应付款”项目，根据“长期应付款”总账的期末余额填列。

15.“专项应付款”项目，根据“专项应付款”总账的期末余额填列。

16.“预计负债”项目，根据“预计负债”总账的期末余额填列。

17.“递延所得税负债”项目，根据“递延所得税负债” 总账的期末余额填列。

18.“其他非流动资产”项目，根据除以上长期负债账户以外的其他有关长期负债账户的期末贷方余额填列。如其他长期负债价值较大的，应在会计报表附注中披露其内容和金额。

上述长期负债中各项目将于一年内(含一年)到期的长期负债，应在“一年内到期的非流动负债”项目内单独反映。上述长期负债各项目均应根据有关账户期末余额扣除将于一年内(含一年)到期偿还数额后的余额填列。

(三)所有者权益项目的填列方法

1.“实收资本(或股本)”项目，根据“实收资本(或股本)”总账的期末余额填列。

2.“资本公积”项目，根据“资本公积”总账的期末余额填列。

3.“盈余公积”项目，根据“盈余公积”总账的期末余额填列。

4.“未分配利润”项目，根据“本年利润”总账和“利润分配”总账的余额分析填列。未弥补的亏损，在本项目内以负号反映。

四、资产负债表编制实例

A企业为一般纳税人，该企业20×6年12月31日的资产负债表(年初余额略)及20×7年12月31日的科目余额表分别见表11－1和表11－2。

表 11－1

资产负债表

编制单位：A 企业　　20×6 年 12 月 31 日　　单位：元

资　产	期末余额	年初余额	负债和股东权益	期末余额	年初余额
流动资产			流动负债		
货币资金	625 000		短期借款	1 325 000	
交易性金融资产	325 000		交易性金融负债		
应收票据	532 500		应付票据	275 000	
应收账款	776 750		应付账款	250 125	
预付账款			预收账款		
应收利息			应付职工薪酬	52 500	
应收股利			应交税费	293 750	
其他应收款	10 500		应付利息	5 750	
存货	3 592 750		应付股利	37 500	
一年内到期的非流动资产			其他应付款	3 000	
其他流动资产			一年内到期的非流动负债		
流动资产合计：	5 862 500		其他流动负债		
非流动资产			流动负债合计	2 242 625	
可供出售金融资产			非流动负债		
持有至到期投资			长期借款	300 000	
长期应收款			应付债券	2 553 250	
长期股权投资	155 000		长期应付款		
投资性房地产			专项应付款		
固定资产	12 475 000		预计负债		
在建工程	6 250		递延所得税负债		
工程物资			其他非流动负债		
固定资产清理			非流动负债合计	2 853 250	
生产性生物资产			负债合计	5 095 875	
油气资产			股东权益		
无形资产	10 000		实收资本(或股本)	12 500 000	
开发支出			资本公积	287 875	
商誉			减：库存股		
长期待摊费用	5 000		盈余公积	480 000	
递延所得税资产			未分配利润	150 000	
其他非流动资产			股东权益合计	13 417 875	
非流动资产合计	12 651 250				
资产总计	18 513 750		负债和股东权益合计	18 513 750	

表 11－2　　　　科目余额表　　　　单位：元

科目名称	借方余额	科目名称	贷方余额
库存现金	1 500	短期借款	1 341 000
银行存款	633 000	应付票据	254 500
其他货币资金	6000	应付账款	260 125
交易性金融资产	328 375	预收账款	625
应收票据	531 250	应付职工薪酬	52 200
应收账款	804 800	应交税费	292 000
坏账准备	－24 175	应付利息	5 000
预付账款	350	应付股利	50 000
其他应收款	10 375	其他应付款	2 750
在途物资	326 840	一年内到期的非流动负债	4 700
原材料	1 110 276	长期借款	300 000
包装物	23 934	应付债券	2 553 050
低值易耗品	52 120	实收资本(或股本)	1 262 500
库存商品	2 123 255	资本公积	352 750
一年内到期的非流动资产	550	盈余公积	425 000
长期股权投资	156 250	未分配利润	275 000
固定资产	13 700 000		
累计折旧	－1 000 000		
固定资产减值准备	－12 500		
在建工程	6 500		
无形资产	9 500		
长期待摊费用	5 500		

根据上述资料，编制 A 企业 20×7 年 12 月 31 日的资产负债表，见表 11－3。

表 11－3　　　　资产负债表

编制单位：A 企业　　　　20×7 年 12 月 31 日　　　　单位：元

资产	期末余额	年初余额	负债和股东权益	期末余额	年初余额
流动资产			流动负债		
货币资金	640 500	625 000	短期借款	1 341 000	1 325 000
交易性金融资产	328 375	325 000	交易性金融负债		
应收票据	531 250	532 500	应付票据	254 500	275 000
应收账款	780 625	776 750	应付账款	260 125	250 125
预付账款	350		预收账款	625	
应收利息			应付职工薪酬	52 200	52 500
应收股利			应交税费	292 000	293 750
其他应收款	10 375	10 500	应付利息	5 000	5 750

续表

资产	期末余额	年初余额	负债和股东权益	期末余额	年初余额
存货	3 636 425	3 592 750	应付股利	50 000	37 500
一年内到期的非流动资产	550		其他应付款	2 750	3 000
其他流动资产			一年内到期的非流动负债	4 700	
流动资产合计	5 928 450	5 862 500	其他流动负债		
非流动资产			流动负债合计	2 262 900	2 242 625
可供出售金融资产			非流动负债		
持有至到期投资			长期借款	300 000	300 000
长期应收款			应付债券	2 553 050	2 553 250
长期股权投资	156 250	155 000	长期应付款		
投资性房地产			专项应付款		
固定资产	12 687 500	12 475 000	预计负债		
在建工程	6 500	6 250	递延所得税负债		
工程物资			其他非流动负债		
固定资产清理			非流动负债合计	2 853 050	2 853 250
生产性生物资产			负债合计	5 115 950	5 095 875
油气资产			股东权益		
无形资产	9 500	10 000	实收资本(或股本)	12 625 000	12 500 000
开发支出			资本公积	352 750	287 875
商誉			减:库存股		
长期待摊费用	5 500	5 000	盈余公积	425 000	480 000
递延所得税资产			未分配利润	275 000	150 000
其他非流动资产			股东权益合计	13 677 750	13 417 875
非流动资产合计	12 865 250	12 651 250			
资产总计	18 793 700	18 513 750	负债和股东权益合计	18 793 700	18 513 750

第三节 利润表

一、利润表的概念和作用

利润表是反映企业在一定会计期间的经营成果的会计报表，它是企业主要会计报表之一。无论是企业的投资人、债权人还是企业的经营者，都十分关心企业的获利能力和趋势，而利润表正是能满足这方面需要的会计报表。它的作用如下：

(1)通过利润表,可以从总体上反映企业在一定时期内取得的全部收入和发生的全部费用、损失等,从而了解企业盈利或亏损的构成情况;

(2)通过利润表,可以分析企业的经营情况和经济效益,从而在一定程度上评价企业的经营效益和管理水平,促使企业改善经营管理;

(3)通过对利润表的分析,可以了解企业的盈利能力,从而反映企业的投资报酬和偿付能力,测试投资人和债权人的风险程度;

(4)通过对不同时期利润表收入、费用、利润增减变化情况的分析,可以预测企业未来一定时期的盈利趋势。

二、利润表的内容和结构

利润表主要分为表首和正表两部分。

表首包括报表名称、编制单位、报表时期和货币计量单位。

利润表要以一定的表格来反映企业的经营成果。常见的利润表正表结构有单步式和多步式两种。在我国,企业利润表采用的基本是多步式的,即通过对当期的收入、费用、支出项目按性质加以归类,按利润形成的主要环节列示一些中间性利润指标,分步计算当期净损益。

利润表主要反映以下几方面的内容:(1)营业收入,由主营业务收入和其他业务收入组成。(2)营业利润,营业收入减去营业成本(包括主营业务成本、其他业务成本)、营业税金及附加、销售费用、管理费用、财务费用、资产减值损失,加上公允价值变动收益、投资收益。(3)利润总额,营业利润加上营业外收入,减去营业外支出。(4)净利润,利润总额减去所得税费用。(5)每股收益,普通股或潜在普通股已公开交易的企业,以及正处于公开发行普通股或潜在普通股过程中的企业,还应当在利润表中列示每股收益信息,包括基本每股收益和稀释每股收益两项指标。

三、利润表的填制方法

(一)利润表的数据来源

月度利润表正表各项目均应填列本月数和本年累计数。"本月数"栏内各项目数字应根据本月损益类账户的本期发生额填列;"本年累计数"栏反映自年初起至本月末止的累计实际发生数,应根据上月利润表的"本年累计数"栏加上本月利润表的"本月数"栏数字之和填列。

年度利润表中应将"本月数"栏改为"上年数"栏,该栏应根据上年利润表的"本年累计数"栏的数字填列。如果本年度利润表规定的项目名称和内容与上年不一致,应先对上年度利润表的数字按本年度的规定进行调整,然后填入本表"上年数"栏内,与"本年累计数"栏各项目的数字进行比较。

(二)利润表各项目的填列

利润表中各项目"本月数"栏数字的具体填列方法如下:

1."营业收入"项目,根据"主营业务收入"和"其他业务收入"账户的本期贷方发生额计算填列。如果结账前,该类账户有借方发生额,属本期销售退回或销售折让,应抵减本期贷方发生额,按抵减后的差额填列。

2."营业成本"项目,根据"主营业务成本"和"其他业务成本"账户的本月借方发生额计算填列。如果结账前,该类账户有贷方发生额,属销售退回事项,应抵减借方发生额,并按抵减后的差额填列。

3.“营业税金及附加”项目，根据“营业税金及附加”账户的借方发生额填列。

4.“销售费用”项目，根据“销售费用”账户的借方发生额填列。

5.“管理费用”项目，根据“管理费用”账户的借方发生额填列。

6.“财务费用”项目，根据“财务费用”账户的借方发生额分析填列。如果结账前，“财务费用”账户有贷方发生额，应以借方发生额抵减贷方发生额后差额的费用填列。

7.“资产减值损失”项目，根据“资产减值损失” 账户的借方发生额分析填列。

8.“公允价值变动收益”项目，根据“公允价值变动损益”账户借方发生额填列。该项目如果为净损失，以负号填列。

9.“投资收益”项目，根据“投资收益”账户的贷方发生额分析填列。该项目如果为损失，以负号填列。

10.“营业利润”项目，根据利润表中的各项目的金额计算结果填列。该项目如果为亏损，以负号表示。

11.“营业外收入”项目，根据“营业外收入”账户的贷方发生额填列。

12.“营业外支出”项目，根据“营业外支出”账户的借方发生额填列。

13.“利润总额”项目，根据利润表中各项目的金额计算结果填列。该项目如果为亏损，以负号表示。

14.“所得税费用”项目，根据“所得税费用”账户本期借方发生额填列。

15.“净利润”项目，根据利润表中各项目的金额计算结果填列。

16.“每股收益”项目，根据企业归属于普通股股东当期净利润除以发行在外普通股的加权平均数计算的结果填列。

四、利润表编制举例

某公司 20×7 年有关账户发生额见表 11－4，根据资料编制利润表，见表 11－5。

表 11－4 某公司损益类科目本月发生额及累计发生额 单位：元

科目名称	本月合计数		1～11 月累计数
	借 方	贷 方	
主营业务收入	0	1 375 000	14 500 000
其他业务收入	0	187 500	2 000 000
主营业务成本	1 100 000	0	11 625 000
其他业务成本	137 500	0	1 500 000
营业税金及附加	2 500	0	25 000
管理费用	75 000	0	700 000
财务费用	3 750	0	35 000
销售费用	21 250	0	225 000
投资收益	0	7 000	25 000
营业外收入	0	6 000	75 000
营业外支出	8 000	0	112 500
所得税费用	87 500	0	787 500

表 11－5

利润表

20×7 年度

编制单位：××公司　　　　　　　　　　　　　　　　　　　　　　　　　　　单位：元

项　目	本年金额	上年金额（略）
一、营业收入	18 062 500	
减：营业成本	14 362 500	
营业税金及附加	27 500	
销售费用	246 250	
管理费用	775 000	
财务费用	38 750	
资产减值损失		
加：公允价值变动收益（损失以"－"号填列）		
投资收益（损失以"－"号填列）	32 000	
其中：对联营企业和合营企业的收益		
二、营业利润（亏损以"－"号填列）	2 644 500	
加：营业外收入	81 000	
减：营业外支出	120 500	
其中：非流动资产处置净损失		
三、利润总额（亏损总额以"－"号填列）	2 605 000	
减：所得税费用	875 000	
四、净利润（净亏损以"－"号填列）	1 730 000	
五、每股收益	略	
（一）基本每股收益		
（二）稀释每股收益		

第四节　现金流量表

一、现金流量表的概念和作用

现金流量表是指反映企业在一定会计期间现金和现金等价物流入和流出的报表。现金流量表被划分为经营活动、投资活动和筹资活动三个部分，每类活动又划分为各具体项目，这些项目从不同角度反映企业业务活动的现金流入与流出，弥补了资产负债表和利润表提供信息的不足。这里所指的现金包括现金和现金等价物，具体表现为：(1)现金，指企业库存现金及可随时用于支付的存款；(2)现金等价物，指企业持有的期限短、流动性强、易于转换为已知现金、价值变动风险很小的投资；(3)现金流量，指企业现金及现金等价物的流入与流出。

现金流量表的作用主要表现在以下几个方面：

(1)通过现金流量表,可以反映企业一定时期内现金流入与流出的原因。现金流量表以收付实现制为基础,真实反映了企业当期实际收入的现金及其来源、实际支出的现金及其用途以及现金流入流出相抵后的净额,从而分析利润表中净利润与现金流量之间的差异;说明了有的企业为什么利润表上反映盈利,却偿还不了到期债务的原因,以利于正确评价企业的经营成果。

(2)通过现金流量表,可以帮助报表使用者分析企业的偿债能力和支付能力。企业的偿债能力和支付能力虽然可以通过对资产负债表和利润表的分析体现,但它们主要取决于企业获取现金的能力,因此,现金流量表的反映更为直接。

(3)通过现金流量表,可以反映企业产生未来现金流量的能力,以帮助企业潜在的投资者作出正确的投资决策。

(4)通过现金流量表,可以了解与对现金收付无关,但对企业却有重要影响的投资和筹资活动。这些活动在它们发生当期虽不产生现金流量,但会对企业未来的经营成果和财务状况产生重要的影响。

二、现金流量表的结构

现金流量表的结构分为表首、正表和补充资料三个部分。

现金流量表的表首包括报表名称、编制单位、报表时期和货币计量单位。

(一)现金流量表正表结构

《企业会计准则第 31 号——现金流量表》、《企业财务会计报告条例》中规定,现金流量表正表以净现金流量的形式列示以下几方面内容:

1. 经营活动产生的现金流量

经营活动是指企业投资活动和筹资活动以外的所有交易和事项。经营活动产生的净现金流量分别按流入量和流出量列示。经营活动现金流入量主要包括销售商品、提供劳务收到的现金,收到的税费返还,收到的其他与经营活动有关的现金等。经营活动现金流出量主要包括购买商品、接受劳务支付的现金,支付给职工以及为职工支付的现金,支付的各项税费,支付其他与经营活动有关的现金等。

2. 投资活动产生的现金流量

投资活动是指企业长期资产的购建和不包括在现金等价物范围内的投资及其处置活动。投资活动现金流入量主要包括收回投资收到的现金,取得投资收益收到的现金,处置固定资产、无形资产及其他长期资产收回的投资,收到其他与投资活动有关的现金。投资活动现金流出量主要包括购建固定资产、无形资产及其他长期资产支付的现金,投资支付的现金,支付其他与投资活动有关的现金。

3. 筹资活动产生的现金流量

筹资活动是指导致企业资本及债务规模和构成发生变化的活动。筹资活动现金流入量主要包括吸收投资收到的现金、借款收到的现金、收到其他与筹资活动有关的现金。筹资活动现金流出量主要包括偿还债务支付的现金,分配股利、利润或偿付利息支付的现金,支付其他与筹资活动有关的现金。

4. 汇率变动对现金及现金等价物的影响

编制现金流量表时,应当将企业外币现金流量以及境外子公司的现金流量折算成记账本位币。外币现金流量以及境外子公司的现金流量,应当采用现金流量发生日的即期汇率或按照系统合理的方法确定的、与现金流量发生日即期汇率近似的汇率折算。汇率变动对现金的影响额应当作为调节项目，在现金流量表中单独列报。

汇率变动对现金的影响，指企业外币现金流量及境外子公司的现金流量折算成记账本位币时，所采用的是现金流量发生日的汇率或按照系统合理的方法确定的、与现金流量发生日即期汇率近似的汇率，而现金流量表"现金及现金等价物净增加额"项目中外币现金净增加额是按资产负债表日的即期汇率折算的。这两者的差额即为汇率变动对现金的影响。

5. 现金及现金等价物净增加额

6. 期末现金及现金等价物余额

(二)现金流量表补充资料的结构

1. 将净利润调节为经营活动现金流量

在我国，现金流量表补充资料应采用间接法反映经营活动产生的现金流量情况，以对现金流量表中采用直接法反映的经营活动现金流量进行核对和补充说明。间接法是指以本期净利润为起点，通过调整不涉及现金的收入、费用、营业外收支以及经营性应收应付等项目的增减变动，调整不属于经营活动的现金收支项目，据此计算并列报经营活动产生的现金流量情况。

采用间接法列报经营活动产生的现金流量时，需要对四大类项目进行调整：(1)实际没有支付现金的费用；(2)实际没有收到现金的收益；(3)不属于经营活动的收益；(4)经营性应收应付项目的增减变动。

2. 不涉及现金收支的重大投资活动和筹资活动

虽然这类投资和筹资活动本期没有涉及现金流量，但对未来的现金流量会产生影响，因此，列示这类活动对预测企业未来的现金流量，判断企业偿债能力、筹资能力以及财务结构的变动，是非常必要的。

3. 现金及现金等价物净变动情况

此项目计算的结果应与正表的数据一致，体现会计报表指标之间的相互关系。

现金流量表正表结构见表 11－6，现金流量表补充资料见表 11－7。

表 11－6　　**现金流量表**

编制单位：　　年度　　单位：元

项　目	本年金额	上年金额
一、经营活动产生的现金流量		
销售商品、提供劳务收到的现金		
收到的税费返还		
收到其他与经营活动有关的现金		
经营活动现金流入小计		
购买商品、接受劳务支付的现金		
支付给职工以及为职工支付的现金		
支付的各项税费		
支付其他与经营活动有关的现金		
经营活动现金流出小计		
经营活动产生的现金流量净额		
二、投资活动产生的现金流量		

续表

项　目	本年金额	上年金额
收回投资收到的现金		
取得投资收益收到的现金		
处置固定资产、无形资产和其他长期资产收回的现金净额		
处置子公司及其他营业单位收到的现金净额		
收到其他与投资活动有关的现金		
投资活动现金流入小计		
购建固定资产、无形资产和其他长期资产支付的现金		
投资支付的现金		
取得子公司及其他营业单位支付的现金净额		
支付其他与投资活动有关的现金		
投资活动现金流出小计		
投资活动产生的现金流量净额		
三、筹资活动产生的现金流量		
吸收投资收到的现金		
取得借款收到的现金		
收到其他与筹资活动有关的现金		
筹资活动现金流入小计		
偿还债务支付的现金		
分配股利、利润或偿付利息支付的现金		
支付其他与筹资活动有关的现金		
筹资活动现金流出小计		
筹资活动产生的现金流量净额		
四、汇率变动对现金的影响		
五、现金及现金等价物净增加额		
加:期初现金及现金等价物余额		
六、期末现金及现金等价物余额		

表 11－7　　现金流量表补充资料　　单位:元

补充资料	金　额
1.将净利润调节为经营活动现金流量	
净利润	
加:资产减值准备	
固定资产折旧、油气资产折耗、生产性生物资产折旧	
无形资产摊销	
长期待摊费用摊销	
处置固定资产、无形资产和其他长期资产的损失(收益以“－”号填列)	
固定资产报废损失(收益以“－”号填列)	

续表

补充资料	金额
公允价值变动损失(收益以"－"号填列)	
财务费用(收益以"－"号填列)	
投资损失(收益以"－"号填列)	
递延所得税资产减少(增加以"－"号填列)	
递延所得税负债增加(减少以"－"号填列)	
存货的减少(增加以"－"号填列)	
经营性应收项目的减少(增加以"－"号填列)	
经营性应付项目的增加(减少以"－"号填列)	
其他	
经营活动产生的现金流量净额	
2.不涉及现金收支的重大投资和筹资活动	
债务转为资本	
一年内到期的可转换公司债券	
融资租入固定资产	
3.现金及现金等价物净变动情况	
现金的期末余额	
减:现金的期初余额	
加:现金等价物的期末余额	
减:现金等价物的期初余额	
现金及现金等价物净增加额	

三、现金流量表的编制方法

(一)经营活动现金流量的列报方法

编制现金流量表时,列报经营活动现金流量的方法有两种:直接法和间接法。在直接法下,一般是以利润表中的营业收入为起算点,调节与经营活动有关的项目的增减变动,然后计算出经营活动产生的现金流量。采用直接法编报的现金流量表,便于分析企业经营活动产生的现金流量的来源和用途,预测企业现金流量的未来前景。

在间接法下,将净利润调节为经营活动现金流量,实际上就是将按权责发生制原则确定的净利润调整为现金净流入,并剔除投资活动和筹资活动对现金流量的影响。采用间接法编报现金流量表,便于将净利润与经营活动产生的现金流量净额进行比较,了解净利润与经营活动产生的现金流量差异的原因,从现金流量的角度分析净利润的质量。

我国《企业会计准则》规定,企业应当采用直接法编制现金流量表,同时要求在附注中提供以净利润为基础调节到经营活动现金流量的信息。

(二)现金流量表正表的编制方法

现金流量表的具体编制方法有工作底稿法、T形账户法、分析填列法。

1. 工作底稿法

采用工作底稿法编制现金流量表，是以工作底稿为手段，以资产负债表和利润表数据为基础，对每一项目进行分析并编制调整分录，从而编制现金流量表。工作底稿法的程序是：

第一步，将资产负债表的期初数和期末数过入工作底稿的"期初数"栏和"期末数"栏。

第二步，对当期业务进行分析并编制调整分录。编制调整分录时，要以利润表项目为基础，从"营业收入"开始，结合资产负债表项目逐一进行分析。在调整分录中，有关现金和现金等价物的事项，并不直接借记或贷记现金，而是分别记入"经营活动产生的现金流量"、"投资活动产生的现金流量"、"筹资活动产生的现金流量"有关项目，借记表示现金流入，贷记表示现金流出。

第三步，将调整分录过入工作底稿中的相应部分。

第四步，核对调整分录，借方、贷方合计数均已经相等，资产负债表项目期初数加减调整分录中的借贷金额以后，也等于期末数。

第五步，根据工作底稿中的现金流量表项目部分，编制正式的现金流量表。

2. T 形账户法

采用 T 形账户法编制现金流量表，是以 T 形账户为手段，以资产负债表和利润表数据为基础，对每一项目进行分析并编制调整分录，从而编制现金流量表。T 形账户法的程序是：

第一步，为所有的非现金项目（包括资产负债表项目和利润表项目）分别开设 T 形账户，并将各自的期末、期初变动数过入各该账户。如果项目的期末数大于期初数，则将差额过入与项目余额相同的方向；反之，过入相反的方向。

第二步，开设一个大的"现金及现金等价物"T 形账户，每边分为经营活动、投资活动和筹资活动三个部分，左边记现金流入，右边记现金流出。与其他账户一样，过入期末、期初变动数。

第三步，以利润表项目为基础，结合资产负债表分析每个非现金项目的增减变动，并据此编制调整分录。

第四步，将调整分录过入各 T 形账户，并进行核对，该账户借贷相抵后的余额与原先过入的期末、期初变动数应当一致。

第五步，根据大的"现金及现金等价物"T 形账户，编制正式的现金流量表。

3. 分析填列法

分析填列法是直接根据资产负债表、利润表和有关会计科目明细账的记录，分析计算出现金流量表各项目的金额，并据以编制现金流量表的一种方法。

第五节 所有者权益变动表

一、所有者权益变动表的概念和作用

所有者权益变动表是指反映构成所有者权益各组成部分当期增减变动情况的报表。所有者权益变动表应当全面反映一定时期所有者权益变动的情况，不仅包括所有者权益总量的增减变动，还包括所有者权益增减变动的重要结构性信息，特别是要反映直接计入所有者权益的利得和损失，让报表使用者准确理解所有者权益增减变动的根源。

所有者权益变动表的作用可以从以下两个方面概括：

1. 所有者权益变动表列示了影响企业所有者权益的各种因素，包括净利润，直接计入所有者权益的利得和损失项目及其总额，会计政策变更和差错更正的累积影响金额，所有者投入资本和向所有者分配利润等，提取的盈余公积，实收资本（或股本）、资本公积、盈余公积、未分配利润的期初和期末余额及其调节情况。会计信息使用者通过所有者权益变动表，可以了解资产负债表中所有者权益各项目是如何从年初数变成年末数的。可见，所有者权益变动表是对资产负债表的必要补充。

2. 所有者权益变动表除列示最终属于所有者权益变动的净利润外，还包含直接计入所有者权益的利得和损失，在一定程度上体现了企业综合收益的特点；所有者权益变动表又清楚地列示了企业利润分配的去向及其对期末所有者权益的影响。可见，所有者权益变动表也是利润表的进一步延伸。

二、所有者权益变动表的内容和结构

所有者权益变动表分为表首和正表。

所有者权益变动表表首包括报表名称、编制单位、报表时期和货币计量单位。

为了清楚地表明构成所有者权益各组成部分当期的增减变动情况，所有者权益变动表正表应当以矩阵的形式列示：一方面，列示导致所有者权益变动的交易或事项，改变了以往仅仅按照所有者权益各组成部分反映所有者权益变动情况，而是从所有者权益变动的来源对一定时期所有者权益变动情况进行全面反映；另一方面，按照所有者权益各组成部分（包括实收资本、资本公积、盈余公积、未分配利润和库存股）及其总额列示交易或事项对所有者权益的影响。此外，企业还需要提供比较所有者权益变动表，所有者权益变动表还就各项目再分为“本年金额”和“上年金额”两栏分别填列。

在所有者权益变动表中，企业至少应当单独列示反映下列信息的项目：(1)净利润；(2)直接计入所有者权益的利得和损失项目及其总额；(3)会计政策变更和差错更正的累积影响金额；(4)所有者投入资本和向所有者分配利润等；(5)提取的盈余公积；(6)实收资本或股本、资本公积、盈余公积、未分配利润的期初和期末余额及其调节情况。

三、所有者权益变动表的填制方法

(一)“上年金额”栏的填列方法

所有者权益变动表“上年金额”栏内各项数字，应根据上年度所有者权益变动表“本年金额”栏内所列数字填列。如果上年度所有者权益变动表规定的各个项目的名称和内容同本年度不一致，应对上年度所有者权益变动表各项目的名称和数字按本年度的规定进行调整，填入所有者权益变动表“上年金额”栏内。

(二)“本年金额”栏的填列方法

所有者权益变动表“本年金额”栏内各项数字，一般应根据“实收资本（或股本）”、“资本公积”、“盈余公积”、“利润分配”、“库存股”、“以前年度损益调整”科目的发生额分析填列。

四、所有者权益变动表编制示例

某企业20×7年有关所有者权益账户年初余额与本年增减变动情况及原因如表11－8所示，据此编制所有者权益（股东权益）变动表，如表11－9所示。

表 11－8　　某公司 20×7 年所有者权益账户年内变动情况及原因　　单位:元

账户	年初余额	本年增加额及原因	本年减少额及原因	年末余额
实收资本	15 120 000	盈余公积转入　475 200		15 595 200
资本公积	345 450	接受捐赠　77 850		423 300
盈余公积	570 000	从净利润中提取　415 200	转增资本　475 200	510 000
未分配利润	60 000	实现净利润　2 076 000	提取盈余公积　415 200 分派股利　1 390 800	330 000
合计	16 095 450			16 858 500

表 11－9　　所有者权益(股东权益)变动表

编制单位:××公司　　20×7 年度　　单位:元

项　目	本年金额						上年金额					
	实收资本(或股本)	资本公积	减:库存股	盈余公积	未分配利润	所有者权益合计	实收资本(或股本)	资本公积	减:库存股	盈余公积	未分配利润	所有者权益合计
一、上年年末余额	15 120 000	345 450		570 000	60 000	16 095 450						
加:会计政策变更												
前期差错更正												
二、本年年初余额	15 120 000	345 450		570 000	60 000	16 095 450						
三、本年增减变动金额(减少以“—”号填列)												
(一)净利润					2 076 000	2 076 000						
(二)直接计入所有者权益的利得和损失												
1.可供出售金融资产公允价值变动金额												
2.权益法下被投资单位其他所有者权益变动的影响												
3.与计入所有者权益项目相关的所得税影响												
4.其他		77 850				77 850						
上述(一)和(二)小计												
(三)所有者投入和减少资本												
1.所有者投入资本												
2.股份支付计入所有者权益的金额												
3.其他												
(四)利润分配												
1.提取盈余公积				415 200	415 200							
2.对所有者(或股东)的分配					1 390 800	1 390 800						

续表

项目	本年金额						上年金额					
	实收资本(或股本)	资本公积	减:库存股	盈余公积	未分配利润	所有者权益合计	实收资本(或股本)	资本公积	减:库存股	盈余公积	未分配利润	所有者权益合计
3.其他												
(五)所有者权益内部结转												
1.资本公积转增资本(或股本)												
2.盈余公积转增资本(或股本)	475 200			475 200								
3.盈余公积弥补亏损												
4.其他												
四、本年年末余额	15 595 200	423 300		510 000	330 000	16 858 500						

本章小结

1. 会计报表是综合反映企业某一特定日期的资产、负债和所有者权益状况,以及某一特定时期的经营成果和现金流量情况的书面文件,包括资产负债表、利润表、现金流量表和所有者权益变动表。会计报表的编制要求是真实可靠、内容完整、编报及时和便于理解。

2. 资产负债表是反映企业在某一特定日期全部资产、负债和所有者权益状况的会计报表。资产负债表可以提供某一日期资产的总额及其结构,表明企业拥有或控制的资源及其分布情况;可以提供某一日期的负债总额及其结构,表明企业未来需要用多少资产或劳务清偿债务以及清偿时间;可以反映所有者所拥有的权益,据以判断资本保值、增值的情况以及对负债的保障程度。

3. 利润表是反映企业在一定会计期间的经营成果的会计报表。通过利润表,可从总体上反映企业在一定时期内取得的全部收入和发生的全部费用、损失等,从而了解企业盈利或亏损的构成情况;可以分析企业的经营情况和经济效益,从而在一定程度上评价企业的经营效益和管理水平,促使企业改善经营管理;可以了解企业的盈利能力,从而反映企业的投资报酬和偿付能力,测试投资人和债权人的风险程度;可预测企业未来一定时期的盈利趋势。

4. 现金流量表是反映企业在一定会计期间现金和现金等价物流入和流出的报表。通过现金流量表,可反映企业一定时期内现金流入与流出的原因;可帮助报表使用者分析企业的偿债能力和支付能力;可反映企业产生未来现金流量的能力,以帮助企业潜在的投资者作出正确的投资决策;可了解与对现金收付无关,但对企业却有重要影响的投资和筹资活动。

5. 所有者权益变动表是指反映构成所有者权益各组成部分当期增减变动情况的报表。所有者权益变动表列示了影响企业所有者权益的各种因素,包括净利润,直接计入所有者权益的利得和损失项目及其总额,会计政策变更和差错更正的累积影响金额,所有者投入资本和向所有者分配利润等,提取的盈余公积,实收资本(或股本)、资本公积、盈余公积、未分配利润的期初和期末余额及其调节情况。所有者权益变动表不仅是对资产负债表的必要补充,也是利润表的进一步延伸。

主要概念

会计报表　资产负债表　利润表　现金流量表　所有者权益变动表

复习思考题

1. 什么是会计报表？会计报表的作用有哪些？
2. 简述会计报表分类的方法，具体应如何进行分类？
3. 会计报表的编制有哪些要求？
4. 什么是资产负债表？它有哪些作用？
5. 什么是利润表？它有哪些作用？
6. 什么是现金流量表？它有哪些作用？
7. 什么是所有者权益变动表？它有哪些作用？
8. 分析所有者权益变动表的结构。

练习题

习题一

(一)目的：掌握资产负债表的编制。

(二)资料：富康公司20×7年11月30日有关总分类账户的期末余额如表11—10所示。

表11—10　总账期末余额表

20×7年11月30日　单位：元

会计科目	借方余额	会计科目	贷方余额
库存现金	4 000	累计折旧	1 366 400
银行存款	311 850	短期借款	720 300
应收账款	68 890	应付账款	127 600
其他应收款	3 928	其他应付款	18 340
原材料	191 800	应交税费	13 860
库存商品	196 000	长期借款	22 800
生产成本	43 470	实收资本	1 542 800
长期待摊费用	12 880	资本公积	425 840
持有至到期投资	133 000	盈余公积	123 578
其中：一年内到期的长期债权投资	105 000	本年利润	333 928
固定资产	3 409 000		
利润分配	320 628		

(三)要求：根据以上资料，编制该企业的资产负债表。

习题二

(一)目的:掌握利润表的编制。

(二)资料:明益公司 20×7 年 10 月 31 日有关损益类科目的发生额如表 11—11 所示,20×7 年 9 月利润表如表 11—12 所示。

表 11—11 **损益类科目本月发生额** 单位:元

科目名称	本月合计数	
	借 方	贷 方
主营业务收入		4 864 200
其他业务收入		205 700
主营业务成本	3 170 200	
其他业务成本	181 500	
营业税金及附加	411 400	
管理费用	544 500	
财务费用	217 800	
销售费用	169 400	
投资收益		211 629
营业外收入		544 500
营业外支出	641 300	
所得税费用	169 400	

表 11—12 **利润表**

20×7 年 9 月 单位:元

项 目	本月数(略)	本年累计数
一、营业收入		47 480 400
减:营业成本		29 064 200
营业税金及附加		2 444 200
销售费用		4 864 200
管理费用		1 234 200
财务费用		508 200
资产减值损失		0
加:公允价值变动收益(损失以"—"号填列)		0
投资收益(损失以"—"号填列)		786 500
其中:对联营企业和合营企业的收益		0
二、营业利润(亏损以"—"号填列)		10 151 900
加:营业外收入		1 173 700
减:营业外支出		423 500

续表

项　目	本月数(略)	本年累计数
其中:非流动资产处置净损失		0
三、利润总额(亏损总额以"－"号填列)		10 902 100
减:所得税费用		3 597 693
四、净利润(净亏损以"－"号填列)		7 304 407

(三)要求:根据以上资料,编制明益公司20×7年10月利润表。

习题三

(一)目的:练习现金流量表的编制。

(二)资料:大华公司20×8年发生涉及货币资金收付的经济业务汇总如下:

(1)以银行存款支付购入原材料货款749 400元,增值税127 398元,材料已验收入库。

(2)以银行存款支付到期商业承兑汇票300 000元。

(3)将短期股票投资45 000元出售,所售价款49 500元存入银行。

(4)报废设备一台,原价600 000元,已提折旧540 000元,清理费用1 500元,残值收入2 400元,均通过银行存款收支。该项固定资产已清理完毕。

(5)以银行存款偿还长期借款2 500 000元。

(6)面值为600 000元的无息银行承兑汇票到期,票款收到,存入银行。

(7)购入设备一台,价税款共计750 000元,运费等3 000元。全部款项均以银行存款支付,设备已交付使用。

(8)收到股息150 000元(对方的所得税税率与本企业一致,均为25%),存入银行。

(9)出售不用设备一台,原价1 200 000元,已提折旧450 000元,收到价款900 000元存入银行。

(10)支付职工工资1 500 000元,其中生产工人工资825 000元,车间管理人员工资30 000元,行政管理部门人员工资45 000元,在建工程人员工资600 000元。

(11)收到短期借款本息787 500元(其中利息37 500元已预提)。

(12)收到应收账款153 000元,存入银行。

(13)以银行存款支付产品展览费、广告费210 000元。

(14)将一张面值为877 500元的商业承兑汇票到银行办理贴现,贴现利息为60 000元,余款存入银行。

(15)以银行存款缴纳增值税300 000元、教育费附加6 000元、所得税135 700元。

(16)从银行借入3年期借款1 200 000元,存入银行。

(17)现金及现金等价物年初数2 218 900元,期末数1 177 802元。

(三)要求:编制该公司20×8年度现金流量表正表。

第十二章　会计电算化信息处理

学习目标

通过本章的学习，你可以达到以下目标：

1.理解会计电算化的含义和特征。

2.掌握手工会计信息系统和人机会计信息系统的联系与区别。

3.了解电子商务对会计的影响。

4.了解网络化对会计的影响。

第一节　计算机在会计中的应用

一、会计电算化的基本含义及特征

(一)会计电算化的基本含义

会计电算化是计算机在会计工作中应用的简称，是用计算机代替手工记账、算账、报账以及对会计信息的处理、分析和判断的过程。

会计电算化是会计发展史上的一次重大革命，它不仅是会计发展的需要，而且是经济和科技发展对会计工作提出的要求，是时代发展的要求。1954 年，美国通用电气公司首次利用微电子计算机核算职工薪金的举动，引起了会计数据处理技术的变革，开创了利用计算机进行会计数据处理的新纪元。1979 年，长春第一汽车制造厂大规模信息系统的设计与实施，是我国会计电算化发展过程中的一个里程碑。我国的会计电算化工作起步于 20 世纪 70 年代，经历了尝试阶段、自发发展阶段和有组织、有计划地稳步发展阶段，以及到目前的管理性会计软件发展阶段，已取得了长足的进步，商品化、通用化的财务软件得到了广泛应用。随着计算机日益深入地应用于会计核算和财务管理工作中，会计数据存储方式、会计核算手段和方法、会计部门的结构设置、岗位分工以及会计人员的素质、会计内部控制的方法和措施、所提供会计信息的数量和质量、企业财会管理水平等方面都发生了前所未有的深刻变化，推动了会计理论和会计技术的进一步发展与完善。

(二)会计电算化的特征

会计电算化作为一门科学，具有技术性、综合性、实用性、系统性和工程性的特征。

1.技术性

会计电算化的发展取决于现代电子技术和信息技术的发展水平、计算机技术本身的发展水平以及计算机在会计管理中的应用水平等。

2.综合性

会计电算化作为一门学科，具有综合几门学科的特点。因为在研究会计工作中如何使用计算机进行管理时，必然涉及计算机技术、信息技术、通信技术以及有关会计管理的各门学科。因此，会计电算化要综合利用多学科的成果，以建立一门新学科，而这门新学科正是上述多种学科内容的互相交叉和有机结合的统一体。

3.实用性

会计电算化面向实际，直接为基层服务，而且行之有效。因为只有在管理实践中证明是可行的，才是可以投入实际应用的。

4.系统性

会计电算化具有系统管理、系统开发和系统应用的特点。

5.工程性

财务软件的开发过程将作为一个工程来管理，按系统工程的方法进行开发。

二、会计电算化的类型

根据会计电算化的服务层次和提供的信息深度划分，可分为核算型、管理型和决策型。

1. 核算型

一般由账务处理子系统、工资核算子系统、存货核算子系统、固定资产核算子系统、销售子系统、成本子系统及报表子系统构成，它注重对经济业务的事后反映。

2.管理型

注重加强对资金成本、销售收入及利润的管理和控制，充分发挥信息系统的监督、管理和控制职能，其子系统还应设立固定资金与流动资金管理子系统、成本控制子系统、销售收入和利润管理子系统。

3.决策型

主要是为企业决策者进行科学的经营决策提供帮助，它以各种预测、决策模型为基础，其子系统包括本、量、利子系统和风险投资分析子系统及产量预测子系统等。

三、手工会计信息系统与人机会计信息系统的比较

会计信息系统是一个组织处理会计业务，并为企业管理者、投资人、债权人、政府部门提供财务信息、分析信息和决策信息的实体，该系统通过收集、存储、传输和加工各种会计信息，并将其反馈给各个有关部门，为经营和决策活动提供帮助。使用计算机作为主要数据处理工具后，加工会计数据的会计信息系统被称为电算化会计信息系统或人机会计信息系统，基于人工的会计信息系统被称为手工会计信息系统。这两种系统存在着必然的联系，但也有根本的区别，主要表现在以下几个方面：

(一)联系

1.系统目标一致

两种系统都对企业的经济业务进行记录和核算，最终目标都是为了加强经营管理，提供会计信息，参与经营决策，提高企业经济效益。

2.采用的基本会计理论和方法一致

两种系统都要遵循基本的会计理论和方法，都采用复式记账原理。

3.都要遵守国家的各项财经法纪、会计和财务制度

各项会计法规和财务制度是会计工作规范化的重要保证，无论手工还是电算化操作都要无条件地执行。

4.系统基本功能相同

手工和电算化为了达到基本目标都必须具备系统的功能，即：信息的采集与记录、信息的存储、信息的加工处理、信息的传送、信息的输出等。

5.都要保存会计档案

两种系统都必须按照相关规定妥善保管会计核算资料。

6.编制会计报表的要求相同

两种系统都要按照国家相关法规制度规定编制报表。

(二)主要区别

1.运算、书写工具不同

手工系统以算盘或电子计算器为运算工具，以笔墨为书写工具，工作量大，运算和记录速度都很慢。电算化系统使用电子计算机运算，以打印机书写，计算的精度和速度快。

2.记录和传送数据的载体不同

手工系统是以凭证、账簿为记录和传送数据的载体，占用空间大，重复抄录。电算化系统是以磁盘、磁带作为记录和传送的载体，占用空间小，查找方便，账表存在的介质也由纸张变为电磁。

3.数据处理的起点不同

手工系统条件下，原始数据是原始凭证；会计电算化系统条件下，以记账凭证作为输入数据的起点。

4.记账的含义不尽相同

手工条件下，记账由不同的会计人员按照不同的科目，分别在不同的账簿上加以记录；会计电算化条件下，记账只是一个数据处理过程，从“凭证临时文件”转移到“流水账文件”中存放。

5.在会计核算的具体环节和程序上有诸多不同

例如，手工系统的初始化工作较简单，而电算化系统初始化工作较复杂且有一定的难度；手工系统需要平行记账防止错误发生，而人机系统无须平行记账校验记账错误；手工系统的错账更正方法与人机系统错账更正方法不同；等等。

第二节 电子商务和网络化对会计的影响

一、电子商务对会计的影响

电子商务是利用互联网进行的商务活动，通过电子技术、网络互联技术和现代通信技术，使得交易涉及的各方当事人之间的联系无需依靠纸面文件和单据的传递，实现了整个交易过程电子化。目前，我国大多数企业为增强市场竞争能力正在建立企业与外部联结的网络化信息系统，这意味着企业大多数的业务数据和会计数据完全电子化和无纸化，这将改变传统的企业经营管理方式，也将对传统会计理论与会计实务产生全方位、多层次的冲击。

(一)对会计假设的影响

会计理论与会计实务是建立在会计假设的基础之上的，会计假设的提出，对会计理论和会计实务起到了不可估量的作用。电子商务对会计主体、持续经营、会计分期、货币计量四项假设均产生一定冲击。因此，需要对传统会计假设进行重新认识和理解，才能满足互联网上会计信息使用者决策的需要。

1.对会计主体假设的影响

会计主体假设从空间上界定了会计工作的具体核算范围，只有在这个基础上资产、负债及所有者权益等会计要素才有了空间归属。然而，随电子商务而产生的虚拟企业，其主体随时都可解体，所以，虚拟企业的会计主体没有多大的实际意义。

2.对持续经营假设的影响

持续经营假设是假设主体在今后可预见的一段时期不存在清算与破产的可能，因此对收入与费用的确定采用权责发生制。而对随时可能解散的虚拟企业来讲，持续经营假设面临挑战，因为虚拟企业的收支在同一交易期内完成。

3.对会计分期假设的影响

由于电子商务基于高速网络，交易双方在很短的时间内就可完成交易，虚拟企业就可解散，会计分期假设也面临挑战，交易期间作为会计期间，更适合虚拟企业的特点。

4.对货币计量假设的影响

传统的货币计量假设是指用货币作为主要计量尺度，对会计要素进行统一计量，并且假定币值稳定。电子商务环境下，连接各国的信息网络使全球形成一个统一的大市场，国际间资本流动加快，国际贸易增加，这都加剧了会计主体所面临的货币风险，冲击了币值不变这一前提。

(二)对会计原则的影响

1.对可靠性原则的影响

企业应当以实际发生的交易或者事项为依据进行确认、计量和报告，如实反映符合确认和计量要求的各项会计要素及其他相关信息，保证会计信息真实可靠、内容完整。在电子商务环境中，由于财务数据流动过程中的签章等传统确认手段不再适用，财务信息被截取、篡改，财务机密被泄露的风险大大增加，如何保证信息的可靠性成为亟待解决的问题。

2.对历史成本计价原则的影响

历史成本原则是指将取得资产时实际发生的成本作为其入账价值，这是建立在持续经营假设基础之上的。在电子商务时代，企业可以运用网络技术轻而易举地从网络上获得最新的资产成交价格信息，将会冲击历史成本属性在资产计价中的主导地位。

3.对权责发生制原则的影响

权责发生制原则与会计分期假设相伴而生。会计分期假设淡化，权责发生制的根基也相应动摇。在网络环境下，电子货币支付方式将使现金流量大大加快;信息使用者更关注现实和未来的信息，有关现金流量的信息与企业未来的经济活动更为相关，所以在电子商务时代出具的时点报告似乎采用现金收付制更为合理。

4.对配比原则的影响

在传统的配比原则下，前期产生的大量摊销和递延费用是建立在一定的合理预期基础之上的;而在电子商务时代，由于技术高速发展所带来的受益期的不确定性，以及技术进步所造成的意想不到的淘汰，都使得收入和费用配比这一原则赖以存在的基础变得不那么确定、不稳健。因此，费用与收入配比已不是确认费用的唯一标准，费用确认标准应趋向多元化。

(三)对会计核算形式的影响

迅速发展的电子商务在改变人们日常生活模式的同时，也使会计组织、工作方式以及会计人员的职能发生变化。具体表现为网上银行使资金结算效率提高，会计信息的交流更方便和直接，网上信息交易的及时，提高了财会系统的应变能力。网络的开放性使分布在不同地理位置上的财会职能不再受条件的限制而发挥作用，因而改变了会计人员的工作方式和工作环境，减轻了劳动强度，提高了工作效率，也改变了组织形式。新的环境对职员产生新的要求：电子商务信息的传递与处理均要求会计人员既是一名出色的计算机操作员，又是一名高水准的会计师，并能熟练掌握各种会计软件的操作。

二、网络化对会计的影响

随着计算机技术和网络技术的迅速发展，互联网得以日益普及，这也将对会计产生诸多重大影响。

（一）对会计组织的影响

在互联网上，可以建立网络化会计核算系统，对经济业务的处理实现了高度自动化，会计处理系统能自动采集相关的电子原始凭证和数据，并按设定的会计处理方法和流程进行自动处理业务，生成电子记账凭证，然后自动登账，随时生成会计报表，还通过预测决策系统对会计信息进行分析。此外，会计信息处理系统通过企业网与外界的网络已实现互联，企业与外界发生的经济业务，可通过一种网络交易结算卡，或是信用卡等，自动地将有关的交易内容即时输入本企业的会计处理系统网络内。这将对传统的会计组织产生影响。

（二）对会计内部控制制度的影响

基于网络的集成财务管理系统使会计信息在企业公共信息平台上成为开放的信息系统。不同职能部门、不同职别的内部使用者将根据授权调阅会计信息，外部使用者也可能被授权进入系统内部，直接调阅会计信息。传统手工操作和电算化会计条件下的内部控制制度已失效，如何建立严密的内部控制体系，保证会计信息的安全和完整，将是新会计体系面临的最为艰难的事情。

（三）对会计信息可靠性的影响

由于网络存在自身的弱点，即网络病毒、黑客工具等问题，虽然目前网络安全技术可以基本上防范黑客攻击，但也存在三类问题：一是管理问题，管理人员、使用人员安全意识淡薄，下载文件不做安全技术检测；二是对一个安全性要求不高的网站，使用防火墙软件显得成本比较昂贵，加上自身软件存在漏洞，为黑客攻击网站提供了可能；三是由于程序设计缺陷及使用者自身的素质问题，容易产生一些系统性的问题。另外，会计信息在网络传递过程中，有可能被竞争对手非法截取或恶意篡改，同时，病毒也会影响信息的安全性和真实性。所以，作为信息接受者有理由怀疑所获取财务数据的可靠性；同样，作为信息发送方，也有类似的担心。

（四）对会计信息披露的影响

传统的财务报表通常以纸介质或磁介质为载体，在会计期间结束后由会计人员编制，根据企业的组织结构，层层上报。而在网络化时代，财务报告将实现在线报告，企业通过在国际互联网上设置起点，向信息使用者提供定期更新的财务报表。在线财务报告具有很强的交互性，它利用国际互联网作为传播媒体，采用“超文本”和“信息链接”的形式，根据不同用户的要求提供更加个性化、更加及时的信息。网络化时代的在线财务报告有效地扩大了会计报表及附注的信息容量。通过在线访问，企业内外使用者可随时获取所需信息。在线财务报告综合采用多媒体技术，使得企业财务报告更加生动，对信息使用者更加友好，比传统的“白纸黑字”更具亲切感、真实感。

本章小结

会计电算化用电子计算机代替人工记账、算账、报账以及替代部分由人脑完成的对会计信息的处理、分析和判断的过程。会计电算化作为一门科学，具有技术性、综合性、实用性、系统性和工程性的特征。会计电算化的类型根据会计电算化的服务层次和提供的信息深度划分，可分为核算型、管理型和决策型。

使用计算机作为主要数据处理工具后的人机会计信息系统，与基于人工的手工会计信息系统之间存在着必然的联系，但也有根本的区别。

电子商务是通过电子技术、网络互联技术和现代通信技术，使得交易涉及的各方当事人之间的联系无需依靠纸面文件和单据的传递，实现了整个交易过程电子化，这将对传统会计理论与会计实务产生全方位、多层次的冲击，对会计假设、会计原则、会计核算形式等都有很多影响。

随着计算机技术和网络技术的迅速发展，互联网得以日益普及，这也将对会计组织、对会计内部控制制度、对会计信息可靠性、对会计信息披露等造成诸多影响。

主要概念

会计电算化　　手工会计信息系统　　人机会计信息系统

复习思考题

1.简述会计电算化的含义。
2.会计电算化有哪些特征？
3.会计电算化有几种类型？
4.手工会计信息系统与人机会计信息系统有何异同？
5.电子商务将对会计产生什么影响？
6.网络化将对会计产生什么影响？

第十三章　会计法规体系

学习目标

通过本章的学习，你可以达到以下目标：

1. 了解会计法律规范体系的构成及特征。
2. 掌握我国目前会计法律、行政法规与行政规章的相关规定。
3. 了解企业会计准则体系的构成及特征。
4. 熟悉我国企业会计基本准则的相关规定。
5. 充分理解我国企业会计准则国际协调原则。
6. 了解企业会计制度体系的构成及特征。

第一节　会计法律规范体系

根据《立法法》规定，我国的法规体系通常由四个部分构成，一是法律，二是行政法规，三是部门规章，四是规范性文件。其中，法律由全国人民代表大会常务委员会通过、国家主席签署颁布，行政法规由国务院常务委员会通过、以国务院总理令公布，部门规章由国务院主管部门以部长令公布，规范性文件由国务院主管部门以部门文件形式印发。因此，我国的会计法律规范是以《会计法》为中心、为基础的相对完整的法律规范体系，这一体系由会计法律、会计行政法规、会计部门规章、规范性文件四个层次构成。

一、会计法律

会计法律是由国家政权以法律形式调整会计关系的行为规范。我国会计法律是由全国人民代表大会常务委员会制定的，如《会计法》、《注册会计师法》以及《公司法》第八章关于公司财务、会计的规定等。会计法律依据《宪法》的基本精神制定，具有强制性，是调整会计关系的总规范，对会计行政法规、会计规章的制定与实施具有普遍的指导意义。《会计法》是我国一切会计工作均要遵守的最重要的根本大法，在会计法律规范体系构成中居于最高层次，是制定其他会计行政法规、会计规章的依据，也是指导会计工作的最高准则。

我国的会计立法主要以制定国家统一的会计制度为起点，逐步建立起以规范会计秩序为主要内容的会计法律规范体系。1985 年 1 月 21 日，第六届人大常委会第九次会议通过并颁布了新中国成立以后的第一部《中华人民共和国会计法(草案)》，于 1985 年 5 月 1 日起施行。第一部《中华人民共和国会计法》的诞生，是我国会计立法取得的重大成果，标志着我国的会计工作进入了法制新时期。1993 年 12 月 20 日至 29 日，第八届全国人民代表大会常务委员会第五次会议又作出了《关于修改〈中华人民共和国会计法(草案)〉的决定》，对《中华人民共和国会计法》进行了第一次修改，第一次修改后的《中华人民共和国会计法》在一定程度上对加强会计工作,促进会计工作更好地为经济建设服务起了积极作用。但随着改革的深入、开放程度的扩大和社会主义市场经济的发展,《会计法》已难以适应经济发展的要求。针对一些地方和企业会计工作秩序混乱、管理失控,做假账问题十分突出,同时,《中华人民共和国会计法》对会计行为规范不够、约束不力的缺陷日益明显的情况,1999 年 10 月 31 日,中华人民共和国第九届全国人民代表大会常务委员会第十二次会议通过《中华人民共和国会计法》(以下简称《会计法》),自 2000 年 7 月 1 日起实行。1985 年的《会计法》强调维护国家财经制度和保护公共财产;1993 年修订的《会计法》强调维护社会主义市场经济秩序;而 1999 年修订的《会计法》在维护社会主义市场经济秩序的基础上把保证会计信息的真实性放在首位。1985 年《会计法》的适用范围除了社会团体外,全部为国家单位。随着改革开放的深入和经济的逐步发展,各种经济形式不断涌现,因而 1993 年修订时在适用范围上加入了个体工商户和其他经济组织;随着我国社会主义市场经济的发展,公司在社会经济结构中日益占据主导地位,因而 1999 年修订的《会计法》在适用范围上特别增加了"公司组织"这一特定主体。

1999 年修订的《会计法》全文共 7 章、52 条,分为"总则"、"会计核算"、"公司、企业会计核算的特别规定"、"会计监督"、"会计机构与会计人员"、"法律责任"与"附则"。

"总则"部分共有 8 条,明确了会计法的立法目的、适用范围、设账要求、单位负责人的基本职责、会计机构及会计人员的职责和权力、对会计人员的奖励、会计工作监管体制、会计制度制定体制等。

"会计核算"部分共有 15 条,规定了会计核算的基本要求、会计核算的内容、会计年度、记账本位币、会计凭证、会计账簿、账目核对、会计处理方法、或有事项的披露、财务会计报告、会计记录文字、会计档案管理等。

"公司、企业会计核算的特别规定"部分共有 3 条,主要规定了两个方面的问题:其一是公司、企业的确认、计量、记录、会计要素的基本要求;其二是公司、企业会计核算的禁止性规定等。

"会计监督"部分共有 9 条,是这次《会计法》重大修改的部分,修改后的《会计法》第四章"会计监督"规定了五个方面的问题:单位内部会计监督制度;相关人员在单位内部会计监督中的职责;对违反《会计法》行为的检举;会计工作的社会监督;会计工作的国家监督等。

"会计机构和会计人员"部分共 6 条,主要规定了七个方面的内容:企业会计机构设置;总会计师的设置;会计机构内部稽核制度和内部牵制制度;会计人员从业资格;会计机构负责人的任职资格;会计人员业务培训与教育;会计人员调离与接管人员应办清的交接手续及交接手续的监交规定。

"法律责任"部分共 8 条,为了保障《会计法》规范的有效实施,惩治会计违法行为,《会计法》对会计违法行为做了明确具体的界定,并扩大了惩治对象的范围,也加重了所规定的各种违法行为的责任,特别是加大了对伪造、编造会计凭证、会计账簿,编制虚假财务会计报告,以及隐匿、销毁应当保存的会计凭证、会计账簿,编制虚假财务会计报告及其他会计资料等行为应追究的行政及刑事责任。

"附则"部分共有 3 条,主要是对单位负责人、国家统一的会计制度的名词解释和《会计法》的执行日期。

1999 年修订后的《会计法》,其变化主要体现在以下六个方面:

第一,突出了规范会计行为、保证会计资料质量的立法宗旨,确立了会计工作在社会主义市场经济中的地位和职能作用。

第二，突出强调了单位负责人对本单位会计工作和会计资料真实性、完整性的责任。单位负责人是单位的法定代表人，代表单位依法行使职权，应对本单位的会计工作情况负责，这是此次修订《会计法》的重大突破之一。

第三，进一步完善了会计记账规则和会计核算制度。除对依法填制会计凭证、登记会计账簿、编制财务会计报告的程序和基本要求作出完善性规定外，增加了对以下内容的规定：对公司、企业如何确认、计量和记录会计基本要素的规定，对单位提供的担保、未决诉讼等或有事项的披露要求的规定，对选用会计处理方法、使用会计记录文字的规定，对虚拟经济业务事项、账外设账、随意改变会计确认标准或计量方法等常见的做假账行为的禁止性规定。通过完善记账规则，明确会计核算合法与违法的界限，对造假账等问题起到防范、警示作用，也为依法惩治造假账者提供了法律依据。

第四，强化了会计监督制度。除发挥会计中介机构的社会监督作用外，加大了政府部门的会计监管力度，规定了财政部门和包括审计机关在内的其他政府部门监督检查会计工作的职责权限，既强化了国家监督的力度，也避免了权责交叉、重复查账的情况；对政府部门的工作人员滥用职权、玩忽职守等违法行为应承担的法律责任作出了规定。同时，确立了单位内部会计监督制度的法律地位和作用，为内部控制机制的建立健全奠定了法律基础，进一步完善了单位内部监督、社会监督和政府监督三位一体的会计监督体系。

第五，实行会计从业资格管理制度。明确规定从事会计工作的人员必须取得会计从业资格证书，会计人员应当遵守职业道德，提高业务素质。将会计队伍建设纳入了法制化轨道，对会计队伍的发展和素质提高都将产生积极的作用。

第六，加大了对违法会计行为的惩治力度。修订后的《会计法》具体列举了各种违法会计行为，强化了对违法会计行为的惩治力度，并增加了对违法会计行为处以通报、罚款等行政制裁的形式和手段，包括对违法单位处以通报、罚款，对违法单位直接负责的主管人员和其他直接责任人员处以罚款，对违法单位负有责任的国家工作人员给予行政处分，对违法的会计人员吊销会计从业资格证书等。同时，对触犯刑律的会计行为，依法追究刑事责任。

二、会计行政法规

会计行政法规是根据会计法律制定的，是对会计法律的具体化或对某个方面的补充，一般称为条例，具体可分为全国性会计行政法规和地方性会计行政法规两类。全国性会计行政法规是指由国务院制定发布或由国务院有关部门以《会计法》为依据制定，经国务院批准发布的会计规范性文件，如《企业财务报告条例》、《总会计师条例》等。地方性会计行政法规是指由有权立法的地方人民代表大会及其常务委员会依据宪法和国家法律与法规的规定，根据法律和法规授权以及地方管理的需要制定与发布，仅在本行政区域内实施，在本行政区域内有效的有关会计方面的规范性文件。

会计行政法规在整个会计法律规范体系中占有重要的地位，它介于会计法律和会计规章之间，起到承上启下的作用。这里主要论述《企业财务报告条例》与《总会计师条例》这两项全国性会计行政法规。

（一）《企业财务报告条例》

《企业财务报告条例》系统地规范了企业财务会计报告的编制、构成、对外提供及法律责任等。《企业财务报告条例》的发布和实施，对于严格财务会计报告编报工作的监督，杜绝财务会计报告中的制假造假行为起到积极作用，同时也对企业编制财务报告及企业会计核算工作提出了更高的要求。《企业财务报告条例》由国务院于 2000 年 6 月 21 日发布(中华人民共和国国务院令第 287 号),自 2001 年 1 月 1 日起施行。《企业财务报告条例》由“总则”、“财务报告的构成”、“财务报告的编制、“财务报告的对外提供”、“法律责任”与“附则”6 章构成,计 46 条。

《企业财务报告条例》规定的主要内容包括:

1. 企业财务报告的定义与责任

按照《企业财务报告条例》规定,财务会计报告是指企业对外提供的反映企业某一特定日期财务状况和某一会计期间经营成果、现金流量的文件。企业不得编制和对外提供虚假的或者隐瞒重要事实的财务会计报告,企业负责人对本企业财务会计报告的真实性、完整性负责。任何组织或者个人不得授意、指使、强令企业编制和对外提供虚假的或者隐瞒重要事实的财务会计报告。

2. 财务会计报告的构成

按照《企业财务报告条例》规定,财务会计报告分为年度、半年度、季度和月度财务会计报告。年度、半年度财务会计报告应当包括会计报表、会计报表附注、财务情况说明书三部分。其中,会计报表应当包括资产负债表、利润表、现金流量表及相关附表;会计报表附注是为便于会计报表使用者理解会计报表的内容而对会计报表的编制基础、编制依据、编制原则和方法及主要项目等所作的解释;财务情况说明书是对企业生产经营的基本情况、利润实现和分配情况、资金增减和周转情况以及对企业财务状况、经营成果和现金流量有重大影响的其他事项等情况的说明。年度、半年度会计报表至少应当反映两个年度或者相关两个期间的比较数据。季度、月度财务会计报告通常仅指会计报表,会计报表至少应当包括资产负债表和利润表。

3. 财务会计报告的编制

按照《企业财务报告条例》规定,企业应当于年度终了编报年度财务会计报告,编制财务会计报告应当根据真实的交易、事项以及完整、准确的账簿记录等资料,并按照国家统一的会计制度规定的编制基础、编制依据、编制原则和方法。应当依照本条例和国家统一的会计制度规定,对会计报表中各项会计要素进行合理的确认和计量,不得随意改变会计要素的确认和计量标准。应当依照有关法律、行政法规和本条例规定的结账日进行结账,不得提前或者延迟。在编制年度财务会计报告前,应当全面清查资产、核实债务、核对各会计账簿记录与会计凭证的内容、金额等是否一致,记账方向是否相符。应当按照国家统一的会计制度规定的会计报表格式和内容,根据登记完整、核对无误的会计账簿记录和其他有关资料编制会计报表。会计报表之间、会计报表各项目之间,凡有对应关系的数字,应当相互一致;会计报表中本期与上期的有关数字应当相互衔接。

4. 财务会计报告的对外提供

按照《企业财务报告条例》规定,应当依照法律、行政法规和国家统一的会计制度有关财务会计报告提供期限的规定,及时对外提供财务会计报告。对外提供的财务会计报告反映的会计信息应当真实、完整。向有关各方提供的财务会计报告,其编制基础、编制依据、编制原则和方法应当一致,不得提供编制基础、编制依据、编制原则和方法不同的财务会计报告。财务会计报告须经注册会计师审计的,企业应当将注册会计师及其会计师事务所出具的审计报告随同财务会计报告一并对外提供。

5. 法律责任

按照《企业财务报告条例》规定,企业编制、对外提供虚假的或者隐瞒重要事实的财务会计报告,由县级以上人民政府财政部门责令限期改正,对企业、直接负责的主管人员和其他直接责任人员可以处罚款、吊销会计从业资格证书，属于国家工作人员的，并依法给予行政处分或者纪律处分，构成犯罪的，依法追究刑事责任。授意、指使、强令会计机构、会计人员及其他人员编制、对外提供虚假的或者隐瞒重要事实的财务会计报告，或者隐匿、故意销毁依法应当保存的财务会计报告，构成犯罪的，依法追究刑事责任；尚不构成犯罪的，可以处罚款；属于国家工作人员的，并依法给予降级、撤职、开除的行政处分或者纪律处分。

(二)《总会计师条例》

《总会计师条例》的制定目的是为了确定总会计师的职权和地位，发挥总会计师在加强经济管理、提高经济效益中的作用。《总会计师条例》由国务院于 1990 年 12 月 31 日发布、自发布之日起施行。《总会计师条例》由“总则”、“总会计师的职责”、“总会计师的权限”、“任免与奖惩”与“附则”5 章、23 条构成。国务院发布的《总会计师条例》，使我国总会计师制度进入了一个全新发展时期。

《总会计师条例》规定的主要内容包括：

1. 总会计师的地位

按照《总会计师条例》的规定，总会计师是单位领导成员，协助单位负责人工作，直接对单位负责人负责。总会计师作为单位财务会计的主要负责人，全面负责本单位的财务会计管理和经济核算，参与本单位的重大经营决策活动，是单位负责人的参谋和助手。

2. 总会计师的任职条件

按照《总会计师条例》的规定，担任总会计师，应当具备以下条件：一是坚持社会主义方向，积极为社会主义市场经济建设和改革开放服务；二是坚持原则、廉洁奉公；三是取得会计师专业技术资格后，主管一个单位或者单位内部一个重要方面的财务会计工作的时间不少于 3 年；四是要有较高的理论政策水平，熟悉国家财经纪律、法规、方针和政策，掌握现代化管理的有关知识；五是具备本行业的基本业务知识，熟悉行业情况，有较强的组织领导能力；六是身体健康，胜任本职工作。

3. 总会计师的职责

根据《总会计师条例》的规定，总会计师的职责主要包括两个方面：一是由总会计师负责组织的工作，包括组织编制和执行预算、财务收支计划、信贷计划，拟订资金筹措和使用方案，开辟财源，有效地使用资金；建立健全经济核算制度，强化成本管理，进行经济活动分析，精打细算，提高经济效益；负责对本单位财务会计机构的设置和会计人员的配备，组织对会计人员进行业务培训和考核；支持会计人员依法行使职权等。二是由总会计师协助、参与的工作，主要有：协助单位负责人对本单位的生产经营和业务管理等问题作出决策；参与新产品开发、技术改造、科学研究、商品(劳务)价格和工资、奖金方案的制定；参与重大经济合同和经济协议的研究、审查。

4. 总会计师的权限

根据《总会计师条例》的规定，总会计师有以下权限：一是对违法违纪问题的制止和纠正权，即对违反国家财经纪律、法规、方针、政策、制度和有可能在经济上造成损失、浪费的行为，有权制止和纠正，制止或者纠正无效时，提请单位负责人处理。二是建立健全单位经济核算的组织指挥权。三是对单位财务收支具有审批签署权。四是有对本单位会计人员的管理权，包括对本单位会计机构设置、会计人员配备、继续教育、考核、奖惩等的权力。

三、会计部门规章

会计部门规章是依据会计法律与会计行政法规，因某一项会计工作的规范需要而制定的，具体也可分为全国性的会计部门规章与地方性的会计部门规章两类。

全国性的会计部门规章是由财政部或与国务院其他部、委联合，依据会计法律及会计法规的规定所制定颁布的在全国具有法律效力的有关会计方面的基础性文件，该文件由国务院主管部门以部长令公布，如《企业会计基本准则》(财政部令第 33 号，2006 年 2 月 15 日发布，2007 年 1 月 1 日生效)、《事业单位财务规则》(财政部令第 8 号，1996 年 10 月 22 日发布，1997 年 1 月 1 日生效)、《会计从业资格管理办法》(财政部令第 26 号，2005 年 1 月 22 日发布，2005 年 3 月 1 日生效)、《金融企业财务规则》(财政部令第 42 号，2006 年 12 月 7 日发布，2007 年 1 月 1 日生效)等，《企业会计基本准则》将在本章第二节论述，《会计从业资格管理办法》将在第十四章论述。

地方性的会计部门规章是由地方人民政府根据法律、法规授权，结合本地实际情况所制定的，仅在本行政区域内具有法律效力的基础性文件。依据目前的规定，地方性法规与地方性规章的制定，仅限于各省级人大与政府，各省会级市人大与政府，以及经国家批准的较大城市的人大与政府。

四、规范性文件

会计规范性文件由财政部或与国务院其他部、委联合，依据行政法规、会计部门规章的规定所制定颁布的具有效力的有关会计方面的规范性文件，该文件由国务院主管部门以部门文件形式印发。会计规范性文件对会计的具体工作与会计核算提供直接的规范。如《企业会计制度》、《会计基础工作规范》、《会计档案管理办法》、《企业会计具体准则》及《企业会计具体准则应用指南》等。

这里主要论述《会计基础工作规范》、《会计档案管理办法》两项全国性的会计规范性文件，《企业会计具体准则》与《企业会计具体准则应用指南》将在本章第二节论述，《企业会计制度》将在本章第三节论述。

(一)《会计基础工作规范》

《会计基础工作规范》(1996 年财政部财会字 19 号)是在财政部于 1984 年 4 月发布的《会计人员工作规则》基础上修订，并于 1996 年 6 月 17 日重新发布的一项重要会计规章，对会计基础工作方面的有关内容作出了较为系统的规定。《会计基础工作规范》由"总则"、"会计机构与会计人员"、"会计核算"、"会计监督"、"内部会计管理制度"与"附则"6 章构成，计 101 条。

"总则"部分共有 5 条，规定了制定《会计基础工作规范》的目的和依据、各单位加强会计基础工作的要求、单位负责人的领导责任、会计基础工作的管理和指导体制。

"会计机构和会计人员"部分共 30 条，主要规定了三个方面的内容：(1)会计机构设置和会计人员配备，包括会计机构的设置、会计机构负责人的任职资格条件、代理记账机构的设置、总会计师设置与资格、会计工作岗位内部牵制制度、会计工作岗位轮换、专业知识和专业技能、会计人员业务培训与教育、会计人员从业资格、会计业务培训和会计工作回避制度；(2)会计人员职业道德，包括良好的职业品质、努力钻研业务、熟悉财经法规、客观公正、保守商业秘密、违反职业道德的处罚；(3)会计工作交接，包括会计人员调离与接管人员应办清的交接手续，交接手续的监交规定，单位合并、分立的会计工作交接手续规定，移交人员对所移交的会计资料法律责任。

“会计核算”部分共有37条，主要规定了四个方面的内容：(1)会计核算的基本要求，包括会计核算的内容、会计核算依据、会计年度、记账本位币、设置和使用会计科目、会计报表格式、会计电算化规定、会计档案管理、会计记录文字；(2)填制会计凭证，包括原始凭证的填制、基本要求、更正、审核，记账凭证的填制、基本要求、字迹要求、机制记账凭证、会计凭证的传递程序、会计凭证保管；(3)登记会计账簿，包括设置会计账簿依据与分类、日记账账簿格式、机打会计账簿、会计账簿启用、登记会计账簿依据、登记账簿的基本要求、账簿记录错误更正、会计账簿记录核对、结账；(4)编制财务报告，包括编制财务报告依据、财务报告与会计报表内容构成、会计报表项目的核对、会计报表附注及其说明编写、财务报告的报送、对财务报告的责任、对财务报告的审计、对财务报告的更正。

“会计监督”部分共有11条，主要规定了三个方面的内容：(1)会计监督的基本要求，包括会计监督的主体、依据、对财务收支的监督、对原始凭证进行审核和监督、单位内部会计监督制度；(2)会计监督中的职责，包括相关人员在单位内部会计监督中的职责、对单位预算计划的监督、对违反会计法行为的检举；(3)会计工作监督的广泛性，包括会计工作的社会监督、国家监督等。

“内部会计管理制度”部分共有14条，规定了两个方面的问题：(1)建立内部会计管理依据和原则；(2)内部会计管理制度的主要内容，包括内部会计管理体系、岗位责任制度、账务处理程序制度、内部牵制制度、稽核制度、原始记录管理制度、定额管理制度、计量验收制度、财产清查制度、财务收支审批制度、成本核算制度、财务会计分析制度。

“附则”部分共有4条，主要是对国家统一会计制度、会计主管人员的名词解释，会计基础工作规范制定权限、解释和执行日期。

(二)《会计档案管理办法》

会计档案是记录和反映经济业务事项的重要历史资料和证据，它对于总结经济工作，指导生产经营管理和事业管理，查验经济财务问题，防止贪污舞弊，研究经济发展的方针、战略都具有重要作用。因此，由财政部、国家档案局于1984年6月1日联合发布《会计档案管理办法》，自公布之日起执行。1998年8月21日，财政部、国家档案局发布了修订后的《会计档案管理办法》(财会字[1998]32号)，自1999年1月1日起施行。

《会计档案管理办法》由21条和2个附表构成，对会计档案的立卷、保管、调阅和销毁等问题作了具体的规定。《会计档案管理办法》规定的主要内容有：

1. 会计档案的概念和种类

会计档案是指会计凭证、会计账簿、财务会计报告等会计核算专业资料。会计档案一般分为会计凭证类，包括原始凭证、记账凭证、汇总凭证等；会计账簿类，包括总账、日记账、明细账、辅助账等；财务会计报告类，包括月度、季度、年度会计报表及相关文字分析材料，主要财务指标快报等；其他类，包括会计移交清册、会计档案保管清册、会计档案销毁清册等。各单位的预算、计划、制度等文件材料属于文书档案，不属于会计档案。

2. 会计档案的归档

各单位每年形成的会计档案，应由财务会计部门按照归档要求负责整理立卷或装订。保管期满之后，原则上应由财务会计部门编制清册，移交本单位的档案部门保管；未设立档案部门的，应当在财务会计部门内部指定专人保管。档案部门接收保管的会计档案，原则上应当保持原卷册的封装，个别需要拆封重新整理的，应当会同原财务会计部门和经办人共同拆封整理。对会计档案应当进行科学管理,保存的会计档案应当积极为本单位提供和利用。会计档案原件原则上不得借出。

3. 会计档案的保管期限

会计档案保管期限分为永久和定期两类。永久,是指会计档案须永久保存;定期,是指会计档案应保存达到法定的时间,会计档案的定期保管期限分为3年、5年、10年、15年、25年共5种。会计档案的保管期限是从会计年度终了后的第一天算起。

4. 会计档案的销毁

根据规定,会计档案保管期满需要销毁的,可以按照规定程序予以销毁。销毁的基本程序和要求是:编造会计档案销毁清册,包括的内容是:会计档案名称、卷号、册数、起止年度和档案编号、应保管期限、已保管期限、销毁日期等;专人负责监销,销毁会计档案时,应当由单位的档案机构和会计机构共同派人监销,监销人在销毁会计档案前清点核对所要销毁的会计档案,销毁后,监销人应当在会计档案销毁清册上签章;不得销毁的会计档案等。

第二节　企业会计准则体系

会计准则是会计管理机构提出的对会计人员从事会计事项所遵循的标准,是对各单位发生的经济业务会计处理方法和会计核算程序作出规定,为各单位的会计核算行为提供规范。制定具有权威性的会计准则,有利于统一会计人员的认识和会计的正确进行,并促使会计工作规范化、标准化。会计准则一般包括衡量会计人员工作质量准则和会计信息质量准则。会计人员工作质量准则的目的是为了统一会计工作的程序和方法,确保会计人员在不同的经济环境中按合理、合规、合法的程序和方法进行会计工作;会计信息质量准则的目的是为了确保会计信息的质量,使之能全面地、实事求是地反映企业财务状况和经营成果,以满足经营决策者的需要。

会计准则的产生与完善是社会经济环境变化的结果,从世界各国的会计准则制定情况来看,会计准则或者由国家权力机关所制定,由国家权力机关制定的会计准则,构成了国家的行政法规或章程,其施行具有强制性;或者由权威性的会计职业团体制定,由权威性的会计职业团体制定的会计准则其施行虽不具有强制性,但仍具有普遍的指导意义和很强的约束力。德国、日本等国家的会计准则由国家政府机构制定发布,具有法律效力;美国等国家的会计准则是由民间职业组织(美国财务会计准则理事会)制定,由于美国财务会计准则理事会是一个具有权威性的机构,其颁布的会计准则得到美国证券交易委员会等政府或其他权威机构的支持,具备了相当的权威性,从而使得各个公司,特别是公开发行证券的公司在对外提供财务报告时都不得不遵循。

一、国际会计准则

1973年6月,来自澳大利亚、加拿大、法国、联邦德国、日本、墨西哥、荷兰、英国、美国的16个职业会计师团体,在英国伦敦成立了国际会计准则委员会(IASC)。目前,其成员已发展到包括104个国家的143个会计职业组织。国际会计准则委员会自成立至今(2004年7月)共发布了41号国际会计准则(现行有效的国际会计准则共31号),并公布了一系列"征求意见稿"。

国际会计准则委员会自成立以来,一直致力于协调会计原则,通过各种途径,促进共同的国际会计准则方式。根据 IASC 的章程，IASC 组织的基本战略目标是：第一，按照公众利益，制定和公布在编制财务报表时应遵循的同一会计准则，并促使其在世界范围内被接受和执行。第二，为改进和协调与财务报表的表述有关的会计准则和会计程序而努力。在此战略目标下，国际会计准则委员会为协调会计准则进行了不懈的努力，在某些过去没有制定会计准则的国家，可以采用国际会计准则作为他们国家自己的准则；已经有本国准则的国家，可以将本国的准则与国际会计准则相互比较，争取消除重大差异。由于特定时期的环境不同，IASC 协调会计准则的工作可划分为三个阶段。

第一阶段（20 世纪 70 年代）：国际贸易和跨国公司的发展已是经济全球化的集中体现，但资本市场的国际化尚不明显。许多人对国际会计准则是否能在世界范围内被广泛接受和遵守持怀疑态度。当时 IASC 与银行、国际会计师联合会、国际经贸组织等联系和合作，协调各国现有的会计准则，但在国际会计准则的体系、国际会计准则与各国会计准则的关系、IASC 的发展方向等问题上的思路仍不清晰。

第二阶段（20 世纪 80 年代至 90 年代中期）：各国的资本市场逐步开放，各国会计准则之间的差异对不同国家财务报告编制者和使用者的影响也越来越大。各国会计准则制定机构开始关注国际会计准则的发展，并产生了同 IASC 合作的意向，证券监管机构也开始重视国际会计准则的制定。此时，IASC 主要是提高国际会计准则的地位，逐步形成规范会计实务的国际会计准则体系。

第三阶段（20 世纪 90 年代中期至今）：资本市场国际化浪潮空前高涨，亚洲金融危机的风险涉及范围和影响也达到全球化，只有增强资本市场的透明度，风险才可能得到控制。而资本市场的透明度在很大程度上取决于会计信息的质量。IASC 立足于全球化的资本市场，协调各国会计准则，增加会计信息的可比性，适应国际资本市场上财务报告的使用者对会计信息质量的要求。在这一发展时期，IASC 提出：(1)与各国会计准则制定机构进行直接、密切的联系和合作；(2)建立从基础准则到核心准则的国际会计准则体系；(3)处理好国际会计准则和美国公认会计原则的关系；(4)在将来取得证券委员会国际组织（IOSCO）对核心准则的承认，促进准则与实务的衔接，研究 IT 技术对会计的影响，解决新问题，完善现有准则，标志着全球财务报告协调化的一个里程碑。

经过国际会计准则委员对会计准则协调的不懈努力，国际会计准则日益完善并得到越来越多的国家和地区会计界的支持与认可，20 世纪 90 年代中期以后，有 500 多家世界级大公司开始采用国际会计准则，许多证券市场允许外国上市公司采用国际会计准则编制会计报表，美国的证券交易委员会也开始允许在美国上市的外国公司按国际会计准则编制财务报表。有些国家和地区（如欧盟、澳大利亚、中国香港等）的准则制定机构通过国家的规定将国际会计准则作为本国的会计准则；有些国家和地区的会计准则正积极地向国际会计准则靠拢，将本国的准则与国际会计准则相互比较，争取消除重大差异。如韩国在 2007 年正式宣布了全面实施国际财务报告准则的路线图，美国曾凭借其政治地位、经济实力以及最大资本市场所在国的优势，对 IASC 及其准则一直加以抗拒，同时却努力扩展“公认会计原则”在世界范围内的影响。然而，随着跨国融资活动的增加，经济全球化和资本市场的全球化，SEC 和 FASB（美国财务会计准则委员会）等机构开始与 IASC 建立联系，并在世纪之交主动出击，积极参与 IASC 的改组。在 2001 年新改组成立的国际会计准则理事会中，美国实际上已取得了“主发言人”的地位，从而使 FASB 与 IASC 之间的关系从原来的竞争对抗关系发展成为合作伙伴关系，极大地促进了美国会计准则与国际会计准则的“接轨”或“融合”，FASB 在 2002 年 10 月，与 IASB 签署了一份谅解备忘录,承诺共同制定适用于国内公司和跨国公司财务报告的高质量、可比的会计准则;双方保证尽最大努力使其现行财务报告准则具有充分可比性。日本、中国等国家也正在进行会计准则与国际财务报告准则的趋同工作。

二、美国会计准则

以会计准则作为企业会计信息生成与提供的标准始于西方国家,20 世纪初,西方国家的股份公司已经成为普遍的企业组织形式,企业的所有权与经营权发生分离,形成了股东、债权人、政府税务机关、企业管理当局等各种与企业有利益关系的利益集团。为了维护各自的利益,各利益集团都要求企业通过财务报告定期提供可据以作出决策的会计信息,这在客观上提出了会计信息社会化与标准化的要求。在西方国家会计准则的制定与发展中,美国的"公认会计原则"(GAAP)最具代表性。1909 年美国注册会计师协会任命了一个会计师名词委员会,试图进行会计名词规范化的尝试,1915 年美国联邦政府贸易委员会副主席提议为全国企业制定一套统一的会计制度,1917 年美国联邦储备局将制定的会计制度作为公报正式发表,开辟了美国统一和规范会计处理方法和程序的先例,1933 年、1934 年美国国会相继通过了《证券法》与《证券交易法》,规定所有证券上市企业都必须执行统一的会计处理方式和程序,授权证券交易委员会制定会计准则,1938 年美国注册会计师协会成立了会计程序委员会,1939 年美国注册会计师协会的会计程序委员会(CPA)开始先后发表《会计研究公报》51 份,强调了会计核算概念和观念,对现行会计实务中会计处理方法和程序,对资产负债表、收益表的项目和分类进行了一定的选择、建议和推荐,1951 年美国注册会计师协会成立了会计原则委员会(APB)接替会计程序委员会,并开始着手会计理论研究,先后发布 31 份《会计原则委员会意见书》,对会计准则作出定义,1973 年由分别代表会计界、企业界、学术界、政府的七位成员组成财务会计准则委员会(Financial Accounting Standards Board,FASB),独立于美国注册会计师协会,成为美国制定财务会计和报告准则的指定机构,这些准则对财务报告的编制加以规定。该机构是美国证券交易监督委员会及美国注册会计师协会正式承认的权威机构。迄今为止,财务会计准则委员会已先后发布一百多项《财务会计准则公告》和"解释"等,共同构成了美国现行的"公认会计原则"的主要内容。

美国制定会计准则的历史演进大致可分为三个阶段。

第一阶段(20 世纪 30 年代前):各企业自行制定会计规则时期。当时美国会计界处于一片混乱景象,对资产的计价流行多种方法,只是企业出于自私的目的才逐渐形成了某些会计惯例。在这一阶段,停滞和混乱的会计状况与急剧发展的经济形势形成了强烈的反差,人们竞相隐瞒财务信息,编报虚假的会计报告。对企业经济真实的扭曲最终导致整个市场的崩溃和瘫痪。危机的惨痛教训迫使美国政府开始走上会计制定的前台。1933 年《证券法》授权联邦贸易委员会制定统一会计规则,1934 年《证券交易法》授权成立证券交易委员会这一新机构取代联邦贸易委员会制定统一会计规则,并接受注册会计师的监督。

第二阶段(1933~1973 年):以市场为导向引入政府机制制定会计准则时期。这一期间美国会计准则制定是通过"市场公认"的方式实现的,美国公认会计原则就是指那些受到美国注册会计师协会、各会计准则委员会和证券交易委员会等权威团体支持认可的会计原则,这是"引入政府机制"的必然要求,在这一思想的引导下,美国证券交易委员会拥有制定会计准则的法定权限,但一直未直接行使权力,而是授权注册会计师协会来制定和颁布,证券交易委员会只保留事前参与研究和事后行使否决的权力。

第三阶段(1973 年至今):具有更大权威和更具政府代表性的会计机构健全和发展会计准则时期。这一时期政府与市场均从经验和教训中领悟到,加大政府的干预力度将更有利于会计准则制定的健康发展,财务会计准则委员会(FASB)应运而生。这一时期的一个显著特点是,美国的国会对会计准则的制定过程进行了直接干预,在国会成立了两个下属委员会对会计界进行了检查,并举行听证会,了解会计界对制定准则所取得的进步。所以,尽管财务会计准则委员会是个民间机构,但其公布准则的说明时不得不考虑国会中政治势力对会计准则的态度。

美国制定会计准则的历史最久,所花费的精力和财力也最多,长期以来,美国的财务会计准则和财务报告体系一直被公认为全世界最健全、最有效的,其“公认会计原则”最为详细和完善,准则制定程序也最为充分、公开和独立,在全球资本市场中,华尔街也被认为是比较成熟、完善的。美国会计准则与国际会计准则分庭抗礼,试图成为国际会计惯例的样板。然而,自 2001 年安然事件爆发以来,似乎在美国资本市场打开了潘多拉之盒,华尔街接二连三地惊曝财务丑闻。在安然事件及随后美国资本市场发生的一系列大公司丑闻事件的爆发,折射出美国会计准则可能存在的种种弊端,从而引发美国对其会计准则制定模式的深刻反思。2002 年 7 月 30 日,布什总统签署了《萨班斯—奥克斯利法案》,对会计、审计业进行全面整顿,该法案尽管没有明确规定美国会计准则的制定应当坚持以原则为导向,但该法案针对美国会计准则存在的问题,除了重申 SEC 制定会计准则的权力外,还要求 SEC 具体研究采用以原则为导向的会计准则体系的可行性。在法案出台后不久,FASB 于 2002 年 10 月底即对美国会计准则的制定是否应采用“以原则为基础的方法”发布了《关于美国以原则为导向制定会计准则的方法的建议》,对准则制定模式由现行的规则导向转变为原则导向广泛征求社会公众的意见①,展开了会计准则的制定应采用“以原则为基础的方法”,还是采用“以规则为基础的方法”的讨论,华尔街系列会计造假事件引发了对美国会计准则制定模式的争论,因此有必要重新审视美国会计准则的制定过程。

三、我国会计准则

(一)我国会计准则的制定

在施行《企业会计准则》之前,与计划经济管理体制相适应,我国企业一直是实行会计制度形式的会计核算规范。随着经济体制的改革,我国会计的社会经济环境发生了重大的变化,对会计工作提出了新的要求,原有的会计制度及其制定模式已不适应新的社会经济环境,其局限性越来越大。在 20 世纪 80 年代后期我国开始探索企业会计准则的制定,1992 年 12 月 30 日,财政部颁布了《企业会计准则——基本准则》,随后陆续制定发布有关的具体会计准则,试图通过建立完整的会计准则体系来替代原来的会计制度。由于当时我国对于外商投资企业、股份制企业制定有专门的会计制度,事实上形成了不同行业、不同所有制的企业实行不同的会计制度的局面。这一局面不利于我国企业之间会计信息的可比性,也不适应我国加入 WTO 后的经济环境,于是在 2000 年 12 月 29 日,财政部发布《企业会计制度》,逐步取代分所有制、分行业的会计制度,这样我国形成了企业会计制度与会计准则并存的格局。继《企业会计准则——基本准则》后,财政部在 1997 年 5 月至 2006 年 1 月期间先后发布了 16 项具体会计准

① 会计准则可以具体规则为导向,也可以基本原则为导向。目前美国财务会计准则委员会(FASB)选择的是以具体规则为导向的准则制定模式,而国际会计准则委员会(IASB)选择的是以基本原则为导向的准则制定模式。

则。在我国经济全面融入全球经济，资本市场全球化、经贸活动国际化的背景下，我国加速了会计准则的制定工作，对已发布的企业会计准则进行了修订，同时制定了22项新的具体会计准则，于2006年2月15日正式颁布了由1项基本准则、38项具体准则构成的新企业会计准则体系。

财政部在发布新企业会计准则体系时明确规定，修订后的《企业会计准则——基本准则》自2007年1月1日起施行，适用于在我国境内设立的企业(包括公司)。38项具体准则从2007年1月1日起在上市公司范围内施行，鼓励其他企业执行。执行该38项具体准则的企业不再执行现行准则、《企业会计制度》与《金融企业会计制度》。这意味着，随着新会计准则的逐步实施，《企业会计制度》与《金融企业会计制度》将逐步退出我国企业会计核算的历史舞台，我国企业进入了会计准则形式的会计核算规范时代。

(二)我国会计准则的构成

我国企业会计准则构建了比较完整的统一体系。从准则类别看，既有普遍适用的一般准则，又有兼顾特色的特殊行业或业务准则，还有专门规范财务报告问题的报告准则；从准则项目看，从过去偏重工商企业的17项准则，扩展到横跨金融、保险、农业等众多领域的39项准则，覆盖了各类企业的各项经济业务；从层次结构上看，我国企业会计准则由基本准则、具体准则及其应用指南三部分构成。

第一层次：企业会计准则——基本准则。由财政部发布于2006年2月15日(中华人民共和国财政部令第33号)，自2007年1月1日起施行。在我国会计准则体系中，基本准则属于第一个层次，其作用反映在两个方面：一是统驭具体准则的制定。基本准则规范了会计确认、计量和报告等一般要求，它对各具体准则的制定起着统驭作用，可以确保各具体准则的内在一致性。二是为会计实务中出现的、具体准则尚未规范的新问题提供会计处理依据。在会计实务中，由于经济交易事项的不断发展、创新，具体准则的制定有时会出现滞后的情况，一些新的交易或者事项在具体准则中尚未规范但又急需处理，这时，企业不仅应当对这些新的交易或者事项及时进行处理，而且在处理时应当严格遵循基本准则的要求，尤其是基本准则关于会计要素的定义及其确认与计量等方面的规定。

《基本会计准则》共11章、50条，其内容包括总则、会计信息质量要求、资产、负债、所有者权益、收入、费用、利润、会计计量、财务报告和附则11个部分。

“总则”部分主要说明企业会计准则的目的及适用对象，体系构成，企业编制财务会计报告的目标，会计确认、计量和报告的基本假设、前提和基础，对企业会计核算的基本要求等。“会计信息质量要求”部分主要说明会计核算的基本原则，可以简单概括为真实可靠性与内容完整性、相关性、明晰性、可比性、实质重于形式、重要性、谨慎性、及时性八个方面。“资产”部分主要说明资产的定义、确认、分类和列示。“负债”部分主要说明负债的定义和特征、确认、分类和列示。“所有者权益”部分主要说明所有者权益的概念和来源。“收入”部分主要说明收入的定义、确认、分类和列示。“费用”部分主要说明费用的定义、确认、分类和列示。“利润”部分主要说明利润的定义、构成和列示。“会计计量”部分主要说明会计计量的要求、属性和标准。“财务报告”部分主要说明财务报告的概念、种类与会计报表的分类。“附则”部分主要说明会计准则的解释权与生效日。

第二层次：企业会计准则——具体准则。具体准则从1997年5月22日开始陆续发布试行，在长达近十年的探索总结后进行了调整修订，由财政部发布于2006年2月15日(财会[2006]3号)，自2007年1月1日起在上市公司范围内施行，鼓励其他企业执行(执行具体准则的企业不再执行原准则、《企业会计制度》和《金融企业会计制度》)。具体准则是以基本准则为依据,处于会计准则体系中的第二层次,是对各项经济业务的会计处理原则、程序和方法所作出的具体规定,是企业组织会计核算业务的直接依据。具体准则分为一般业务准则、特殊行业的特定业务准则和报告准则三大类:(1)一般业务准则。主要规范各类企业普遍适用的一般经济业务的确认和计量,如存货、固定资产、长期股权投资、无形资产、资产减值、借款费用、收入、外币折算等准则,它是各行业共同经济业务的准则。(2)特殊经济业务准则。包括各行业共有的特殊业务,也包括特殊行业的相关业务,主要规范特殊行业中特定业务的确认和计量,如石油天然气、生物资产、金融工具确认和计量及保险合同等准则。(3)财务报告准则。主要规范普遍适用于各类企业通用的报告类的准则,如财务报告的列报、现金流量表、合并财务报表、中期财务报告、资产负债表日后事项、分部报告、金融工具列报等准则。前两类具体准则主要涉及经济业务的核算对在财务报表及其附注中的揭示要求;后一类则主要规定财务报表应当披露哪些信息,以及如何披露这些信息及财务报表的基本格式。

具体准则共计 38 项,分别是:

企业会计准则第 1 号——存货
企业会计准则第 2 号——长期股权投资
企业会计准则第 3 号——投资性房地产
企业会计准则第 4 号——固定资产
企业会计准则第 5 号——生物资产
企业会计准则第 6 号——无形资产
企业会计准则第 7 号——非货币性资产交换
企业会计准则第 8 号——资产减值
企业会计准则第 9 号——职工薪酬
企业会计准则第 10 号——企业年金基金
企业会计准则第 11 号——股份支付
企业会计准则第 12 号——债务重组
企业会计准则第 13 号——或有事项
企业会计准则第 14 号——收入
企业会计准则第 15 号——建造合同
企业会计准则第 16 号——政府补助
企业会计准则第 17 号——借款费用
企业会计准则第 18 号——所得税
企业会计准则第 19 号——外币折算
企业会计准则第 20 号——企业合并
企业会计准则第 21 号——租赁
企业会计准则第 22 号——金融工具确认和计量
企业会计准则第 23 号——金融资产转移
企业会计准则第 24 号——套期保值
企业会计准则第 25 号——原保险合同
企业会计准则第 26 号——再保险合同
企业会计准则第 27 号——石油天然气开采

企业会计准则第 28 号——会计政策、会计估计变更和会计差错更正
企业会计准则第 29 号——资产负债表日后事项
企业会计准则第 30 号——财务报表列报
企业会计准则第 31 号——现金流量表
企业会计准则第 32 号——中期财务报告
企业会计准则第 33 号——合并财务报表
企业会计准则第 34 号——每股收益
企业会计准则第 35 号——分部报告
企业会计准则第 36 号——关联方披露
企业会计准则第 37 号——金融工具列报
企业会计准则第 38 号——首次执行企业会计准则

第三层次：企业会计准则——应用指南。由财政部发布于 2006 年 10 月 30 日(财会[2006]18 号)，自 2007 年 1 月 1 日起在上市公司范围内施行，鼓励其他企业执行(执行应用指南的企业不再执行原准则、《企业会计制度》、《金融企业会计制度》和各项专业核算办法和问题解答)。应用指南处于会计准则体系中的第三层次(类似于《企业会计制度》)，主要对会计科目的设置、会计分录的编制和报表的填报等操作层面的内容做出示范性指导，它由两部分组成：第一部分为准则解释；第二部分为会计科目和主要账务处理。在准则解释部分，主要对 32 项具体准则中的有关概念给予明确界定，对一些重点、难点和关键性问题作出解释性规定，详细阐述了有关复杂业务的具体操作方法。在会计科目和主要账务处理部分，主要根据具体准则中涉及确认和计量的要求，规定了 156 个会计科目及其主要账务处理，基本涵盖了所有企业的各类交易或事项。

应用指南共计 32 项，并附录《会计科目和主要账务处理》。其中，32 项应用指南分别为：

《企业会计准则第 1 号——存货》应用指南
《企业会计准则第 2 号——长期股权投资》应用指南
《企业会计准则第 3 号——投资性房地产》应用指南
《企业会计准则第 4 号——固定资产》应用指南
《企业会计准则第 5 号——生物资产》应用指南
《企业会计准则第 6 号——无形资产》应用指南
《企业会计准则第 7 号——非货币性资产交换》应用指南
《企业会计准则第 8 号——资产减值》应用指南
《企业会计准则第 9 号——职工薪酬》应用指南
《企业会计准则第 10 号——企业年金基金》应用指南
《企业会计准则第 11 号——股份支付》应用指南
《企业会计准则第 12 号——债务重组》应用指南
《企业会计准则第 13 号——或有事项》应用指南
《企业会计准则第 14 号——收入》应用指南
《企业会计准则第 16 号——政府补助》应用指南
《企业会计准则第 17 号——借款费用》应用指南
《企业会计准则第 18 号——所得税》应用指南
《企业会计准则第 19 号——外币折算》应用指南

《企业会计准则第 20 号——企业合并》应用指南

《企业会计准则第 21 号——租赁》应用指南

《企业会计准则第 22 号——金融工具确认和计量》应用指南

《企业会计准则第 23 号——金融资产转移》应用指南

《企业会计准则第 24 号——套期保值》应用指南

《企业会计准则第 27 号——石油天然气开采》应用指南

《企业会计准则第 28 号——会计政策、会计估计变更和会计差错更正》应用指南

《企业会计准则第 30 号——财务报表列报》应用指南

《企业会计准则第 31 号——现金流量表》应用指南

《企业会计准则第 33 号——合并财务报表》应用指南

《企业会计准则第 34 号——每股收益》应用指南

《企业会计准则第 35 号——分部报告》应用指南

《企业会计准则第 37 号——金融工具列报》应用指南

对于《企业会计准则第 15 号——建造合同》、《企业会计准则第 25 号——原保险合同》、《企业会计准则第 26 号——再保险合同》、《企业会计准则第 29 号——资产负债表日后事项》、《企业会计准则第 32 号——中期财务报告》、《企业会计准则第 36 号——关联方披露》、《企业会计准则第 38 号——首次执行企业会计准则》等 6 项具体准则，财政部未发布应用指南。

另外，针对企业会计准则体系(2006)实施过程中遇到的问题，财政部会计准则委员会成立了“企业会计准则实施问题专家工作组”，于 2007 年 2 月 1 日、2007 年 4 月 30 日，先后发布了两项《企业会计准则实施问题专家工作组意见》，便于及时指导上市公司、会计师事务所等有关方面正确地理解和执行新会计准则。

基本准则、具体准则与应用指南之间有着非常密切的关系：基本准则是制定具体准则的理论依据和指导原则，具有覆盖面广、概括性高的特点，属于指导性原则；具体准则根据基本准则的要求制定出有关财务会计核算业务和报告事项的具体规定，具有针对性强、便于操作的特点，属于应用性准则；应用指南根据具体准则的要求，对会计科目的设置、会计分录的编制和报表的填报等内容做出示范性指导，属于操作层面规范。

(三)新会计准则体系的特点

我国企业会计准则是一个与我国国情相适应、与国际会计标准相趋同、涵盖各类企业各项经济业务、独立实施的会计核算规范体系。企业会计准则体系的发布实施，不仅有利于发挥会计工作引导资源配置、强化对信息供给的约束、有效地维护投资者的知情权、支持科学决策、加强经营管理、推动合理分配、构建和谐社会的职能作用，而且对促进深化企业改革，推进金融改革，健全财政职能，建设现代市场体系和完善宏观调控体系具有明显作用；它架起了中外经贸合作的会计技术桥梁，有利于进一步优化我国投资环境，有利于促进我国企业更好更多地“走出去”，有利于稳步推进我国会计国际化发展战略，全面提高我国对外开放水平。新会计准则体系的建立，顺应了中国经济快速市场化和国际化的需要，标志着与国际惯例趋同的企业会计准则体系正式建立，实现了我国企业会计准则建设新的跨越和历史性的突破，是我国会计发展史上新的里程碑。

1. 突出强调了会计信息的真实性和可靠性

为了规范企业会计确认、计量和报告行为，提高会计信息质量，满足投资者、债权人、政府和企业管理层等有关方面对会计信息的需求，新会计准则对存货管理、资产减值准备计提、债

务重组、企业合并会计处理、合并报表和金融工具等既坚持历史成本计量原则，又引入了公允价值计量属性；新会计准则充分考虑了中国特殊的经济环境和会计环境，压缩了会计估计和会计政策的选择项目、限定了企业利润调节的空间范围，规范和控制企业对利润的人为操纵，有效地提高会计信息的相关性和可靠性。

2. 强化了决策有用会计信息的理念

新会计准则强调，企业提供的会计信息应当有助于财务会计报告使用者对企业过去、现在或者未来的情况作出评价或者预测，即企业提供的会计信息应当与财务报告使用者的经济决策需要相关，强化了会计信息应为投资者和社会公众提供决策服务的理念。

3. 实现了与国际会计惯例的趋同

新会计准则顺应了资本市场对会计信息的需求，能够为全球投资者提供更加透明可比的财务信息，实现了与国际会计惯例的趋同。会计准则的趋同，提高了境内外资本市场信息的可比性，减少相互之间理解会计政策与会计信息的隔阂，必将促进国际间的贸易与投资活动。在经济全球化的大趋势下，中国企业会计准则获得国际认可将有助于促进中国企业在境外融资，降低融资成本，提高市场效率，全面促进中国经济的进一步市场化和国际化。

4. 促进了金融衍生产品的发展

我国在全面借鉴 IAS32、IAS39 的基础上，结合我国实际，出台了《金融工具确认和计量》等金融工具四项会计准则，这四项准则各有侧重、相互关联、逻辑一致，形成一个有机整体，其核心是将金融衍生工具纳入表内核算并按公允价值计量，相关公允价值变动计入当期损益或所有者权益；企业开展套期保值业务可以选择使用套期会计方法，对公允价值套期、现金流量套期和境外经营净投资套期等分别进行会计处理；企业的会计处理应当根据各单项金融工具的特点及相关信息的性质将其进行适当归类，以揭示金融工具的潜在风险。由于新准则坚持以公允价值计量，强调运用套期会计，趋向于原则导向，允许会计人员进行专业判断等，标志着我国金融工具会计处理与国际会计准则全面接轨，有利于规范金融工具特别是衍生工具会计预警系统，及时揭示和披露交易决策的相关信息，引导衍生工具的有效运作，提高金融信息可比性和透明度。

5. 提高了财务信息披露的透明度

新会计准则对上市公司的信息披露提出了更高的要求，将提高上市公司财务报告的使用价值，使上市公司业绩的可预测性增强。上市公司信息披露的逐步完善，使分析人员可以从披露的信息中，更清楚地了解企业的业务模式，更容易取得归属于各业务的数据，从而在建立盈利预测模型时，对公司业绩进行更准确的预测，将有助于投资者做出更准确的投资决策，降低投资风险。

总之，新会计准则体系体现了与国际会计惯例的趋同，增强了会计准则的易理解性和可操作性，其全面实施必将有效地规范我国会计工作行为和会计工作秩序，全面提升我国会计信息质量。

四、企业会计准则的国际协调

（一）企业会计准则的国际协调

2005 年 11 月 8 日，中国财政部副部长、中国会计准则委员会秘书长王军与国际会计准则理事会主席戴维·泰迪爵士签署了联合声明，确认了中国会计准则与国际财务报告准则实现了实质性趋同。联合声明主要强调三点：一是中国将趋同作为会计准则制定工作的目标之一，旨在使企业按照中国会计准则编制的财务报表与按照国际财务报告准则编制的财务报表相同，趋同的具体方式由中国确定。二是确认了中国会计准则与国际财务报告准则只在关联方关系及其交易的披露、资产减值损失的转回、部分政府补助的会计处理等极少数问题上存在差异，除此之外，实现了与国际财务报告准则的趋同。三是国际会计准则理事会确认了中国特殊情况和环境下的一些会计问题，包括关联方关系及其交易的披露、公允价值计量问题和同一控制下的企业合并，在这些问题上，中国可以对国际会计准则理事会寻求高质量的国际财务报告准则解决方案提供非常有用的帮助。中国会计准则与国际财务报告准则至少实现了以下趋同：

1. 准则体系整体架构的国际协调

就中国准则与国际准则项目的对应关系而言，不仅整体架构保持了一致，而且大多数项目做到了相互对应。国际财务报告准则体系由编报财务报表的框架、国际财务报告准则和解释公告三部分构成，这与我国企业会计准则体系的整体架构一致。我国的基本准则类似于国际财务报告准则中"编报财务报表的框架"，在会计准则中起统驭作用，是具体准则的制定依据；我国的具体准则正文涵盖了目前各类企业各项经济交易或事项的会计处理，与国际财务报告准则的内部结构相同；应用指南是对具体准则相关条款的细化和重点难点内容提供的操作性规定，与国际财务报告准则体系中"解释公告"的结构相同。

2. 准则体系核心理念的国际协调

会计确认、计量和报告构成了会计政策的主要内容，会计确认解决的是定性问题，会计计量解决的是定量问题，报告是确认、计量的结果，是连接企业和投资人等会计信息使用者的载体和桥梁。中国企业会计准则强调了会计要素和主要经济业务事项的确认、计量和报告；国际财务报告准则从投资人等信息使用者决策的立场出发，向投资人等提供反映企业会计要素和主要经济业务事项确认、计量结果的财务报告。可见，我国的会计准则与国际财务报告准则的出发点和理念是一致的，其核心都是围绕会计确认、计量和报告并加以规范。

3. 准则体系实施定位的国际协调

就准则体系的实施定位而言，中国企业会计准则属于法规体系的组成部分，基本准则属于部门规章，具体准则及其应用指南属于规范性文件，它们具有强制性的特点，要求企业必须执行，否则就属于违规行为。国际财务报告准则虽不是法规体系，但在国际资本市场上具有重要影响和较强的约束力，如果某个国家或地区宣布采用国际财务报告准则就应当全面地执行；如果是借鉴国际财务报告准则，就应当在会计确认、计量和报告方面实现与国际财务报告准则的趋同。

从全球会计趋同的情况看，大多选择直接采用国际财务报告准则的趋同模式，比如欧盟、澳大利亚、韩国等。我国属于新兴市场经济国家，具有特定的法律基础、经济环境和文化特色，这就决定了我国企业会计准则体系建设必须创新模式，走立足国情、国际趋同的道路。

(二)企业会计准则体系等效

会计准则等效是我国企业在那些实施国际财务报告准则的国家或地区上市，按照中国会计准则编制的财务报表不再进行调整，即使调整也只对个别项目作出说明或者编制极少项目的调节表，毋须再按国际财务报告准则进行全面转换。等效还涉及审计准则，注册会计师按照等效的审计准则出具的审计报告也应当是认可的。我国会计审计准则虽然实现了国际趋同，但要完成与世界主要国家和地区会计准则的等效，还需要较长时间的努力。在我国会计准则与国际财务报告准则实现趋同后，财政部就开始研究并启动与那些实施国际财务报告准则国家和地区的会计准则等效问题的相关工作。

1. 中国与欧盟的会计合作

欧盟作为世界主要经济体,从2005年开始实施国际财务报告准则,2005年以来,中国与欧盟开展了密切的会计合作。2005年11月,中国与欧盟签署了会计准则国际趋同及双边合作联合声明。2006年11月,中国会计准则委员会与欧盟代表就建立中欧会计合作工作机制、欧盟将中国会计准则列为第三国等效准则的安排等问题进行了深入的讨论。会议认为,鉴于中国会计国际趋同所取得的成效,在2009年之前,欧盟将考虑把中国作为与国际财务报告准则趋同的国家对待。如果实现等效,中国企业在欧盟上市,按照中国会计准则编制的财务报表将得到认可。

2. 中国与美国的会计合作

美国作为世界上最发达的市场经济国家,近年来与中国的经济合作越来越密切。美国在安然事件以后,其财务会计准则委员会与国际会计准则理事会开始对话和趋同工作。在这种情况下,中美双方加强了会计领域的联系和沟通,随着美国准则与国际准则趋同工作的进展,将有助于解决中美会计准则的合作与等效问题。

3. 中国与日本、韩国的会计合作

从2002年开始,中国、日本和韩国在会计领域建立了定期对话机制,每年召开一次三国会计准则会议,沟通三国会计准则的进展,并就会计国际趋同问题进行磋商。2005年,在我国西安召开的中、日、韩三国会计准则制定机构会议上,三方签署了会计合作备忘录。2007年3月,韩国正式宣布了全面实施国际财务报告准则的路线图,日本也正在进行会计准则与国际财务报告准则的趋同工作,以上进展为中国与日本、韩国会计准则实现等效创造了条件。

4. 中国与澳大利亚的会计合作

澳大利亚2005年开始直接采用国际财务报告准则,中、澳在会计准则方面已经建立了联系和沟通,澳大利亚财政部和会计准则理事会非常关注我国会计准则的建设与实施情况,以及会计国际趋同的进展及所取得的成效。

5. 中国内地与中国香港的会计合作

中国香港从2005年开始直接采用国际财务报告准则。2006年5月,中国会计准则委员会和中国香港会计师公会在香港签署两地会计准则趋同的联合声明。双方认为,中国内地与中国香港会计准则实现了实质性趋同,将有助于两地企业及证券市场的长远发展。2007年以来,中国会计准则委员会与香港会计师公会就内地与香港会计准则等效问题举行了多次技术会谈,一致认为,实现等效是两地的共同愿望,应当加快工作进度,尽早完成等效工作。

综上所述,我国企业会计准则体系在整体框架、理念和实质上实现了国际趋同,将我国会计提升到了国际先进水平的行列,为实现中国会计准则与其他国家或者地区会计准则等效奠定了基础。趋同只是第一步,等效才是目标。我国会计准则实现与其他国家或地区会计准则等效,有利于提升中国企业的国际竞争力,有利于中国注册会计师行业做强做大,有利于贯彻“走出去”战略和中国资本市场的健康发展,有利于完善社会主义市场经济体制和顺应经济全球化趋势。

第三节　会计制度体系

会计制度是进行会计工作所遵循的规则、方法和程序的总称。我国会计制度是国家财政部门通过一定的行政程序制定的、具有一定强制性的会计规范的总称。根据《会计法》的规定，我国会计制度由国务院财政部门制定，按照统一领导、分级管理的原则进行管理。在我国，对会计制度的定义有着不同的理解。从广义来讲，会计制度是指国家制定的会计方面所有规范的总称，包括会计核算、会计监督、会计机构和会计人员以及会计工作的管理制度等；习惯上所称的会计制度，则是指国家财政部门制定的会计核算行为规范，即会计核算制度，包括会计准则和企业会计制度。

一、会计制度改革的简要回顾

我国会计改革可以追溯到中共十一届三中全会后的 1980 年。1980 年 12 月财政部发文成立会计顾问处(即后来的会计师事务所)，这个文件的发布标志着我国会计改革的开始。我们将此后我国会计改革进程划分为两大阶段：计划经济时期(1980～1992 年)的会计改革和市场经济初期(1993～2007 年)的会计改革。

(一)计划经济时期(1980～1992 年)的会计改革

在此期间，我国在会计改革方面主要做了以下工作：在 1982 年我国成为联合国成立的国际会计和报告标准政府间专家工作组成员国，从而对会计国际协调有了一定的发言权。1985 年我国颁布了新中国成立后的第一部《会计法》，将会计工作纳入了法制轨道，结束了会计工作无法可依的局面。同年，财政部发布《中外合资经营企业会计制度》和《中外合资经营工业企业会计科目和会计报表》两项制度。制度中在会计要素的确认、计量和财务报告等方面第一次借鉴了国际惯例，为吸收外资奠定了基础。1988 年成立会计准则研究组(我国会计准则委员会的前身)，开始研究国际会计准则并考虑制定我国会计准则。1992 年财政部和原国家体改委联合发布了《股份制试点企业会计制度》，修订颁发了"外商投资企业会计制度"，扩大了原《中外合资经营企业会计制度》的适用范围。1992 年底，经国务院批准，财政部发布了"两则两制"(包括企业财务通则、企业会计准则和工业、商品流通、农业、旅游服务、交通运输、邮电通讯、施工企业、房地产开发、对外经济合作、民航、金融、铁路运输和保险等 13 大行业会计制度和 10 个行业财务制度)，并决定在次年 7 月 1 日起施行，结束了我国长期只依赖会计制度而没有会计准则的局面，开始了会计准则和会计制度并行的时期。

(二)市场经济初期(1993～2007 年)的会计改革

在此期间，我国在会计改革方面主要做了以下工作：1993 年财政部用招标方式聘请德勤国际会计公司作为我国制定会计准则的咨询顾问，第一期(1993～1996 年)合作完成了 30 项会计准则的征求意见稿。1997 年发布第一项会计准则至 2004 年底我国陆续发布了 16 项具体准则并在上市公司施行，我国正式加入国际会计师联合会和国际会计准则委员会并成为后者的观察员，通过国际交流更好地了解国际会计准则的制定动向和趋向，为我国制定和修改会计准则明确了思路和方向。1998 年我国正式成立会计准则委员会，同年修改了 1993 年发布的《股份制试点企业会计制度》。2000 年我国开始新一轮的会计改革，打破了此前的按行业按所有制划分的会计制度，制定了《企业会计制度》(实际上是大中型企业会计制度)，于 2001 年起在上市公司中施行。2001 年发布《金融企业会计制度》，于 2002 年 1 月施行。2004 年发布《小企业会计制度》，于 2005 年 1 月施行。至此，《企业会计制度》的三个分支制度全部完成。2004 年开始我国会计准则委员会对新修改的国际会计准则进行了全面研究，并将我国已发布的 16 项具体准则与之对比，寻找和分析了差距。2005 年修订了会计基本准则，拟订了全部具体准则的征求意见稿并于 2006 年 2 月发布。至此，我国会计准则建设基本完成，实现了我国会计标准的历史性转变。

二、我国会计制度体系

20世纪50年代以来，会计制度是我国规范会计核算行为的主要形式，是我国会计法规体系的组成部分，对国家机关、社会团体、公司、企业、事业单位和其他组织办理会计事务具有约束力。在我国，会计制度体系可按不同的标志进行分类。

(一)会计制度按其性质分类

1. 企业会计制度

企业会计制度以生产经营管理为中心，是各类企业和其他经济组织等以营利为目的的企业法人进行会计核算的规范。目前制定有《企业会计制度》、《金融企业会计制度》、《小企业会计制度》等。其中《企业会计制度》由会计核算一般规定、会计科目和财务报表、附录三部分构成。“会计核算一般规定”部分主要对企业会计核算的总体原则以及会计要素和重要经济业务事项的确认、计量、报告等，以条款的形式作出原则性的规定。“会计科目和财务报表”部分包括会计科目的使用说明、财务报表和财务报表附注两个方面。其中会计科目使用说明规定了经济业务事项应当设置的会计科目的名称及其具体的会计核算方法；财务报表和财务报表附注则规定了应对外提供的财务报表的种类、格式、内容及编制方法。“附录”部分是主要会计事项分录举例，列举了主要会计事项的具体账务处理方法，以便于企业会计人员的实际操作。对于具有各行业共性的经济业务，均可以根据《企业会计制度》来进行处理，但是对于具有各行业个性的经济业务，通过制定行业会计核算办法来对一些行业的特殊会计业务进行规范。为此，在发布《企业会计制度》后，财政部又陆续发布了《施工企业会计核算办法》(2003年9月25日发布)、《新闻出版业会计核算办法》(2004年1月14日发布)、《水运企业会计核算办法》(2004年12月9日发布)等。

2. 预算会计制度

预算会计制度以预算管理为中心，是国家财政和行政事业单位进行会计核算的规范。预算会计制度又分为财政总预算会计制度、行政事业单位会计制度和事业单位会计制度。财政总预算会计制度适用于中央和地方财政总预算的会计核算；行政单位会计制度适用于一切国家机关的会计核算；事业单位会计制度适用于教育、科研等所有事业单位的会计核算。

(二)会计制度按其内容分类

1. 会计工作制度

会计工作制度是依照法律的规定制定的规范会计工作行为的程序、方法、要求等制度规范。如《会计档案管理办法》、《关于试行会计委派制度工作的意见》等。《会计档案管理办法》已在本章第一节做了介绍，现就会计委派制工作制度简要介绍如下：

会计委派制应当根据政府部门实施会计监管的不同要求，以及被委派单位的具体组织类型和业务规模，选择不同的委派形式，以利于对国家资金和国有资产实施监管。为了保证试行会计委派制度工作取得实效，委派部门要明确委派会计人员的职责、权限及与被委派单位的关系，在充分支持被委派单位依法理财、自主管理的前提下，发挥委派会计人员的监督作用，保证委派会计人员能够按照有关规定，正确履行职责。督促委派会计人员支持、配合被委派单位开展业务工作，寓监督于服务之中，共同改善和加强财务会计管理。

2. 会计核算制度

会计核算制度是对经济活动进行确认、计量、记录并对外报告的核算程序、方法、要求等制度规范。如《企业会计制度》、《企业会计准则》、《会计账表的标准规范》、《会计核算基础工作规定》等。《企业会计制度》与《会计准则》作为会计核算规范，在我国均属于同一层次的行政法规，对会计要素的确认、计量、报告等作出规定，由财政部制定并颁布。但两者之间存在着一定的差距。例如，《企业会计准则》在会计要素的确认、计量、报告方面的规定较为原则，而《企业会计制度》的规定则较为具体；《企业会计准则》没有也不宜作出会计应如何记录的规定，《企业会计制度》对于会计记录以会计科目及其使用说明的形式作了较为详细的规定。

3. 会计监督制度

会计监督制度就是为了保证会计资料真实、完整，加强经济管理和财务管理，维护经济秩序的，依照法律的规定制定的规范会计监督活动的程序、方法、要求等制度规范。由于实施会计监督的主体和具体方式上的不同，因而形成了单位内部会计监督、以注册会计师为主体的社会监督、以财政部门为主体的国家监督三个方面的会计监督制度。如《会计法》、《注册会计师法》、《会计内部控制制度》等。单位内部会计监督制度是在单位内部为了规范会计工作，保证会计资料质量，促使其经济活动符合法律、国家统一会计制度以及内部规章的要求，保护其资产的安全完整，提高经济效率，防止弊端，控制风险，而采用的同一系统相互联系、相互制约的制度；以注册会计师为主体的社会监督制度是以注册会计师为主体建立的会计信息质量监督制度；以财政部门为主体的国家监督制度是以财政等政府部门为主体建立的会计信息质量监督制度。

4. 会计管理制度

会计管理制度就是为了保证会计管理工作有章可循、规范有序，保证会计工作在经济管理中发挥应有的作用，依照国家法律、法规制定的会计工作秩序程序、方法、要求等制度规范，如《会计基础工作规范》等。在《会计基础工作规范》中提出了应当建立12项内部会计管理制度，包括会计机构管理制度、会计人员管理制度、会计工作交接、会计人员职业道德、内部控制制度等。

总之，我国会计制度内容丰富，涉及范围广泛，国民经济各部门、各环节进行会计核算，都有相应的会计制度。会计制度已成为各单位进行会计核算和会计监督的重要规则和宏观经济调控机制的重要组成部分。

本章小结

会计规范是进行会计工作所需依据的一种客观尺度或标准，具有公认性、倾向性、层次性、相对统一性与相对稳定性等特征，对于促进会计工作的规范化、保证会计信息的质量具有决定性的作用。

会计规范发展至今已经形成了一个完整的体系。会计规范可以从规范的形成和来源方式、规范的内容、规范的制约动力、规范的实际作用方式等不同的角度来进行分类，各类规范相互联系、相互补充、相互影响，约束着会计的运行过程及结果的质量。会计法律规范、会计准则、会计制度是会计实际工作中所经常依据的会计规范。

会计法律规范是一种以法律力量保证施行的法律强制性会计规范。我国的会计法律规范是以《会计法》为中心，以全国统一的会计制度为基础，由会计法律、会计行政法规、会计部门规章、规范性文件四个层次构成的。

目前世界各国通常采用会计准则形式的会计核算规范。我国的企业会计准则从层次结果上看由基本准则、具体准则及其应用指南所构成，是一个与我国国情相适应、与国际会计标准相趋同、涵盖各类企业各项经济业务、独立实施的会计核算规范体系。

会计制度是进行会计工作所遵循的规则、方法和程序的总称。我国会计制度是国家财政部门通过一定的行政程序制定的、具有一定强制性的会计规范的总称。根据《会计法》的规定，我国会计制度由国务院财政部门制定，按照统一领导、分级管理的原则进行管理。

主要概念

会计规范　　会计法律规范　　会计惯例　　会计法律　　会计行政法规
会计规章　　会计准则　　基本准则　　具体准则　　准则应用指南
会计制度　　会计工作制度　　会计核算制度　　会计监督制度
会计管理制度

复习思考题

1. 什么是会计规范？它有哪些主要特征？为什么要建立会计规范？
2. 什么是会计法律规范？它们之间的关系如何？
3. 我国《会计法》规定的单位负责人、会计人员的基本责任是什么？
4. 简要说明我国实行的会计管理体制。
5. 制定与实施《企业财务报告条例》的目的何在？其主要内容有哪些？
6.《会计基础工作规范》中关于会计凭证填制与会计账簿登记的要求做了哪些规定？
7. 什么是会计准则？制定会计准则的动因是什么？
8. 简要说明我国的企业会计准则体系的构成。基本会计准则与具体会计准则有哪些区别与联系？
9. 我国《企业会计制度》的构成内容如何？与企业会计准则有哪些区别？
10. 什么是企业会计政策？其制定与实施应符合哪些要求？

第十四章　会计工作的组织和会计人员

学习目标

通过本章的学习，你可以达到以下目标：

1. 了解会计机构与会计组织的形式。
2. 会计人员的素质要求与任职资格。
3. 熟悉会计职业道德。
4. 了解会计工作的组织形式与日常管理。
5. 了解内部会计管理的一般原则。
6. 熟悉我国内部会计控制的相关规定。

第一节　会计机构的设置

建立健全会计机构，配备数量和素质正当、具备从业资格的会计人员，是各单位做好会计工作，充分发挥会计职能作用的重要保证。

会计机构是单位所设置的专门办理会计事项的机构，它是由专职会计人员组成，负责组织、领导和处理会计工作的职能部门。在我国实际工作中，由于会计机构往往行使会计工作和财务工作的全部职权，所以也称为财务会计机构。建立和健全会计机构，是加强会计工作、保证会计工作顺利进行的重要条件。

一、会计机构的设置原则

(一)适应性原则

会计机构设置范围的确定，取决于企业经营管理组织系统的规模、管理方针及战略规划。设置会计机构，一是要与企业管理体制和企业组织结构相适应，二是要与单位经济业务的性质和规模相适应，三是与本单位的会计工作组织形式相适应。

(二)内部控制原则

会计机构的设置必须根据企业管理上的要求，抓住企业资金运动全过程的关键点，从而形成对企业经营全过程和全方位的监控，并与本单位其他管理机构相协调。

(三)效率性原则

会计机构的设置要体现精简高效原则。一是设置会计机构提供的会计信息所产生的经济效益必须大大高于为实现此目的而发生的成本费用；二是会计机构的设置繁简相宜，在整个会计工作中各司其职，协调一致地履行会计的职责，使企业管理从中受益。

各个单位应按照上述原则来确定是否单独设置会计机构，设置什么性质的会计机构，会计机构是分设还是合设，会计机构在企业组织机构中如何定位，会计机构与其他管理机构的分工协调。

二、会计机构的设置类型

(一)各级财政部门设置的会计机构

《会计法》规定,国务院财政部门是主管全国会计工作的机构,地方各级人民政府的财政部门是主管该地区会计工作的机构。

国家财政部设置会计事务管理司,它是全国会计机构的最高领导,主管全国会计工作。它的主要职责是:制定和组织贯彻实施会计准则和会计制度,以及各项全国性的会计法令、规章制度;制定全国会计人员培训规划;管理全国会计人员专业技术资格考试等。

地方财政部门设置会计事务管理局(处),主管本地区的会计工作。它的主要职责是根据国家的统一规定,结合本部门、本地区的具体情况,补充制定会计制度;规划和组织在职会计人员专业知识培训;管理会计人员专业技术资格考试与考核等工作。

(二)各级管理部门设置的会计机构

中央各部和地方各厅、局设置财务会计司、局、处、科等会计机构,负责组织、领导和监督本部门及所属单位的会计工作。它的主要职责是:审核、分析和批复所属单位上报的会计报表,并编制本系统汇总会计报表;核算本单位与财政机关及上下级之间有关缴款、拨款等会计事项;经常了解所属单位的会计工作情况,帮助它们解决工作上的问题,定期不定期地对所属单位进行会计检查等。

(三)基层企业和行政事业单位设置的会计机构

基层企业和行政事业单位,一般应设置财务处、科、股等专职机构,在厂长、经理或总会计师的领导下,负责本单位的财务会计工作,同时接受上级财务会计机构的指导和监督,工作中发现的有关财会方面的问题,除向本单位领导汇报外,还要向上级有关部门汇报。根据我国《会计法》的规定,各单位应当根据会计业务的需要,设置会计机构,或者在有关机构中设置会计人员并指定会计主管人员;不具备设置条件的,应当委托经批准设立从事会计代理记账业务的中介机构代理记账。

1. 根据业务需要设置会计机构

《会计法》对各单位是否设置会计机构,规定为"应当根据会计业务的需要"来决定,即各单位可以根据本单位的会计业务繁简情况决定是否设置会计机构。为了科学、合理地组织开展会计工作,保证本单位正常的经济核算,各单位原则上应设置会计机构。考虑到单位有大小,业务有繁简,如果"一刀切",要求每个单位都必须设置会计机构,势必脱离实际,而且,是否设置机构,设置哪些机构,应当是单位的内部事务,不宜由法律来强制规定。因此,《会计法》规定各单位根据自身的情况自行决定是否设置会计机构。但是,无论是否需要设置会计机构,会计工作必须依法进行,不能因为没有会计机构而对会计工作放任不管,这是法律所不允许的。

从发挥会计职能作用的角度看,实行企业化管理的事业单位,大、中型企业(包括集团公司、股份有限公司、有限责任公司等)应当设置会计机构;业务较多的行政单位、社会团体和其他组织也应设置会计机构。而对那些规模很小的企业、业务和人员都不多的行政事业单位等,可以不单独设置会计机构,而将业务并入其他职能部门,或者进行代理记账。

2. 不设置会计机构的单位设置会计人员并指定会计主管人员

根据《会计法》的规定,不能设置会计机构的单位,应当在有关机构中设置会计人员并指定会计主管人员,这是提高工作效率、明确岗位责任的内在要求,同时也是由会计工作专业性、政策性所决定的。“会计主管人员”是《会计法》的一个特指概念,不同于通常所说的“会计主管”、“主管会计”、“主办会计”等,而是指负责组织管理会计事务、行使会计机构负责人职权的人员。《会计法》没有对如何配备会计机构负责人作具体的规定。但是,对于没有设置会计机构、只在其他机构中配备一定数量专职或兼职会计人员的单位,《会计法》规定应在会计人员中指定会计主管人员,目的是强化责任制度,防止出现会计工作无人负责的局面。会计主管人员作为中层管理人员,行使会计机构负责人的职权,按照规定的程序任免。

3. 可以实行代理记账

《会计法》第三十六条规定,不具备设置会计机构和会计人员条件的,“应当委托经批准设立从事会计代理记账业务的中介机构代理记账”。从事代理记账业务的中介机构是我国近年来发展起来的服务机构,随着我国经济的迅速发展,经济组织形式发生了很大变化,民营经济、个体经济得到大力发展。这些经济组织的经营规模较小,人员不多,不可能也没有必要设置专门的会计机构或者配备专职的会计人员。针对这一情况,在修改《会计法》时,将代理记账问题纳入了《会计法》,从而以法律形式肯定了代理记账业务及从事这项业务的中介机构的地位,对规范和保证代理记账业务的发展起到重要作用。为了贯彻《会计法》的规定,财政部于 1994 年 6 月发布了《代理记账管理暂行办法》,作为《会计法》的配套规章,对代理记账机构设置的条件、代理记账的业务范围、代理记账机构设置的条件、代理记账的业务范围、代理记账机构与委托人的关系、代理记账人员应遵循的道德规则等作了具体的规定。

三、会计机构的设置模式

关于会计机构的称谓,各单位叫法不一,有的称“财务部(处、科、股)”、“会计部”、“计财部”、“财会部”等等。考虑到这些现实情况,《会计法》没有对会计机构的名称作统一规定,而是统称为“会计机构”。另外,《会计法》在文字上表述为“设置会计机构”,而没有使用“单独设置会计机构”的字样,避免造成将财务与会计等机构分别设置的误解,从而给基层单位的会计工作带来不必要的麻烦。事实上,许多单位的财务工作与会计工作是紧密联系在一起的。

为了达到预期的会计目标,会计机构内部应进行合理的分工,按照会计核算的流程设置责任岗位。会计工作岗位的设置,是指在会计机构内部按照会计工作的内容和会计人员的配备情况,进行合理的分工,使每项工作都有专人负责,每位会计人员都明确自己的职责。《会计法》对会计岗位设置的原则做了规定,各单位应当根据会计业务需要设置会计工作岗位。我国大中型企业会计机构内部组织一般设置以下核算组,其职责和要求如下:

综合组。负责总账的登记,并与有关的日记账和明细账相核对;进行总账余额的试算平衡,编制资产负债表,并与其他会计报表进行核对;进行企业财务情况的综合分析,编写财务情况说明书;进行财务预测,参与制定财务计划,参与企业生产经营决策。

财务组。负责货币资金的出纳、保管和日记账的登记;审核货币资金的收付凭证,办理企业与供应、购买等单位之间的往来结算;监督企业贯彻国家现金管理制度、结算制度和信贷制度的情况;参与制定货币资金收支和银行借款计划并分析其执行情况。

工资核算组。负责计算应付职工的工资和奖金,办理职工工资的结算,并进行有关的明细核算,参与制定工资总额计划,协助企业劳动工资部门分析工资总额计划的执行情况,控制工资总额支出。

固定资产核算组。审核固定资产购建、调拨、内部转移、租赁、清理的凭证;进行固定资产的明细核算;分析固定资产使用效果;参与固定资产清查;参与制定固定资产重置、更新和修理计划;指导和监督固定资产管理部门和使用部门的固定资产核算工作。

材料核算组。负责审核材料采购的发票、账单等结算凭证;进行材料采购收发结存的明细核算;参与库存材料清查;分析采购资金使用情况,采购成本超支、节约情况和储备资金占用情况,控制材料采购成本和材料资金占用;制定材料采购资金计划,指导和监督供应部门、材料仓库和使用材料的车间及部门的材料核算情况。

成本费用核算组。会同有关部门建立健全各项原始记录、消耗定额和检验制度;改进成本管理的基础工作;负责审核各项费用开支;参与自制半成品和产成品的清查;核算产品成本,编制成本报表;分析成本计划执行情况;控制产品成本和生产资金占用;进行成本预测,制定成本计划,建立责任成本制度,将成本指标分解、落实到各部门、车间、班组;指导、监督和加强各部门、车间、班组落实成本责任制度。

销售和利润核算组。负责审核库存商品、销售和营业外收支凭证;参与库存商品清查;进行库存商品、销售和利润的明细核算;计算应交税金,进行利润分配,编制利润表;分析成品资金的占用情况,销售收入、利润及其分配计划的执行情况;参与市场预测,制定或参与制定销售和利润计划。

资金组。负责资金的筹集、使用、调度;了解、掌握资金市场动态,为企业筹集资金以满足生产经营活动的需要;不断降低资金成本,提高资金使用的经济效益。此外,还负责编制现金流量表。

第二节　会计人员和会计职业道德

会计人员指直接从事会计工作的人员。配备数量和素质正当、具备从业资格的会计人员,是各单位做好会计工作、充分发挥会计职能作用的重要保证。会计人员的配备,应根据各单位规模的大小及业务的需要,符合会计机构内岗位设置的要求。一般而言,应该设置会计主管人员,大、中型企事业单位还可以设置总会计师,来统筹整个单位的会计工作。

一、会计人员的任职资格

《会计法》没有具体规定会计人员配备数量问题,主要考虑一个单位究竟需要配备多少会计人员,取决于单位的组织结构形式和业务工作量、经营规模等因素,不同的单位有不同的要求,法律不可能设定出适应所有单位应当配备多少会计人员的标准。但《会计法》对会计人员配备与素质要求作了原则性规定,例如,规定“会计工作岗位,可以一人一岗、一人多岗或者一岗多人”;“各单位应当根据会计业务需要配备持有会计证的会计人员,未取得会计证的人员,不得从事会计工作”;“会计人员应当具备必要的专业知识和专业技能,熟悉国家有关法律、法规、规章和国家统一的会计制度,遵守职业道德,会计人员应当按照国家有关规定参加会计业务的培训,各单位应当合理安排会计人员的培训,保证会计人员每年有一定时间用于学习和参加培训”;等等。

(一)会计从业资格管理制度的沿革

会计从业资格管理制度是在会计证管理制度的基础上发展起来的。会计证是会计人员从事会计工作的“准入证”或“通行证”。从事会计工作必须持证(会计证)上岗,会计证的功能主要是把会计证作为鉴定会计人员业务技术的证明,会计人员必须按规定条件经考核或考试后取证;取得会计证才能从事会计工作;在会计证中记载会计人员履行职责情况,作为考核会计人员业绩的依据。财政部于1990年3月发布了《会计证管理办法(试行)》,在全国范围内试行会计证管理制度。1996年,财政部对《会计证管理办法(试行)》作了修改,形成了《会计证管理办法》,会计证管理制度在全国广泛推广。此外,我国会计从业资格管理制度以法律形式规定做保证。《会计法》规定:"从事会计工作的人员,必须取得会计从业资格证书。"这是对会计从业资格问题作出的法律性的规定。

(二)会计从业资格管理制度的基本内容

为了贯彻《会计法》关于实行会计人员从业资格管理制度的规定,财政部按照法律授权,制定了《会计从业资格管理办法》。会计从业资格管理制度的主要内容如下:

1. 会计从业资格证书的性质

会计从业资格证书是具备会计从业资格的证明文件。凡是从事会计工作的会计人员,必须取得会计从业资格证书,才能从事会计工作。这是进入会计岗位的"准入证",是从事会计工作的必由之路。会计从业资格证书是证明能够从事会计工作的唯一凭证,会计从业资格证书将记载本人的各种信息,会计从业资格证书一经取得,全国范围内有效。

2. 会计从业资格证书的管理部门

会计从业资格证书的管理体制,主要实行属地原则进行所辖范围内的会计人员从业资格管理。同时考虑到我国国情和管理工作的实际需要,对于个别中央业务主管部门,经财政部授权,负责所辖部门或系统的会计从业资格管理,包括发证、年检、继续教育等。

3. 取得会计从业资格的条件

取得会计从业资格的条件,也就是从事会计工作应具备的资格。《会计法》规定,"因有提供虚假财务会计制造,做假账,隐匿或者故意销毁会计凭证、会计账簿、财务会计报告,贪污,挪用公款,职务侵占等与会计职务有关的违法行为被依法追究刑事责任的人员,不得取得或者重新取得会计从业资格证书"。"除前款规定的人员外,因违法违纪行为被吊销会计从业资格证书的人员,自被吊销会计从业资格证书之日起五年内,不得重新取得会计从业资格证书。"对于取得会计从业资格证书的资格,在《会计从业资格管理办法》中做了规定:

(1)取得会计从业资格的基本条件。坚持原则,具备良好的道德品质;遵守国家法律、法规;具备一定的会计专业知识和技能;热爱会计工作,秉公办事。基本条件是每一位会计人员必须具备、缺一不可的。

(2)具备规定学历的可直接获取会计从业资格。具备中专及中专以上会计类专业学历的,同时符合基本条件,可直接申请获得会计从业资格。

(3)不具备规定学历的应通过考试取得会计从业资格。对于不具备中专及中专以上会计类专业学历的人员,要从事会计工作,必须通过考试取得会计从业资格。考试实行全国统一考试科目、考试大纲。考试的科目主要包括财经法规、会计基础知识、会计实务、初级会计电算化。考试由各省、自治区、直辖市、计划单列市财政部门,新疆生产建设兵团和中央主管部门统一组织实施。

对于符合条件取得会计从业资格的,由各级会计从业资格管理部门发放会计从业资格证书。会计从业资格证书,由财政部统一设计,各省、自治区 、直辖市、计划单列市财政部门,新疆生产建设兵团和中央主管部门负责印制、编号、颁发和管理,并同时建立有关会计从业人员的各种资料和信息。单位会计机构负责人即会计主管人员,《会计法》第三十条第一款规定,"除取得会计从业资格证书外,还应当具备会计师以上专业技术职务或从事会计工作三年以上的经历"。总会计师从业资格,根据《总会计师条例》,其任职资格是取得会计师任职资格后,主管一个单位或单位内一个重要方面的财务会计工作时间不短于3年;有较高的理论、政策水平,熟悉国家财经法律、法规、方针、政策和制度,掌握现代化管理的知识;具备本行业的基本业务知识,熟悉行业情况;有较强的组织领导能力;其他基本要求。

4. 对会计从业资格证书实行注册登记和年检制度

为了加强对会计从业资格证书的有效管理,督促会计人员持证上岗,树立会计从业资格证书的权威性,对会计从业资格证书实行注册登记制度和年检制度。注册登记制度是指取得会计从业资格的人员,被单位聘用从事会计工作时,应由本人或本人所在单位提出申请,按照会计从业资格管理部门规定的时间到会计从业资格管理部门进行注册登记。会计从业人员因调任等原因离开原工作单位且到其他地区继续从事会计工作的,应到原注册登记的会计从业资格管理部门办理从业档案等调转手续,同时应在办理调转手续后的30日内到新工作单位所在地区的会计从业资格管理部门重新办理注册登记手续,接受所在地区会计从业资格管理部门管理。年检制度即年度检查验证制度,原则上每两年进行一次。年检时间、年检范围和年检内容,主要由各省、自治区、直辖市、计划单列市和财政部门、新疆生产建设兵团和中央主管部门具体规定。

5. 会计从业资格证书与会计人员继续教育相结合

财政部于1998年1月印发了《会计人员继续教育暂行规定》,规定会计人员每年必须参加必要学时的继续教育,包括培训和自学。同时规定,对于无故不参加会计人员继续教育的,将给予警告、吊销证书等处分,以此保证会计人员自觉执行继续教育暂行规定,不断提高自身素质,适应社会发展、经济体制改革和深化会计改革的需要。会计人员应当遵守和执行继续教育的有关规定,完成每年度规定的继续教育学时。

6. 加强对会计从业资格的监管

我国《会计法》为了督促会计人员持证上岗和依法履行职责,要求必须加强对会计从业资格情况的监管,监管工作由会计从业资格管理部门组织实施。检查和监督的形式,实行全面检查和重点抽查相结合,政府检查与社会监督相结合,发现违法违纪行为,严肃查处。按照《会计从业资格管理办法》的规定,持证人员未参加或者未通过会计从业资格管理部门年检的,其持有的会计从业资格证书自证书载明的有效期限终止之日起自行失效,并自失效之日起两年内(含两年)不得重新申领取得会计从业资格证书。持证人员用假学历等欺骗手段骗取会计从业资格证书的,由会计从业资格管理部门吊销其会计从业资格证书,并自吊销之日起两年内(含两年)不得重新申请取得会计从业资格证书。持证人员有《会计法》第四十二条、第四十三条、第四十四条所列情形之一,情节严重的,由会计从业资格管理部门吊销其会计从业资格证书,自被吊销会计从业资格证书之日起两年内(含两年)不得重新申请取得会计从业资格证书;情节特别严重的,自被吊销会计从业资格证书之日起五年内(含五年)不得重新申请取得会计从业资格证书;构成犯罪的,不得重新申请取得会计从业资格证书。

二、会计人员的配备

(一)会计人员岗位责任制的设计

会计人员岗位责任制应该按照"事事有人管,人人有专责,办事有标准,工作有检查"的原则来设计。设计的岗位责任制要将工作任务和工作方法,职责和权限有机地结合起来,保证会计任务的完成。会计工作岗位一般可分为:会计机构负责人或者会计主管人员,出纳,财产物资核算,工资核算,成本费用核算;财务成果核算,资金核算,往来结算,总账报表,稽核,档案管理等。开展会计电算化和管理会计的单位，可以根据需要设置相应工作岗位，也可以与其他工作岗位相结合。

(二)会计人员的配备

1. 配备原则

(1)根据实际需要，实行结构合理、人数适当的原则。各单位应当根据会计业务需要设置会计工作岗位，根据会计业务需要配备持有会计证的会计人员。设置会计机构的单位应当配备会计机构负责人；不设置会计机构但在有关机构中配备专职会计人员的，应当在专职会计人员中指定会计主管人员；在会计具体工作岗位设置时，应结合单位规模，可以一人一岗、一人多岗或者一岗多人。

(2)按照内部控制制度的要求，实行回避原则。出纳人员不得兼管稽核、会计档案保管和收入、费用、债权债务账目的登记工作。会计人员的工作岗位应当有计划地进行轮换。国家机关、国有企业、事业单位任用会计人员应当实行回避制度。单位领导人的直系亲属不得担任本单位的会计机构负责人、会计主管人员。会计机构负责人、会计主管人员的直系亲属不得在本单位会计机构中担任出纳工作。需要回避的直系亲属为：夫妻关系、直系血亲关系、三代以内旁系血亲以及配偶关系。

2. 配备方式

(1)由国家的会计管理机构或上级主管单位直接任命或征得同意后聘任。国有和国有资产占控股地位或者主导地位的大、中型企业与事业行政单位会计机构的设置和会计人员的配备，应当符合国家会计制度的规定。单位的总会计师、会计机构负责人、会计主管人员由国家会计管理机构或上级主管单位根据干部管理权限，以及相关法律法规规定的任职条件直接任命或同意后聘任。

(2)由各单位自行聘任。各单位应当根据会计业务需要，自行聘任具备必要的专业知识和专业技能，熟悉国家有关法律、法规、规章和国家统一会计制度，遵守职业道德的会计人员。

三、会计人员的职责与权限

(一)会计人员的职责

1. 保证会计核算的真实性

会计核算指的是以货币为主要计量尺度，运用一系列会计专门方法，对单位的经济业务所进行的连续、系统、全面、综合的记录和计算，据以编制财务报表的活动。具体内容包括款项和有价证券的收付；财物的收发、增减和使用；债权、债务的发生和结算；资本、基金的增减；收入、支出、费用、成本的核算；财务成果的计算和处理；其他会计事项。会计人员在进行会计核算时，必须填制会计凭证、登记账簿，定期进行财产清查、编制财务会计报告。

2. 保证会计处理的合规性

会计处理方法是指会计人员参与拟订本单位会计事务处理的具体办法。即要根据国家的会计法规，财政经济方针、政策和本单位的具体情况，制定出本单位会计工作所必须遵守的具体要求以及对经济事务的具体处理规定，如会计科目的设置及其使用方法的规定，有关凭证、账簿、记账程序的规定，有关资产、负债、所有者权益、收入、费用、利润等要素具体核算的规定，成本计算与收益分配核算的规定，财产清查的方法及其结果处理的规定，财务会计报告及其编制的规定，会计档案保管、销毁办法的规定，等等。

(二)会计人员的权限

为了保障会计人员能切实履行《会计法》赋予自己的职责,《会计法》同样赋予他们相应的、必要的权限。《会计法》赋予了单位会计机构、会计人员以明确的职权,如会计机构、会计人员对违反本法和国家统一的会计制度规定的会计事项,有权拒绝办理或者按照职权予以纠正。根据这项法律规定,会计机构、会计人员具有在内部会计监督中维护和执行《会计法》的权力,也就是他们有权依照《会计法》的规定办理会计事项,其他人员不得非法干预,不得阻挠;具有在内部会计监督中维护和执行国家统一的会计制度的权力;有权拒绝办理违法的会计事项,对有权纠正的予以纠正。归纳起来,主要有以下几点:

1. 审核权

会计人员按照国家统一的会计制度规定对会计资料进行审核时,如发现不真实、不合法的会计资料,有权不予受理,并向单位负责人报告。如发现弄虚作假、严重违法的会计资料,有权不予受理,同时,应当予以扣留,并及时向单位领导人报告,请求查明原因,追究当事人的责任。如发现记载不准确、不完整的会计资料,有权予以退回,并要求按照国家统一的会计制度的规定更正、补充。

2. 处理权

会计人员如发现会计账簿记录与实物、款项及有关资料不相符的,按照国家统一的会计制度的规定有权自行处理的,应当及时处理;无权处理的,应当立即向单位负责人报告,请求查明原因,做出处理。会计人员对违法的收支,有权不予办理,并予以制止和纠正;制止和纠正无效的,有权向单位领导提出书面意见,要求处理。对严重违法损害国家和社会公众利益的收支,会计人员有权向主管单位或者财政、审计、税务机关报告。会计人员对伪造、变造、故意毁灭会计账簿或账外设账的行为,对指使、强令编造、篡改财务报告的行为,有权予以制止和纠正;制止和纠正无效的,有权向上级主管单位报告,请求做出处理。

3. 监督权

会计人员依照国家的有关法规,对本单位的经济行为进行监督,会计人员有权对单位制定的预算、财务计划、经济计划、业务计划的执行情况进行监督。对不真实、不合法的原始凭证不予受理;对违法的收支不予办理;积极配合有关机构如财政、审计、税务机关的监督。

四、会计职业道德

(一)会计职业道德的概念

会计职业道德是指在会计职业活动中应遵循的、体现会计职业特征的、调整会计职业关系的职业行为准则和规范。会计职业道德的含义包括以下几个方面:

1.会计职业道德是调整会计职业活动利益关系的手段

在市场经济条件下,会计职业活动中的各种经济关系日趋复杂,这些经济关系的实质是经济利益关系。在我国社会主义市场经济建设中,各经济主体的利益与国家利益、社会公众利益时常发生冲突。会计职业道德可以配合国家法律制度,调整职业关系中的经济利益关系,维护正常的经济秩序。会计职业道德允许个人和各经济主体获取合法的自身利益,但反对通过损害国家和社会公众利益而获取违法利益。

2.会计职业道德具有相对稳定性

会计是一门实用性很强的经济学科,是为加强经营管理,提高经济效益,规范市场经济秩序,维护社会公众利益服务的。市场经济的客观性是通过价值规律表现出来的。任何社会和个人，对于客观经济规律，只能在认识的基础上，主动去适应、掌握和运用它，而不能去改造它，更不能违背它。在市场经济活动中，作为对单位经济业务事项进行确认、计量、记录和报告的会计，会计标准的设计，会计政策的制定，会计方法的选择，都必须遵循其内在的客观经济规律和要求。正由于人们面对的是共同的客观经济规律，因此，会计职业道德主要依附于历史继承性和经济规律，在社会经济关系不断的变迁中，保持自己的相对稳定性。没有任何一个社会制度能够容忍虚假会计信息，也没有任何一个经济主体会允许会计人员私自向外界提供或者泄露单位的商业秘密，会计人员在职业活动中诚实守信、客观公正等是会计职业的普遍要求。

3.会计职业道德具有广泛的社会性

会计职业道德是人们对会计职业行为的客观要求。从受托责任观念出发，会计目标决定了会计所承担的社会责任。尤其是随着企业产权制度改革的不断深化，会计不仅要为政府机构、企业管理层、金融机构等提供符合质量要求的会计信息，而且要为投资者、债权人及社会公众服务。医生职业道德的优劣影响的是一个或几个患者，而会计因其服务对象涉及社会的方方面面，提供的会计信息是公共产品，所以会计职业道德的优劣将影响国家和社会公众利益。在深圳证券交易所上市的广厦（银川）实业股份有限公司（简称银广厦）会计造假丑闻就是一个典型例子。该上市公司通过伪造购销合同、伪造出口报关单、虚开增值税专用发票、伪造免税文件和伪造金融票据等手段，虚构巨额利润 7.45 亿元。该公司的股票在其会计造假丑闻败露后股价大幅下跌，使广大股东遭受了巨大的损失，严重干扰了社会经济的正常秩序。可见，会计信息质量直接影响着社会经济的发展和社会经济秩序的健康运行，会计职业道德必将受到社会关注，具有广泛的社会性。

（二）会计职业道德的内容

会计人员在会计工作中应当遵守职业道德，树立良好的职业品质、严谨的工作作风，严守工作纪律，努力提高工作效率和工作质量。国家对会计人员提出的职业道德要求主要有以下几个方面：

1. 敬业爱岗

会计人员应当热爱本职工作，努力钻研业务，使自己的知识和技能适应工作的要求。会计工作不仅为企业内部管理部门、投资者、债权人以及政府管理部门提供重要的会计信息，而且还担负着促进企业降低成本、改善经营管理、提高经济效益的任务。因此，要求会计人员端正专业思想，明确服务宗旨，树立良好职业荣誉感和责任感，勤勤恳恳，兢兢业业，以高度的事业心做好本职工作。

2. 熟悉法规

会计人员应当熟悉财经法律、法规、规章和国家统一会计制度，并结合会计工作具体贯彻执行。国家的许多法律、法规，尤其是财经方面的法律、法规的贯彻执行，都要通过会计工作来体现。从事会计工作的人员，要履行核算和监督的职责，首先要认真学习和熟悉掌握财经法律、法规和国家统一的会计制度，做到在处理各项经济业务时知法依法，知章依章，依法把关守口，维护规章制度的严肃性、科学性和完整性。

3. 依法办事

会计人员应当按照会计法律、法规和国家统一会计制度进行会计工作，保证所提供的会计信息合法、真实、准确、完整。会计人员在履行职责中，要敢于并善于执行各种法律、规章，坚决按国家法律、规章严格审查各项财务收支，维护国家和投资者的利益，决不能为个人或小团体的利益，弄虚作假，营私舞弊。

4. 客观公正

会计人员在办理会计事务中，应当实事求是、客观公正。会计是经济管理的重要组成部分。如果会计数据失真，会计核算就毫无意义，这不仅影响到微观管理，而且还影响到宏观决策。因此，会计人员在办理会计事务中，必须以实事求是的精神和客观公正的态度，完整、准确、如实地反映各项经济活动情况，不隐瞒歪曲，不弄虚作假，不搞假账真算、真账假算。

5. 搞好服务

会计是对单位的经济业务进行确认、计量、记录和报告，并通过所提供的会计资料参与预测和决策，实行监督，旨在实现最优经济效益的一种管理活动。会计人员必须改变过去那种单纯的记账、算账、报账的传统观念，解放思想，开拓创新，大胆改革，从会计工作的角度，会计人员应当熟悉本单位的生产经营和业务管理情况，对投入产出进行可行性论证，积极为领导出谋划策，参与单位的预测和决策，并运用自己所掌握的会计信息和会计方法，为改善单位内部管理、提高经济效益服务。

6. 保守秘密

会计人员应当保守本单位的商业秘密，除法律规定和单位领导人同意外，不能私自向外界提供或者泄露本单位的会计信息。

7. 廉洁奉公

会计人员廉洁奉公是保证会计工作服务质量的重要条件，也应作为会计人员应具备的职业道德。廉洁奉公，不谋私利是会计职业道德的重要特征，也是衡量会计人员职业道德的基本尺度。会计工作是各方面利益分配的关键一环，只有在会计工作中坚持原则，不谋私利，一心为公，才能处理好各方面的利益关系。如果没有廉洁奉公的品质和良好的职业道德，就可能走上犯罪的道路。因此，会计人员必须把廉洁奉公、不谋私利作为自己的行为准则，维护国家的财经纪律及企业的规章制度。

财政部门、业务主管部门和各单位应当定期检查会计人员遵守职业道德的情况，并作为会计人员晋升、晋级、聘任专业职务、表彰奖励的重要考核依据。会计人员违反职业道德的，由所在单位进行处罚；情节严重的，由会计证发证机关吊销其会计证。

第三节　会计工作

一、会计工作交接

（一）会计工作交接的内容

会计人员工作调动或者因故离职，必须将本人所经管的会计工作全部移交给接替人员。没有办清交接手续的，不得调动或者离职。接替人员应当认真接管移交工作，并继续办理移交的未了事项。

会计人员办理移交手续前，必须及时做好以下工作：(1)已经受理的经济业务尚未填制会计凭证的，应当填制完毕；尚未登记的账目，应当登记完毕，并在最后一笔余额后加盖经办人员印章。(2)整理应该移交的各项资料，对未了事项写出书面材料。(3)编制移交清册，列明应当移交的会计凭证、会计账簿、会计报表、印章、现金、有价证券、支票簿、发票、文件、其他会计资料和物品等内容；实行会计电算化的单位，从事该项工作的移交人员还应当在移交清册中列明会计软件及密码、会计软件数据磁盘（磁带等）及有关资料、实物等内容。

移交人员在办理移交时，要按移交清册逐项移交；接替人员要逐项核对点收。应做好以下工作：(1)现金、有价证券要根据会计账簿有关记录进行点交。库存现金、有价证券必须与会计账簿记录保持一致，不一致时，移交人员必须限期查清。(2)会计凭证、会计账簿、会计报表和其他会计资料必须完整无缺。如有短缺，必须查清原因，并在移交清册中注明，由移交人员负责。(3)银行存款账户余额要与银行对账单核对，如不一致，应当编制银行存款余额调节表调节相符，各种财产物资和债权债务的明细账户余额要与总账有关账户余额核对相符；必要时，要抽查个别账户的余额，与实物核对相符，或者与往来单位、个人核对清楚。(4)移交人员经管的票据、印章和其他实物等，必须交接清楚；移交人员从事会计电算化工作的，要对有关电子数据在实际操作状态下进行交接。

会计机构负责人、会计主管人员移交时，还必须将全部财务会计工作、重大财务收支和会计人员的情况等，向接替人员详细介绍。对需要移交的遗留问题，应当写出书面材料。

(二)会计工作交接的监管

会计人员办理交接手续，必须有监交人负责监交。一般会计人员交接，由单位会计机构负责人、会计主管人员负责监交；会计机构负责人、会计主管人员交接，由单位领导人负责监交，必要时可由上级主管部门派人会同监交。交接完毕后，交接双方和监交人员要在移交注册上签名或者盖章，并应在移交注册上注明：单位名称，交接日期，交接双方和监交人员的职务、姓名，移交清册页数以及需要说明的问题和意见等。移交清册一般应当填制一式三份，交接双方各执一份，存档一份。接替人员应当继续使用移交的会计账簿，不得自行另立新账，以保持会计记录的连续性。会计人员临时离职或者因病不能工作且需要接替或者代理的，会计机构负责人、会计主管人员或者单位领导人必须指定有关人员接替或者代理，并办理交接手续。临时离职或者因病不能工作的会计人员恢复工作的，应当与接替或者代理人员办理交接手续。移交人员因病或者其他特殊原因不能亲自办理移交的，经单位领导人批准，可由移交人员委托他人代办移交，但委托人应当承担本规范第三十五条规定的责任。单位撤销、合并、分立时，必须留有必要的会计人员，会同有关人员办理清理工作，编制决算。未移交前，不得离职。接收单位和移交日期由主管部门确定。移交人员对所移交的会计凭证、会计账簿、会计报表和其他有关资料的合法性、真实性承担法律责任。

二、会计工作的组织形式

会计机构应承担哪些工作，与会计工作组织方式有较大的关系。以企业为例，会计工作的组织方式与企业规模大小、会计机构设置和会计人员的配备有关，一般有集中核算和分散核算两种方式。

(一)集中核算

集中核算是指将企业会计工作主要集中在厂(公司)级会计部门进行的一种核算组织方式。采用集中核算组织方式，企业经济业务的明细核算、总分类核算、会计报表编制和各有关项目的考核分析等会计工作，集中由厂(公司)级会计部门进行；其他职能部门、车间、仓库的会计组织或会计人员，只负责登记原始记录和填制原始凭证并经初步整理后，为厂(公司)级会计部门进一步核算提供资料。实行集中核算，可以精简会计人员，但不便于企业内部有关部门及时利用核算资料进行考核与分析。

(二)分散核算

分散核算也称非集中核算，是指将与企业内部各部门、车间、仓库业务相关的明细分类核算，分散在各部门、车间、仓库进行的一种核算组织方式。采用非集中核算组织方式，是指将某些业务的凭证整理、明细核算以及与企业内部单位日常管理需要相适应的内部报表的编制和分析，分散到直接从事该项业务的车间、仓库、部门进行，如材料的明细核算由供应部门及其所属的仓库进行，但总分类核算，以及对企业内部各单位的会计工作进行业务上的指导和监督，还是由厂（公司）级会计部门完成。实行分散核算，有利于企业内部有关部门及时利用核算资料进行考核与分析。

集中核算和分散核算是相对的，而不是绝对的。在实际工作中，有的企业对某些会计业务采用集中核算，而对另一些业务又采用分散核算。但无论采用哪种形式，企业对外的现金、银行存款往来、物资购销、债权债务的结算都应由厂（公司）级会计部门集中办理。有的企业把会计部门的工作分为两大系统：一个系统负责传统的记账、算账、报账工作，或称之为会计信息处理系统；另一个系统则从事经营分析、前景预测、目标规划、参与决策、控制监督、业绩考核和经济奖惩工作，或称之为参与管理、参与决策系统。这就是财务会计与管理会计、责任会计相对独立、各司其职的会计工作组织方式。这种组织方式亦可将集中核算与非集中核算穿插结合。

第四节　内部会计管理控制

内部控制是保证单位业务活动的有效进行，保证资产的安全和完整，防止、纠正错误和舞弊，保证会计资料真实、合法、完整的政策和程序，其贯穿于单位经济活动的各个方面，只要存在经济行为，就需要有相应的内部控制。建立内部控制制度，就是在单位内部的职责分工、责任制度、财务会计制度和财产物资管理制度等有关管理制度中，都应具体体现内部控制的要求。内部控制制度划分为内部管理控制与内部会计控制两大类。因内部管理控制内容已经超出会计学范畴，我们仅对与会计相关的内部会计控制作一介绍。

一、建立内部会计管理制度的重要性

建立内部会计管理制度，是贯彻执行国家会计法律、法规、规章、制度，保证单位会计工作有序进行的重要举措，也是加强会计工作的重要手段之一，具有十分重要的意义。

1. 有利于更好地贯彻执行会计法规制度

为了规范和加强会计工作，国家制定发布了一系列会计法律、法规，是进行会计核算、实行会计监督和从事会计管理的基本依据。这些会计法律、法规是国家意志的原则体现，不能解决各个单位千差万别的具体财务问题。单位内部会计管理制度是国家会计法律、法规和制度在不同单位的具体化，它能把国家有关会计管理制度落到实处。单位会计管理制度是单位理财意志的体现。从某种意义上讲，单位内部会计管理制度，是国家会计法律、法规的必要补充，是贯彻实施国家法律、法规的重要基础和保证。

2. 有利于规范会计工作秩序

会计工作涉及各方面的利益关系，必须依法进行。如果单位内部会计管理制度不健全，会计核算混乱，财务收支失控，不仅损害国家和社会公众利益，也对本单位的经营管理带来消极影响。因此，必须加强内部会计管理制度建设，使内部会计管理制度的程序、方法、要求等制度化、规范化，这样才能保证会计管理工作有章可循、有据可依、规范有序，才能保证会计工作在单位经济管理中发挥应有的作用。

3. 有利于改善单位经济管理

财务会计管理是单位内部管理的中心环节，是一项重要的综合性、职能性管理工作。制定一套规范完整的内部管理制度，充分保证财务管理工作更好地参与单位内部经济管理，使会计工作渗透到单位内部管理的各个环节、各个方面，不仅有利于会计工作更好地发挥职能作用，更有利于改善单位内部管理，提高经济效益。

二、制定内部会计管理制度的原则

各单位在制定内部会计管理制度时，应从实际出发，以保证内部会计管理制度科学、合理，切实可行。

1. 合法性原则

合法性原则要求应当执行法律、法规和国家的财务会计制度。依法办事是会计工作的首要准则，也是制定单位内部会计管理制度的首要原则。尽管会计法规赋予各单位一定的理财自主权和会计核算方法的自主权，但上述自主权如果超出会计法规允许的范围和界限，并对经济管理活动产生消极影响，则是会计法规所不允许的。

2. 适应性原则

适应性原则要求应当体现本单位的生产经营、业务管理的特点和要求。适应性是制度的生命，制度必须充分体现单位实际，不能生搬硬套其他单位的管理方法和管理模式，要与单位其他管理制度相衔接。内部会计管理制度只能是对单位制度中财务部门的进一步归纳和具体化，不能脱离单位实际另搞一套，必须使内部会计管理制度适应内部管理要求并发挥作用。

3. 规范性原则

规范性原则要求应当全面规范本单位各项会计工作，建立健全会计基础，保证会计工作的有序进行。规范性原则基本要求主要体现在：一方面，内部会计管理制度要符合并体现会计科学的基本原理和方法，不能与会计学科的基本要求相违背；另一方面，内部会计管理制度的内容要全面，应严格规范会计事务的各个方面、各个环节的工作，不能顾此失彼。

4. 科学性原则

制定内部会计管理制度的科学性原则，主要体现在以下几个方面：一是科学合理。所制定的内部会计管理制度便于操作和执行，缺乏科学性或不易操作的管理制度，就不会有生命力。二是利于控制。内部会计管理制度必须体现内部控制的要求，应当定期检查执行情况。三是定期完善。各单位所制定的内部会计管理制度，应当根据执行中的问题和管理需要不断完善。

三、内部会计管理制度

我国《会计基础工作规范》规定了各单位应当根据《中华人民共和国会计法》和国家会计制度的规定，结合单位类型和内容管理的需要，建立健全相应的内部会计管理制度，使会计管理工作程序化、规范化，可以有章可循，以制度来约束会计人员的行为。《会计基础工作规范》提出了应当建立 12 项内部会计管理制度。

1. 建立内部会计管理体系

单位内部会计管理体系主要是指一个单位的会计工作组织体系。内部会计工作组织体系是搞好会计工作的基础和保证。在制定此制度时应明确单位领导人对会计工作的领导职责以及会计部门和会计机构负责人的职责和权限。内部会计管理体系主要内容包括单位领导人、总会计师对会计工作的领导职责；会计部门及其会计机构负责人、会计主管人员的职责、权限；会计部门与其他职能部门的关系；会计核算的组织形式等。

2. 建立会计人员岗位责任制度

会计人员岗位责任制度是单位内部会计人员管理的一项重要制度，是对会计人员岗位职责和标准的规定。建立岗位责任制有利于会计人员明确职责，钻研业务，提高工作效率和质量；有利于会计工作的程序化、规范化和会计基础工作的加强；有利于强化会计管理职能，提高会计工作的水平。会计人员岗位责任制度主要内容包括会计人员的工作岗位设置；各会计工作岗位的职责和标准；各会计工作岗位的人员和具体分工；会计工作岗位轮换办法；对各会计工作岗位的考核办法。对会计岗位进行有计划的轮换是对会计工作的一个新要求，也是十分必要的。对会计人员进行岗位轮换，既可以使接替人员对前任的工作进行检验，防错防弊，防止违法乱纪，又可以激励会计人员积极提高业务技术水平，按时完成分内工作，使每个会计人员熟悉本单位各会计岗位的工作和职责。

3. 建立账务处理程序制度

账务处理程序制度主要是对会计凭证、账簿、报表等会计核算流程和基本方法的规定。制定该制度也就是将会计核算日常工作流程和方法以文字的形式加以规范。账务处理程序制度主要内容包括会计科目及其明细科目的设置和使用；会计凭证的格式、审核要求和传递程序；会计核算方法；会计账簿的设置；编制会计报表的种类和要求；单位会计指标体系等。

4. 建立内部牵制制度

内部牵制制度是内部会计管理制度的重要内容之一。制定该项制度时，应当与会计人员岗位责任制度结合起来考虑。内部牵制制度主要内容包括内部牵制制度的原则；组织分工；出纳岗位的职责和限制条件；有关岗位的职责和权限。制定内部牵制制度主要是为了加强会计人员相互制约、相互监督、相互核对，提高会计核算工作的质量，防止会计事务处理中发生的失误和差错以及营私舞弊等行为。

5. 建立稽核制度

稽核制度是指在会计机构内部指定专人对有关账证进行审核、复查的一种制度，内部稽核制度是内部控制制度的重要组成部分，会计稽核是会计机构本身对于会计核算工作进行的一种自我检查或审核工作。建立会计机构内部稽核制度，其目的在于防止会计核算工作上的差错和有关人员的舞弊。通过稽核，对日常会计核算工作中所出现的疏忽、错误等及时加以纠正，以提高会计核算工作的质量。会计稽核是会计工作的重要内容，也是规范会计行为、提高会计资料质量的重要保证。稽核制度主要内容包括稽核工作的组织形式和具体分工；稽核工作的职责、权限；审核会计凭证和复核会计账簿、会计报表的方法等。

6. 建立原始记录管理制度

原始记录管理制度是会计核算工作的记账基础环节，是会计核算工作正常进行的保证，是提高会计核算真实性的重要依据。原始记录管理制度主要内容包括原始记录的内容和填制方法；原始记录的格式；原始记录的审核；原始记录填制人的责任；原始记录签署；传递、汇集要求等。

7. 建立定额管理制度

定额管理制度是企业制定成本计划、控制成本和进行成本分析的主要依据，实行定额管理是企业加强全面管理的基础，因此，企业必须建立健全定额管理制度。定额管理制度主要内容包括定额管理的范围；制定和修订定额的依据、程序和方法；定额的执行；定额考核和奖惩办法等。

8. 建立计量验收制度

计量验收制度是会计核算工作的计量基础，是对各项财产物资的收发领退进行正确的数量计算并根据技术鉴定确定其质量的依据。计量验收制度主要内容包括计量检测手段和方法；计量验收管理的要求；计量验收人员的责任和奖惩办法。

9. 建立财产清查制度

财产是企业经营活动的基础，财产的安全与完整是企业增值保值的前提，也是检查企业经营管理水平高低的一个重要标准，建立财产清查制度可以加强物资管理，保证会计资料质量，做到财产真实，账实相符，确保公司财产安全、完整。财产清查制度主要内容包括财产清查的范围；财产清查的组织；财产清查的期限和方法；对财产清查中发现问题的处理办法；对财产管理人员的奖惩办法等。

10. 建立财务收支审批制度

财务收支审批制度作为内部控制程序的重要组成部分，其设计得是否科学、完善，对单位的财务管理影响重大，建立健全财务收支审批制度，是财务会计工作的关键环节，是加强经费管理，提高资金使用效益，促进会计工作规范化、制度化的重要保证。财务收支审批制度主要内容包括财务收支审批人员和审批权限；财务收支审批程序；财务收支审批人员的责任等。

11. 建立成本核算制度

单位应根据单位成本核算的特点来制定成本核算制度。此项制度涉及企业的各个方面和国家、企业、职工之间相互利益，是企业内部会计制度的重要内容之一。成本核算制度主要内容包括成本核算的对象；成本核算的方法和程序；成本考核和成本分析等。

12. 建立财务会计分析制度

应建立定期财务会计分析制度，检查财务会计指标落实情况，分析存在的问题和原因，提出相应改进措施，是加强单位内部管理、不断提高经济效益的重要措施。财务会计分析制度主要内容包括财务会计分析的主要内容；财务会计分析的基本要求和组织程序；财务会计分析的具体方法；财务会计分析报告的编写要求等。

综上所述，建立内部会计管理制度是国家法律、法规的必要补充，是贯彻实施国家会计法律、法规的重要基础和保证。各单位建立健全内部会计管理制度，有利于规范会计工作秩序，完善会计管理制度体系，改善单位经济管理。在制定时各单位应遵循一定的原则，制定出适合本单位的管理制度，使会计工作更加规范化，从而提高单位会计工作管理水平。

四、内部会计控制规范

为了促进各单位的内部会计控制建设，加强内部会计监督，维护社会主义市场经济秩序，财政部制定了《内部会计控制规范》法规性文件。

（一）《内部会计控制规范——基本规范》

《内部会计控制规范——基本规范》共 6 章 31 条，明确了单位建立和完善内部会计控制体系的基本框架和要求，在整个单位内部会计控制体系中起统驭作用，是制定货币资金、工程项目、采购与付款、销售与收款等具体业务控制规范的依据。

1. 内部会计控制的定义与制定依据

内部会计控制是指单位为了提高会计信息质量，保护资产的安全、完整，确保有关法律法规和规章制度的贯彻执行等而制定和实施的一系列控制方法、措施和程序。本规范适用于国家机关、社会团体、公司、企业、事业单位和其他经济组织。国务院有关部门可以根据国家有关法律法规和本规范，制定本部门或本系统的内部会计控制规定。各单位应当根据国家有关法律法规和本规范，结合部门或系统的内部会计控制规定，建立适合本单位业务特点和管理要求的内部会计控制制度，并组织实施。

2. 内部会计控制的目标和原则

内部控制的目标是比较广泛的，就内部会计控制而言，基本规范主要围绕提高会计信息质量、保护财产安全完整和确保法律法规规章制度的贯彻执行等规定了3项基本目标，包括规范单位会计行为，保证会计资料真实、完整；堵塞漏洞、消除隐患，防止并及时发现、纠正错误及舞弊行为，保护单位资产的安全、完整；确保国家有关法律、法规和单位内部规章制度的贯彻执行。基本规范规定各单位建立并实施内部会计控制体系，应当遵循六项基本原则：一是合法性原则，即内部会计控制应当符合国家有关法律法规和本规范，以及单位的实际情况；二是有效性原则，即内部会计控制应当约束单位内部涉及会计工作的所有人员，任何个人都不得拥有超越内部会计控制的权力；三是全面性原则，即内部会计控制应当涵盖单位内部涉及会计工作的各项经济业务及相关岗位，并针对业务处理过程中的关键控制点，落实到决策、执行、监督、反馈等各个环节；四是不相容职务相分离原则，即内部会计控制应当保证单位内部涉及会计工作的机构、岗位的合理设置及其职责权限的合理划分，坚持不相容职务相互分离，确保不同机构和岗位之间权责分明、相互制约、相互监督；五是成本效益原则，即内部会计控制应当遵循成本效益原则，以合理的控制成本达到最佳的控制效果；六是适时性原则，即内部会计控制应随着外部环境的变化、单位业务职能的调整和管理要求的提高，不断修订和完善。

3. 内部会计控制的内容

内部会计控制的内容是内部会计控制的主体和核心，规定了单位应对哪些内容（经济活动和环节）进行控制。基本规范规定的内部会计控制的内容主要包括货币资金、实物资产、对外投资、工程项目、采购与付款、筹资、销售与收款、成本费用、担保等经济业务的会计控制。

4. 内部会计控制的方法

内部会计控制方法主要规定如何对内部会计控制内容进行控制的问题。基本规范借鉴国际惯例，结合中国的实际情况，明确了不相容职务相互分离控制、授权批准控制、会计系统控制、预算控制、财产保全控制、风险控制、内部报告控制、电子信息技术控制等控制方法。不相容职务相互分离控制要求单位按照不相容职务相分离的原则，合理设置会计及相关工作岗位，明确职责权限，形成相互制衡机制。不相容职务主要包括授权批准、业务经办、会计记录、财产保管、稽核检查等职务。授权批准控制要求单位明确规定涉及会计及相关工作的授权批准的范围、权限、程序、责任等内容，单位内部的各级管理层必须在授权范围内行使职权和承担责任，经办人员也必须在授权范围内办理业务。会计系统控制要求单位依据《会计法》和国家统一的会计制度，制定适合本单位的会计制度，明确会计凭证、会计账簿和财务会计报告的处理程序，建立和完善会计档案保管和会计工作交接办法，实行会计人员岗位责任制，充分发挥会计的监督职能。预算控制要求单位加强预算编制、执行、分析、考核等环节的管理，明确预算项目，建立预算标准，规范预算的编制、审定、下达和执行程序，及时分析和控制预算差异，采取改进措施，确保预算的执行。预算内资金实行责任人限额审批，限额以上资金实行集体审批。严格控制无预算的资金支出。财产保全控制要求单位限制未经授权的人员对财产的直接接触，采取定期盘点、财产记录、账实核对、财产保险等措施，确保各种财产的安全完整。风险控制要求单位树立风险意识，针对各个风险控制点，建立有效的风险管理系统，通过风险预警、风险识别、风险评估、风险分析、风险报告等措施，对财务风险和经营风险进行全面防范和控制。内部报告控制要求单位建立和完善内部报告制度，全面反映经济活动情况，及时提供业务活动中的重要信息，增强内部管理的时效性和针对性。电子信息技术控制要求运用电子信息技术手段建立内部会计控制系统，减少和消除人为操纵因素，确保内部会计控制的有效实施；同时要加强对财务会计电子信息系统开发与维护、数据输入与输出、文件储存与保管、网络安全等方面的控制。这些控制方法都是内部会计控制最基本的较为常用的方法，各单位建立并实施本单位的内部控制体系时，应当根据具体的控制内容选择适用的控制方法。比如，在对货币资金进行控制时，可选用不相容职务相互分离、授权批准、会计系统等控制方法；在对实物资产进行控制时，可选用财产保全、会计系统、内部报告等控制方法。各单位在选择控制方法时，应当注意控制内容与控制方法之间的内在联系。

5. 内部会计控制的检查

内部会计控制检查是单位内部会计控制制度得以有效贯彻实施的保证，也是发现内部控制缺陷并不断改进和完善内部控制体系的重要措施。本章主要明确履行内部控制检查的责任主体及其职责权限。规定单位应当重视内部会计控制的监督检查工作，由专门机构或者指定专门人员具体负责内部会计控制执行情况的监督检查，确保内部会计控制的贯彻实施。内部会计控制检查的主要职责是对内部会计控制的执行情况进行检查和评价；写出检查报告，对涉及会计工作的各项经济业务、内部机构以及岗位在内部控制上存在的缺陷提出改进建议；对执行内部会计控制成效显著的内部机构和人员提出表彰建议，对违反内部会计控制的内部机构和人员提出处理意见。可以聘请中介机构或相关专业人员对本单位内部会计控制的建立健全及实施情况进行评价，接受委托的中介机构或相关专业人员应当对委托单位内部会计控制的重大缺陷提出书面报告。国务院财政部门和县级以上地方各级人民政府财政部门有权对本行政区域内各单位内部会计控制的建立和执行情况进行监督检查。

（二）具体业务内部会计控制规范

为了加强单位的内部会计控制，规范单位经济活动行为，防范经济活动过程中的差错和舞弊，根据《中华人民共和国会计法》和《内部会计控制规范——基本规范》等法律法规，财政部制定了货币资金、实物资产、对外投资、工程项目、采购与付款、销售与收款等具体业务控制规范。

1. 货币资金会计控制规范

货币资金会计控制规范的主要内容包括：通过岗位分工和授权批准的控制方法，加强对货币资金的会计控制。明确规定单位不得由一人办理货币资金业务的全过程，确保办理货币资金业务的不相容岗位相互分离、制约和监督，严禁未经授权的机构和人员办理货币资金业务或直接接触货币资金；针对现金和银行存款管理中的关键控制点作出较为严格的规范，强化现金和银行存款收支、结存、核对及银行开户的管理；对票据购买、领用、保管、背书转让、注销等环节的控制，严禁一人保管支付款项所需的全部印章；单位应建立对货币资金业务的监督检查制度，并对监督检查的内容作出规定等。

2. 实物资产会计控制规范

实物资产会计控制规范的主要内容包括：单位应当建立实物资产管理的岗位责任制度，对实物资产的验收入库、领用、发出、盘点、保管及处置等关键环节进行控制，采用授权批准、会计记录与实物保管相互分离和制约，非实物保管人员无权领发货物等一系列控制方法，防止各种实物资产的被盗、毁损和流失。

3. 对外投资会计控制规范

对外投资会计控制规范的主要内容包括：单位应当建立规范的对外投资决策机制和程序，通过实行重大投资决策集体审议联签等责任制度，加强投资项目立项、评估、决策、实施、投资处置等环节的会计控制，严格控制投资风险。单位在对外投资决策过程中必须吸收会计人员参加，必要时聘请会计中介机构，进行投资可行性研究和投资效益的论证。提倡集体审议联签等责任制度，防止对外投资决策失误和不讲科学的个人专断，避免重大投资损失无人负责现象，严格控制投资风险。

4. 工程项目会计控制规范

工程项目会计控制规范的主要内容包括：建立工程项目业务的岗位责任制，明确相关部门和岗位的职责权限，确保办理工程项目业务的不相容岗位相互分离、制约和监督；建立工程项目决策环节的控制制度，对项目建议书和可行性研究报告的编制、项目决策程序等作出明确规定，确保项目决策科学、合理；建立工程项目概预算环节的控制制度，对概预算的编制、审核等作出明确规定，确保概预算编制科学、合理；建立工程进度价款支付环节的控制制度，对价款支付的条件、方式以及会计核算程序作出明确规定，确保价款支付及时、正确；建立竣工决算环节的控制制度，对竣工清理、竣工决算、竣工审计、竣工验收等作出明确规定，确保竣工决算真实、完整、及时；建立对工程项目内部控制的监督检查制度，明确监督检查机构或人员的职责权限，定期或不定期地进行检查等制度，以加强工程项目的预算、招投标、质量管理等环节的会计控制，防范决策失误及工程发包、承包、施工、验收等过程中的舞弊行为。

5. 采购与付款会计控制规范

采购与付款会计控制规范的主要内容包括：建立采购与付款业务的岗位责任制，明确相关部门和岗位的职责、权限，确保办理采购与付款业务的不相容岗位相互分离、制约和监督；建立采购申请制度，依据购置物品或劳务等类型，确定归口管理部门，授予相应的请购权，并明确相关部门或人员的职责权限及相应的请购程序；建立采购与验收环节的管理制度，对采购方式确定、供应商选择、验收程序等作出明确规定，确保采购过程的透明化；单位应当按照《现金管理暂行条例》、《支付结算办法》和《内部会计控制规范——货币资金（试行）》等规定办理采购付款业务；建立对采购与付款内部控制的监督检查制度，明确监督检查机构或人员的职责权限，定期或不定期地进行检查。加强请购、审批、合同订立、采购、验收、付款等环节的会计控制，堵塞采购环节的漏洞，减少采购风险。

6. 销售与收款会计控制规范

销售与收款会计控制规范主要内容：建立销售与收款业务的岗位责任制，明确相关部门和岗位的职责权限，确保办理销售与收款业务的不相容岗位相互分离、制约和监督；单位对销售业务应当建立严格的预算管理制度，制定销售目标，确立销售管理责任制，建立销售定价控制制度，制定价目表、折扣政策、付款政策等；单位应当按照《现金管理暂行条例》、《支付结算办法》和《内部会计控制规范——货币资金（试行）》等规定，及时办理销售收款业务；单位应当建立对销售与收款内部控制的监督检查制度，明确监督检查机构或人员的职责权限，定期或不定期地进行检查。

7. 筹资活动会计控制规范

筹资活动会计控制规范的主要内容包括：单位应当加强对筹资活动的会计控制，合理确定筹资规模和筹资结构，选择筹资方式，降低资金成本，防范和控制财务风险，确保筹措资金的合理、有效使用等。

8. 成本费用会计控制规范

成本费用会计控制规范的主要内容包括：单位应当建立成本费用控制系统，做好成本费用管理的各项基础工作，如实行预算管理，制定成本费用标准，分解成本费用指标，控制成本费用差异,考核成本费用指标的完成情况,落实奖罚措施等来降低成本费用,提高经济效益。

9. 担保会计控制规范

担保会计控制规范的主要内容包括:单位应当加强对担保业务的会计控制,严格控制担保行为,建立担保决策程序和责任制度,明确担保原则、担保标准和条件、担保责任等相关内容,加强对担保合同订立的管理,及时了解和掌握被担保人的经营和财务状况,防范潜在风险,避免或减少可能发生的损失。

上述内部会计控制的内容仍较原则,各单位应当结合本单位的业务特点和管理要求,加以具体化。

本章小结

会计工作组织一般包括会计机构的设置、会计人员的配备、会计制度的制定与执行、会计档案的保管、会计职业的管理以及国家与企业的会计工作管理体制等内容。建立健全会计机构,配备数量和素质正当、具备从业资格的会计人员,是各单位做好会计工作,充分发挥会计职能作用的重要保证。

会计机构是单位内部所设置的、专门办理会计事项的机构,它是由专职会计人员组成,负责组织、领导和处理会计工作的职能部门。各单位应当根据会计业务的需要设置会计机构。会计机构的设置应遵循适应性原则、内部控制原则、效率性原则。建立和健全会计机构,是加强会计工作、保证会计工作顺利进行的重要条件。

配备数量和素质正当、具备从业资格的会计人员,是各单位做好会计工作、充分发挥会计职能作用的重要保证。会计人员的配备,应根据各单位规模的大小及业务的需要,符合会计机构岗位设置的要求。不同会计专业技术职称的从业人员有着不同的职责和权限。

会计工作管理体制作为一种制度安排,是会计机构设置、领导隶属关系和管理权限划分等方面的体系、方法和制度的总称。

内部会计控制规范是制定和实施一系列内部会计控制方法、措施和程序的依据。内部会计控制规范对于加强单位内部管理、提高会计信息质量、保护资产的安全与完整、确保有关法律法规和规章制度的贯彻执行具有非常重要的作用。

主要概念

会计工作组织　　会计管理体制　　会计机构　　代理记账　　集中核算
非集中核算　　会计职业　　会计专业技术职务　　会计从业资格
会计工作岗位　　会计档案　　内部会计控制　　内部牵制　　不相容职务控制
授权批准控制　　财产安全控制

复习思考题

1. 会计工作组织的内容有哪些?会计工作组织的意义何在?
2. 我国现行的会计管理体制与会计监督体制的主要内容是什么?
3. 集中核算形式与非集中核算形式的主要区别有哪些?

4. 代理记账机构应具备的条件有哪些?

5. 会计人员的职责权限分别有哪些?

6. 会计档案一般包括哪些内容?

7. 按我国目前的规定,会计专业技术职务分为哪些层次? 各自的任职基本条件有哪些?

8. 内部会计控制制度在现代企业管理中具有哪些作用? 我国《内部会计控制规范——基本规范》规定的内部会计控制的内容有哪些?

9. 会计职业道德规范的基本内容是什么? 你认为如何来建立会计职业道德规范的实行机制?

参考文献

1. 万宇洵、阳秋林:《基础会计学》,湖南人民出版社 2007 年版。

2. 邵瑞庆:《会计学原理》,立信会计出版社 2007 年版。

3. 张文贤:《会计学》,高等教育出版社 2004 年版。

4. 阎达五、于玉林:《会计学》,中国人民大学出版社 2003 年版。

5. 刘永立:《基础会计教程》,立信会计出版社 2004 年版。

6. Ijiri, Yuji, *Theory of Accounting Measurement*, American Accounting Association, 1975.

7. R.G.布朗、K.S.约翰斯顿著,林志军、李若山等译:《巴其阿勒会计论》,立信会计出版社 1988 年版。

8. 郭道杨:《会计发展史纲》,中央广播电视大学出版社 1984 年版。

9. 郭道杨:《论会计职能》,《财务与会计》(人大复印报刊资料),2002 年 6 月。

10. 1941 年美国会计师协会(ATA)所属会计名词委员会的《会计名词公报》第 1 号《复查与提要》。

11. 扬雄胜:《会计学概论》,南京大学出版社 2003 年版。

12. 刘玉廷:《企业会计准则体系:架构、趋同与等效》,《会计研究》,2007 年 3 月。

13. 汪祥耀:《会计准则的发展:透视、比较与展望》,厦门大学出版社 2001 年版。

14. 王秀丽等:《初级会计学》,中信出版社 2006 年版。

15. 注册会计师协会:《会计》,中国财政经济出版社 2007 年版。

16. 财政部制定的《内部会计控制规范》法规性文件。

17. 财政部 2006 年《企业会计准则》。

全国普通高等教育金牌会计丛书

《基础会计学》习题与解答

（第二版）

杨慧辉　主　编

上海财经大学出版社

第二版前言

《〈基础会计学〉习题与解答》是《基础会计学》一书的配套习题，可以作为高等院校会计学专业以及有关经济管理专业的配套习题，也可作为企事业单位、会计师事务所等实际工作人员的业务学习参考用书。

本书根据《基础会计学》教材编写，是为了加深读者对《基础会计学》教材的理解，巩固和消化教材所要求掌握的会计的基础知识，提高分析和思考的能力，增强实务操作能力。编写中我们结合实际工作的需要，注意正确性、实用性和操作性。内容丰富，题型多样。题型包括单项选择、多项选择、判断、计算以及账务处理。

本书由上海对外贸易学院会计学院杨慧辉主编，负责全书大纲的制定和整体编纂及审核工作。编写人员的分工如下：杨慧辉编写第一、四、五、六、十章；李琳编写第二、三、十一、十二、十四章；张天舒编写第七、八、九、十三章。

对疏漏和不足之处，欢迎读者批评指正。

作　者

2015 年 6 月

目 录

第一章 总 论

一、单项选择题

1. 现代会计以(　　)为主要计量单位。

A. 实物　　B. 货币　　C. 工时　　D. 劳动耗费

2. 会计的对象是企事业单位的(　　)。

A. 经济活动　　B. 经济资源　　C. 资金运动　　D. 劳动成果

3. 下列项目中,属于会计基本职能的是(　　)。

A. 计划与核算　　B. 预测与监督　　C. 核算与监督　　D. 决策与监督

4. 下列各项中,属于企业资产的是(　　)。

A. 实收资本　　B. 原材料　　C. 应付工资　　D. 销售收入

5. 会计最基础的工作是(　　)。

A. 核算　　B. 监督　　C. 记账　　D. 算账

6. 会计核算和监督的主要依据是(　　)。

A. 会计账簿　　B. 会计报表　　C. 会计凭证　　D. 审计报告

7. 会计要素中的资产、负债和所有者权益是企业财务状况的(　　)。

A. 动态反映　　B. 直接反映　　C. 静态反映　　D. 一般反映

8. 会计要素中的收入、费用和利润是企业经营成果的(　　)。

A. 动态反映　　B. 直接反映　　C. 静态反映　　D. 一般反映

9. 反映企业最终经营成果的会计要素是(　　)。

A. 收入　　B. 资产　　C. 费用　　D. 利润

10. 会计方法体系中,最基本的方法是(　　)。

A. 会计预测方法　　B. 会计分析方法

C. 会计监督方法　　D. 会计核算方法

二、多项选择题

1. 下列各项中,属于会计要素的是(　　)。

A. 资产　　B. 负债　　C. 费用　　D. 固定资产

2. 会计对象是指(　　)的具体内容。

A. 会计核算　　B. 会计监督　　C. 财务活动　　D. 实物活动

3. 反映企业财务状况的会计要素包括(　　)。

A. 资产　　B. 收入　　C. 费用　　D. 所有者权益

4. 反映企业经营成果的会计要素包括(　　)。

A. 负债　　B. 资产　　C. 利润　　D. 费用

5. 会计学科按管理内容可以分为(　　)。

A. 管理会计　B. 财务会计　C. 审计　D. 税务会计

6. 会计核算方法由(　　)构成。

A. 设置账户　B. 复式记账　C. 成本计算　D. 填制和审核凭证

7. 现代会计具有(　　)的特点。

A. 以货币为主要计量单位　B. 对经济活动的管理具有连续性和系统性

C. 以完整的专门技术方法为手段　D. 以凭证为基本依据

8. 会计是一个(　　)。

A. 价值系统　B. 信息系统　C. 控制系统　D. 决策依据

9. 会计作为管理活动,下列说法正确的有(　　)。

A. 与生产力有关系,与生产关系和上层建筑无关

B. 认定了现代会计是经济管理的重要组成部分

C. 明确了会计的反映与监督(控制)职能

D. 会计在管理中所起的作用是有限的

10. 下列各项中,表述正确的有(　　)。

A. 会计监督职能的发挥需要以会计核算为基础

B. 会计监督职能通过对会计资料的检查、分析,进行事前、事中、事后的监督

C. 会计监督是会计的基本职能之一

D. 会计监督具有强制性、严肃性、权威性,它服务于国家财经法规、政策、纪律的贯彻执行

三、判断题

1. 现代会计是从运用复式记账法开始的。(　　)

2. 监督是会计职能中最基本的职能,是会计履行其他职能的基础。(　　)

3. 会计核算职能通过确认、计量、记录和报告环节而实现。(　　)

4. 会计核算具有连续性、系统性、相关性、完整性、综合性。(　　)

5. 会计目标具有两个层次:基本会计目标和具体会计目标。(　　)

6. 会计核算和会计监督关系十分密切,两者相辅相成;会计核算是会计监督的基础,而会计监督是会计核算的保证。(　　)

7. 会计的预测只能是指利用会计核算所提供的财务状况、经营成果、现金流量等信息,对单位经营业绩进行衡量的职能。(　　)

8. 会计是一种服务活动,它的职能是提供有关经济事项的定量信息。该信息主要是财务性质的,而且是对经济决策有用的。(　　)

9. 凭证是用于记载一个单位发生的经济活动的具体情况与明确经济责任的书面证明。(　　)

10. 会计学科按组织结构可以分为企业会计和非营利组织会计。(　　)

第二章　会计对象、会计要素和会计等式

一、单项选择题

1. 预付账款属于会计要素中的(　　)。

A. 资产　　B. 负债　　C. 费用　　D. 所有者权益

2. 下列项目中,属于流动资产的是(　　)。

A. 预收账款　　B. 应收账款　　C. 固定资产　　D. 短期借款

3. 企业从银行取得借款直接偿还应付购货款,属于(　　)类型变化业务。

A. 资产项目之间此增彼减　　B. 权益项目之间此增彼减

C. 资产项目和权益项目同增　　D. 资产项目和权益项目同减

4. 下列经济业务的发生,不会使会计等式两边总额发生变化的有(　　)。

A. 收到应收账款存入银行　　B. 从银行取得借款存入银行

C. 收到投资者以固定资产进行的投资　　D. 以银行存款偿还应付账款

5. 下列经济业务的发生,使资产和权益项目同时增加的是(　　)。

A. 生产产品领用材料　　B. 以现金发放应付工资

C. 收到购买单位预付的购货款存入银行　　D. 以资本公积转增资本

6. 下列会计科目中,属于负债的是(　　)。

A. 应收账款　　B. 预收账款　　C. 资本公积　　D. 预付账款

7. 下列经济业务的发生,使资产和权益项目同时减少的是(　　)。

A. 预付货款给销售单位　　B. 以现金发放工资

C. 开出以商业汇票偿付应付账款　　D. 收到购货单位所欠的购货款,并存入银行

8. 某企业本期期初资产总额为 140 000 元,本期期末负债总额比期初增加 20 000 元,所有者权益总额比期初减少 10 000 元,则企业期末资产总额为(　　)元。

A. 170 000　　B. 130 000　　C. 150 000　　D. 120 000

9. 下列引起资产和负债同时增加的经济业务是(　　)。

A. 以银行存款偿还银行借款　　B. 收回应收账款存入银行

C. 购进材料一批,货款未付　　D. 以银行借款偿还应付账款

10. 某企业 20×8 年 10 月末的负债总额为 120 万元,11 月份收回应收账款 20 万元,用银行存款归还借款 15 万元,预付购货款 6 万元。该企业 11 月末的负债总额为(　　)万元。

A. 105　　B. 111　　C. 115　　D. 121

11. 下列各项中,符合会计要素收入定义的是(　　)。

A. 出售材料收入　　B. 出售无形资产净收益

C. 转让固定资产净收益　　D. 向购货方收取的增值税销项税额

12. 某企业 8 月份资产总额为 600 万元,收回应收账款 80 万元后,该企业资产总额为

(　　)万元(不考虑其他经济业务)。

A. 600　　B. 680　　C. 520　　D. 540

13. 下列各项中,引起资产总额增加的有(　　)。

A. 用银行存款支付职工工资　　B. 以其他货币资金购入长期股权投资

C. 实际收到债券利息　　D. 收到其他企业捐赠的固定资产

14. 某企业资产总额为100万元，当发生下列三笔经济业务后:(1)向银行借款10万元存入银行;(2)用银行存款偿还应付账款5万元;(3)收回应收账款2万元存入银行。其权益总计为(　　)万元。

A. 107　　B. 105　　C. 117　　D. 112

15. 未分配利润属于企业会计要素中(　　)的内容。

A. 负债　　B. 所有者权益　　C. 收入　　D. 利润

16. 下列收入、费用变动的经济业务事项中,可归并到资产与权益同时增加类型中的情况是(　　)。

A. 收入与资产同时增加　　B. 收入增加,负债减少

C. 费用与负债同时增加　　D. 费用增加,资产减少

17. 下列收入、费用变动的经济业务事项中,可归并到资产与权益同时减少类型中的情况是(　　)。

A. 收入与资产同时增加　　B. 收入增加,负债减少

C. 费用与负债同时增加　　D. 费用增加,资产减少

18. 下列错误的会计等式是(　　)。

A. 资产＝负债＋所有者权益　　B. 收入－费用＝利润

C. 资产＝负债＋所有者权益＋收入　　D. 资产＝负债＋所有者权益＋收入－费用

19. 某企业月初资产总额为1 800万元,负债总额为800万元,所有者权益总额为1 000万元。当月购入设备一台,价值20万元,款项未付。企业相关会计要素的金额变化情况为(　　)。

A. 资产与所有者权益各为1 820万元和1 020万元

B. 资产与负债各为1 820万元和820万元

C. 资产总额未变

D. 负债和所有者权益金额未变

20. 主营业务成本属于企业会计要素中(　　)的内容。

A. 资产　　B. 负债　　C. 收入　　D. 费用

二、多项选择题

1. 下列经济业务的发生,会引起资产和权益同时发生增减变动的情况有(　　)。

A. 资产和负债同时增加　　B. 资产和负债同时减少

C. 资产和所有者权益同时增加　　D. 资产和所有者权益同时减少

E. 资产减少(增加)和负债、所有者权益发生减少(增加)

2. A企业接受B企业投入资本25万元存入银行,该经济业务涉及的会计要素有(　　)。

A. 负债　　B. 资产　　C. 收入　　D. 所有者权益

3. 下列各项中,属于资产必须具备的基本特征的有(　　)。

A. 预期会给企业带来经济利益　B. 被企业拥有或控制
C. 由过去的交易或事项形成　D. 具有可辨认性
4. 下列各项中，属于流动资产项目的有(　　)。
A. 应付账款　B. 应收账款　C. 预收账款　D. 预付账款
5. 下列各项中，企业能够确认为资产的有(　　)。
A. 融资租入的设备　B. 经营租入的设备
C. 已收到发票，但尚未到达企业的原材料　D. 委托代销的商品
6. 下列各项收到的款项中，属于收入的有(　　)。
A. 出租固定资产收到的租金　B. 销售商品收取的增值税
C. 出售原材料收到的价款　D. 出售无形资产收到的价款
7. 下列事项中，不会引起企业所有者权益总额发生变动的有(　　)。
A. 发放股票股利　B. 用税后利润弥补以前年度亏损
C. 宣告现金股利　D. 支付所得税税款
8. 下列各项中，不会引起资产和所有者权益同时发生变化的是(　　)。
A. 用税前利润弥补亏损　B. 收到货币资金投资
C. 资本公积转增资本　D. 借入短期借款
9. 下列项目中，不会使负债增加的是(　　)。
A. 发行公司债券　B. 借入长期借款
C. 发行股票　D. 发放现金股利
10. 收入是日常活动中发生的，它可以表现为(　　)。
A. 资产的减少或负债的增加　B. 资产的增加或负债的减少
C. 所有者权益的增加或负债的减少　D. 所有者权益的增加和资产的增加
11. 下列项目中，能同时引起资产和利润减少的有(　　)。
A. 无形资产摊销　B. 计提管理用固定资产折旧
C. 计提发行债券的利息　D. 盈余公积转增资本
E. 支付厂部电话费
12. 下列经济业务中，会引起会计等式左右两边同时发生增减变动的有(　　)。
A. 收到应收销货款存入银行　B. 购进材料尚未付款
C. 用银行存款偿还长期借款　D. 接受投资人追加投资
E. 从银行存款中提取现金
13. 企业资产具有的特征是(　　)。
A. 资产都是企业所拥有的
B. 资产都是企业所拥有或所控制的
C. 资产预期能够给企业带来经济利益
D. 资产都是企业在过去发生的交易事项中获得的
E. 资产是企业在过去和当前以及未来发生的交易事项中获得的
14. 企业负债具有的特征是(　　)。
A. 负债是由过去的交易事项引起企业当前承担的义务
B. 负债包含企业预期将要发生的交易事项可能发生的债务
C. 负债将要由企业在未来某个时日加以清偿

D. 履行该项义务预期会导致经济利益流出企业

E. 履行该项义务可能导致经济利益流出企业

15. 费用的发生可能引起(　　)。

A. 资产减少　B. 收入减少　C. 负债增加　D. 所有者权益减少

E. 资产增加

16. 某企业发生一笔广告费,但款项尚未支付,这项经济业务对会计要素的影响是(　　)。

A. 费用增加,负债增加　B. 费用增加,负债减少

C. 负债增加,所有者权益减少　D. 负债增加,资产减少

17. 下列项目中,属于动态会计要素的是(　　)。

A. 收入　B. 所有者权益　C. 费用　D. 利润

18. 下列经济活动中,引起资产之间彼此增减的是(　　)。

A. 用现金支付职工工资　B. 收到应收账款,存入银行

C. 完工产品入库　D. 支付应付账款

19. 下列业务中,引起所有者权益增加的业务有(　　)。

A. 以银行存款投资办子公司　B. 公司投资者给公司投入设备

C. 企业本年度盈利　D. 以盈余公积金转增资本金

20. 收入将导致企业(　　)。

A. 现金流出　B. 资产增加　C. 资产减少　D. 负债减少

三、判断题

1. 企业对融资租入的固定资产虽不拥有所有权,但能对其进行控制,故应将其作为本企业的固定资产核算。(　　)

2. 企业过去交易或事项形成的预期会导致经济利益流出企业的义务就是负债。(　　)

3. 只要是企业在日常活动中形成的、会导致所有者权益增加的经济利益的总流入,就是收入。(　　)

4. "收入－费用＝利润"等式反映了企业一定期间的经营成果,它是编制资产负债表的基础。(　　)

5. 资产与权益是企业拥有的经济资源在同一时点上所表现的不同形式。(　　)

6. 如果某项资产不能再为企业带来经济利益,即使是由企业拥有或者控制的,也不能作为企业的资产在资产负债表中列示。(　　)

7. 负债可以是企业承担的潜在的义务。(　　)

8. 企业在一定期间发生亏损,会使企业在这一会计期间的所有者权益总额减少。(　　)

9. 不会导致所有者权益减少的经济利益的流出不符合费用的定义,不应确认为企业的费用。(　　)

10. 没有使用价值的机器设备属于企业的资产。(　　)

11. 某一财产物资要成为企业的资产,其所有权必须属于本企业。(　　)

12. 企业预期的经济业务将要发生的债务,也应当作为负债处理。(　　)

13. 企业与供应单位签订了40万元的购货合同,因此可确认企业资产和负债同时增加40万元。(　　)

14. 企业的资产来源于所有者和债权人，所有者和债权人都有权要求企业偿还他们所提供的资产。（　）

15. 一定时点上，会计要素之间的数量关系表现为“资产＝负债＋所有者权益”。一定期间会计要素之间的数量关系，则表现为“资产＝负债＋所有者权益＋收入－费用”。（　）

四、业务题

（一）目的：练习经济业务发生对会计等式的影响。

（二）资料：A 企业 20×1 年 6 月 1 日资产项目合计为 600 000 元，负债项目合计为110 000 元，所有者权益项目合计为 490 000 元。该企业 20×1 年 6 月份发生下列经济业务：

（1）购入材料一批已入库，金额 5 000 元，料款暂欠。

（2）购入材料一批已入库，金额 3 000 元，款项以银行存款支付。

（3）国家拨入设备一台，价值 50 000 元。

（4）从银行借入资金 30 000 元，存入银行。

（5）收到购货单位归还所欠货款 20 000 元，存入银行。

（6）以现金 1 000 元，支付采购员出差预借的差旅费。

（7）以银行存款 20 000 元，偿还短期借款。

（8）从银行取得借款 5 000 元，直接偿还前欠购料款。

（9）以银行存款 20 000 元，缴纳应交税费。

（10）以银行存款 10 000 元，偿还前欠购料款。

（11）从银行提取现金 2 000 元。

（12）将盈余公积 10 000 元转增资本。

（三）要求：

（1）逐项分析上述经济业务发生后对资产、负债和所有者权益三个要素增减变动的影响。

（2）月末，计算资产、负债和所有者权益三个要素的总额，并列出会计等式。

第三章　会计核算的基础和方法

一、单项选择题

1. 确定会计核算空间范围的基本前提是(　　)。

A. 持续经营　　B. 会计主体　　C. 货币计量　　D. 会计分期

2. 确定会计核算时间范围的基本前提是(　　)。

A. 持续经营　　B. 会计主体　　C. 货币计量　　D. 会计分期

3. 下列有关会计主体的表述,不正确的是(　　)。

A. 企业的经济活动应与投资者的经济活动相区分

B. 会计主体可以是独立的法人,也可以是非法人

C. 会计主体可以是营利组织,也可以是非营利组织

D. 会计主体必须要有独立的资金,并独立编制财务报告对外报送

4. 企业计提固定资产折旧首先是以(　　)假设为前提的。

A. 会计主体　　B. 持续经营　　C. 会计分期　　D. 货币计量

5. 下列计价方法中,不符合历史成本计量属性的是(　　)。

A. 期末存货计价所使用的市价法

B. 发出存货计价所使用的个别计价法

C. 发出存货计价所使用的移动平均法

D. 发出存货计价所使用的先进先出法

6. 下列各项中,不属于反映会计信息质量要求的是(　　)。

A. 会计核算方法一经确定,不得随意变更

B. 会计核算应当注重交易和事项的实质

C. 会计核算应当以实际发生的交易或事项为依据

D. 会计核算应当以权责发生制为基础

7. 下列各项中,没有体现谨慎性会计信息质量要求的是(　　)。

A. 采用成本与可变现净值孰低法对存货进行期末计价

B. 企业期末对其持有的可供出售金融资产计提减值准备

C. 融资租入固定资产作为自有固定资产核算

D. 采用双倍余额递减法计提固定资产折旧

8. 企业对于已经发生的交易或者事项,应当及时进行会计确认、计量和报告,不得提前或者延后,这体现的是(　　)。

A. 及时性　　B. 相关性　　C. 谨慎性　　D. 重要性

9. 强调某一企业各期提供的会计信息应当采用一致的会计政策,不得随意变更的会计核算质量要求的是(　　)。

A. 可靠性　B. 相关性　C. 可比性　D. 可理解性

10. 企业提供的会计信息应有助于财务会计报告使用者对企业过去、现在或者未来的情况做出评价或者预测，这体现了会计核算质量要求的(　　)。

A. 相关性　B. 可靠性　C. 可理解性　D. 可比性

11. 我国企业会计准则规定，企业的会计核算应当以(　　)为基础。

A. 权责发生制　B. 实地盘存制　C. 永续盘存制　D. 收付实现制

12. 会计对企业经济活动中占用的财产物资进行计量采用的主要计量方法是(　　)。

A. 货币计量　B. 劳动计量　C. 实物计量　D. 工时计量

13. 在权责发生制下，下列货款中应作为本期收入的是(　　)。

A. 本月销售货款收存银行　B. 上月销售货款本月收存银行

C. 本月预收下月货款存入银行　D. 本月收回上月多付款存入银行

14. 在进行会计核算时，应将企业财产与个人财产、本企业财产与其他单位财产相互区分，是以(　　)这一基本会计假设为核算前提的。

A. 会计分期　B. 会计主体　C. 持续经营　D. 货币计量

15. 下列不属于反映"会计信息质量要求"的是(　　)。

A. 可靠性　B. 可比性　C. 实质重于形式　D. 历史成本

16. 下列计价方法中，未采用历史成本计量属性的是(　　)。

A. 交易性金融资产期末采用公允价值计价

B. 发出存货采用先进先出法计价

C. 发出存货采用加权平均法计价

D. 发出存货采用个别计价法计价

17. 资产按照预计从其持续使用和最终处置中所产生的未来净现金流入量的折现金额计量，其会计计量属性是(　　)。

A. 现值　B. 可变现净值　C. 历史成本　D. 公允价值

18. 资产按照其正常对外销售所能收到现金或现金等价物的金额，扣减该资产至完工时估计将要发生的成本、估计的销售费用以及相关税费后的金额计量，其会计计量属性是(　　)。

A. 现值　B. 可变现净值　C. 历史成本　D. 公允价值

19. 会计主体是指经营上或经济上具有独立性或相对独立性的单位，因此(　　)。

A. 会计主体必须同时是法律主体　B. 会计主体必须不是法律主体

C. 会计主体不一定是法律主体　D. 会计主体必须是营利性单位

20. 根据《企业会计准则——基本准则》的规定，会计中期不包括(　　)。

A. 月度　B. 季度　C. 半年度　D. 年度

二、多项选择题

1. 下列各项中，体现实质重于形式会计原则的有(　　)。

A. 商品售后租回不确认商品销售收入

B. 材料按计划成本进行日常核算

C. 计提固定资产折旧

D. 采用融资方式租入的固定资产视同企业自有固定资产

2. 下列各项中，符合会计信息质量谨慎性要求的有(　　)。
A. 将已达到预定可使用状态的工程借款的利息支出予以资本化
B. 对固定资产采用年数总和法计提折旧
C. 对应收账款按余额百分比法计提坏账准备
D. 对本期销售的商品计提产品质量保修费用
3. 下列各项中，违背会计信息质量可比性要求的有(　　)。
A. 因预计本年度将发生亏损，将以前年度计提的存货跌价准备全部予以转回
B. 因企业的盈利情况不佳，将坏账准备的计提比例由应收账款余额的 30%降为 15%
C. 由于技术更新，对固定资产的可使用年限进行了调整
D. 因减持股份而对被投资单位不再具有重大影响，将长期股权投资由权益法改为成本法核算
4. 下列各项中，属于反映会计信息质量要求的是(　　)。
A. 会计核算方法一经确定，不得变更
B. 会计核算应当注重交易或事项的实质
C. 会计核算应当以实际发生的交易或事项为依据
D. 会计核算应当以权责发生制为基础
5. 下列属于中期财务报告的是(　　)。
A. 年度财务会计报告　　B. 半年度财务会计报告
C. 季度财务会计报告　　D. 月度财务会计报告
6. 下列组织中，可以作为一个会计主体进行核算的有(　　)。
A. 独资企业　　B. 销售部门
C. 分公司　　D. 母公司及其子公司组成的企业集团
7. 下列做法中，符合谨慎性要求的有(　　)。
A. 被投资企业当年发生严重亏损，投资企业对此项长期投资计提减值准备
B. 在物价上涨时对存货计价采用先进先出法
C. 对应收账款计提坏账准备
D. 对固定资产计提折旧
8. 上市公司的下列会计行为中，符合会计信息质量重要性要求的有(　　)。
A. 本期将购买办公用品的支出直接计入当期费用
B. 对固定资产提取减值准备
C. 会计期末应及时结账并编制会计报表
D. 在资产负债表中单独列示一年内到期的长期负债
9. 可理解性要求的是(　　)。
A. 会计记录应当准确、清晰
B. 在凭证处理和账簿登记时，应当确有依据
C. 账户的对应关系要清楚，文字摘要应完整
D. 在编制会计报表时，项目勾稽关系要清楚，内容要完整，数字要准确
10. 可比性原则是指(　　)应当相互可比。
A. 不同企业之间会计处理方法　　B. 同行业会计指标计算口径
C. 同行业各企业的会计报表　　D. 同一企业不同时期的会计处理方法

11. 根据权责发生制原则，应计入本期收入和费用的有（　　）。

A. 本期实现的收入，并已收款　　B. 本期实现的收入，尚未收款

C. 属于本期的费用，尚未支付　　D. 属于以后各期的费用，但已支付

12. 根据收付实现制原则，应计入本期收入和费用的有（　　）。

A. 本期实现的收入，并已收款　　B. 本期实现的收入，尚未收款

C. 属于本期的费用，尚未支付　　D. 属于以后各期的费用，但已支付

三、判断题

1. 企业为减少本年度亏损而调减计提资产减值准备金额，体现了会计核算的谨慎性会计信息质量要求。（　　）

2. 如果企业某项会计信息的省略或错报的金额较大，则该信息属于重要的信息。（　　）

3. 本期预收货款1万元，产品下期提供。按权责发生制原则，该笔预收货款应确认为本期收入。（　　）

4. 会计以货币为主要计量单位，但以实物量度和劳动量度为必要的补充。（　　）

5. 某一会计事项重要性的评价，在很大程度上取决于会计人员的职业判断。对于同一会计事项，在某一企业具有重要性，在另一企业则不一定具有重要性。（　　）

6. 会计主体是进行会计核算的基本前提，企业可以根据具体情况，确定一个或若干个会计主体，作为会计核算的基础。（　　）

7. 根据历史成本原则，企业的所有资产都必须以历史成本为入账价值，并一律不得调整其账面价值。（　　）

8. 在会计核算时，对资产、负债和所有者权益等项目的计量，历史成本是唯一的计量标准。（　　）

9. 会计核算的可比性原则要求同一会计主体在不同时期尽可能采用相同的会计处理方法及会计程序，以利于不同会计期间会计信息的纵向比较。（　　）

10. 谨慎性要求多计费用和损失，少计或不计可能带来的收益。（　　）

11. 为了不影响会计信息的质量，在对会计事项进行处理时，任何的简化与合并都是不允许的。（　　）

第四章　账户与复式记账法

一、单项选择题

1. 预付账款属于会计要素中的(　　)。

A. 资产　　B. 负债　　C. 费用　　D. 所有者权益

2. 下列项目中，属于流动资产的是(　　)。

A. 预收账款　　B. 应收账款　　C. 固定资产　　D. 短期借款

3. 企业从银行取得借款直接偿还应付购货款，这属于(　　)类型变化业务。

A. 资产项目之间此增彼减　　B. 权益项目之间此增彼减

C. 资产项目和权益项目同增　　D. 资产项目和权益项目同减

4. 下列经济业务的发生，不会使会计等式两边总额发生变化的有(　　)。

A. 收到应收账款存入银行　　B. 从银行取得借款存入银行

C. 收到投资者以固定资产进行的投资　　D. 以银行存款偿还应付账款

5. 下列经济业务的发生，使资产和权益项目同时增加的是(　　)。

A. 生产产品领用材料　　B. 以现金发放应付工资

C. 收到购买单位预付的购货款存入银行　　D. 以资本公积转增资本

6. 下列错误中，能够通过试算平衡查找的有(　　)。

A. 重记经济业务　　B. 漏记经济业务　　C. 借贷方向相反　　D. 借贷金额不等

7. 下列会计科目中，属于债权人权益类科目的是(　　)。

A. 应收账款　　B. 预收账款　　C. 资本公积　　D. 预付账款

8. 下列会计科目中，属于损益类的有(　　)。

A. 主营业务成本　　B. 生产成本　　C. 应收账款　　D. 应付利润

9. 会计科目是(　　)。

A. 会计要素的名称　　B. 会计报表的项目名称

C. 账簿的名称　　D. 账户的名称

10. “T”形账户结构一般分为(　　)。

A. 左、右两方　　B. 上、下两部分

C. 发生额、余额两部分　　D. 前、后两部分

11. 账户的贷方反映的是(　　)。

A. 费用的增加　　B. 所有者权益的减少

C. 收入的增加　　D. 负债的减少

12. 收益类账户的结构与所有者权益账户的结构(　　)。

A. 完全一致　　B. 相反　　C. 基本相同　　D. 无关

13. 账户余额一般与(　　)在同一方向。

A. 增加额　　B. 减少额　　C. 借方发生额　　D. 贷方发生额

14. 登记总账与所属明细账的原则是(　　)。

A. 根据总账记明细账　　B. 根据明细账记总账

C. 根据凭证平行登记　　D. 先记总账,后记明细账

15. 损益类账户期末结账后,一般应是(　　)。

A. 贷方余额　　B. 借方余额　　C. 没有余额　　D. 借方或贷方余额

16."原材料"账户的初期余额为 5 000 元,本期借方发生额为 6 000 元,贷方发生额为 4 000元,则期末余额为(　　)。

A. 借方 5 000 元　　B. 贷方 3 000 元　　C. 借方 7 000 元　　D. 贷方 2 000 元

17. 下列经济业务的发生,使资产和权益项目同时减少的是(　　)。

A. 预付货款给销售单位　　B. 以现金发放工资

C. 开出商业汇票偿付应付账款　　D. 收到购货单位所欠的购货款,并存入银行

18. 某企业本期期初资产总额为 140 000 元,本期期末负债总额比期初增加 20 000 元,所有者权益总额比期初减少 10 000 元,则企业期末资产总额为(　　)元。

A. 170 000　　B. 130 000　　C. 150 000　　D. 120 000

19. 下列引起资产和负债同时增加的经济业务是(　　)。

A. 以银行存款偿还银行借款　　B. 收回应收账款存入银行

C. 购进材料一批,货款未付　　D. 以银行借款偿还应付账款

20. 某企业 20×8 年 10 月末负债总额为 120 万元,11 月份收回应收账款 20 万元,用银行存款归还借款 15 万元,预付购货款 6 万元,11 月末负债总额为(　　)万元。

A. 105　　B. 111　　C. 115　　D. 121

21. 下列会计分录中,属于简单会计分录的是(　　)的会计分录。

A. 一借多贷　　B. 一贷多借　　C. 一借一贷　　D. 多借多贷

22. 在借贷记账法下,账户贷方表明(　　)。

A. 负债、所有者权益和收入增加　　B. 资产、成本和费用增加

C. 负债、所有者权益和收入减少　　D. 资产、损益减少

23. 复式记账法是指任何一笔经济业务都必须用相等的金额在两个或两个以上的有关账户中(　　)。

A. 一个记增加,另一个记减少　　B. 两个都记增加

C. 两个都记减少　　D. 全面地、相互联系地进行登记

24. 在账户中,用"借方"和"贷方"登记资产和负债、所有者权益的增减数额,按照账户结构,概括地说是(　　)。

A."借方"登记资产的增加和负债、所有者权益的减少,"贷方"反之

B."借方"登记资产和负债、所有者权益的增加,"贷方"反之

C."借方"登记资产和负债、所有者权益的减少,"贷方"反之

D."借方"登记资产的减少和负债、所有者权益的增加

25. 下列各账户中,期末可能有余额在借方的是(　　)。

A. 营业外支出　　B. 生产成本　　C. 销售费用　　D. 其他业务成本

26. 为了统一财务会计报告,增强会计信息的可比性,总分类科目一般由(　　)制定。

A. 主管部门　　B. 单位自行　　C. 国家统一　　D. 地方财政部统一

27. 企业将在一年或超过一年的一个营业周期内偿还的债务是(　　)。
A. 向银行借入的3年期借款　　B. 应付A公司的购货款
C. 应收B公司的销货款　　D. 租入包装物支付的押金
28. 复式记账法是以(　　)为依据建立起来的一种科学记账方法。
A. 收入－费用＝利润
B. 本期借方发生额＝本期贷方发生额
C. 资产＝负债＋所有者权益
D. 期初余额＋本期增加额＝本期减少额＋期末余额
29.“有借必有贷,借贷必相等”的记账规则处理每一笔经济业务,结果必然是(　　)。
A. 记账方向相同,金额相等　　B. 记账方向相反,金额不等
C. 记账方向相反,金额相等　　D. 记账方向相同,金额不等
30. 对某项经济业务涉及的对应账户标明应借应贷金额的记录,称为(　　)。
A. 登账　　B. 记账凭证　　C. 会计分录　　D. 会计科目

二、多项选择题

1. 下列错误中,不能通过试算平衡发现的有(　　)。
A. 某项经济业务未登记入账　　B. 借贷双方同时多记了相等的金额
C. 只登记了借方金额,未登记贷方金额　　D. 应借应贷的账户中错记了借贷方向
E. 借贷双方同时少记了相等的金额
2. 下列经济业务的发生,会引起资产和权益同时发生增减变动的情况有(　　)。
A. 资产和负债同时增加　　B. 资产和负债同时减少
C. 资产和所有者权益同时增加　　D. 资产增加和所有者权益减少
E. 资产减少(增加)以及负债、所有者权益发生减少(增加)
3. 会计基本等式是(　　)会计核算方法的理论依据。
A. 设置账户　　B. 复式记账　　C. 编制会计报表　　D. 登记账簿
E. 成本计算
4. 账户中的各项金额包括(　　)。
A. 期初余额　　B. 期末余额　　C. 本期增加额　　D. 本期减少额
5. 总分类账户和明细分类账户的关系是(　　)。
A. 总分类账户提供总括核算资料,明细分类账户提供详细核算资料
B. 总分类账户统驭、控制明细分类账户
C. 总分类账户和明细分类账户平行登记
D. 所有账户必须设置明细分类账户
E. 明细分类账户补充说明与其相关的总分类账户
6. 下列各账户中,期末余额可能在借方,也可能在贷方的有(　　)。
A. 预收账款　　B. 预付账款　　C. 短期借款　　D. 管理费用
7. 在设置会计科目时,要根据所需数据的详细程度分设(　　)。
A. 总分类账　　B. 总分类科目　　C. 明细分类账　　D. 明细分类科目
8. 在设置会计科目时,应遵循(　　)原则。
A. 合法性　　B. 相关性　　C. 实用性　　D. 客观性

9. 会计账户的各项金额关系可用(　　)表示。
A. 期末余额+期初余额=本期增加发生额-本期减少发生额
B. 期末余额=期初余额+本期增加发生额-本期减少发生额
C. 期末余额-本期减少发生额=本期增加发生额-期初余额
D. 期末余额+本期减少发生额=期初余额+本期增加发生额
10. 下列会计科目中,属于成本类的有(　　)。
A. 主营业务成本　B. 其他业务成本　C. 生产成本　D. 制造费用
11. 按记账方式的不同,记账方法分为(　　)。
A. 单式记账法　B. 借贷记账法　C. 收付记账法　D. 复式记账法
12. 复式记账法可分为(　　)。
A. 单式记账法　B. 借贷记账法　C. 收付记账法　D. 增减记账法
13. 借贷记账法的试算平衡包括(　　)。
A. 发生额试算平衡　B. 增加额试算平衡
C. 余额试算平衡　D. 差额试算平衡
14. 试算平衡的理论依据包括(　　)。
A. 借贷记账法的记账规则　B. 经济业务内容
C. 资产=负债+所有者权益　D. 收入-费用=利润
15. 总分类账与明细分类账平行登记的基本要点是(　　)。
A. 依据相同　B. 期间相同　C. 方向相同　D. 金额相等
16. 在编制试算平衡表时,(　　)。
A. 保证所有账户的余额均已记入试算平衡表
B. 如果试算平衡表借贷不相等,可以肯定账户记录有误
C. 如果试算平衡表借贷相等,可以肯定账户记录绝对正确
D. 如果试算平衡表发生额与余额试算平衡,也不能保证账簿记录一定正确
17. 下列会计科目中,属于损益类的是(　　)。
A. 制造费用　B. 财务费用　C. 所得税费用　D. 营业税金及附加
18. A 企业接受 B 企业投入资本 25 万元存入银行,该经济业务所涉及的会计要素有(　　)。
A. 负债　B. 资产　C. 收入　D. 所有者权益
19. 在借贷记账法下,账户的借方登记(　　)。
A. 资产的增加　B. 成本费用的增加　C. 收入的减少　D. 负债的减少
20. 在借贷记账法下,账户的贷方登记(　　)。
A. 资产的减少　B. 负债的增加
C. 成本费用的增加　D. 所有者权益的增加

三、判断题

1. 复式记账法是指对发生的每一项经济业务,都以相等的金额,在相互关联的两个账户中进行记录的一种记账方法。(　　)
2. 复式记账可以反映经济业务的来龙去脉。(　　)
3. 借贷记账法下账户的借方,登记资产、负债的增加和权益的减少。(　　)

4. 账户期末余额的方向(借方或贷方),与本期增加额登记的方向肯定是一致的。( )

5. 一般来说,账户期末余额的方向(借方或贷方)与本期增加额登记的方向是一致的。也就是说,也可能出现不一致。( )

6. 不管是一贷多借,还是一借一贷,借、贷方的金额肯定是相等的。( )

7. 为了保持账户对应关系清楚,一般不宜把不同经济业务合并在一起,编制多借多贷的会计分录。( )

8. 通过试算平衡表检查账户记录是否正确。如果借贷平衡,就说明记账没有错误。( )

9. 本期所有账户本期借方和贷方发生额合计一定相等。( )

10. 所有账户期末借方余额合计一定等于贷方余额合计。( )

11. 会计科目只是对会计对象具体内容进行分类的项目和名称,不能进行具体的会计核算;而会计账户是根据会计科目设置的,没有一定结构,用于分类反映会计要素增减变动情况及其结果的载体。( )

12. 在设置会计科目时,应当符合国家统一的会计制度规定。( )

13. 会计科目按其反映的经济内容的不同,分为资产类、负债类、所有者权益类、成本类和损益类。( )

14. 单式记账法是只记一个账户,复式记账法是同时登记两个账户。( )

15. 在借贷记账法中,"借"、"贷"表示增加或减少取决于账户的结构与性质。( )

16. 费用、成本类账户结构与资产类账户结构类同,都是借方登记增加数,贷方登记减少数,不过一般没有余额。若有余额,则在借方。( )

17. 应收账款和预收账款都是企业的债权。( )

18. 某项经济业务借、贷记账方向颠倒,不会影响借贷平衡关系。( )

19. 账户之间存在的应借、应贷的相互关系,称为账户的对应关系;存在对应关系的账户,称为对应账户。( )

20. 总分类账与明细分类账平行登记要求总分类账与明细分类账应同时登记。( )

四、业务题

习题一

(一) 目的:练习借贷记账法下的账户结构与账户金额关系。

(二) 要求:计算下列账户中的有关数据,填入表内。

单位:元

账户名称	期初余额	本期借方发生额	本期贷方发生额	期末余额
库存现金	4 000	2 000		4 750
银行存款	75 000	50 000	91 000	
应收账款		52 300	43 000	17 000
短期借款	50 000		25 000	45 000
实收资本	1 500 000		0	1 350 000

续表

账户名称	期初余额	本期借方发生额	本期贷方发生额	期末余额
固定资产	67 000	5 400		56 500
原材料		6 450	8 670	7 410
应付账款	2 000		1 500	2 100

习题二

(一)目的:练习运用借贷记账法编制会计分录和登记账户。

(二)资料:长江企业 20×2 年 8 月份发生如下经济业务:

(1)从银行提取现金 2 000 元,以备零用。

(2)投资人投入资金 50 000 元,存入银行。

(3)以银行存款 2 000 元,缴纳应交税费。

(4)购买材料一批,价值 5 000 元,料已入库,料款暂欠。

(5)以银行存款偿还前欠料款 6 000 元。

(6)收到购货单位偿付的前欠货款 5 000 元。

(7)从银行取得 1 年期的借款 20 000 元,存入银行。

(8)以银行存款 10 000 元购买设备一台。

(9)将资本公积 4 000 元转增资本。

(10)采购员预借差旅费 1 000 元,以现金付讫。

(11)销售产品一批,价款 6 000 元,收到款项存入银行。

(12)将多余现金 1 000 元存入银行。

(三)要求:

(1)根据资料,采用借贷记账法编制会计分录(不考虑税金等因素)。

(2)根据所编会计分录登记账户。

(3)结算每个账户的本期发生额和期末余额(期初余额见试算平衡表)。

(4)根据全部账户的本期发生额和期末余额编制试算平衡表,进行试算平衡。

单位:元

账户名称	期初余额		本期发生额		期末余额	
	借方	贷方	借方	贷方	借方	贷方
库存现金	500					
银行存款	16 000					
应收账款	5 000					
原材料	8 000					
生产成本	3 500					
固定资产	20 000					
应付账款		8 000				
短期借款		13 000				
实收资本		20 000				

续表

账户名称	期初余额		本期发生额		期末余额	
	借方	贷方	借方	贷方	借方	贷方
资本公积		10 000				
应交税费		2 000				
合　计	53 000	53 000				

习题三

(一)目的:练习总分类账户和明细分类账户的平行登记。

(二)资料:启明公司在“原材料”总账下按材料种类设置明细账,在“应付账款”总账下按供应单位名称设置明细账。

1. 该企业有关总账和明细账的期初余额如下:

(1)原材料

单位:元

明细科目	数　量	单　价	金　额
甲材料	10 000 千克	5	50 000
乙材料	1 000 件	2	2 000
合　计	—	—	52 000

(2)应付账款

单位:元

明细科目	金　额
南洋公司	30 000
华明企业	5 000
合　计	35 000

2. 本月发生有关经济业务如下:

(1)向南洋公司购进甲材料 2 000 千克,单价 5 元;乙材料 1 000 件,单价 2 元,共计 12 000 元。材料已验收入库,货款尚未支付。

(2)生产车间领用甲材料 5 000 千克,乙材料 800 件。材料全部投入产品生产。

(3)向华明企业购入乙材料 300 件,单价 2 元,共计 600 元。材料已验收入库,货款尚未支付。

(4)以银行存款偿付所欠南洋公司货款 10 000 元,华明企业货款 3 000 元。

(5)向东方公司购入甲材料 3 000 千克,单价 5 元,共计 15 000 元。材料已验收入库,货款尚未支付。

(6)生产车间领用甲材料 4 500 千克,乙材料 1 000 件,投入产品生产。

(7)向南洋公司购进甲材料 1 000 千克，单价 5 元；乙材料 1 000 件，单价 2 元，共计7 000 元。材料已验收入库，货款尚未支付。

(8)以银行存款偿还南洋公司货款 20 000 元。

(三)要求：

(1)根据资料 2，编制会计分录。

(2)根据资料 1 设置“原材料”和“应付账款”总账及其所属明细账，填入期初余额，并逐笔登记“原材料”和“应付账款”总账和所属明细账。

(3)结出各账户的本期发生额和期末余额，并分别编制“原材料和应付账款明细分类账本期发生额及余额对照表”，进行总账与明细账的核对。

第五章　工业企业主要经济业务的核算

一、单项选择题

1. 从企业所有者处筹集的资金，即所有者投资，通常称为(　　)。

A. 投入资本　　B. 实收资本　　C. 留存收益　　D. 债权人权益

2. 债权人投入的资金，企业会计要素的变动情况为(　　)。

A. 资产、所有者权益同增　　B. 资产、负债同增

C. 负债和所有者权益内部变动　　D. 以上都不是

3. 企业购买原材料，支付货款和运费，此时资金从货币资金形态转化为(　　)。

A. 储备资金　　B. 生产资金　　C. 成品资金　　D. 以上都有可能

4. 企业购买或者建造固定资产等生产必备的设备、设施，此时资金从货币资金形态转化为(　　)。

A. 储备资金　　B. 生产资金　　C. 成品资金　　D. 固定资金

5. 企业出售产品，并根据等价交换原则收取货款，此时资金从成品资金形态转化为(　　)。

A. 储备资金　　B. 生产资金　　C. 货币资金　　D. 固定资金

6. 企业由于消耗了材料、固定资产等资源，企业会计要素的变动情况为(　　)。

A. 资产、所有者权益同增　　B. 资产、负债同增

C. 负债和所有者权益内部变动　　D. 资产内部变动

7. 企业耗用了职工的活劳动，企业会计要素的变动情况为(　　)。

A. 资产、所有者权益同增　　B. 资产、负债同增

C. 负债和所有者权益内部变动　　D. 资产内部变动

8. (　　)是资金周转最重要的一个过程。

A. 供应阶段　　B. 生产阶段　　C. 销售阶段　　D. 资金投入阶段

9. 企业收到投资者投入的设备，应该以(　　)作为实际投入资本，记入“实收资本”账户的贷方。

A. 设备的原值　　B. 投资合同或协议约定的价值

C. 设备的重置价值　　D. 市价

10. 所有者权益是指投资者对企业(　　)的所有权。

A. 收益　　B. 净利润　　C. 净资产　　D. 资产

11. 投资者投入的无形资产，应按照(　　)作为实际成本。

A. 账面价值　　B. 投资合同或协议约定的价值

C. 评估价值　　D. 摊余价值

12. 按照《公司法》的规定，有限责任公司接受(　　)投资，有最低比例的限制。

A. 货币资金　　B. 存货　　C. 固定资产　　D. 无形资产

13. 以银行存款归还短期借款的本息，如果利息费用已全部预提，这项经济业务的发生必然引起(　　)。

A. 费用和负债的增加　　B. 资产和负债的减少

C. 资产和负债的增加及费用的减少　　D. 资产和费用的减少

14. 下列经济业务中，能引起所有者权益总额发生增减变动的是(　　)。

A. 提取盈余公积　　B. 以资本公积转增资本

C. 接受投资人投入资产　　D. 用利润弥补以前年度亏损

15. 有限责任公司在增资扩股时，新的投资者缴纳的出资额大于其在注册资本中所占份额的部分，记入(　　)账户。

A.“资本公积”　　B.“实收资本”　　C.“盈余公积”　　D.“股本”

16. 支付短期借款利息时不可能涉及(　　)账户的借方，贷记“银行存款”账户。

A.“应付利息”　　B.“短期借款”　　C.“管理费用”　　D.“财务费用”

17. 购买的原材料，当其验收入库后，其实际成本在(　　)账户核算。

A.“材料采购”　　B.“原材料”　　C.“库存商品”　　D.“产成品”

18. 下列采购费用中，应计入采购成本的是(　　)。

A. 采购材料的运杂费　　B. 运输途中的不合理损耗

C. 采购人员的差旅费　　D. 专设采购机构的经费

19. 甲企业为增值税一般纳税人，其购进材料100吨，货款计1 000 000元，途中发生定额内损耗1 000元，并以银行存款支付该材料的运杂费1 000元，保险金5 000元，增值税进项税为170 000元。则该材料的采购成本为(　　)元。

A. 1 000 000　　B. 1 005 000　　C. 1 006 000　　D. 1 175 000

20. A企业向B企业采购材料，收到B企业发来的材料，B企业开出的增值税专用发票上注明的货款为300 000元，增值税为51 000元；该材料款A企业上月已预付了货款的50%，收料后一个月开出支票补付余额。A公司在收料时，应(　　)。

A. 贷记“预付账款”351 000元　　B. 借记“预付账款”351 000元

C. 贷记“银行存款”201 000元　　D. 贷记“预付账款”150 000元

21. 下列各项物品中，不属于企业存货的有(　　)。

A. 在途物资　　B. 工程物资　　C. 自制半成品　　D. 委托加工物资

22. 原材料采用计划成本核算下，不可能使用的会计科目是(　　)。

A. 原材料　　B. 材料采购　　C. 在途物资　　D. 材料成本差异

23. 某工业企业(小规模纳税人)从外地购进甲原材料一批，取得的增值税专用发票上注明原材料价款为20 000元，增值税为3 400元，另外支付途中保险费1 500元，支付装卸费300元。该批材料的采购成本为(　　)元。

A. 20 000　　B. 23 400　　C. 21 800　　D. 25 200

24. 某企业为增值税一般纳税人，本期购进商品一批，进货价格为100万元，增值税额为17万元，商品到达验收入库时发现短缺20%，其中合理损耗为5%，另15%尚待查明原因。则该商品的入账价值应为(　　)万元。

A. 100　　B. 80　　C. 85　　D. 95

25. 某工业企业为增值税一般纳税企业，购入甲材料400千克，每千克价款为25元，增值税专用发票上注明的税额为 1 700 元，该材料每千克的运杂费为 2 元，验收入库时实收数量为 390 千克，短缺的 10 千克系运输途中的合理损耗。该企业材料采用计划成本进行核算，甲材料计划单价为每千克 27 元，则该批入库材料的成本差异为（　　）元。

A. 0　　B. 250　　C. 270　　D. 230

26. 企业购进固定资产，在安装完工交付使用时，将（　　）从“在建工程”账户贷方转入“固定资产”账户的借方。

A. 购进的价款　　B. 购进时发生的包装费、运杂费等费用

C. 安装成本　　D. A、B、C 三项

27. 企业购入材料发生的运杂费等采购费用，应计入（　　）。

A. 管理费用　　B. 材料采购成本　　C. 生产成本　　D. 产品销售成本

28. 为建造固定资产而发生的利息支出，在固定资产达到预定可使用状态后发生的，应记入（　　）账户。

A.“在建工程”　　B.“财务费用”　　C.“销售费用”　　D.“固定资产”

29. 购入需要安装的固定资产的增值税进项税额，应记入（　　）账户。

A.“在建工程”　　B.“管理费用”　　C.“固定资产”　　D.“应交税费”

30. 某企业购入一台需要安装的设备，取得的增值税专用发票上注明的设备买价为 50 000元，增值税额为 8 500 元，支付的运输费为 1 000 元，设备安装时支付有关人员工资费用 2 500 元。该固定资产的原价为（　　）元。

A. 51 000　　B. 52 500　　C. 53 500　　D. 61 000

31. 车间管理人员的工资作为（　　），应记入“制造费用”账户的借方。

A. 直接生产费用　　B. 间接生产费用　　C. 管理费用　　D. 期间费用

32. 下列各项目中，应记入“制造费用”账户的是（　　）。

A. 生产产品耗用的材料　　B. 机器设备的折旧费

C. 生产工人的工资　　D. 行政管理人员的工资

33. 如果月末某种产品一部分完工，一部分未完工，则归集在产品成本明细账中的费用总额要采用适当的分配方法，在（　　）之间进行分配，然后才能计算完工产品的成本。

A. 产品的生产步骤　　B. 产品批量　　C. 产品品种　　D. 完工产品和在产品

34. 下列各项费用中，不能直接借记“生产成本”账户的是（　　）。

A. 车间生产工人福利津贴　　B. 车间生产工人工资

C. 车间管理人员工资　　D. 构成产品实体的原材料费用

35. 某工业企业在进行存货清查时发现的存货实存数大于账面数的差额，在调增该存货账面价值的同时，应（　　）。

A. 作为营业外收入处理　　B. 作为待处理财产损溢处理

C. 作为冲减管理费用处理　　D. 作为冲减制造费用处理

36. 企业因管理不善造成的存货盘亏，经批准后应列入（　　）账户处理。

A.“营业外支出”　　B.“管理费用”　　C.“制造费用”　　D.“财务费用”

37. 企业发生的原材料盘亏或毁损损失中，作为营业外支出列支的是（　　）。

A. 自然灾害造成的毁损净损失　　B. 保存中发生的定额内自然损耗

C. 收发计量造成的盘亏损失　　D. 管理不善造成的盘亏损失

38. 固定资产的新旧程度，可通过（　　）来反映。

A. 重置价值　　　　　　　　　　　　B. 累计折旧
C. 折余价值　　　　　　　　　　　　D. 原始价值与折余价值的对比

39. 某企业上月计提的折旧为10 000元，上月减少设备1台，月折旧额为150元；上月增加设备2台，月折旧额共400元；本月减少设备1台，月折旧额为300元；本月增加设备1台，月折旧额为500元。则本月该企业应提折旧额为(　　)元。

A. 10 200　　B. 10 000　　C. 10 750　　D. 10 250

40. 应计入产品成本但不能直接分清应由何种产品负担的费用，应(　　)。

A. 作为管理费用处理
B. 直接计入当期损益
C. 作为制造费用处理，期末再通过分配计入产品成本
D. 直接计入产品生产成本

41. "主营业务成本"账户的借方登记从(　　)账户中结转的本期已售产品的成本。

A. "库存商品"　　B. "生产成本"　　C. "原材料"　　D. "销售费用"

42. 在下列项目中，(　　)属于营业外收入。

A. 销售材料的收入　　　　　　　　B. 转让无形资产所有权的收入
C. 固定资产盘盈　　　　　　　　　D. 出租固定资产的租金收入

43. 在下列项目中，(　　)属于营业外支出。

A. 销售材料的成本　　　　　　　　B. 固定资产盘亏和毁损
C. 无法收回的应收账款　　　　　　D. 支付广告费

44. 通过银行收到销货款68 000元，其中属于上月应收18 000元，本月应收30 000元，预收下月20 000元。在权责发生制下，本月的收入应为(　　)元。

A. 50 000　　B. 68 000　　C. 30 000　　D. 48 000

45. 销货企业为了鼓励客户提前偿付货款而给予顾客的债务折扣是(　　)。

A. 商业折扣　　B. 信誉折扣　　C. 现金折扣　　D. 付款折扣

46. 某一般纳税人企业6月10日赊销产品一批给A公司，标明的含税价为234 000元，现金折扣为2/10、1/20、n/30，A公司于6月25日付清货款，则该企业6月10日记入"应收账款"账户的入账价值为(　　)元。

A. 234 000　　B. 229 320　　C. 206 388　　D. 200 000

47. 上题(46)中该企业在6月25日收到货款时记入"财务费用"的金额为(　　)元(假定现金折扣包括增值税)。

A. 2 340　　B. 4 680　　C. 2 000　　D. 4 000

48. 企业应付账款在实际支付价款时，如采用总价法而享有的现金折扣应(　　)。

A. 冲减所购入物资的成本　　　　　B. 冲减当期的销售费用
C. 冲减当期的财务费用　　　　　　D. 作为当期营业外收入

49. "生产成本"账户的期末借方余额表示(　　)。

A. 完工产品成本　　　　　　　　　B. 半成品成本
C. 本月生产成本合计　　　　　　　D. 期末在产品成本

50. 企业销售多余原材料和包装物的收入，应通过(　　)账户核算。

A. "主营业务收入"　　　　　　　　B. "其他业务收入"
C. "营业外收入"　　　　　　　　　D. "投资收益"

51. 销售商品应由销货方承担的销售税金，应借记(　　)账户。

A.“应交税费”　　B.“应收账款”　　C.“管理费用”　　D.“营业税金及附加”

52. 某企业主营业务利润为200万元，其他业务利润为20万元，管理费用为30万元，投资收益为60万元，销售费用为10万元，财务费用为4万元，营业外收入为6万元，营业外支出为16万元。该企业本期营业利润为(　　)万元。

A. 236　　B. 242　　C. 176　　D. 226

53. 下述各项目中，应记入“销售费用”账户的是(　　)。

A. 为销售产品而发生的广告费　　B. 销售产品的价款

C. 已销售产品的生产成本　　D. 销售产品所收取的税款

54. 企业年终结转后，(　　) 账户应无余额。

A.“利润分配”　　B.“固定资产”　　C.“本年利润”　　D.“实收资本”

55.“利润分配”账户在年终结转后出现借方余额，表示(　　)。

A. 未分配的利润额　　B. 未弥补的亏损额

C. 已分配的利润额　　D. 已实现的利润额

56. 与“本年利润”账户的贷方对应的账户是(　　)。

A.“管理费用”　　B.“主营业务收入”

C.“应付职工薪酬”　　D.“应交税费”

57. 某企业“本年利润”账户5月末的账面余额为58万元，表示(　　)。

A. 5月份实现的利润总额　　B. 1～5月份累计实现的营业利润

C. 1～5月份累计实现的利润总额　　D. 1～5月份累计实现的产品销售利润

58. 年末结转后，“利润分配”账户的贷方余额表示(　　)。

A. 利润实现额　　B. 利润分配额　　C. 未分配利润　　D. 未弥补亏损

59. 下列费用中，不属于管理费用列支范围的是(　　)。

A. 工会经费　　B. 行政部门固定资产折旧费用

C. 坏账损失　　D. 行政人员的薪酬

60. 专设销售机构发生的办公费用，应当计入(　　)。

A. 管理费用　　B. 销售费用　　C. 财务费用　　D. 营业外支出

61. 企业本期发生的除专设销售机构以外的业务招待费，应直接计入(　　)。

A. 管理费用　　B. 生产成本　　C. 销售费用　　D. 营业外支出

62. 下列不属于“财务费用”账户核算的是(　　)。

A. 短期借款利息支出　　B. 银行存款利息收入

C. 产品展览费支出　　D. 银行手续费支出

63. 企业因购买原材料需使用银行承兑汇票，所发生的银行承兑手续费，应当计入(　　)。

A. 管理费用　　B. 财务费用　　C. 销售费用　　D. 其他业务支出

二、多项选择题

1. 对于工业企业，会计需要核算的主要经济业务即是(　　)。

A. 供应过程中的资金运动　　B. 生产过程中的资金运动

C. 销售过程中的资金运动　　D. 资金投入过程中的资金运动

2. 资金运动按其运动的程序，可分为（ ）。
A. 资金投入环节
B. 资金流转环节
C. 资金退出环节
D. 资金循环环节
3. 生产准备业务包括（ ）。
A. 使用货币购买原材料、辅助材料
B. 支付采购费用，计算采购成本
C. 按照生产计划采购或者建造固定资产
D. 雇佣工人
4. 劳动者借助于劳动手段将劳动对象加工成特定的产品，内容包括（ ）。
A. 原材料消耗
B. 固定资产磨损的折旧费
C. 生产工人劳动耗费的人工费
D. 行政管理部门和销售部门支出
5. 货币资金形态可转化为（ ）。
A. 储备资金形态
B. 生产资金形态
C. 成品资金形态
D. 固定资金形态
6. 对于企业的采购行为，企业会计要素可能的变动情况为（ ）。
A. 资产、所有者权益同增
B. 资产、负债同增
C. 负债和所有者权益内部变动
D. 资产内部变动
7. 企业资金的退出包括（ ）。
A. 偿还债务本金
B. 偿还债务利息
C. 上缴各项税金
D. 向所有者分配利润
8. 企业筹集资金的方式可以分为（ ）。
A. 对外投资 B. 权益筹资 C. 债务筹资 D. 捐赠获取
9. 资金筹集业务包括（ ）。
A. 吸收投资业务 B. 接受捐款业务 C. 借款业务 D. 购买资产业务
10. 投入的资金最终构成（ ）。
A. 企业流动资产 B. 非流动资产 C. 费用 D. 以上都不是
11. 下列关于实收资本的说法，正确的是（ ）。
A. 实收资本就是所有者投资
B. 实收资本除法律、法规另有规定外，不得抽回
C. 企业生产经营中的收益不得直接增加投入资本
D. 企业的实收资本应按实际注册资本数额入账
12. 短期借款计提利息时应做账务处理的是（ ）。
A. 借：财务费用 B. 借：预提费用 C. 贷：短期借款 D. 贷：应付利息
13. 下列属于无形资产的有（ ）。
A. 专利权 B. 土地使用权 C. 非专利技术 D. 著作权
14. 下列各项中，能引起所有者权益总额增加的是（ ）。
A. 本年度实现的净利润
B. 接受外商捐赠一台设备
C. 用资本公积转增资本
D. 本年度有新的投资者投入资本
15. 下列各项中，不会引起所有者权益总额发生变动的是（ ）。
A. 用盈余公积弥补亏损
B. 向投资者分配利润
C. 用资本公积转增资本
D. 提取盈余公积
16. 下列事项中，能增加或减少企业所有者权益总额的有（ ）。

A. 股东追加投资　　B. 按面值发行股票
C. 用资本公积转增股本　　D. 发放股票股利
17. 与“材料采购”账户的借方发生对应关系的账户一般有(　　)。
A.“银行存款”　B.“预收账款”　C.“应付账款”　D.“应付票据”
18. (　　)不应计入材料采购成本,而应列入管理费用支出。
A. 采购机构的经费　　B. 入库后的仓储费
C. 材料采购过程中的保险费　　D. 材料的运输费
19. 企业购入需要安装的设备一台,用银行存款支付价款、增值税、运杂费及安装过程中耗用人工,安装完毕交付使用,这项业务的完整反映应涉及(　　)账户。
A.“银行存款”　　B.“在建工程”
C.“应付职工薪酬”　　D.“应交税费”
20. 下列各项费用中,应计入增值税一般纳税企业存货成本的有(　　)。
A. 购入存货运输过程中的保险费用　　B. 采购人员的工资费用及差旅费
C. 入库前的挑选整理费　　D. 购入存货发生的包装费
21. 企业购进材料一批,已验收入库,但结算凭证未到,货款尚未支付,应做(　　)处理。
A. 材料验收入库时,暂不入账核算　　B. 月末按暂估价入账
C. 下月初用红字予以冲回　　D. 收到结算凭证并支付货款时入账核算
22. 下列项目中,按规定允许对已入账的固定资产原始价值进行调整的有(　　)。
A. 将固定资产的一部分拆除　　B. 盘盈的固定资产
C. 根据实际价值调整原来的暂估价值　　D. 发现原计固定资产价值有错误
23. 企业将盘亏或毁损的库存存货报经批准后,应作为当期费用或损失处理的有(　　)。
A. 应由过失人负责赔偿的超定额短缺　　B. 应由保险公司负责赔偿的损失
C. 计量收发差错　　D. 自然灾害造成的存货毁损净损失
24.“材料成本差异”账户贷方核算的内容有(　　)。
A. 购入材料的节约差异　　B. 购入材料的超支差异
C. 发出材料应负担的超支差异　　D. 发出材料应负担的节约差异
25. 购入的固定资产,其入账价值包括(　　)。
A. 买价　B. 运杂费　C. 途中保险费　D. 安装成本
26. 固定资产报废会计处理中,最终的损益应作为(　　)处理。
A. 管理费用　　B. 营业外收入
C. 其他业务收入或支出　　D. 营业外支出
27. 存货是指企业拥有的为(　　)而储备的各种物资。
A. 筹资　B. 销售　C. 投资　D. 生产耗用
28. 下列固定资产中,不计提折旧的有(　　)。
A. 大修理停用的固定资产　　B. 未提足折旧提前报废的固定资产
C. 当月增加的固定资产　　D. 单独计价入账的土地
29. 下列各类机器设备,应计提折旧的有(　　)。
A. 融资租入的机器设备　　B. 经营租入的机器设备
C. 季节性停用的机器设备　　D. 已提足折旧继续使用的机器设备
30. 企业计算固定资产折旧的主要依据有(　　)。

A. 固定资产的使用年限　B. 固定资产的原价
C. 固定资产的净残值　D. 固定资产的无形损耗
31. 下列费用中,应计入产品成本的有(　　)。
A. 直接材料费用　B. 销售费用　C. 直接人工工资　D. 制造费用
32. 财务费用核算(　　)。
A. 利息净支出(减利息净收入)　B. 汇兑净损失(减汇兑收益)
C. 金融机构手续费　D. 筹集生产经营资金发生的其他费用
33. 下列有关成本费用的表述中,正确的是(　　)。
A. 费用最终会减少所有者权益
B. 费用导致企业经济资源流出
C. 费用应当按照配比原则确认
D. 生产成本是按照成本计算对象归集的费用
34. 收入是指企业在(　　)等日常活动中形成的经济利益的总流入。
A. 销售商品　B. 提供劳务
C. 让渡资产所有权　D. 让渡资产使用权
35. 企业确认商品销售收入,必须同时符合(　　)条件。
A. 企业已将商品所有权上的主要风险和报酬转移给买方
B. 企业没有保留与商品所有权相联系的继续管理权与控制权
C. 相关的收入和成本能够可靠地计量
D. 与交易相关的经济利益能够流入企业
36. 企业收入增加的同时可能表现为企业(　　)。
A. 资产减少　B. 资产增加
C. 负债减少　D. 资产增加和负债减少两者兼而有之
37. 下列应记入"营业税金及附加"账户核算的税金是(　　)。
A. 增值税　B. 城市维护建设税　C. 营业税　D. 消费税
38."利润分配"账户的年末余额反映(　　)。
A. 历年累计的未分配利润　B. 历年累计的未弥补亏损
C. 本年累计的未分配利润　D. 本年累计的未弥补亏损
39. 收入按企业经营业务的主次分类,可分为(　　)。
A. 产品销售收入　B. 其他业务收入
C. 让渡资产使用权收入　D. 主营业务收入
40. 企业期末应将账户发生额转入"本年利润"账户借方的账户有(　　)。
A."主营业务成本"　B."生产成本"　C."所得税费用"　D."管理费用"
41. 尚未收到货款,但已确认销售收入的业务,应借记(　　)账户。
A."分期收款发出商品"　B."应收账款"
C."应收票据"　D."其他货币资金"
42. 下列费用中,属于管理费用开支范围的有(　　)。
A. 公司经费　B. 工会经费　C. 技术转让费　D. 坏账损失
43. 下列费用中,应作为销售费用处理的有(　　)。
A. 工业企业采购商品的运杂费　B. 销售产品运输费用

C. 融资租赁设备支出 D. 专设销售机构费用

44. 营业利润包括的内容有( )。

A. 主营业务利润 B. 投资收益 C. 其他业务利润 D. 期间费用

45. 下列项目中,属于营业外支出的是( )。

A. 固定资产盘亏净损失 B. 非常损失

C. 捐赠支出 D. 罚款支出

46. 下列项目中,属于营业外收入的是( )。

A. 罚款收入 B. 处置固定资产净收益

C. 固定资产出租收入 D. 捐赠收入

47. 亏损弥补的渠道主要有( )。

A. 用盈余公积弥补亏损 B. 用资本公积弥补亏损

C. 用税后利润弥补亏损 D. 用税前利润弥补亏损

48. "利润分配"账户核算的内容主要有( )。

A. 向投资者分配利润 B. 结转本期各项损益

C. 盈余公积弥补亏损 D. 提取法定盈余公积

三、判断题

1. 生产过程即是产品的制造过程。 ( )
2. 在生产过程中发生的各种耗费,称为生产费用。 ( )
3. 生产费用按其计入产品成本的方式不同,可以分为直接费用和间接费用。 ( )
4. 制造费用是工业企业为了生产产品和提供劳务而发生的各种直接费用。 ( )
5. 所谓财务成果,是指企业在一定会计期间实现的最终经营成果。 ( )
6. 企业收到投资者的投资,都应按实际投资数额入账。 ( )
7. 企业在生产经营中取得的收入和收益、发生的费用和损失,最终要增减所有者权益,因此,可直接增加或减少企业的投入资本数额。 ( )
8. 若投资者投入旧的设备,应以现行市价和税金作为原价,借记"固定资产"账户,贷记"实收资本"账户。 ( )
9. 企业接受固定资产投资,被投资企业应按照投资各方确认的价值作为固定资产原值入账。 ( )
10. 股份有限公司"股本"账户的期末贷方余额就是股票发行价与发行股数的乘积。 ( )
11. "长期借款"账户的期末贷方余额,反映企业尚未偿付的长期借款本金数。 ( )
12. 虽然所有者权益和负债都是对企业资产的要求权,但它们的性质是不一样的。 ( )
13. 我国实行注册资本制度,所以,企业持续经营期间的实收资本不得增减变动。 ( )
14. 固定资产的安装成本属于在建工程,不应计入固定资产的原始价值。 ( )
15. "材料采购"账户如有借方余额,表示款已付、尚未运达或已运达企业但尚未验收入库的在途材料的实际成本。 ( )
16. 已达到预定可使用状态但尚未办理竣工决算的固定资产,可先按估计价值记账,待确定实际价值后再进行调整。 ( )

17. 在实际工作中，采购人员的差旅费、采购材料的运杂费、专设采购机构的经费等列作管理费用支出。（　）

18. 固定资产因磨损而减少的价值，应记入“固定资产”账户的贷方。（　）

19. 对材料已到、结算凭证未到的材料购进业务，企业只有等到收到结算凭证后才能进行账务处理。（　）

20. 外购材料物资在运输途中发生的短缺毁损，应全部计入所购材料物资的实际成本。（　）

21. 企业对期末存货盘点发现的存货盘盈、盘亏和毁损等情况，应由会计人员根据盘点结果及时进行账务处理，分别针对不同情况直接记入损益类账户。（　）

22. 小规模纳税企业采购物资支付的增值税，如果取得了增值税专用发票，应作为进项税核算；未能取得增值税专用发票的，应计入所购货物的成本。（　）

23. 企业购进的原材料在未运抵企业时，企业无需对其进行账务处理。（　）

24. 由于自然灾害等原因造成的单项工程或单位工程报废或毁损，减去残料价值和过失人或保险公司等赔款后的净损失，应直接计入当期营业外支出。（　）

25. 盘盈、盘亏的存货，经股东大会或董事会或经理（厂长）会议或类似机构批准后，应在期末结账前处理完毕，结平“待处理财产损溢”账户。（　）

26. 无论企业对存货采用实际成本核算，还是采用计划成本核算，在编制资产负债表时，资产负债表上的存货项目反映的都是存货的实际成本。（　）

27. 盘盈的固定资产，应按同类或类似固定资产的市价，减去按该项资产的新旧程度估计的价值损耗后的余额，作为入账价值。（　）

28. 企业接受捐赠设备时发生的有关费用，应单独核算而不能计入固定资产价值。（　）

29. 生产人员、车间管理人员和厂部管理人员的工资及福利费，是产品成本的重要组成部分，应该计入各种产品的成本。（　）

30. 采用先进先出法进行发出存货的计价时，只能采用永续盘存法确定存货的数量。（　）

31. 企业采用永续盘存法对存货进行核算时，不需要在期末对存货进行实地盘点。（　）

32. 企业在计提固定资产折旧时，对于当月增加的固定资产当月不提折旧，当月减少的固定资产当月照提折旧。（　）

33. 按照现行会计制度的规定，企业已提足折旧的固定资产，即使仍然使用也不再提取折旧；未提足折旧提前报废的固定资产，必须补提折旧，直至提足折旧为止。（　）

34. 企业为组织生产经营活动而发生的一切管理活动的费用，包括车间管理费用和企业管理费用，都应作为期间费用处理。（　）

35. 成本和费用是相互转化的，企业按成本计算对象归集费用，使一定期间的费用转化为成本；通过产品销售，又使其对象化的成本转化为一定期间的费用。（　）

36. 制造费用与管理费用不同，本期发生的管理费用直接影响本期损益，而本期发生的制造费用不一定会影响本期损益。（　）

37. 一般情况下本期发生的制造费用分配后，“制造费用”账户没有余额。（　）

38. 对于几种产品共同发生的生产费用，必须按受益原则，采用一定方法将其分配计入相

关产品的生产成本。 （ ）

39. 企业在发出商品或提供劳务时，应确认收入的实现。 （ ）

40. 其他业务收入的内容包括技术转让收入、原材料出售收入、固定资产出租收入、固定资产处置收入、罚款收入等。 （ ）

41. 销售折让应作为冲减本期销售收入处理。 （ ）

42. 企业将所有权凭证或实物交给对方，意味着商品所有权上的风险已转让，就一定可以确认销售收入实现。 （ ）

43. 企业按合同规定预收货款时，应于预收账款入账时确认销售收入实现。 （ ）

44. 企业所有职工工资和福利费应计入产品生产成本。 （ ）

45.“累计折旧”账户是用来记录固定资产减少额的。 （ ）

46. 生产车间领用的原材料，应记入“制造费用”账户的借方。 （ ）

47. 行政管理部门领用的原材料，应记入“管理费用”账户的借方。 （ ）

48. 营业利润是企业的主营业务收入和其他业务收入减去主营业务成本、其他业务成本、营业税金及附加、三大期间费用后的余额。 （ ）

49. 在年度中，“利润分配”账户的期末余额在贷方，表示截止本期企业累计已分配的利润数额。 （ ）

50. 计入本期财务费用的利息费用及汇兑损益不一定是企业本期发生的全部利息费用及汇兑损益。 （ ）

51. 利润分配包括向债权人分配利息和向所有者分配股利两个方面。 （ ）

52. 企业用税前或税后利润弥补亏损时，会计上无须专门做弥补亏损的账务处理。 （ ）

53.“利润分配”账户的年末贷方余额反映历年累计的未分配利润。 （ ）

54. 按税后利润的一定比例提取盈余公积，只是使企业所有者权益之间各项目金额发生变化，所有者权益总额不变。 （ ）

55. 企业得到的保险赔款收入是企业的其他业务收入。 （ ）

56. 利润总额由营业利润、投资损益、营业外收支净额组成。 （ ）

四、业务题

习题一

（一）目的：练习实收资本的核算。

（二）资料：某企业 20××年 1 月发生下列有关经济业务：

(1)收到投资者投入全新机器一台，价值 150 000 元，八成新仓库一座，原价 40 000 元，全部验收使用。投资双方确定按净值计价。

(2)接受由其他单位提供商标专用权作为投资，投资双方确定按 70 000 元计价。

(3)收到投资者交来现金 500 000 元，存入银行。

(4)经决定并批准以资本公积 40 000 元及盈余公积 10 000 元转增资本。该企业共增资 200 000 元，其余已由投资者认缴足额，并已全部存入银行。

（三）要求：根据以上资料，编制会计分录。

习题二

(一)目的:练习流动负债的核算。

(二)资料:A企业为增值税一般纳税人,本年发生部分经济业务如下:1月1日,向银行借入期限为6个月的短期借款2 000 000元,年利率为6%,当日已存入企业银行存款账户。该借款规定按月计提利息,每季末向银行付息一次。7月1日,企业向银行归还本金。

(三)要求:根据以上资料,编制借入借款、按月计息、季末付息、到期还本的会计分录。

习题三

(一)目的:练习所有者权益的核算。

(二)资料:某企业20××年度发生下列业务,该企业的所得税税率为25%。

(1)委托某证券公司代理增发普通股2 000万股,每股面值1元,发行价每股10元,该证券公司按承销协议从发行收入中按3%收取发行费用,其余发行收入已存入本公司银行存款户。

(2)接受某股东以房屋、设备作价投资。该批固定资产评估确认价值为1 100万元,投资各方确认的价值为1 050万元;该批固定资产股东账面原价为1 200万元,累计折旧为300万元。投资协议约定以投资各方确认的价值确认固定资产价值。

(3)经股东大会批准,以500万元资本公积(股本溢价)和300万元法定盈余公积转增股本,已办理增资手续。

(三)要求:根据以上资料,编制会计分录。

习题四

(一)目的:掌握存货入账价值的计算和存货按实际成本收发的核算。

(二)资料:甲公司系增值税一般纳税企业,原材料按实际成本计价核算。该公司20×8年4月1日库存A材料600千克,每千克实际成本50元。4月份A材料收入、发出的有关资料如下:

(1)4月5日,购入A材料1 000千克,以银行存款支付买价68 000元,运杂费1 000元,增值税11 560元。当日实际验收入库980千克,经查明,短缺的20千克系运输途中合理损耗。

(2)4月8日,发出A材料1 500千克,生产产品领用。

(3)4月10日,购入A材料1 200千克,以银行存款支付买价81 600元,运杂费1 200元,增值税13 872元。当日已如数验收入库。

(4)4月20日,发出A材料1 000千克,生产产品领用。

(三)要求:假设甲公司发出A材料采用月末一次加权平均法,编制有关材料收发的会计分录。

习题五

(一)目的:练习材料按计划成本计价的核算。

(二)资料:公司5月初“原材料”和“材料成本差异”账户的借方余额分别为140 000元和1 600元。“原材料”账户余额中含4月末暂估入账的材料40 000元。5月份,公司购入材料的实际成本为339 400元,计划入库成本为350 000元,当月生产车间为生产产品领用材料的计划成本为 300 000 元，车间一般耗用材料 80 000 元，清查时盘亏材料的计划成本为 5 000 元。

（三）要求：

（1）编制 5 月初冲回暂估入库材料的分录，并计算当月材料成本差异率。

（2）编制领料和盘亏材料的有关会计分录，并列示计算过程。

习题六

（一）目的：练习固定资产取得的核算。

（二）资料：A 公司为增值税一般纳税企业，适用的增值税税率为 17%，20×7 年度发生下列经济业务：

（1）购入一台需要安装的设备，发票价款 400 000 元，增值税额 68 000 元，运杂费支出 12 000元，用银行存款支付安装费 20 000 元。设备安装完毕交付使用。

（2）采用自营方式建造厂房一幢，为工程购入物资价款 200 000 元（不含增值税），全部用于工程建设，该工程项目应负担建设人员工资 10 000 元，为工程借款而发生的利息为4 000元（假设可全部资本化）。工程完工验收交付使用。

（3）接受 B 公司投入一台设备，投出方账面原价 400 000 元，已提折旧 60 000 元，该设备投资协议确认的价值为 320 000 元。

（4）用银行存款支付行政管理部门固定资产日常修理费 2 000 元。

（5）出售一台机器设备，该设备账面原价为 400 000 元，已提折旧 160 000 元，出售时用银行存款支付清理费用 4 000 元，收到设备变价收入 200 000 元存入银行，设备已运走。

（三）要求：根据上述业务，编制 A 公司相关会计分录。

习题七

（一）目的：练习自建固定资产的核算。

（二）资料：B 厂为增值税一般纳税企业，该厂自建设备一台，发生下列经济业务：

（1）购入工程专用材料 45 000 元，增值税额为 7 650 元，共计 52 650 元。货款以银行存款付讫，材料已验收入库。

（2）工程领用专用材料 30 000 元。

（3）结转工程应负担的工程人员工资 1 800 元。

（4）工程耗用供电车间供电费用 120 元，运输车间运输劳务费 300 元。

（5）设备竣工并已验收交付使用，结转工程成本。

（三）要求：为上述经济业务编制必要的会计分录。

习题八

（一）目的：练习固定资产折旧的计算与核算。

（二）资料：某企业 20××年度“固定资产——机器设备”类账户记录如下：

固定资产——机器设备

11.1 余额	2 000 000	11.8 出售	198 000
5. 购入	280 000		
7. 购入	320 000		

（三）要求：根据以上资料，11月30日按年折旧率6%计提当月折旧额，并编制必要的会计分录。

习题九

（一）目的：练习生产过程的核算。

（二）资料：某企业生产A、B两种产品，本月发生下列经济业务：

（1）本月生产车间领用材料及用途如下表所示：

单位：元

项　目	甲材料	乙材料	丙材料	合　计
生产产品耗用				74 590
A产品	44 000	—	5 590	49 590
B产品	—	21 000	4 000	25 000
车间一般耗用	—	620	180	800
合　计	44 000	21 620	9 770	75 390

（2）结算本月应付职工薪酬32 661元，其中，A产品生产工人工资12 000元，B产品生产工人工资15 588元，车间管理人员工资5 073元。

（3）月末计算本月车间使用的固定资产折旧费8 400元。

（4）本月生产车间租入机器设备一台，租期3个月，以银行存款预付3个月的租金共600元，其中应由本月负担的为200元。

（5）本月车间房租567元，已用转账支票支付。

（6）用银行存款支付生产车间的办公费180元、水电费670元、劳动保险费790元、电话费260元，共计1 900元。

（7）月末，将本月发生的制造费用总额16 940元转入生产成本（按A、B两种产品的生产工时进行分摊，A产品生产工时600小时，B产品生产工时400小时）。

（8）月末，A产品全部完工，结转完工入库产品的生产成本。

（三）要求：根据上述资料，编制会计分录。

习题十

（一）目的：练习产品销售的会计处理。

（二）资料：利华工厂生产甲产品，每件售价100元。20×7年7月发生有关经济业务如下：

（1）销售给A企业甲产品500件，共计货款50 000元，增值税8 500元，收到转账支票已存入银行。该批产品成本36 000元。

（2）以银行存款支付产品广告费6 000元。

（3）发往外埠F公司甲产品1 000件，共计货款100 000元，增值税17 000元，代垫运费1 600元，已用转账支票支付，货款尚未收到。该批产品成本73 000元。

（4）收到B企业汇来预付购货款140 000元，存入银行。

（5）向B企业发出甲产品1 200件，共计货款120 000元，增值税20 400元，代垫运费

1 500元，今收到B企业补来的货款存入银行。该批产品成本 72 400 元。

(6)收到F公司汇来所欠货款 118 600 元，存入银行。

(7)以银行存款支付销售甲产品包装费 1 400 元。

(8)本月应缴纳城市维护建设税 3 040 元，应交教育费附加 1 300 元。

(9)以银行存款缴纳上述城市维护建设税和教育费附加。

(三)要求：根据以上资料，编制会计分录。

习题十一

(一)目的：练习销售折扣、销售折让以及销售退回的会计处理。

(二)资料：阳光工厂生产A产品，单位售价 10 元，单位成本 6.50 元，增值税税率 17%，所得税税率 25%。该厂销售现金折扣一律按销货税款总额计算。20×8 年该厂发生有关业务如下：

(1)12 月 5 日，销售给甲企业A产品 2 200 件，共计货款 22 000 元，增值税 3 740 元，销售合同规定的现金折扣条件为 1/15、n/30。

(2)12 月 10 日，销售给乙企业A产品 1 000 件，共计货款 10 000 元，增值税 1 700 元，销售合同规定的现金折扣条件 2/10、1/20、n/30。

(3)12 月 12 日，销售给丙企业A产品 1 500 件，货款 15 000 元，增值税 2 550 元，货款收到存入银行。

(4)12 月 18 日，收到乙企业本月 10 日销售产品的货款，存入银行。

(5)12 月 20 日，销售给丁企业A产品 800 件，货款 8 000 元，增值税 1 360 元，货款尚未收到。

(6)12 月 24 日，丁企业因产品外观质量不符合要求而拒付货款，经协商决定给对方 6%折让，重新开出专用发票。今收到对方汇来扣除折让后的全部款项。

(7)12 月 25 日，本月 12 日销售给丙企业的产品因质量问题退回 500 件，销售部门同意做退货处理，开出红字专用发票，以银行存款支付退货款。产品已退回验收入库。

(8)12 月 28 日，甲企业付来当月 5 日的货税款，存入银行。

(三)要求：根据以上经济业务，编制有关会计分录。

习题十二

(一)目的：练习其他业务收支的会计处理。

(二)资料：C企业 20×7 年 5 月份发生以下经济业务：

(1)出租包装物一批，取得租金收入 600 元存入银行，该包装物成本 380 元，采用一次摊销法。

(2)出租设备一台，本月租金收入 10 000 元存入银行，该资产本月应提折旧 4 000 元。

(3)出租一项专利权，取得转让收入 40 000 元存入银行，支付中介费 4 000 元，按转让收入的 5%计算应交营业税。

(4)出售多余原材料一批，售价 2 000 元，该批原材料成本 1 200 元，增值税税率 17%，货款收到，存入银行。

(5)以现金支付上述出售原材料运费 300 元。

(三)要求：根据以上经济业务，编制有关会计分录。

习题十三

(一)目的:练习利润的计算及其会计处理。

(二)资料:临江企业在20×6年度决算时各损益类账户的余额如下:

单位:元

	借方余额	会计科目	贷方余额
主营业务成本	108 000	主营业务收入	175 000
营业税金及附加	3 638	其他业务收入	39 000
销售费用	16 000	营业外收入	12 700
管理费用	41 000	投资收益	52 000
财务费用	20 062	公允价值变动损益	20 000
其他业务成本	31 000		
资产减值损失	10 000		
营业外支出	23 550		

(三)要求:

(1)计算该企业20×6年度的营业利润、利润总额和净利润(所得税税率为25%)。

(2)编制本年利润结转及应交所得税的有关会计分录。

习题十四

(一)目的:练习利润分配的账务处理。

(二)资料:达安公司20×6年初的未分配利润为85 000元,20×6年全年实现净利润133 000元,按10%提取法定盈余公积,并分配投资者利润75 000元。

(三)要求:

(1)编制该企业年末结转净利润及利润分配的有关会计分录。

(2)计算该企业年末未分配利润。

习题十五

(一)目的:练习利润分配和弥补亏损的会计处理。

(二)资料:红旗工厂20×5年开业,当年发生经营性亏损130万元。20×6年,实现税前利润30万元。20×7年,实现税前利润50万元,另以法定盈余公积弥补亏损10万元。20×8年,实现税前利润70万元。该企业的所得税税率为25%,法定盈余公积提存率为10%,任意盈余公积提存率为5%,20×8年分配投资者利润10万元(盈余公积按弥补亏损后的净利润提取)。

(三)要求:

(1)编制20×5～20×7年各年年末结转当年损益的会计分录。

(2)编制20×7年用盈余公积补亏的会计分录。

(3)编制20×8年年末结转本年利润及利润分配的有关会计分录。

(4)计算20×8年年末的未分配利润。

第六章　会计账户分类

一、单项选择题

1.（　　）属于盘存账户。

A.“待处理财产损溢”账户　　B.“实收资本”账户

C.“应收账款”账户　　D.“固定资产”账户

2.（　　）属于抵减调整账户。

A.“坏账准备”账户　　B.“盈余公积”账户

C.“材料成本差异”账户　　D.“财务费用”账户

3.“银行存款”账户属于（　　）。

A. 结算账户　　B. 损益类账户　　C. 财务成果账户　　D. 盘存账户

4.“应付职工薪酬”账户属于（　　）。

A. 结算账户　　B. 费用计算账户　　C. 跨期摊配账户　　D. 集合分配账户

5. 跨期摊配账户（　　）。

A. 属于资产类账户　　B. 可以同时提供数量和金额指标

C. 余额可能在借方或贷方　　D. 费用的支付期与负担期相同

6. 按账户的经济内容分类，“累计折旧” 账户属于（　　）。

A. 资产账户　　B. 投资权益账户　　C. 损益计算账户　　D. 调整账户

7.“材料成本差异”账户按用途和结构分类，属于（　　）。

A. 盘存账户　　B. 备抵调整账户　　C. 附加调整账户　　D. 备抵附加调整账户

8. 结算账户的期末余额（　　）。

A. 在借方　　B. 在贷方

C. 可能在借方，也可能在贷方　　D. 为 0

9. 用来反映和监督企业生产经营过程中某一阶段发生的、应计入成本的全部费用，并确定各个成本计算对象的实际成本的账户，是（　　）。

A. 集合分配账户　　B. 费用账户　　C. 成本计算账户　　D. 财务成果账户

10. 账户按用途和结构分类时，“累计折旧”账户属于（　　）。

A. 备抵附加调整账户　　B. 备抵调整账户

C. 资产账户　　D. 跨期摊提账户

11. 下列账户中，属于财务成果账户的是（　　）。

A.“主营业务收入”账户　　B.“营业外收入”账户

C.“本年利润”账户　　D.“利润分配”账户

12.“本年利润”账户的调整账户是（　　）。

A.“盈余公积”账户　　B.“营业外收入”账户

C.“营业外支出”账户　D.“利润分配”账户

13. 债权债务结算账户的贷方登记(　　)。

A. 债权的增加　B. 债务的增加

C. 债务的增加,债权的减少　D. 债权的增加,债务的减少

14.“预收账款”账户按用途和结构分类,属于(　　)。

A. 债权结算账户　B. 债务结算账户

C. 债权债务结算账户　D. 负债账户

15. 下列账户中,既属于盘存账户,又属于成本类账户的是(　　)。

A.“产成品”账户　B.“生产成本”账户　C.“原材料”账户　D.“固定资产”账户

二、多项选择题

1. 基本账户包括(　　)。

A. 盘存账户　B. 资本账户　C. 结算账户　D. 跨期摊配账户

2. 下列账户中,不属于集合分配账户的有(　　)。

A.“管理费用”账户　B.“材料采购”账户　C.“生产成本”账户　D.“本年利润”账户

3. 资本账户(　　)。

A. 借方登记所有者投资的增加数

B. 余额在贷方

C. 贷方登记所有者投资的增加数

D. 包括“实收资本”、“资本公积”、“盈余公积”账户

4. 盘存账户(　　)。

A. 借方登记增加数　B. 贷方登记减少数

C. 余额总是在借方　D. 属于资产类账户

5. 利润类账户是反映企业财务成果及分配情况的账户,根据反映的情况不同包括(　　)。

A.“投资收益”账户　B.“利润分配”账户

C.“本年利润”账户　D.“应付利润”账户

6.“材料成本差异”账户是(　　)。

A. 负债账户　B. 资产账户　C. 损益类账户　D. 备抵附加账户

7. 被调整账户反映的具体会计对象的实际数额等于(　　)。

A. 被调整账户余额－抵减账户余额　B. 被调整账户余额＋抵减账户余额

C. 被调整账户余额＋附加账户余额　D. 被调整账户余额－附加账户余额

8. 下列账户属于备抵账户的是(　　)。

A.“累计折旧”账户　B.“存货跌价准备”账户

C.“坏账准备”账户　D.“材料成本差异”账户

9. 下列账户期末一般没有余额的是(　　)。

A. 收入类账户　B. 费用类账户　C. 成本计算账户　D. 结算类账户

10. 下列账户可能属于盘存类账户的有(　　)。

A.“材料采购”账户　B.“制造费用”账户

C.“固定资产”账户　D.“银行存款”账户

三、判断题

1.“生产成本”账户的余额表示在产品的成本，所以“生产成本”账户属于盘存类账户。（　）

2. 债权债务结算账户的借方既可登记债权的增加数，也可登记债务的增加数。（　）

3.“坏账准备”账户按经济内容分类属于资产类账户，按用途和结构分类属于调整账户。（　）

4. 备抵附加账户属于资产负债双重性质的账户。（　）

5. 集合分配账户的期末余额一般在借方。（　）

6. 损益表账户又称为动态账户和实账户。（　）

7. 基本账户具体包括盘存账户、资本账户和集合分配账户。（　）

8. 资产负债表账户由资产类账户、负债类账户和所有者权益类账户构成。（　）

9. 盘存账户的借方登记各种财产物资或货币资金的支出数或减少数。（　）

10. 债权结算账户在一定条件下可以转化为债务结算账户。（　）

11. 在不设置“预收账款”账户的情况下，“应收账款”账户同时反映销售商品的应收和预收款。（　）

四、业务题

（一）目的：练习账户按经济内容、用途和结构分类。

（二）资料：账户名称：应收账款、应付账款、应付股利、短期借款、制造费用、银行存款、应付票据、预付账款、长期待摊费用、本年利润、实收资本、财务费用、管理费用、库存现金、生产成本、累计折旧、盈余公积、库存商品、所得税费用、利润分配、应交税费、固定资产、主营业务收入、存货跌价准备、固定资产减值准备。

（三）要求：将上述账户名称填入下表的相应栏目内。

账户分类	资产账户	负债账户	所有者权益账户	收入账户	费用成本账户	利润账户
盘存账户						
结算账户						
投资权益账户						
跨期摊配账户						
调整账户						
集合分配账户						
成本计算账户						
损益计算账户						

第七章　会计凭证

一、单项选择题

1. 下列属于外来原始凭证的是（　　）。
A. 入库单　B. 产品出库单　C. 银行收账通知单　D. 工资汇总表
2. 外来原始凭证一般都是（　　）。
A. 一次凭证　B. 汇总原始凭证　C. 记账凭证　D. 累计凭证
3. 原始凭证的基本内容中，不包括（　　）。
A. 经济业务发生日期　B. 经济业务内容摘要
C. 实物数量及金额　D. 会计科目名称
4. 限额领料单是一种（　　）。
A. 记账凭证　B. 汇总凭证　C. 累计凭证　D. 一次凭证
5. 以下不能作为原始凭证的是（　　）。
A. 发货票　B. 收料单　C. 经济合同　D. 领料单
6. 下列业务应编制转账凭证的是（　　）。
A. 支付购买商品价款　B. 支付材料运杂费
C. 收回应收账款　D. 车间领用原材料
7. 企业将现金存入银行，应编制（　　）。
A. 银行存款收款凭证　B. 现金收款凭证
C. 银行存款付款凭证　D. 现金付款凭证
8. 原始凭证和记账凭证的相同点是（　　）。
A. 反映经济业务的内容相同　B. 编制时间相同
C. 应借应贷的会计科目相同　D. 经济责任的当事人相同
9. 将会计凭证划分为原始凭证和记账凭证的依据是（　　）。
A. 填制时间　B. 取得凭证的来源
C. 填制的程序和用途　D. 反映的经济内容
10. 记账凭证中不可能有（　　）。
A. 接受凭证的单位名称　B. 经济业务内容摘要
C. 经济业务的金额　D. 会计科目名称
11. 将记账凭证分为收款凭证、付款凭证、转账凭证的依据是（　　）。
A. 凭证填制的手续　B. 凭证的来源
C. 凭证所反映经济业务的内容　D. 所包括的会计科目是否单一
12. 下列原始凭证中，不能作为编制记账凭证依据的是（　　）。
A. 工资结算单　B. 购货发票　C. 采购申请表　D. 领料单

13. 会计人员审核凭证时发现其金额有差错，应由（　　）更正。

A. 原制单人员　　B. 经办人员　　C. 会计人员　　D. 审批人员

14. 会计凭证装订成册后，应集中管理，并由（　　）管理。

A. 出纳会计　　B. 领导人　　C. 经办人　　D. 专人

二、多项选择题

1. 下列凭证中，属于一次原始凭证的有（　　）。

A. 领料单　　B. 购货发票　　C. 通用记账凭证　　D. 限额领料单

2. 常见的自制原始凭证有（　　）。

A. 领料单　　B. 购货发票　　C. 入库单　　D. 限额领料单

3. 下列科目可能是付款凭证借方科目的是（　　）。

A. 物资采购　　B. 应付账款　　C. 银行存款　　D. 固定资产

4. 收款凭证和付款凭证是（　　）。

A. 登记总分类账的依据　　B. 编制会计报表的直接依据

C. 调整和结转有关账项的依据　　D. 出纳人员办理收、付款项的依据

5. 下列各项中，属于记账凭证必须具备的内容是（　　）。

A. 填制记账凭证的日期　　B. 记账凭证的编号

C. 应借应贷会计科目的名称　　D. 应借应贷会计科目的金额

6. 原始凭证按其填制程序和内容不同，可以分为（　　）。

A. 外来凭证　　B. 累计凭证　　C. 一次凭证　　D. 汇总凭证

7. 外来原始凭证应该是（　　）。

A. 从企业外部取得的凭证　　B. 一次凭证

C. 由企业会计人员填制的凭证　　D. 盖有填制单位公章的凭证

8. 记账凭证应该是（　　）。

A. 由经办业务人员填制的　　B. 由会计人员填制的

C. 经济业务发生时填制的　　D. 登记账簿的直接依据

9. 记账凭证正确性审核包括（　　）。

A. 应借应贷的会计科目是否正确　　B. 借方贷方的金额是否正确

C. 记账凭证所附原始凭证是否齐全　　D. 记账凭证所附原始凭证张数是否正确

10. 记账凭证的填制依据是（　　）。

A. 付款凭证　　B. 收款凭证　　C. 原始凭证　　D. 原始凭证汇总表

三、判断题

1. 一次凭证是指只反映一项经济业务或同时记录若干项同类经济业务，并在经济业务发生或完成时一次填制完毕的原始凭证。（　　）

2. 原始凭证是登记日记账、明细账的依据。（　　）

3. 制造费用分配表属于汇总凭证。（　　）

4. 会计人员对收到的原始凭证，必须按规定进行认真审核，审核正确后，方可据以登记账簿。（　　）

5. 对原始凭证的审核，就是对原始凭证的合法性与合理性进行审核。（　　）

6. 一个会计主体可以同时使用通用记账凭证和专用记账凭证。（　）
7. 为了便于记账和查账，需要编制原始凭证。（　）
8. 会计凭证登记入账后，经装订和归档，一年后可销毁。（　）
9. 没有原始凭证，不能填制记账凭证。（　）
10. 单式记账凭证便于分工记账。（　）

四、业务题

习题一

(一)资料：

(1)固定资产折旧计算表	A. 一次凭证
(2)限额领料单	B. 记账凭证
(3)材料入库单	C. 自制原始凭证
(4)制造费用分配表	D. 累计凭证
(5)收款凭证	E. 汇总原始凭证
(6)付款凭证	F. 单式记账凭证
(7)通用记账凭证	G. 复式记账凭证
(8)单科目记账凭证	

(二)要求：按不同的分类标志用直线连接上述会计凭证。

习题二

(一)资料：陆达公司20×8年3月发生如下一项经济业务：3月10日，采购员王斌赴外地采购材料，发生差旅费1 000元，预计归还日期为3月30日。部门主管李平审核批准。

(二)要求：填制以下原始凭证：

借款单

借款单位(姓名)：	
借款理由：	
借款数额：人民币(大写)	
本单位负责人意见：	借款人(签章)

第八章　会计账簿

一、单项选择题

1. 银行存款日记账的收入方除了根据银行存款收款凭证登记外，有时还要根据(　　)登记。

A. 银行存款付款凭证　　B. 现金收款凭证
C. 现金付款凭证　　D. 转账凭证

2. 多栏式明细分类账适用于(　　)。

A. 应收账款明细账　　B. 产成品明细账
C. 原材料明细账　　D. 管理费用明细账

3. 总分类账的外表形式采用(　　)。

A. 订本式　　B. 活页式　　C. 多栏式　　D. 数量金额式

4. 应采用数量金额式账页的是(　　)。

A. 生产成本明细账　　B. 原材料明细账
C. 应付账款明细账　　D. 产品销售成本明细账

5. 记账后，如果发现记账错误是由记账中应借应贷会计科目的错误引起的，可采用更正错账的方法是(　　)。

A. 划线更正法　　B. 红字更正法　　C. 补充登记法　　D. 平行登记法

6. 必须逐日逐笔登记的账簿是(　　)。

A. 总账　　B. 明细账　　C. 日记账　　D. 备查账

7. 记账凭证上记账栏中的"√"记号表示(　　)。

A. 此凭证编制正确　　B. 已经登记入账
C. 此凭证作废　　D. 无需登记入账

8. "生产成本"明细分类账应该采用的格式是(　　)。

A. 数量金额式　　B. 多栏式　　C. 三栏式　　D. 横线登记式

9. "本年利润"明细分类账应该采用的格式是(　　)。

A. 数量金额式　　B. 多栏式　　C. 三栏式　　D. 横线登记式

10. 总分类账与特种日记账的外表形式应该采用(　　)。

A. 卡片式　　B. 订本式　　C. 活页式　　D. 任意外表形式

11. 期末根据账簿记录，计算出各账户的本期发生额和期末余额，在会计上称为(　　)。

A. 对账　　B. 结账　　C. 调账　　D. 查账

12. 可以作为编制会计报表直接依据的账簿是(　　)。

A. 备查账簿　　B. 普通日记账　　C. 分类账簿　　D. 特种日记账

13. 序时账簿按其记录内容的不同，可以分为(　　)。

A. 现金日记账和普通日记账　　B. 普通日记账和日记总账
C. 普通日记账和特种日记账　　D. 三栏式日记账和多栏式日记账

14. 记账后，发现记账凭证中应借、应贷账户并无错误，只是所记金额小于应记金额，可采用(　　)进行更正。
A. 平行登记法　　B. 红字更正法　　C. 补充登记法　　D. 划线更正法

15. 在记账过程中只登记了会计分录的借方或贷方，漏记了另一方，应采用(　　)查找。
A. 差数法　　B. 除 2 法　　C. 除 9 法　　D. 尾数法

二、多项选择题

1. 账簿可以(　　)分类。
A. 按账簿用途　　B. 按账页格式
C. 按账簿外表形式　　D. 按账簿经济内容

2. 账簿按其用途不同，可分为(　　)。
A. 日记账　　B. 订本账　　C. 分类账　　D. 备查账

3. 账簿按外表形式分类，可分为(　　)。
A. 订本账　　B. 活页账　　C. 卡片账　　D. 分类账

4. 下列账簿必须采用订本式的是(　　)。
A. 总分类账　　B. 明细分类账　　C. 现金日记账　　D. 银行存款日记账

5. 账账核对的内容主要包括(　　)。
A. 日记账与总账的核对　　B. 总账与明细账的核对
C. 会计账和保管账的核对　　D. 会计账与使用部门实物账的核对

6. 对账的主要内容一般包括(　　)。
A. 账证核对　　B. 账账核对　　C. 账实核对　　D. 账表核对

7. 按规定，记账时不能使用(　　)书写。
A. 蓝黑墨水笔　　B. 铅笔　　C. 红色墨水笔　　D. 圆珠笔

8. 各单位必须按会计制度的规定，在(　　)进行结账。
A. 旬末　　B. 月末　　C. 季末　　D. 年末

9. 企业到银行提取现金，该项经济业务应登记(　　)。
A. 现金日记账　　B. 银行存款日记账　　C. 明细分类账　　D. 备查账

10. 可以作为现金日记账登记依据的有(　　)。
A. 现金收款凭证　　B. 现金付款凭证　　C. 明细分类账　　D. 银行存款付款凭证

三、判断题

1. 企业对代销的商品，可以设置备查账簿进行登记。　　(　　)
2. 三栏式账簿一般适用于费用、成本等明细账。　　(　　)
3. 账簿即会计账户。　　(　　)
4. 普通日记账既可以取代记账凭证，也可以取代总分类账。　　(　　)
5. 货币资金的日记账可以取代其总账。　　(　　)
6. 明细账必须逐日逐笔登记，总账必须定期汇总登记。　　(　　)
7. 订本式账簿的优点是适用性强，便于汇总，可以根据需要开设，利于会计分工，提高工

作效率。 (　　)

8. 启用订本式账簿，应当从第一页到最后一页按顺序编定页码。 (　　)

9. 总分类账只需要登记金额的增、减变化及其结果，所以一般采用“三栏式”账页。 (　　)

10. 在结账前，若发现登记的记账凭证科目错误，必须采用划线更正法予以更正。 (　　)

四、业务题

(一)资料：某企业 20×8 年 9 月查账时发现下列错账：

(1)从银行提取现金 2 300 元，原记账凭证没有错误，登记现金日记账时错将金额记为 3 200 元。

(2)接受某企业投入现金 100 000 元。查账时发现凭证与账簿均记录为：

借：库存现金　　100 000

　　贷：资本公积　　100 000

(3)以银行存款偿还应付账款 31 000 元，查账时发现凭证与账簿中科目没有记错，但金额均记为 13 000 元。

(二)要求：更正以上错误的账簿记录。

第九章　财产清查

一、单项选择题

1. 财产清查是通过实地盘点、查证核对来查明(　　)是否相符的一种方法。

A. 账证　　B. 账账　　C. 账实　　D. 账表

2. 单位在年末、季末或月末结账前所进行的财产清查属于(　　)。

A. 临时清查　　B. 定期清查　　C. 不定期清查　　D. 局部清查

3. 单位撤销、合并、改组或改变隶属关系时,对财产物资应进行(　　)。

A. 全面清查　　B. 局部清查　　C. 定期清查　　D. 抽样清查

4. 对现金清查采用的基本方法是(　　)。

A. 估算法　　B. 技术推算法　　C. 对账单法　　D. 实地盘点

5. 对银行存款采用的清查方法是(　　)。

A. 技术推算法　　B. 核对账目　　C. 实地盘点　　D. 测量计算

6. 对大宗煤炭采用的清查方法一般是(　　)。

A. 技术推算法　　B. 查对核实　　C. 实地盘点　　D. 核对账目

7. “实存账存对比法”是一种(　　)。

A. 原始凭证　　B. 记账凭证

C. 会计报表　　D. 与会计核算无直接关系的书面文件

8. 银行存款的清查是将(　　)进行核对。

A. 日记账与总分类账　　B. 日记账与收、付款凭证

C. 日记账与对账单　　D. 总分类账与收、付款凭证

9. 在记账无误的情况下,造成银行对账单和银行存款日记账余额不一致的原因是(　　)。

A. 应付账款　　B. 应收账款　　C. 外埠存款　　D. 未达账项

10. 对于盘亏的固定资产净值,经批准后应借记(　　)账户。

A. “营业外收入”　　B. “营业外支出”　　C. “管理费用”　　D. “待处理财产损溢”

11. 对于盘盈的材料,在报经批准后应(　　)。

A. 做其他业务收入处理　　B. 冲减其他业务支出

C. 冲减管理费用　　D. 做营业外收入处理

12. 对于盘亏的材料,在减去过失人或者保险公司等赔款和残料价值后属于非正常损失部分,应计入(　　)。

A. 管理费用　　B. 营业外支出　　C. 营业费用　　D. 其他业务支出

13. “待处理财产损溢”账户的借方核算(　　)。

A. 发生的财产物资盘盈数　　B. 发生的财产物资盘亏和毁损数

C. 处理的财产盈亏数　　D. 处理的财产盘亏和毁损

14. 永续盘存制下，财产清查的目的是检查(　　)。

A. 账实是否相符　　B. 账证是否相符

C. 账账是否相符　　D. 账表是否相符

15. 采用实地盘存制，财产物资的期末账面结存数就是(　　)。

A. 盈亏递减数　　B. 实地盘存数　　C. 收支抵减数　　D. 累计结余数

二、多项选择题

1. 财产清查按其清查时间可分为(　　)。

A. 全面清查　　B. 局部清查　　C. 定期清查　　D. 不定期清查

2. 下列情形需要进行全面清查的是(　　)。

A. 单位进行撤并　　B. 对外投资　　C. 清产核资　　D. 单位负责人调离

3. 财产清查中采用实地盘点方法清查的资产主要有(　　)。

A. 库存商品　　B. 固定资产　　C. 现金　　D. 银行存款

4. 进行现金清查时，(　　)。

A. 为了明确经济责任，出纳员必须在场

B. 不能用不具有法律效力的借条/收据等充抵库存现金

C. 需要银行对账单

D. 现金盘点后，应根据其结果，及时与现金日记账核对情况，填制“现金盘点报告表”

5. 下列清查事项中，属于不定期清查的是(　　)。

A. 单位更换财产保管人员时的清查　　B. 发生非常损失时的清查

C. 年终结算时的全面清查　　D. 月末银行存款的清查

6. 实物资产的清查方法主要有(　　)。

A. 实地盘点法　　B. 查询核对法　　C. 技术推算法　　D. 对账单法

7. 采用实地盘点法进行清查的有(　　)。

A. 固定资产　　B. 产成品　　C. 银行存款　　D. 往来款项

8. 核对账目法适用于(　　)的清查。

A. 银行存款　　B. 短期借款　　C. 现金　　D. 固定资产

9. 对于盘亏的财产物资，经批准后进行账务处理，可能涉及的借方账户有(　　)。

A.“管理费用”　　B.“营业外支出”　　C.“其他应收款”　　D.“营业外收入”

10. 下列对实地盘存制的叙述中，正确的有(　　)。

A. 这种方法工作简单、工作量小

B. 这种方法工作复杂、工作量大

C. 不便于会计监督的实施

D. 只根据会计凭证在账簿中登记财产物资的增加数，不登记减少数

三、判断题

1. 不定期清查是指根据实际需要，事前未规定清查时间而进行的临时性清查。　(　　)

2. 无论采用永续盘存制还是实地盘存制，都需要对财产物资进行清查。　(　　)

3. 采用永续盘存制的企业，对财产物资一般不需要进行实地盘点。　(　　)

4. 在进行实物清查时，为了明确责任，实物保管人员与清查人员必须同时在场。（　　）

5. 盘亏的固定资产在减去过失人或者保险公司等赔款和残料价值之后，应计入当期管理费用。（　　）

6. 盘盈的存货应计入当期营业外收入。（　　）

7. 更换财产和现金保管人员时，应进行定期、全面的财产清查。（　　）

8. 全面清查是定期进行的，局部清查是不定期进行的。（　　）

9. 对于未达账项，应编制银行存款余额调节表，并据以及时调整有关账簿的记录。（　　）

10. 如果银行对账单与企业银行存款日记账账面余额不相符，说明其中一方记账有误。（　　）

四、业务题

(一)资料：长虹工厂某产品7月份收发情况如下：

摘　要	日　期	数　量	单位成本
期初结存	7月1日	2 000千克	4元
购入材料	7月3日	3 000千克	4元
购入材料	7月16日	2 000千克	4元
发出销售	7月10日	2 500千克	
发出销售	7月20日	1 500千克	

7月31日经过实地盘点，确定某产品实际库存数为3 000千克。

(二)要求：

(1)计算实地盘存制下本期销售成本和期末库存成本。

(2)计算永续盘存制下本期销售成本和期末库存成本。

第十章　会计账务处理程序

一、单项选择题

1. 科目汇总表的主要缺点是不能反映出(　　)。

A. 借方发生额　　B. 贷方发生额

C. 借方和贷方发生额　　D. 科目对应关系

2. 业务简单、使用会计科目很少的小型企业或其他单位使用(　　)。

A. 科目汇总表账务处理程序　　B. 汇总记账凭证账务处理程序

C. 日记总账账务处理程序　　D. 记账凭证账务处理程序

3. 编制科目汇总表的直接依据是(　　)。

A. 原始凭证　　B. 记账凭证

C. 原始凭证汇总表　　D. 汇总记账凭证

4. 记账凭证账务处理程序的主要缺点是(　　)。

A. 登记总账的工作量较大　　B. 不便于会计合理分工

C. 不能体现账户的对应关系　　D. 方法不易掌握

5. 日记总账账务处理程序的主要特点是(　　)。

A. 设置多栏式特种日记账

B. 记账凭证需要汇总

C. 设置日记账和总分类账相结合的联合账簿——日记总账

D. 编制科目汇总表

6. 汇总记账凭证账务处理程序下,总分类账账页格式一般采用(　　)。

A. 三栏式　　B. 设有"对应科目"栏的三栏式

C. 数量金额式　　D. 多栏式

7. 日记总账的登记依据是(　　)。

A. 原始凭证　　B. 多栏式现金日记账

C. 多栏式银行存款日记账　　D. 记账凭证

8. 多种账务处理程序的根本区别在于(　　)不同。

A. 记账凭证的种类和格式　　B. 登记总账的直接依据

C. 登记明细账的依据　　D. 原始凭证的种类和格式

9. 在各种会计核算形式中,最基本、最简单的会计核算形式是(　　)。

A. 记账凭证账务处理程序　　B. 科目汇总表账务处理程序

C. 汇总记账凭证账务处理程序　　D. 日记总账账务处理程序

10. 日记总账是(　　)结合在一起的联合账簿。

A. 日记账与明细分类账　　B. 日记账与总分类账

C. 日记账与记账凭证
D. 日记账与原始凭证

11. 在各种会计核算形式中，其相同的是（　　）。
A. 登记总账的依据
B. 登记明细账的依据
C. 账务处理的程序
D. 优缺点及适应范围

12. 不能够简化登记总账工作量的会计核算形式是（　　）。
A. 记账凭证账务处理程序
B. 科目汇总表账务处理程序
C. 汇总记账凭证账务处理程序
D. 日记总账账务处理程序

13. 汇总记账凭证账务处理程序的优点是（　　）。
A. 便于分析经济业务的来龙去脉
B. 便于查对账目
C. 可以减少登记总账的工作量
D. 总分类账的记录较为详细

二、多项选择题

1. 记账凭证不需要汇总直接登记总账的账务处理程序有（　　）。
A. 科目汇总表账务处理程序
B. 汇总记账凭证账务处理程序
C. 日记总账账务处理程序
D. 记账凭证账务处理程序

2. 期末结账前应调整的账项一般有（　　）。
A. 属于应计费用的账项
B. 属于预付费用的账项
C. 属于应计收入的账项
D. 属于预收收入的账项

3. 登记总分类账的依据可以是（　　）。
A. 记账凭证
B. 汇总记账凭证
C. 科目汇总表
D. 现金、银行存款日记账

4. 记账凭证核算形式需要设置的凭证有（　　）。
A. 收款凭证　B. 科目汇总表　C. 付款凭证　D. 转账凭证

5. 各种账务处理程序虽有不同，但它们也有许多共同之处，如（　　）。
A. 根据原始凭证编制记账凭证
B. 根据记账凭证登记所有账簿
C. 根据总账、明细账和有关资料编制会计报表
D. 根据收、付款凭证登记现金、银行存款日记账

6. 以下说法不正确的是（　　）。
A. 科目汇总表应每半月编制一次
B. 总分类账簿是根据科目汇总表定期登记的
C. 会计报表有时需要根据记账凭证编制
D. 根据明细分类账编制科目汇总表

7. 汇总记账凭证核算形式需要设置的凭证有（　　）。
A. 收款凭证、汇总收款凭证
B. 科目汇总表
C. 付款凭证、汇总付款凭证
D. 转账凭证、汇总转账凭证

8. 科目汇总表能够（　　）。
A. 作为登记总账的依据
B. 起到试算平衡的作用
C. 反映各科目之间的对应关系
D. 反映各科目的余额

9. 在汇总记账凭证核算形式下，作为登记总账“银行存款”账户的依据有（　　）。

A. 现金汇总收款凭证　　B. 银行存款汇总收款凭证
C. 现金汇总付款凭证　　D. 银行存款汇总付款凭证

三、判断题

1. 汇总记账凭证账务处理程序下，汇总转账凭证一般应按每一借方科目分别设置，并按贷方科目归类。 （　）

2. 科目汇总表账务处理程序下，最好采用单式记账凭证，以便按不同科目进行分类、汇总。 （　）

3. 账簿体系是指从审核、整理原始凭证开始，到记账凭证的填制，登记各种账簿，以及编制会计报表等一系列工作的顺序和方法。 （　）

4. 在工作底稿中，一定要单独设置"转账"栏。 （　）

5. 日记总账账务处理程序的优点是记账凭证不需要汇总，而且可以全面反映账户的对应关系。 （　）

6. 记账凭证账务处理程序只适用于业务简单、数量较少的小型企业或其他单位。 （　）

7. 各种账簿都是直接根据记账凭证进行登记的。 （　）

8. 无论何种会计核算形式，都需要将日记账、明细账分别与总账定期核对。 （　）

9. 会计账务处理程序不同，现金日记账、银行存款日记账登记的依据不同。 （　）

10. 各种账务处理程序之间的主要区别在于编制会计报表的依据和方法不同。 （　）

11. 任何账务处理程序的第一步都是将所有的原始凭证汇总编制成汇总原始凭证。 （　）

12. 科目汇总表不仅可以起到试算平衡的作用，而且可以反映账户之间的对应关系。 （　）

13. 在汇总记账凭证核算形式下，为了便于编制汇总转账凭证，要求所有转账凭证的科目关系只能是一借一贷或一借多贷。 （　）

四、业务题

习题一

（一）目的：练习科目汇总表的编制。

（二）资料：某工业企业20××年6月份1～10日发生下列经济业务：

（1）1日，从银行提取现金1 000元备用。

（2）2日，华丰厂购进材料一批，已验收入库，货款5 000元，增值税进项税850元。款项尚未支付，材料已验收入库。

（3）2日，销售给向阳工厂A产品一批，货款为10 000元，增值税销项税1 700元，款项尚未收到。

（4）3日，厂部的王凌出差，借支差旅费500元，以现金付讫。

（5）4日，车间领用甲材料一批，其中用于A产品生产3 000元，用于车间一般消耗500元。

（6）5日，销售给华远公司A产品一批，货款为20 000元，增值税销项税3 400元，款项尚未收到。

(7)5 日，从江南公司购进乙材料一批，货款 8 000 元，增值税进项税 1 360 元。款项尚未支付，材料尚在运输途中。

(8)6 日，厂部李青出差，借支差旅费 400 元，用现金付讫。

(9)7 日，以银行存款 5 850 元，偿还前欠华丰工厂的购料款。

(10)8 日，从银行提出现金 1 000 元备用。

(11)8 日，接银行通知，向阳厂汇来前欠货款 11 700 元，已收妥入账。

(12)8 日，车间领用乙材料一批，其中用于 A 产品 5 000 元，用于车间一般消耗 1 000 元。

(13)9 日，以银行存款 9 360 元，偿还前欠江南公司购料款。

(14)10 日，接银行通知，华远公司汇来前欠货款 23 400 元，已收妥入账。

(三)要求：

(1)根据以上经济业务，编制记账凭证。

(2)根据所编记账凭证，编制科目汇总表。

科目汇总表

20××年 6 月 1～10 日

会计科目	借方金额	贷方金额
合　计		

习题二

(一)目的：编制汇总付款凭证和汇总转账凭证。

(二)资料：根据习题一的资料所编的记账凭证(会计分录)。

(三)要求：根据记账凭证(会计分录)编制银行存款科目的汇总付款凭证和原材料科目的汇总转账凭证。

汇总付款凭证

贷方科目：银行存款

借方科目	金　额				总账页数	
	1～10 日	11～20 日	21～31 日	合　计	借　方	贷　方
合　计						

汇总转账凭证

贷方科目:原材料

借方科目	金　额				总账页数	
	1～10 日	11～20 日	21～31 日	合　计	借　方	贷　方
合　计						

第十一章 会计报表

一、单项选择题

1. 属于静态会计报表的有(　　)。

A. 利润表　　B. 资产负债表

C. 所有者权益变动表　　D. 现金流量表

2. 利润表各项目是根据有关账户的(　　)填列的。

A. 发生额　　B. 期初余额　　C. 期末余额　　D. 发生额及期末余额

3. 资产负债表各项目应根据有关账户的(　　)填列。

A. 发生额　　B. 期初余额　　C. 期末余额　　D. 发生额及期末余额

4. 利润表提供的主要会计信息是企业的(　　)。

A. 经济资源　　B. 债权债务　　C. 经营成果　　D. 财务状况

5. 资产负债表中,(　　)项目的金额根据有关账户的余额直接填列。

A. 存货　　B. 货币资金　　C. 盈余公积　　D. 未分配利润

6. 坏账准备账户的余额填列在资产负债表的(　　)项目。

A. 流动资产　　B. 流动负债　　C. 长期负债　　D. 所有者权益

7. 资产负债表中的项目按资产负债的(　　)顺序排列。

A. 流动性　　B. 重要性　　C. 相关性　　D. 金额大小

8. 按照现行制度的规定,现金流量表应以(　　)为基础。

A. 库存现金　　B. 现金及现金等价物

C. 库存现金和银行存款　　D. 货币资金及短期投资

9. 下列经济业务中,属于筹资活动现金流入的有(　　)。

A. 提供劳务收取现金　　B. 购货退回收到现金

C. 向银行借款存入银行　　D. 收到现金股利

10. 下列经济业务产生的现金流量中,属于“经营活动产生的现金流量”的是(　　)。

A. 支付在建工程人员工资　　B. 支付管理部门人员工资

C. 以银行存款购买经营用固定资产　　D. 取得债券利息收入收现

11. 下列经济业务中,引起现金流量净额变动的是(　　)。

A. 将现金存入银行　　B. 用现金购买一个月到期的债券

C. 以银行存款支付购料款　　D. 将现金交存银行申请开出银行本票

12. 处置固定资产收到的现金在现金流量表中应列入(　　)。

A. 经营活动　　B. 投资活动

C. 筹资活动　　D. 经营活动或投资活动

13. 某企业20×7年2月主营业务收入为100万元,主营业务成本为80万元,管理费用为5万元,资产减值损失为2万元,投资收益为10万元。假定不考虑其他因素,该企业当月的营业利润为(　　)万元。

A. 13　　B. 15　　C. 18　　D. 23

14. 某企业20×6年4月1日从银行借入期限为3年的长期借款400万元,编制20×8年12月31日资产负债表时,此项借款应填入的报表项目是(　　)。

A. 短期借款　　B. 一年内到期的非流动负债

C. 其他长期负债　　D. 长期借款

15. 资产负债表的项目,按(　　)的类别,采用左右相平衡对照的结构。

A. 资产、负债和所有者权益

B. 收入、费用和利润

C. 资产、负债、所有者权益、收入、费用、利润

D. 资金来源、资金运用

16. 资产负债表是反映企业在(　　)财务状况的会计报表。

A. 一定时点　　B. 某一个月　　C. 一定时期　　D. 一段时间

17. 某月末,甲公司"本年利润"账户的余额为借方50 000元,"利润分配"账户的余额为贷方30 000元,则该月末资产负债表中未分配利润项目的金额为(　　)元。

A. 80 000　　B. −80 000　　C . 20 000　　D. −20 000

18. 多步式利润表是通过多步计算当期损益,通常把利润计算分解为(　　)。

A. 营业利润、利润总额、净利润　　B. 毛利、营业利润和应税利润总额

C. 营业收入、营业利润和可分配利润　　D. 毛利、营业利润和利润总额

19. 财务报表是对会计主体财务状况、经营成果和现金流量的结构性表述,由(　　)组成。

A. 资产负债表和利润表

B. 资产负债表、利润表和现金流量表

C. 资产负债表、利润表和现金流量表、所有者权益变动表以及附注

D. 资产负债表和现金流量表

20. 反映企业一定时期经营成果的会计报表是(　　)。

A. 现金流量表　　B. 利润表

C. 资产负债表　　D. 资产负债表和利润表

二、多项选择题

1. 下列属于反映财务状况及其变动情况的会计报表是(　　)。

A. 资产负债表　　B. 利润表

C. 所有者权益变动表　　D. 现金流量表

E. 管理费用明细表

2. 下列(　　)账户的余额在资产负债表中列为存货项目。

A."在途物资"　　B."原材料"　　C."库存商品"　　D."工程物资"

E."生产成本"

3. 资产负债表的应收账款项目应根据(　　)分析填列。

A. 应收账款总账的借方余额　　B. 应收账款明细账的借方余额

C. 预收账款总账的借方余额　D. 预收账款明细账的借方余额

E. 预付账款明细账的借方余额

4. 资产负债表中根据总分类账户的余额直接填列的项目是(　　)。

A. 短期借款　B. 应付股利　C. 货币资金　D. 长期借款

E. 长期股权投资

5. 现金等价物的特点是(　　)。

A. 可用于支付　B. 持有期限短

C. 流动性强　D. 易于转换为已知现金

E. 价值变动风险很小

6. 现金流量表反映企业一定会计期间内现金和现金等价物的流入与流出的情况，这里的“现金及现金等价物”包含(　　)。

A. 企业购入的可随时变现的股票　B. 其他货币资金

C. 不能提前支取的定期存款　D. 销售商品收到的银行汇票

E. 购入的2个月内到期的国债

7. 现金流量表包含的内容主要有(　　)。

A. 管理活动产生的现金流量　B. 经营活动产生的现金流量

C. 投资活动产生的现金流量　D. 财务活动产生的现金流量

E. 筹资活动产生的现金流量

8. 现金流量表“支付给职工以及为职工支付的现金”项目反映的内容是(　　)。

A. 支付给职工的奖金　B. 支付给职工的津贴

C. 支付给职工的工资　D. 支付给退休工人的工资

E. 支付给在建工程人员的工资

9. 下列经济业务中，影响现金流量的有(　　)。

A. 以银行存款购入2个月到期的债券　B. 以固定资产对外投资

C. 用银行汇票购买材料　D. 出售产品，收到6个月期的商业汇票

E. 分得股利存入银行

10. 采用间接法将净利润调节为经营活动的现金流量，应从净利润中调整(　　)项目。

A. 不涉及现金的收入　B. 投资活动影响净利润额

C. 不涉及现金的费用　D. 筹资活动影响净利润额

E. 未反映在净利润中但属于经营活动的现金流量

11. 资产负债表中的“应付账款”项目应根据(　　)填列。

A. 应付账款总账余额　B. 应付账款所属明细账借方余额合计

C. 应付账款所属明细账贷方余额合计　D. 预付账款所属明细账贷方余额合计

12. 下列资产负债表各项目中，属于流动负债的有(　　)。

A. 预收账款　B. 应收账款　C. 预付账款　D. 应付账款

13. 下列各项目中，属于现金流量表中现金及现金等价物的有(　　)。

A. 其他货币资金　B. 3个月内到期的债券投资

C. 可供出售的金融资产　D. 随时用于支付的银行存款

14. 下列各项现金流出，属于企业现金流量表中筹资活动产生的现金流量的有(　　)。

A. 偿还应付账款　B. 偿还短期借款　C. 发放现金股利　D. 支付借款利息

15. 以下属于资产负债表项目的是(　　)。

A. 存货　　B. 交易性金融资产　　C. 在建工程　　D. 净利润

三、判断题

1. 资产负债表是反映企业某一特定时期财务状况的会计报表。(　　)

2. 资产负债表中确认的资产应该为企业所拥有，如果企业对资产只拥有控制权，则不应将其列入资产负债表。(　　)

3. 未弥补的亏损，在资产负债表中的"未分配利润"项目内以"－"号反映。(　　)

4. 利润表中的"营业收入"项目，只需根据"主营业务收入"账户的本期贷方发生额填列即可。(　　)

5. 资产负债表中的"固定资产原价"项目应包括融资租入固定资产的原价。(　　)

6. 利润表是资产负债表的附表，用于补充说明各项资产、负债、所有者权益增减变动的原因。(　　)

7. 现金流量表是反映企业现金流入与流出情况的会计报表，是企业必须对外提供的会计报表。(　　)

8. 现金流量表中投资活动产生的现金流量是指企业购买有价证券及将资产投资于其他企业等投资活动导致的现金收入与支出，不包括购建及处置固定资产的现金收支。(　　)

9. 与净利润有关的现金流量都是经营活动产生的现金流量，所以，间接法下只需要在净利润的基础上对不涉及现金的净利润项目进行调整。(　　)

10. 企业银行存款与现金等价物之间的此增彼减不会影响企业现金流量净额。(　　)

四、业务题

习题一

(一)目的：练习资产负债表的编制。

(二)资料：南方工厂20×8年10月31日各账户余额如下：

单位：元

会计科目	借方余额	会计科目	贷方余额
应收账款	15 000	累计折旧	180 500
生产成本	88 300	坏账准备 (全为应收账款产生)	750
库存现金	300	短期借款	51 000
银行存款	40 450	其他应付款	450
其他应收款	2 650	应交税费	4 160
预付账款	10 000	应付账款	85 900
库存商品	38 000	应付利息	1 370
原材料	129 000	实收资本	402 790
周转材料	50 000	资本公积	5 890

续表

会计科目	借方余额	会计科目	贷方余额
固定资产	648 600	盈余公积	28 890
利润分配	58 500	本年利润	91 200
无形资产	72 100	长期借款	300 000

(三)要求:根据以上资料,编制该企业 20×8 年 10 月 31 日的资产负债表。

习题二

(一)目的:练习资产负债表的编制。

(二)资料:振兴公司 20×8 年 10 月 31 日部分总分类账和有关明细账的余额如下:

单位:元

总账科目	明细科目	借方余额	贷方余额
应收账款		24 720	
	——甲企业	27 120	
	——乙企业		2 400
预付账款		3 000	
	——丙企业	6 700	
	——丁企业		3 700
库存商品		13 000	
生产成本		13 500	
固定资产		876 400	
在途物资		7 000	
原材料		85 000	
累计折旧			168 000
坏账准备——应收账款			720
应付账款			15 000
	——A 企业		16 000
	——B 企业	1 000	
预收账款			7 400
	——C 企业		11 120
	——D 企业	3 720	
应付利润			40 000
利润分配		86 400	
本年利润			60 000

(三)要求:计算资产负债表的下列项目:

(1)应收账款 (2)预付账款 (3)存货 (4)固定资产 (5)应付账款
(6)预收账款 (7)应付利润 (8)未分配利润

习题三

(一)目的:练习利润表的编制。

(二)资料:瑞鑫工厂 20×3 年 3 月份发生有关经济业务如下:

(1)售出产品 28 000 件,每件售价 25 元,共计货款 700 000 元,增值税 119 000 元。收到对方开出的 3 个月期的商业承兑汇票一张。

(2)结转上述已售产品成本,每件 15 元。

(3)分别按应交增值税额的 7%和 3%计算本月应交城市维护建设税及应交教育费附加。

(4)财产清查时发现盘亏设备一台,原价 7 800 元,已提折旧 5 200 元;盘盈材料 330 元,原因待查。

(5)上述盘亏固定资产和盘盈材料按规定程序报经批准后转销,盘盈材料中 300 元系多发货,已用银行存款补付货款,另 30 元系计量差错造成。

(6)将本月收入、费用结转本年利润账户(除上述经济业务发生的收入费用外,已发生管理费用 3 750 元,财务费用 910 元)。

(7)按利润总额的 25%计算应交所得税。

(三)要求:

(1)根据上述资料,编制相关会计分录。

(2)编制该企业 20×3 年 3 月份的利润表。

习题四

(一)目的:练习现金流量表的编制。

(二)资料:大华公司 20×9 年发生有关涉及货币资金收付的经济业务汇总如下:

(1)以银行存款支付购入原材料货款 749 400 元,增值税 127 398 元,材料已验收入库。

(2)以银行存款支付到期商业承兑汇票 300 000 元。

(3)将持有的交易性金融资产 45 000 元出售,所售价款 49 500 元存入银行。

(4)报废设备一台,原价 600 000 元,已提折旧 540 000 元,清理费用 1 500 元,残值收入 2 400 元,均通过银行存款收支。该项固定资产已清理完毕。

(5)以银行存款偿还长期借款 2 500 000 元。

(6)面值为 600 000 元的无息银行承兑汇票到期,票款收到,存入银行。

(7)购入设备一台,价税款共计 750 000 元,运费等 3 000 元,全部款项均以银行存款支付,设备已交付使用。

(8)收到股息 150 000 元(对方所得税率与本企业一致,均为 25%),存入银行。

(9)出售不需用设备一台,原价 1 200 000 元,已提折旧 450 000 元,收到价款 900 000 元,存入银行。

(10)支付职工工资 1 500 000 元,其中,生产工人工资 825 000 元,车间管理人员工资 30 000元,行政管理部门人员工资 45 000 元,在建工程人员工资 600 000 元。

(11)归还短期借款本息 787 500 元(其中利息 37 500 元已预提)。

(12)收到应收账款 153 000 元，存入银行。

(13)以银行存款支付产品展览费、广告费 210 000 元。

(14)将一张面值为 877 500 元的商业承兑汇票到银行办理贴现，贴现息为 60 000 元，余款存入银行。

(15)以银行存款缴纳增值税 300 000 元，教育费附加 6 000 元，所得税 135 700 元。

(16)从银行借入 3 年期借款 1 200 000 元，存入银行。

(17)现金及现金等价物年初数 4 675 900 元，期末数 1 177 802 元。

(三)要求：编制该公司 20×9 年度现金流量表正表。

第十二章　会计电算化信息处理

一、单项选择题

1. 人机会计信息系统和手工会计信息系统的(　　)。

A. 目标完全相同　　B. 目标完全不同

C. 目标不完全相同　　D. 处理流程相同,处理方法不同

2. 电算化会计业务处理与手工会计业务处理的具体环节和程序(　　)。

A. 完全相同　　B. 不完全相同

C. 完全不相同　　D. 处理程序相同,环节不同

3. 会计电算化最早出现在20世纪(　　)。

A. 50年代　　B. 60年代　　C. 70年代　　D. 80年代

4. 以下说法正确的是(　　)。

A. 我国会计电算化工作发展一直十分缓慢

B. 我国的会计电算化已进入市场化发展阶段

C. 网络化的会计信息系统在我国已经很普及

D. 会计实现电算化以后不再需要专门的会计人员

5. 本量利子系统属于(　　)会计电算化的子系统。

A. 核算型　　B. 管理型　　C. 决策型　　D. 预测型

6. (　　)不属于核算型会计电算化的子系统。

A. 账务处理子系统　　B. 工资核算子系统

C. 风险投资分析子系统　　D. 存货核算子系统

7. (　　)不属于管理型会计电算化的子系统。

A. 固定资金管理子系统　　B. 成本控制子系统

C. 销售收入管理子系统　　D. 本量利子系统

8. (　　)不属于决策型会计电算化的子系统。

A. 报表子系统　　B. 本量利子系统

C. 风险投资分析子系统　　D. 产量预测子系统

9. 手工和电算化信息系统的基本功能不包括(　　)。

A. 信息的采集与记录　　B. 信息的解读

C. 信息的加工处理　　D. 信息的传送

10. 以下关于网络化对会计的影响,正确的是(　　)。

A. 交易的高度自动化影响会计组织　　B. 交易的瞬时性影响持续经营假设

C. 费用确认标准趋向多元化　　D. 冲击历史成本属性的主导地位

二、多项选择题

1. 根据有关规定,采用计算机替代手工记账,应具备的基本条件有( )。
A. 配备了适用的会计软件和相应的计算机硬件设备
B. 配备了相应的会计电算化工作人员
C. 建立了严格的内部管理制度
D. 用计算机进行会计核算与手工会计核算同时运行 2 个月以上
2. 下列各项条件中,属于电算化替代手工记账的是( )。
A. 配备了适用的会计软件 B. 配备了相应的计算机硬件设备
C. 配备了足够的会计人员 D. 建立了严格的内部管理制度
3. 手工会计信息系统与人机会计信息系统两者的联系体现在( )。
A. 基本会计理论和方法一致 B. 基本功能相同
C. 记录和传送数据的载体相同 D. 编制会计报表的要求相同
4. 会计电算化的类型包括( )。
A. 预测型 B. 决策型 C. 管理型 D. 核算型
5. 人机会计信息系统与手工会计信息系统相比发生了许多变化,主要包括( )。
A. 运算、书写工具不同 B. 记录和传送数据的载体不同
C. 其最终目标不同 D. 记账的含义不尽相同
E. 数据处理的起点不同
6. 电子商务对会计的影响主要表现在( )。
A. 对会计假设的影响 B. 对会计信息可比性的影响
C. 对会计核算形式的影响 D. 对会计信息可靠性的影响
7. 网络化对会计的影响主要表现在( )。
A. 对会计组织的影响 B. 对会计信息相关性的影响
C. 对会计信息重要性的影响 D. 对会计信息披露的影响
8. 会计电算化的特征包括( )。
A. 理论性 B. 单一性 C. 实用性 D. 系统性
9. 手工会计信息系统与人机会计信息系统在会计核算的具体环节和程序上的不同主要表现在( )。
A. 人机会计信息系统初始化更复杂 B. 人机系统不需平行记账校验记账错误
C. 人机系统错账更正方法不同 D. 人机系统基本原理不同
10. 电子商务对会计原则的影响主要表现在( )。
A. 对相关性的影响 B. 对可比性的影响
C. 对权责发生制的影响 D. 对可靠性的影响

三、判断题

1. 无论是电算化会计信息系统还是手工会计信息系统,其最终目标都是相同的。( )
2. 无论是电算化会计信息系统还是手工会计信息系统,都要遵循基本的会计理论和会计方法,遵守共同的会计法规和会计准则。 ( )
3. 管理型会计信息系统的财务会计部分,在内容与功能上同核算型会计信息系统基本相

同。 ( )

4. 电算化会计信息系统是一个以解决会计核算为目的的软件。 ( )

5. 手工会计信息系统与人机会计信息系统在具体处理方法和处理流程上完全相同。 ( )

6. 手工会计信息系统与人机会计信息系统的目标和工作方法完全相同。 ( )

7. 因为手工会计信息系统与人机会计信息系统的职能相同，因此，为手工会计系统制定的各种管理制度对人机会计信息系统也完全适用。 ( )

8. 会计主管不得兼任电算化主管。 ( )

9. 在会计电算化系统条件下，以原始凭证作为输入数据的起点。 ( )

10. 在电子商务环境中，如何保证信息的可靠性成为亟待解决的问题。 ( )

第十三章　会计法规体系

一、单项选择题

1. 我国《会计法》是由(　　)制定的。

A. 证监会　　B. 财政部　　C. 全国政协　　D. 全国人民代表大会

2.《现金管理暂行条例》由(　　)发布。

A. 财政部门　　B. 国务院　　C. 中国人民银行　　D. 全国人民代表大会

3. 现行《会计法》的颁布日期为(　　)。

A. 2000 年 7 月 1 日　　B. 1999 年 7 月 1 日

C. 2000 年 10 月 31 日　　D. 1999 年 10 月 31 日

4. 下列属于会计行政法规的是(　　)。

A.《会计法》　　B.《企业财务报告条例》

C.《会计核算基础工作规定》　　D.《企业会计制度》

5. 诚实守信是遵守会计职业道德的(　　)。

A. 效率规则　　B. 基本要求　　C. 质量标准　　D. 外在要求

6. 下列表述正确的是(　　)。

A. 按照《企业财务报告条例》的规定,企业应当于年度终了编报年度财务会计报告

B. 应当依照《会计法》的规定,对会计报表中各项会计要素进行合理的确认和计量

C. 按照《企业财务报告条例》的规定,企业可以决定有关财务会计报告提供期限的规定,及时对外提供财务会计报告

D. 企业的年报要附审计报告

7. 下列表述正确的是(　　)。

A.《总会计师条例》由国务院于 1990 年 12 月 31 日发布

B. 企业领导人是单位财务会计的主要负责人

C. 总会计师的担任资格是取得会计师专业技术资格后,主管一个单位或者单位内部一个重要方面的财务会计工作的时间不少于 5 年

D. 总会计师不具有对本单位会计人员的管理权

8. 年度、半年度会计报表至少应当反映(　　)个年度或者相关(　　)个期间的比较数据。

A. 一　一　　B. 两　两　　C. 一　两　　D. 三　两

9. 下列属于《企业财务报告条例》规定的财务报告期至少是(　　)。

A. 年报　　B. 季报　　C. 半年报　　D. 月报

10. 下列不属于调整银行业务关系法律制度的是(　　)。

A.《中国人民银行法》　　B.《现金管理暂行条例》

C.《金银管理条例》　　D.《证券法》

二、多项选择题

1. 下列属于会计行政法规的是(　　)。

A.《会计法》　　B.《企业财务报告条例》

C.《总会计师条例》　　D.《企业会计制度》

2. 预算会计制度分为(　　)。

A. 财政总预算会计制度

B. 行政事业单位会计制度和事业单位会计制度

C. 企业会计制度

D. 事业单位会计制度

3. 会计工作制度有(　　)。

A.《会计档案管理办法》　　B.《关于试行会计委派制度工作的意见》

C.《会计核算基础工作规定》　　D.《会计内部控制制度》

4. 会计制度按其内容可以分为(　　)。

A. 会计工作制度　　B. 会计监督制度　　C. 会计核算制度　　D. 会计管理制度

5. 会计监督制度是为了保证会计资料真实、完整,加强经济管理和财务管理,维护经济秩序,依照法律的规定制定的规范会计监督活动的程序、方法、要求等制度规范。下列属于会计监督制度的有(　　)。

A.《会计基础工作规范》　　B.《会计法》

C.《注册会计师法》　　D.《会计内部控制制度》

6. 会计核算制度是对经济活动进行确认、计量、记录并对外报告的核算程序、方法、要求等制度规范。下列属于会计核算制度的有(　　)。

A. 行政会计制度　　B. 国家会计制度　　C. 企业会计制度　　D. 预算会计制度

7. 下列属于会计规范文件的有(　　)。

A.《企业会计制度》　　B.《会计基础工作规范》

C.《会计档案管理办法》　　D.《企业会计具体准则》

8. 根据《会计基础工作规范》,会计核算的基本要求有(　　)。

A. 记账本位币　　B. 设置和使用会计科目

C. 填制会计凭证　　D. 登记会计账簿

9. 会计档案的定期保管期限分为(　　)。

A. 1 年　　B. 25 年　　C. 5 年　　D. 10 年

10. 根据《会计基础工作规范》,会计监督的基本要求有(　　)。

A. 会计监督的主体　　B. 会计工作的社会监督、国家监督

C. 建立内部控制体系　　D. 对单位预算计划的监督

三、判断题

1.《会计法》是我国一切会计工作均要遵守的最重要的根本大法,在会计法律规范体系构成中居于最高层次,是制定其他会计行政法规、会计规章的依据,也是指导会计工作的最高准则。

(　　)

2. 为了使《企业会计制度》得到更有效的实施，证监会还制定了《金融企业会计制度》和《小企业会计制度》。（ ）

3. 预算会计制度以预算管理为中心，是国家财政和行政事业单位进行会计核算的规范。（ ）

4.《会计基础工作规范》是会计监督法规。（ ）

5.《会计核算基础工作规定》是会计核算法规。（ ）

6. 财产清查属于内部会计管理工作。（ ）

7. 会计的预测职能是指利用会计核算提供的财务状况、经营成果、现金流量等信息，对单位经营业绩进行衡量的职能。（ ）

8. 会计档案保管期满不得销毁。（ ）

9. 会计档案是指会计凭证、会计账簿、财务会计报告等会计核算专业资料。（ ）

10. 我国的企业会计准则采用的是国际会计准则框架。（ ）

第十四章　会计工作的组织和会计人员

一、单项选择题

1. 设置会计机构无须注意(　　)。

A. 与企业管理体制和企业组织结构相适应　B. 与单位经济业务的性质和规模相适应

C. 与本单位的会计工作组织形式相适应　D. 与本单位的所有权性质相适应

2. 我国主管全国会计工作的机构是(　　)。

A. 国资委　B. 中国注册会计师协会

C. 财政部　D. 中国会计学会

3. 各级管理部门设置的会计机构的主要职责不包括(　　)。

A. 审核、分析和批复所属单位上报的会计报表

B. 定期不定期地帮助所属单位编制会计报表等

C. 核算本单位与财政机关及上下级之间有关缴款、拨款等会计事项

D. 编制本系统汇总会计报表

4. (　　)可以不单独设置会计机构。

A. 规模很小的企业　B. 业务较多的行政单位

C. 大、中型企业　D. 实行企业化管理的事业单位

5. 以下关于"会计主管人员"的说法,不正确的是(　　)。

A. 设置这个岗位的目的是强化责任制度

B. 即通常所说的"主管会计"、"主办会计"中层管理人员

C. 不能设置会计机构的单位,应当在有关机构中设置会计人员并指定会计主管人员

D. 是指负责组织管理会计事务、行使会计机构负责人职权的人

6. 我国《会计法》对"代理记账"未规范(　　)。

A. 代理记账机构设置的条件　B. 代理记账机构的名称

C. 代理记账机构与委托人的关系　D. 代理记账人员应遵循的道德规则

7. 会计工作岗位不包括(　　)。

A. 会计主管人员　B. 稽核

C. 董事会秘书　D. 档案管理

8. 我国《会计法》对会计人员配备与素质要求不包括(　　)。

A. 未取得会计证的人员经单位负责人同意后可以从事会计工作

B. 会计工作岗位可以一岗多人

C. 会计人员应遵守职业道德

D. 会计人员应当按照国家有关规定参加会计业务的培训

9. 关于取得会计从业资格的条件,不正确的是(　　)。

A. 取得会计从业资格的基本条件包括坚持原则，具备良好的道德品质
B. 具备规定学历的，可免试相关科目
C. 不具备规定学历的，应通过考试取得会计从业资格
D. 因违法违纪行为被吊销会计从业资格证书的人员，自被吊销会计从业资格证书之日起10年内，不得重新取得会计从业资格证书

10. 关于对会计从业资格证书实行注册登记和年检制度的说法，不正确的是（ ）。
A. 取得会计从业资格的人员，被单位聘用从事会计工作时，必须由本人所在单位提出申请，按照会计从业资格管理部门规定的时间到会计从业资格管理部门进行注册登记
B. 会计从业人员因调任等原因离开原工作单位且到其他地区继续从事会计工作的，应到原注册登记的会计从业资格管理部门办理从业档案等调转手续
C. 年度检查验证制度，原则上每两年进行一次
D. 会计从业人员因调任等原因离开原工作单位且到其他地区继续从事会计工作的，应在办理调转手续后的30日内到新工作单位所在地区的会计从业资格管理部门重新办理注册登记手续

二、多项选择题

1.《内部会计控制规范——基本规范》规定的内部控制的目标包括（ ）。
A. 保证会计资料的真实、完整
B. 及时纠正错误及舞弊行为
C. 保护单位资产的安全、完整
D. 确保单位内部规章制度的贯彻执行
E. 确保会计人员的独立性

2.《内部会计控制规范——基本规范》规定的内部控制的基本原则包括（ ）。
A. 相关性
B. 合法性
C. 全面性
D. 不相容职务相分离
E. 可靠性

3.《内部会计控制规范——基本规范》规定的内部控制的内容包括（ ）。
A. 货币资金的会计控制
B. 销售与收款的会计控制
C. 成本费用的会计控制
D. 岗位的互相牵制
E. 工程项目的会计控制

4. 实物资产的会计控制规范包括（ ）。
A. 严禁一人保管支付款项所需的全部印章
B. 严禁未经授权的机构和人员办理货币资金业务或直接接触货币资金
C. 建立采购申请制度
D. 对实物资产的验收入库等关键环节进行控制
E. 会计记录与实物保管相互分离和制约

5.《会计基础工作规范》要求建立的内部会计管理制度包括（ ）。
A. 建立内部会计管理体系
B. 建立内部审计制度
C. 建立内部牵制制度
D. 建立计量验收制度
E. 建立财务分析管理制度

6. 制定内部会计管理制度的原则包括（ ）。
A. 适应性原则 B. 合法性原则 C. 科学性原则 D. 相关性原则

E. 可靠性原则

7. 建立内部会计管理制度的重要性在于(　　)。

A. 有利于更好地贯彻执行会计法规制度　B. 有利于保证会计信息相关性

C. 有利于保证会计信息可比性　D. 有利于改善单位经济管理

E. 有利于规范会计工作秩序

8. 关于会计工作组织形式的说法,正确的有(　　)。

A. 企业的会计工作组织形式一般有集中核算和分散核算两种方式

B. 实行集中核算,可以使企业内部有关部门及时利用核算资料进行考核与分析

C. 会计组织形式亦可将集中核算与非集中核算穿插结合

D. 实行分散核算可以精简会计人员

E. 采用集中核算方式就不能采用分散核算方式

9. 会计人员办理移交手续前必须及时做好的工作包括(　　)。

A. 尚未登记的账目,应当登记完毕

B. 银行存款账户余额要与银行对账单核对,不一致的应编制银行存款余额调节表调节相符

C. 编制移交清册

D. 从事该项工作的移交人员还应当在移交清册中列明会计软件及密码

E. 对未了事项写出书面材料

10. 国家对会计人员提出的主要职业道德要求包括(　　)。

A. 保守秘密　B. 敬业爱岗　C. 熟悉法规　D. 搞好服务

E. 廉洁奉公

三、判断题

1. 会计职业道德允许个人和各经济主体获取合法的自身利益。(　　)

2. 会计人员按照国家统一的会计制度规定对会计资料进行审核时,如发现不真实、不合法的会计资料,需先向单位负责人报告,经单位负责人批准后可不予受理。(　　)

3. 国家机关、国有企业、事业单位领导人的直系亲属不得担任本单位的会计机构负责人。(　　)

4. 会计人员违反职业道德的,无论情节是否严重,只能由所在单位进行处罚。(　　)

5. 我国财政部颁布的《会计人员继续教育暂行规定》中规定,对于无故不参加会计人员继续教育的会计人员,将给予警告、吊销证书等处分。(　　)

6. 不取得会计从业资格证书,也可以从事会计工作。(　　)

7. 不具备设置会计机构和会计人员条件的,应当委托经批准设立从事会计代理记账业务的中介机构代理记账。(　　)

8. 制定内部牵制制度主要是为了防止会计事务处理中发生的失误和差错以及营私舞弊等行为。(　　)

9. 会计职业道德的优劣只会影响个别人的利益。(　　)

10. 会计主管人员是企业的中层管理人员,行使会计机构负责人的职权。(　　)

参考答案

第一章　总　论

一、单项选择题

1.B　2.C　3.C　4.B　5.A　6.C　7.C　8.A　9.D　10.D

二、多项选择题

1.ABC　2.AB　3.AD　4.CD　5.ABD　6.ABCD　7.ABCD　8.BCD
9.BC　10.ACD

三、判断题

1.×　2.×　3.×　4.×　5.√　6.√　7.×　8.√　9.√　10.×

第二章　会计对象、会计要素和会计等式

一、单项选择题

1.A　2.B　3.B　4.A　5.C　6.B　7.B　8.C　9.C　10.A
11.A　12.A　13.D　14.B　15.B　16.A　17.D　18.C　19.B　20.D

二、多项选择题

1.ABCDE　2.BD　3.ABC　4.BD　5.ACD　6.AC　7.ABD　8.ACD
9.CD　10.BCD　11.ABE　12.BCD　13.BCD　14.ACD　15.ACD　16.AC
17.ACD　18.BC　19.BC　20.BD

三、判断题

1.√　2.×　3.×　4.×　5.√　6.√　7.×　8.√　9.√　10.×
11.×　12.×　13.×　14.×　15.√

四、业务题

单位:元

序　号	资　产	负　债	所有者权益
20×1年6月1日	600 000	110 000	490 000
(1)	增加 5 000	增加 5 000	
(2)	增加 3 000,减少 3 000		
(3)	增加 50 000		增加 50 000

续表

序　号	资　产	负　债	所有者权益
(4)	增加 30 000	增加 30 000	
(5)	增加 20 000,减少 20 000		
(6)	增加 1 000,减少 1 000		
(7)	减少 20 000	减少 20 000	
(8)		增加 5 000,减少 5 000	
(9)	减少 20 000	减少 20 000	
(10)	减少 10 000	减少 10 000	
(11)	增加 2 000,减少 2 000		
(12)			增加 10 000,减少 10 000
20×1 年 6 月 30 日	635 000	95 000	540 000

第三章　会计核算的基础和方法

一、单项选择题

1. B　2. A　3. D　4. B　5. A　6. D　7. C　8. A　9. C　10. A
11. A　12. A　13. A　14. B　15. D　16. A　17. A　18. B　19. C　20. D

二、多项选择题

1. AD　2. BCD　3. AB　4. BC　5. BCD　6. ABCD　7. AC　8. ABCD
9. ACD　10. BD　11. ABC　12. AD

三、判断题

1. ×　2. ×　3. ×　4. √　5. √　6. √　7. ×　8. ×　9. ×　10. ×
11. ×

第四章　账户与复式记账法

一、单项选择题

1. A　2. B　3. B　4. A　5. C　6. D　7. B　8. A　9. D　10. A
11. C　12. C　13. A　14. C　15. C　16. C　17. B　18. C　19. C　20. A
21. C　22. A　23. D　24. A　25. B　26. C　27. B　28. C　29. C　30. C

二、多项选择题

1. ABDE　2. ABCE　3. ABCD　4. ABCD　5. ABCE　6. AB　7. BD　8. ABC
9. BD　10. CD　11. AD　12. BCD　13. AC　14. AC　15. ABCD　16. ABD
17. BCD　18. BD　19. ABCD　20. ABD

三、判断题

1. ×　2. √　3. ×　4. ×　5. √　6. √　7. √　8. ×　9. √　10. √
11. ×　12. √　13. ×　14. ×　15. √　16. √　17. ×　18. √　19. √　20. ×

四、业务题

习题一

账户名称	期初余额	本期借方发生额	本期贷方发生额	期末余额
库存现金	4 000	2 000	1 250	4 750
银行存款	75 000	50 000	91 000	34 000
应收账款	7 700	52 300	43 000	17 000
短期借款	50 000	30000	25 000	45 000
实收资本	1 500 000	150 000	0	1 350 000
固定资产	67 000	5 400	15 900	56 500
原材料	9 630	6 450	8 670	7 410
应付账款	2 000	1 400	1 500	2 100

习题二

(1)借:库存现金 2 000
　　贷:银行存款 2 000
(2)借:银行存款 50 000
　　贷:实收资本 50 000
(3)借:应交税费 2 000
　　贷:银行存款 2 000
(4)借:原材料 5 000
　　贷:应付账款 5 000
(5)借:应付账款 6 000
　　贷:银行存款 6 000
(6)借:银行存款 5 000
　　贷:应收账款 5 000
(7)借:银行存款 20 000
　　贷:短期借款 20 000
(8)借:固定资产 10 000
　　贷:银行存款 10 000
(9)借:资本公积 4 000
　　贷:实收资本 4 000
(10)借:其他应收款 1 000
　　贷:库存现金 1 000
(11)借:银行存款 6 000
　　贷:主营业务收入 6 000
(12)借:银行存款 1 000
　　贷:库存现金 1 000

库存现金

期初	500		
(1)	2 000	(10)	1 000
		(12)	1 000
发生额合计	2 000		2 000
期末	500		

银行存款

期初	16 000		
(2)	50 000	(1)	2 000
(6)	5 000	(3)	2 000
(7)	20 000	(5)	6 000
(11)	6 000	(8)	10 000
(12)	1 000		
发生额合计	82 000		20 000
期末	78 000		

原材料

期初	8 000		
(4)	5 000		
发生额合计	5 000		0
期末	13 000		

生产成本

期初	3 500		
发生额合计	0		0
期末	3 500		

固定资产

期初	20 000		
(8)	10 000		
发生额合计	10 000		0
期末	30 000		

应付账款

		期初	8 000
(5)	6 000	(4)	5 000
发生额合计	6 000		5 000
		期末	7 000

短期借款

		期初	13 000
		(7)	20 000
发生额合计	0		20 000
		期末	33 000

实收资本

		期初	20 000
		(2)	50 000
		(9)	4 000
发生额合计	0		54 000
		期末	74 000

资本公积

		期初	10 000
(9)	4 000		
发生额合计	4 000		0
		期末	6 000

其他应收款

期初	0		
(10)	1 000		
发生额合计	1 000		0
期末	1 000		

主营业务收入

		期初	0
		(11)	6 000
发生额合计	0		6 000
		期末	6 000

应交税费

		期初	2 000
(3)	2 000		
发生额合计	2 000		0

应收账款

期初	5 000		
		(6)	5 000
发生额合计	0		5 000

试算平衡表

单位:元

账户名称	期初余额		本期发生额		期末余额	
	借方	贷方	借方	贷方	借方	贷方
库存现金	500		2 000	2 000	500	
银行存款	16 000		82 000	20 000	78 000	
应收账款	5 000		—	5 000	—	
原材料	8 000		5 000	—	13 000	
生产成本	3 500		—	—	3 500	
固定资产	20 000		10 000	—	30 000	
应付账款		8 000	6 000	5 000		7 000
短期借款		13 000	—	20 000		33 000
实收资本		20 000	—	54 000		74 000
资本公积		10 000	4 000	—		6 000
应交税费		2 000	2 000	—		—
其他应收款	—		1 000	—	1 000	
主营业务收入		—		6 000		6 000
合　计	53 000	53 000	112 000	112 000	126 000	126 000

习题三

(1)借:原材料——甲　　10 000
　　　　　　——乙　　2 000
　　贷:应付账款——南洋公司　　12 000

(2)借:生产成本　　26 600
　　贷:原材料——甲　　25 000
　　　　　　——乙　　1 600

(3)借:原材料——乙　　600
　　贷:应付账款——华明企业　　600

(4)借:应付账款——南洋公司　　10 000
　　　　　　——华明企业　　3 000
　　贷:银行存款　　13 000

(5)借:原材料——甲　　15 000
　　贷:应付账款——东方公司　　15 000

(6)借:生产成本　　24 500
　　贷:原材料——甲　　22 500
　　　　　　——乙　　2 000

(7)借:原材料——甲　　5 000
　　　　　　——乙　　2 000
　　贷:应付账款——南洋公司　　7 000

(8)借:应付账款——南洋公司　　20 000
　　贷:银行存款　　20 000

总分类账

会计科目:原材料　　单位:元

年		凭证号数	摘　要	借　方	贷　方	借/贷	余　额
月	日						
			月初余额			借	52 000
		(1)	购料	12 000		借	64 000
		(2)	生产领料		26 600	借	37 400
略	略	(3)	购料	600		借	38 000
		(5)	购料	15 000		借	53 000
		(6)	生产领用		24 500	借	28 500
		(7)	购料	7 000		借	35 500
			本月合计	34 600	51 100	借	35 500

原材料明细分类账

明细科目:甲材料　　计量单位:千克

年		凭证号数	摘要	收　入			发　出			结　存		
月	日			数量	单价	金额	数量	单价	金额	数量	单价	金额
			月初余额							10 000	5	50 000
略	略	(1)	购料	2 000	5	10 000				12 000	5	60 000
		(2)	生产领用				5 000	5	25 000	7 000	5	35 000
		(5)	购料	3 000	5	7 500				10 000	5	50 000
		(6)	生产领用				4 500	5	22 500	5 500	5	27 500
		(7)	购料	1 000	5	5 000				6 500	5	32 500
			本月合计	6 000	5	30 000	9 500	5	47 500	6 500	5	32 500

原材料明细分类账

明细科目:乙材料　　计量单位:件

年		凭证号数	摘要	收　入			发　出			结　存		
月	日			数量	单价	金额	数量	单价	金额	数量	单价	金额
			月初余额							1 000	2	2 000
		(1)	购料	1 000	2	2 000				2 000	2	4 000
略	略	(2)	生产领用				800	20	1 600	1 200	2	2 400
		(3)	购料	300	2	600				1 500	2	3 000
		(6)	生产领用				1 000	2	2 000	500	2	1 000
		(7)	购料	1 000	2	2 000				1 500	2	3 000
			本月合计	2 300	2	4 600	1 800	2	3 600	1 500	2	3 000

总分类账

会计科目:应付账款　　单位:元

年		凭证号数	摘　要	借　方	贷　方	借/贷	余　额
月	日						
			月初余额			贷	35 000
		(1)	购料		12 000	贷	47 000
		(3)	购料		600	贷	47 600
略	略	(4)	偿付货款	13 000		贷	34 600
		(5)	购料		15 000	贷	49 600
		(7)	购料		7 000	贷	56 600
		(8)	偿付货款	20 000		贷	36 600
			本月合计	33 000	34 600	贷	36 600

应付账款明细分类账

明细科目:南洋公司　　单位:元

年		凭证号数	摘　要	借　方	贷　方	借/贷	余　额
月	日						
			月初余额			贷	30 000
		(1)	购料		12 000	贷	42 000
略	略	(4)	偿付货款	10 000		贷	32 000
		(7)	购料		7 000	贷	39 000
		(8)	偿付货款	20 000		贷	19 000
			本月合计	30 000	19 000	贷	19 000

应付账款明细分类账

明细科目:华明企业　　单位:元

年		凭证号数	摘　要	借　方	贷　方	借/贷	余　额
月	日						
			月初余额			贷	5 000
略	略	(3)	购料		600	贷	5 600
		(4)	偿付货款	3 000		贷	2 600
			本月合计	3 000	600	贷	2 600

应付账款明细分类账

明细科目:东方公司　　单位:元

年		凭证号数	摘　要	借　方	贷　方	借/贷	余　额
月	日						
略	略	(5)	购料		15 000	贷	15 000
			本月合计		15 000	贷	15 000

原材料明细分类账本期发生额及余额对照表

单位:元

明细科目	计量单位	单价	期初余额		本期发生额				期末余额	
					收入		发出			
			数量	金额	数量	金额	数量	金额	数量	金额
甲材料	千克	5	10 000	50 000	6 000	30 000	9 500	475 000	6 500	32 500
乙材料	件	2	1 000	2 000	2 300	4 600	1 800	3 600	1 500	3 000
合计	—	—	—	52 000	—	34 600	—	51 100	—	35 500

应付账款明细分类账本期发生额及余额对照表

单位:元

明细科目	期初余额	本期发生额		期末余额
		借方	贷方	
南洋公司	30 000	30 000	19 000	19 000
华明企业	5 000	3 000	600	2 600
东方公司		0	15 000	15 000
合　计	35 000	33 000	34 600	36 600

第五章　工业企业主要经济业务的核算

一、单项选择题

1. A　2. B　3. A　4. D　5. C　6. D　7. B　8. C　9. B　10. C
11. B　12. A　13. B　14. C　15. A　16. B　17. B　18. A　19. C　20. A
21. B　22. C　23. D　24. C　25. C　26. D　27. B　28. B　29. D　30. C
31. B　32. B　33. D　34. C　35. B　36. B　37. A　38. D　39. D　40. C
41. A　42. B　43. B　44. C　45. C　46. A　47. A　48. C　49. D　50. B
51. D　52. A　53. A　54. C　55. B　56. B　57. C　58. C　59. C　60. B
61. A　62. C　63. B

二、多项选择题

1. ABCD　2. ACD　3. ABCD　4. ABC　5. ABCD　6. BD　7. ABCD　8. BCD
9. ABC　10. ABC　11. BCD　12. AD　13. ABCD　14. ABD　15. ACD　16. AB
17. ACD　18. AB　19. ABCD　20. ACD　21. ABCD　22. ACD　23. CD　24. AC
25. ABCD　26. BD　27. BD　28. BCD　29. AC　30. ABC　31. ACD　32. ABCD
33. ABCD　34. ABD　35. ABCD　36. BCD　37. BCD　38. AB　39. BD　40. ACD
41. BC　42. ABC　43. BD　44. ABCD　45. ABCD　46. ABD　47. ACD　48. ACD

三、判断题

1. ×　2. √　3. √　4. ×　5. √　6. ×　7. ×　8. ×　9. ×　10. ×
11. ×　12. √　13. ×　14. ×　15. √　16. √　17. ×　18. ×　19. ×　20. ×
21. ×　22. ×　23. ×　24. ×　25. √　26. √　27. √　28. ×　29. ×　30. √
31. ×　32. √　33. ×　34. ×　35. √　36. √　37. √　38. √　39. ×　40. ×
41. √　42. ×　43. ×　44. ×　45. ×　46. √　47. √　48. ×　49. ×　50. √
51. ×　52. √　53. √　54. √　55. ×　56. ×

四、业务题

习题一

(1)借:固定资产——机器	150 000	
——仓库	32 000	
贷:实收资本		182 000
(2)借:无形资产	70 000	
贷:实收资本		70 000
(3)借:银行存款	500 000	
贷:实收资本		500 000
(4)借:资本公积	40 000	
盈余公积	10 000	
银行存款	150 000	
贷:实收资本		200 000

习题二

(1)1 月 1 日:

借:银行存款	2 000 000	
贷:短期借款		2 000 000

(2)1 月 31 日:

借:财务费用	10 000	
贷:应付利息		10 000

2～6 月末计提利息的会计分录与 1 月 31 日相同。

(3)3 月 31 日:

借:应付利息	30 000	
贷:银行存款		30 000

6 月 30 日偿还利息的会计分录与 3 月 31 日相同。

(4)7 月 1 日:

借:短期借款	2 000 000	
贷:银行存款		2 000 000

习题三

(单位:万元)

(1)借:银行存款	19 400	
贷:股本		2 000
资本公积——股本溢价		17 400
(2)借:固定资产	1 050	
贷:股本		1 050
(3)借:资本公积——股本溢价	500	
盈余公积——法定盈余公积	300	
贷:股本		800

习题四

(1)4 月 5 日:

借:原材料	69 000	
应交税费——应交增值税(进项税额)	11 560	
贷:银行存款		80 560

(2)4 月 8 日:

材料明细账中只记发出数量 1 500 千克。

(3)4 月 10 日:

借:原材料　　82 800

　　应交税费——应交增值税(进项税额)　　13 872

　　贷:银行存款　　966 72

(4)4 月 20 日:

材料明细账中只记发出数量 1 000 千克。

(5)4 月 30 日:

加权平均单价=(30 000+69 000+82 800)/(600+980+1 200)=181 800/2 780=65.4(元)

期末结存=[2 780-(1 500+1 000)]×65.4=18 312(元)

本月发出=181 800-18 312=163 488(元)

借:生产成本　　163 488

　　贷:原材料——A　　163 488

习题五

(1)借:原材料　　(40 000)

　　贷:应付账款　　(40 000)

$$材料成本差异率=\frac{1\ 600+(339\ 400-350\ 000)}{(140\ 000-40\ 000)+350\ 000}\times 100\%=-2\%$$

(2)生产产品领料应分配材料成本差异 =300 000×(-2%)=-6 000(元)

车间一般耗料应分配材料成本差异=80 000×(-2%)=-1 600(元)

盘亏材料应分配材料成本差异 =5 000×(-2%)=-100(元)

会计分录如下:

①领料时:

借:生产成本　　300 000

　　制造费用　　80 000

　　贷:原材料　　380 000

②结转差异时:

借:材料成本差异　　7 600

　　贷:生产成本　　6 000

　　　　制造费用　　1 600

③盘亏材料时:

借:待处理财产损溢　　4 900

　　材料成本差异　　100

　　贷:原材料　　5 000

习题六

(1)购入需要安装的设备。

①购入设备时:

借:在建工程　　412 000

　　应交税费——应交增值税(进项税额)　　68 000

　　贷:银行存款　　480 000

②支付安装费时:

借:在建工程　　20 000

　　贷:银行存款　　20 000

③设备交付使用时:

借:固定资产 432 000
　　贷:在建工程 432 000

(2)自营建造厂房。

①购入工程物资时:

借:工程物资 234 000
　　贷:银行存款 234 000

②领用工程物资时:

借:在建工程 234 000
　　贷:工程物资 234 000

③分配建设人员工资时:

借:在建工程 10 000
　　贷:应付职工薪酬 10 000

④结转为工程借款而发生的利息时:

借:在建工程 4 000
　　贷:应付利息 4 000

⑤工程完工交付使用时:

借:固定资产 248 000
　　贷:在建工程 248 000

(3)接受投资者投入设备。

借:固定资产 320 000
　　贷:实收资本 320 000

(4)支付行政管理部门修理费。

借:管理费用 2 000
　　贷:银行存款 2 000

(5)出售设备。

①设备转入清理时:

借:固定资产清理 240 000
　　累计折旧 160 000
　　贷:固定资产 400 000

②支付清理费用时:

借:固定资产清理 4 000
　　贷:银行存款 4 000

③收到变价收入时:

借:银行存款 200 000
　　贷:固定资产清理 200 000

④结转清理损失时:

借:营业外支出 44 000
　　贷:固定资产清理 44 000

习题七

(1)借:工程物资 52 650
　　贷:银行存款 52 650

(2)借:在建工程 30 000
　　贷:工程物资 30 000

	借方	贷方
(3)借:在建工程	1 800	
贷:应付职工薪酬		1 800
(4)借:在建工程	420	
贷:生产成本——辅助生产成本(供电车间)		120
——辅助生产成本(运输车间)		300
(5)借:固定资产	32 220	
贷:在建工程		32 220

习题八

本月折旧额=200× 6%/12=10 000(万元)

	借方	贷方
借:制造费用	10 000	
贷:累计折旧		10 000

习题九

(1)借:生产成本——A	49 590	
——B	25 000	
制造费用	800	
贷:原材料		75 390
(2)借:生产成本——A	12 000	
——B	15 588	
制造费用	5 073	
贷:应付职工薪酬		32 661
(3)借:制造费用	8 400	
贷:累计折旧		8 400
(4)借:其他应收款	600	
贷:银行存款		600
借:制造费用	200	
贷:其他应收款		200
(5)借:制造费用	567	
贷:银行存款		567
(6)借:制造费用	1 900	
贷:银行存款		1 900
(7)借:生产成本——A	10 164	
——B	6 776	
贷:制造费用		16 940
(8)借:库存商品——A	71 754	
贷:生产成本		71 754

习题十

	借方	贷方
(1)借:银行存款	58 500	
贷:主营业务收入		50 000
应交税费——应交增值税(销项税额)		8 500
借:主营业务成本	36 000	
贷:库存商品		36 000
(2)借:销售费用	6 000	
贷: 银行存款		6 000

(3)借:应收账款	118 600	
贷:主营业务收入		100 000
应交税费——应交增值税(销项税额)		17 000
银行存款		1 600
借:主营业务成本	73 000	
贷:库存商品		73 000
(4)借:银行存款	140 000	
贷:预收账款		140 000
(5)借:预收账款	141 900	
贷:主营业务收入		120 000
应交税费——应交增值税(销项税额)		20 400
银行存款		1 500
借:银行存款	1 900	
贷:预收账款		1 900
借:主营业务成本	72 400	
贷:库存商品		72 400
(6)借:银行存款	118 600	
贷:应收账款		118 600
(7)借:销售费用	1 400	
贷:银行存款		1 400
(8)借:营业税金及附加	4 340	
贷:应交税费——应交城市维护建设税		3 040
——应交教育费附加		1 300
(9)借:应交税费——应交城市维护建设税	3 040	
——应交教育费附加	1 300	
贷:银行存款		4 340

习题十一

(1)借:应收账款——甲企业	25 740	
贷:主营业务收入		22 000
应交税费——应交增值税(销项税额)		3 740
借:主营业务成本	14 300	
贷:库存商品		14 300
(2)借:应收账款——乙企业	11 700	
贷:主营业务收入		10 000
应交税费——应交增值税(销项税额)		1 700
借:主营业务成本	6 500	
贷:库存商品		6 500
(3)借:银行存款	17 550	
贷:主营业务收入		15 000
应交税费——应交增值税(销项税额)		2 550
借:主营业务成本	9 750	
贷:库存商品		9 750

(4)借:银行存款	11 466	
财务费用	234	
贷:应收账款——乙企业		11 700
(5)借:应收账款——丁企业	9 360	
贷:主营业务收入		8 000
应交税费——应交增值税(销项税额)		1 360
借:主营业务成本	5 200	
贷:库存商品		5 200
(6)借:银行存款	8 798.40	
主营业务收入	480	
应交税费——应交增值税(销项税额)	81.60	
贷:应收账款——丁企业		9 360
(7)借:主营业务收入	5 000	
应交税费——应交增值税(销项税额)	850	
贷:银行存款		5 850
借:库存商品	3 250	
贷:主营业务成本		3 250
(8)借:银行存款	25 740	
贷:应收账款——甲企业		25 740

习题十二

(1)借:银行存款	600	
贷:其他业务收入		600
借:其他业务成本	380	
贷:周转材料——包装物		380
(2)借:银行存款	10 000	
贷:其他业务收入		10 000
借:其他业务成本	4 000	
贷:累计折旧		4 000
(3)借:银行存款	40 000	
贷:其他业务收入		40 000
借:其他业务成本	6 000	
贷:银行存款		4 000
应交税费——应交营业税		2 000
(4)借:银行存款	2 340	
贷:其他业务收入		2 000
应交税费——应交增值税(销项税额)		340
借:其他业务成本	1 200	
贷:原材料		1 200
(5)借:其他业务成本	300	
贷:库存现金		300

习题十三

(1)营业利润=175 000+39 000−108 000−31 000−3 638−16 000−41 000−20 062−10 000 +52 000+20 000=56 300(元)

利润总额=56 300+12 700−23 550=45 450(元)

净利润＝45 450－45 450×0.25％＝34 087.5(元)

(2)①借:所得税费用 11 362.50
　　贷:应交税费——应交所得税 11 362.50
②借:主营业务收入 175 000
　　营业外收入 12 700
　　其他业务收入 39 000
　　投资收益 52 000
　　公允价值变动损益 20 000
　　贷:本年利润 298 700
③借:本年利润 264 612.50
　　贷:主营业务成本 108 000
　　　　营业税金及附加 3 638
　　　　营业费用 16 000
　　　　管理费用 41 000
　　　　财务费用 20 062
　　　　其他业务成本 31 000
　　　　营业外支出 23 550
　　　　资产减值损失 10 000
　　　　所得税费用 11 362.50
④借:本年利润 34 087.5
　　贷:利润分配——未分配利润 34 087.5

习题十四

(1)①借:本年利润 133 000
　　贷:利润分配——未分配利润 133 000
②借:利润分配——提取法定盈余公积 133 000
　　贷:盈余公积——法定盈余公积 13 300
③借:利润分配——应付利润 75 000
　　贷:应付利润 75 000
④借:利润分配——未分配利润 88 300
　　贷:利润分配——提取法定盈余公积 13 300
　　　　　　——应付利润 75 000
(2)期末未分配利润＝85 000＋(133 000－88 300)＝129 700(元)

习题十五

(1)年末结转当年损益。
①20×5 年 12 月 31 日:
借:利润分配——未分配利润 1 300 000
　　贷:本年利润 1 300 000
②20×6 年 12 月 31 日:
借:本年利润 300 000
　　贷:利润分配——未分配利润 300 000
③20×7 年 12 月 31 日:
借:本年利润 500 000
　　贷:利润分配——未分配利润 500 000
(2)20×7 年用盈余公积弥补亏损。

借:盈余公积 100 000

　　贷:利润分配——盈余公积补亏 100 000

借:利润分配——盈余公积补亏 100 000

　　贷:利润分配——未分配利润 100 000

(3)20×8 年有关会计处理如下:

①应交所得税=[700 000-(1300 000-300 000-500 000-100 000)]×25%=75 000(元)

借:所得税费用 75 000

　　贷:应交税费——应交所得税 75 000

借:本年利润 75 000

　　贷:所得税费用 75 000

②结转本年净利润时:

借:本年利润 625 000

　　贷:利润分配——未分配利润 625 000

③计提法定盈余公积和任意盈余公积时:

借:利润分配——提取法定盈余公积(225 000×10%) 22 500

　　　　——提取任意盈余公积(225 000×5%) 11 250

　　贷:盈余公积——法定盈余公积 22 500

　　　　　　——任意盈余公积 11 250

④分配投资者利润时:

借:利润分配——应付利润 100 000

　　贷:应付利润 100 000

⑤结转利润分配有关明细账余额时:

借:利润分配——未分配利润 133 750

　　贷:利润分配——提取法定盈余公积 22 500

　　　　　　——提取任意盈余公积 11 250

　　　　　　——应付利润 100 000

(4)20×8 年年末未分配利润=-1 300 000+300 000+500 000+100 000+625 000-133 750

=91 250(元)

第六章　会计账户分类

一、单项选择题

1. D　2. A　3. D　4. A　5. A　6. A　7. D　8. C　9. C　10. B
11. C　12. D　13. C　14. B　15. B

二、多项选择题

1. ABCD　2. ABCD　3. BCD　4. ABCD　5. BC　6. BD　7. AC　8. ABC
9. AB　10. ACD

三、判断题

1. ×　2. ×　3. √　4. ×　5. ×　6. ×　7. ×　8. √　9. ×　10. √
11. √

四、业务题

账户分类	资产账户	负债账户	所有者权益账户	收入账户	费用成本账户	利润账户
盘存账户	银行存款 库存现金 库存商品 固定资产					
结算账户	应收账款 预付账款	应付账款 应付股利 短期借款 应付票据 应交税费				
资本账户			实收资本 盈余公积			
跨期摊配账户	长期待摊费用					
调整账户	累计折旧 存货跌价准备 固定资产 减值准备					利润分配
集合分配账户					制造费用	
成本计算账户					生产成本	
损益计算账户				主营业务收入	财务费用 管理费用 所得税	本年利润

第七章　会计凭证

一、单项选择题

1. C　2. A　3. D　4. C　5. C　6. D　7. D　8. A　9. C　10. A
11. C　12. C　13. A　14. D

二、多项选择题

1. AB　2. ACD　3. ABCD　4. AD　5. ABCD　6. BCD　7. ABD　8. BD
9. ABCD　10. CD

三、判读题

1. √　2. ×　3. √　4. ×　5. ×　6. ×　7. ×　8. ×　9. √　10. √

四、业务题

习题一

(1)A. C. E　(2)C. D　(3)A. C　(4)A. C. E　(5)B. G　(6)B. G　(7)B. G　(8)B. F

习题二

借款单

借款单位(姓名):王斌	
借款理由:赴外地采购材料借支差旅费	
借款数额:人民币(大写)壹仟元整	
本单位负责人意见:批准。 李平	借款人(签章)王斌

第八章 会计账簿 一、单项选择题

1. C 2. D 3. A 4. B 5. B 6. C 7. B 8. B 9. B 10. B
11. B 12. C 13. C 14. C 15. A

二、多项选择题

1. ABC 2. ACD 3. ABC 4. ACD 5. ABCD 6. ABC 7. BD 8. BCD
9. AB 10. ABD

三、判读题

1. √ 2. × 3. × 4. × 5. × 6. × 7. × 8. √ 9. √ 10. ×

四、业务题

(1)在现金日记账中,用红字将错误数据“3 200”划去,并在其上方写上“2 300”蓝字金额,盖上更正私章。

(2)先用红字填制一张会计分录与原错误记账凭证相同的记账凭证,再用蓝字填制一张正确的记账凭证(如下)。

①借:库存现金 100 000

贷:实收资本 100 000

②借:银行存款 100 000

贷:实收资本 100 000

(3)按少记金额 18 000 元用蓝字填制一张记账凭证(如下)。

借:应付账款 18 000

贷:银行存款 18 000

第九章 财产清查

一、单项选择题

1. C 2. B 3. A 4. D 5. B 6. A 7. A 8. C 9. D 10. B
11. C 12. B 13. B 14. A 15. B

二、多项选择题

1. CD 2. ACD 3. ABC 4. ABD 5. AB 6. AC 7. AB 8. AB
9. ABC 10. ACD

三、判断题

1. √ 2. √ 3. × 4. √ 5. × 6. × 7. × 8. × 9. × 10. ×

四、业务题

(1)实地盘存制

日期	摘　要	收　入	发　出	结　存
1	期初结存			8 000 元
3	购入材料	12 000 元 (3 000×4)		20 000 元
16	购入材料	8 000 元 (2 000×4)		28 000 元
31	发出销售		16 000 元	12 000 元
31	本月合计	20 000 元	16 000 元	12 000 元

(2)永续盘存制

日期	摘　要	收　入	发　出	结　存
1	期初结存			8 000 元
3	购入材料	12 000 元 (3 000×4)		20 000 元
10	发出销售		10 000 元 (2 500×4)	10 000 元
16	购入材料	8 000 元 (2 000×4)		18 000 元
20	发出销售		6 000 元 (1 500×4)	12 000 元
31	本月合计	20 000 元	16 000 元	12 000 元

第十章　会计账务处理程序

一、单项选择题

1. D　2. C　3. B　4. A　5. C　6. B　7. D　8. B　9. A　10. B
11. B　12. A　13. C

二、多项选择题

1. CD　2. ABCD　3. ABC　4. ACD　5. ACD　6. ABCD　7. ACD　8. ABD
9. BCD

三、判断题

1. ×　2. √　3. ×　4. ×　5. √　6. √　7. ×　8. √　9. ×　10. ×
11. ×　12. ×　13. ×

四、业务题

习题一

(1)借:库存现金　　1 000

贷:银行存款 1 000

(2)借:原材料 5 000

应交税费——应交增值税(进项税额) 850

贷:应付账款 5 850

(3)借:应收账款 11 700

贷:主营业务收入 10 000

应交税费——应交增值税(销项税额) 1 700

(4)借:其他应收款 500

贷:库存现金 500

(5)借:生产成本 3 000

制造费用 500

贷:原材料 3 500

(6)借:应收账款 23 400

贷:主营业务收入 20 000

应交税费——应交增值税(销项税额) 3 400

(7)借:在途物资 8 000

应交税费——应交增值税(进项税额) 1 360

贷:应付账款 9 360

(8)借:其他应收款 400

贷:库存现金 400

(9)借:应付账款 5 850

贷:银行存款 5 850

(10)借:库存现金 1 000

贷:银行存款 1 000

(11)借:银行存款 11 700

贷:应收账款 11 700

(12)借:生产成本 5 000

制造费用 1 000

贷:原材料 6 000

(13)借:应付账款 9 360

贷:银行存款 9 360

(14)借:银行存款 23 400

贷:应收账款 23 400

科目汇总表

20××年6月1～10日　　单位:元

会计科目	借方金额	贷方金额
库存现金	2 000	900
银行存款	35 100	17 210
应收账款	35 100	35 100
其他应收款	900	
在途物资	8 000	

续表

会计科目	借方金额	贷方金额
原材料	5 000	9 500
生产成本	8 000	
制造费用	1 500	
应付账款	15 210	15 210
应交税费	2 210	5 100
主营业务收入		30 000
合　计	113 020	113 020

习题二

汇总付款凭证

贷方科目:银行存款　　　　单位:元

借方科目	金　额				总账页数	
	1～10 日	11～20 日	21～31 日	合　计	借　方	贷　方
库存现金	2 000				略	略
应付账款	15 210					
合　计	17 210					

汇总转账凭证

贷方科目:原材料　　　　单位:元

借方科目	金　额				总账页数	
	1～10 日	11～20 日	21～31 日	合　计	借　方	贷　方
生产成本	8 000				略	略
制造费用	1 500					
合　计	9 500					

第十一章　会计报表

一、单项选择题

1. B　2. A　3. C　4. C　5. C　6. A　7. A　8. B　9. C　10. B
11. C　12. B　13. D　14. B　15. A　16. A　17. D　18. A　19. C　20. B

二、多项选择题

1. ACD　2. ABCE　3. BD　4. AB　5. BCDE　6. BDE　7. BCE　8. ABC
9. CE　10. ABCDE　11. CD　12. AD　13. ABD　14. BCD　15. ABC

三．判断题

1. × 2. × 3. √ 4. × 5. √ 6. × 7. √ 8. × 9. × 10. √

四、业务题

习题一

资产负债表

编制单位：南方工厂　　20×8 年 10 月 31 日　　单位：元

资　产	金　额	负债及所有者权益	金　额
流动资产		流动负债	
货币资金	40 750	短期借款	51 000
应收账款	14 250	应付账款	85 900
预付账款	10 000	应交税费	4 160
其他应收款	2 650	其他应付款	450
存货	305 300	应付利息	1 370
		流动负债合计	142 880
流动资产合计	372 950	非流动负债	
固定资产	468 100	长期借款	300 000
		负债合计	442 880
		所有者权益	
		实收资本	402 790
		资本公积	5 890
无形资产	72 100	盈余公积	28 890
		未分配利润	32 700
		所有者权益合计	170 270
资产总计	913 150	负债及所有者权益总计	913 150

习题二

(1)应收账款＝27 120＋3 720－720＝30 120(元)

(2)预付账款＝6 700＋1 000＝7 700(元)

(3)存货＝13 000＋13 500＋7 000＋85 000＝118 500(元)

(4)固定资产＝876 400－168 000＝708 400(元)

(5)应付账款＝16 000＋3 700＝19 700(元)

(6)预收账款＝11 120＋2 400＝13 520(元)

(7)应付利润：40 000 元

(8)未分配利润：60 000－86 400＝－26 400(元)

习题三

1. 借：应收票据　　819 000
　　贷：主营业务收入　　700 000
　　　　应交税费——应交增值税(销项税额)　　119 000

2. 借：主营业务成本　　420 000
　　贷：库存商品　　420 000

3. 借：营业税金及附加　　11 900

贷:应交税费——应交城市维护建设税　　8 330
　　　　——应交教育费附加　　3 570

4. 借:待处理财产损溢　　2 600
　　累计折旧　　5 200
　　贷:固定资产　　7 800
　借:原材料　　330
　　贷:待处理财产损溢　　330

5. 借:营业外支出
　　贷:待处理财产损溢　　2 600
　借:待处理财产损溢　　330
　　贷:银行存款　　300
　　　管理费用　　30

6. 借:主营业务收入　　700 000
　　贷:本年利润　　700 000
　借:本年利润　　439 130
　　贷:主营业务成本　　420 000
　　　营业税金及附加　　11 900
　　　营业外支出　　2 600
　　　管理费用　　3 720
　　　财务费用　　910

7. 借:所得税费用(260 870×25%)　　65 217.5
　　贷:应交税费——应交所得税　　65 217.5
　借:本年利润　　65 217.5
　　贷:所得税费用　　65 217.5

利润表

编制单位:瑞鑫工厂　　20×3 年 3 月　　单位:元

项　目	本月数	本年累计数
一、营业收入	700 000	略
减:营业成本	420 000	
营业税金及附加	11 900	
管理费用	3 720	
财务费用	910	
二、营业利润	263 470	
减:营业外支出	2 600	
三、利润总额	260 870	
减:所得税费用	86 087.10	
四、净利润	174 782.90	

习题四

现金流量表

编制单位:大华公司　　20×9 年度　　单位:元

项　目	行次	金　额
一、经营活动产生的现金流量		
销售商品、提供劳务收到的现金	1	1 570 500
收到的税费返还	3	
收到的其他与经营活动有关的现金	8	
现金流入小计	9	1 570 500
购买商品、接受劳务支付的现金	10	1 176 798
支付给职工以及为职工支付的现金	12	900 000
支付的各项税费	13	441 700
支付的其他与经营活动有关的现金	18	210 000
现金流出小计	20	2 728 498
经营活动产生的现金流量净额	21	−1 157 998
二、投资活动产生的现金流量		
收回投资所收到的现金	22	49 500
取得投资收益所收到的现金	23	150 000
处置固定资产、无形资产及其他长期资产收到的现金净额	25	900 900
收到其他与投资活动有关的现金	28	
现金流入小计	29	1 100 400
购建固定资产、无形资产和其他长期资产支付的现金	30	1 353 000
投资所支付的现金	31	
支付其他与投资活动有关的现金	35	
现金流出小计	36	1 353 000
投资活动产生的现金流量净额	37	−252 600
三、筹资活动产生的现金流量		
吸收投资所收到的现金	38	
借款所收到的现金	40	1 200 000
收到的其他与筹资活动有关的现金	43	
现金流入小计	44	1 200 000
偿还债务所支付的现金	45	3 250 000
分配股利、利润或偿付利息所支付的现金	46	37 500
支付的其他与筹资活动有关的现金	52	

续表

项　目	行次	金　额
现金流出小计	53	3 287 500
筹资活动产生的现金流量净额	54	−2 087 500
四、汇率变动对现金的影响额	55	
五、现金及现金等价物净增加额	56	−3 498 098

第十二章　会计电算化信息处理

一、单项选择题

1. A　2. B　3. A　4. B　5. C　6. C　7. D　8. A　9. B　10. A

二、多项选择题

1. ABC　2. ABD　3. ABD　4. BCD　5. ABDE　6. AC　7. AD　8. CD
9. ABC　10. CD

三、判断题

1. √　2. √　3. ×　4. ×　5. ×　6. ×　7. ×　8. ×　9. ×　10. √

第十三章　会计法规体系

一、单项选择题

1. D　2. B　3. D　4. B　5. B　6. A　7. A　8. B　9. D　10. D

二、多项选择题

1. BC　2. ABD　3. AB　4. ABCD　5. BCD　6. CD　7. ABCD　8. AB
9. BCD　10. ABC

三、判断题

1. √　2. ×　3. √　4. ×　5. √　6. √　7. ×　8. ×　9. √　10. ×

第十四章　会计工作的组织和会计人员

一、单项选择题

1. D　2. C　3. B　4. A　5. B　6. B　7. C　8. A　9. D　10. A

二、多项选择题

1. ABCD　2. BCD　3. ABCE　4. DE　5. ACD　6. ABC　7. ADE　8. AC
9. ACDE　10. ABCDE

三、判断题

1. √　2. ×　3. √　4. ×　5. √　6. ×　7. √　8. √　9. ×　10. √